五禮通考

〔清〕秦蕙田 撰
方向東 王鍔 點校

九

吉禮〔九〕

中華書局

目録

五禮通考卷一百十三

吉禮一百十三

大夫士廟祭

圭田

周禮地官載師：以士田任近郊之地。注：士讀爲仕。仕者亦受田，所謂圭田也。疏：單士恐不兼卿大夫，故從仕宦之仕[一]。

禮記王制：夫圭田無征。注：夫猶治也。孟子曰：「卿以下必有圭田。」治圭田者不税，所以

[一]「宦」，原作「官」，據光緒本、周禮注疏卷一三改。

厚賢也。疏：夫圭田者，畿內無公田，故有圭田，卿大夫士皆以治此圭田，公家不税其物，故云無征。必云圭者，圭，潔白也。

陳氏禮書：孟子言九一而助，繼之以圭田五十畝，餘夫二十五畝者，圭田，禄外之田也；餘夫，夫外之田也。禄外之田半百畝，夫外之田又半之，此自百畝而差之然也。古者自卿士達乎圭田同等，欲各致其誠敬而已，後世因職分田，以貴賤制之，非禮意也。

孟子：卿以下必有圭田，圭田五十畝。注：古者卿以下至於士，皆受圭田五十畝，所以供祭祀也。圭，潔也。所謂「惟士無田，則亦不祭」。王制曰「夫圭田無征」，謂餘夫圭田，皆不出征賦也。時無圭田餘夫，孟子欲令復古，所以重祭祀，利民之道也。疏：謂之圭田者，所以名其潔而供祭祀之田也。

陳氏禮書：士虞禮曰「圭爲哀薦之饗」，詩之「吉蠲」，或作「吉圭」，則圭田潔白也。「惟士無田，則亦不祭」，則圭田所以共祭也。卿以下有圭田，猶天子諸侯之有藉也〔一〕。圭田無征，所以厚賢也。

右圭田

〔一〕「侯」，原重，據味經窩本、乾隆本、光緒本、禮書卷三一删。

祭器衣服冕弁

禮記曲禮：凡家造，祭器爲先，犧賦爲次，養器爲後。無田禄者不設祭器，有田禄者先爲祭服。君子雖貧，不粥祭器；雖寒，不衣祭服。注：大夫稱家，謂家始造事。無田禄者，祭器可假。有田禄者，祭服宜自有。粥，賣也。疏：家造，大夫始造家事也。崇敬祖禰，故祭器爲先。有地，大夫祭器、祭服俱造。然雖得造器，必先爲祭服，後爲祭器耳。緣人形參差，衣服有大小，不可假借，故宜先造。

胡氏銓曰：家，謂人家。鄭云「大夫稱家」，非也。若止謂大夫造祭器，則下云「祭器不踰竟」，何以兼士乎？

吕氏大臨曰：犧賦，亦謂器也，犧牲之器，如牢互盆簝之屬也。孟子曰「惟士無田，則亦不祭。牲殺、器皿、衣服不備」故也。不祭，則薦而已，與庶人同，故不設祭器也。有田禄，則牲殺、器皿、衣服皆不可不備。

方氏慤曰：以無田禄者不設祭器，故禮運以祭器不假爲非禮。以有田禄者必具祭器，故王制以祭器不假爲禮。此其辨也。

大夫、士去國，祭器不踰竟。大夫寓祭器於大夫，士寓祭器於士。注：祭器，用君禄所作，取以出竟，恐辱親也。寓，寄也。與得用者言寄，覬已復還。

問大夫之富，曰：「有宰食力，祭器衣服不假。」疏：祭器衣服不假者，謂四命大夫也。衣服，祭服也。四命大夫得自造祭器衣服。

陳氏禮書：周禮鄉師「比共吉凶二服，閭共祭器」，曲禮「無田禄者不設祭器，有田禄者先爲祭服」，蓋無田禄者可共而不可設，有田禄者可設而不可具，則具而不假者，大夫禮之盡也。

雜記：大夫冕而祭於公，弁而祭於己；士弁而祭於公，冠而祭於己。士弁而親迎，然則士弁而祭於己可也。注：弁，爵弁也。冠，玄冠也。祭於公，助君祭也。大夫爵弁而祭於己，惟孤爾。「然則士弁而祭於己」，緣類欲許之也。親迎雖亦己之事，攝盛服爾，非常也。疏：此明大夫、士公私祭服。大夫謂孤也。冕，絺冕也。祭於己，自祭廟也。助祭爲尊，故服絺冕。自祭爲卑，故服爵弁。士以爵弁爲上，故用助祭。冠玄冠爲卑，自祭不敢同助君之服，故用玄冠也。作記之人，雖云「士冠而祭於己」，以己既爵弁親迎，親迎輕於祭，尚用爵弁，則自用爵弁自祭己廟，於禮可用也。

崔氏靈恩曰：孤不悉絺冕，若王者之後及魯之孤，則助祭用絺；若方伯之孤，助祭則玄冕，以其君玄冕自祭，不踰之也。

馬氏晞孟曰：周禮曰：卿之服，自玄冕而下；士之服，自皮弁而下。則大夫以玄冕爲極，而士以爵弁爲極也。

詩周南采蘋：于以盛之？維筐及筥。于以湘之？維錡及釜。傳：方曰筐。圓曰筥。

湘，亨也。錡，釜屬，有足曰錡，無足曰釜。箋：亨蘋藻者于魚湆中，是鉶羹之芼。

大學衍義補：丘氏濬曰：朱子謂：「籩豆簠簋之器，乃古人所用，故當時祭亨皆用之。今以燕器代祭器，常饌代俎肉，楮錢代幣帛，是亦以平生所用。是謂從宜也。」案人子之事親，當事死如事生，事亡如事存。吾之祖考平日所用之器皿如此，所被之衣服如此，及其死亡也，而又別爲器與服以事之，豈不駭其見聞哉？古人生用几筵俎豆，則死亦用几筵俎豆以事之，今人之生所用者，桌椅杯盤，死所用者，亦當以桌椅杯盤，是即朱子所謂「從宜」者也。政不必泥於古，一惟稱家之有無，隨俗之所尚，惟誠惟孝，起敬起慕，雖不能一一如古人行禮之度數，而古人行禮之心則固常存也。

右祭器衣服冕弁

牲牢酒醴黍稷

禮記曲禮：大夫以索牛，士以羊豕。注：索，求得而用之。疏：公羊帝牲必在滌三月，稷牛惟具，稷牛有災，故臨時得別求之，是天子諸侯得有索牛也。此大夫、士，謂天子大夫、士也。若諸侯大夫即用少牢，士則用特牲，其喪祭，大夫亦得用牛，士亦用羊豕，故雜記云「上大夫之虞也，少牢；卒哭成事、祔皆太牢。下大夫之虞也，犆牲；卒哭成事、祔皆少牢」是也。其大夫牲體完全，亦有犧牲之稱，故上云大夫犧賦爲次，但不毛色純耳。案楚語觀射父云：「大者牛羊〔一〕，必在滌三月，小者犬豕，不過十日。」此大夫索牛，士羊豕，既不在滌三月，當十日以上，但不知其日數耳。

方氏慤曰：於大夫言索者，以無養獸之官，必索而後得之故也。所謂羊豕者，或以羊，或以豕也。

王制：大夫無故不殺羊，士無故不殺犬豕，庶人無故不食珍。庶羞不踰牲，燕衣不踰祭服，寢不踰廟。注：故，謂祭享。羞不踰牲，謂祭以羊，則不以牛肉爲羞也。

禮器：羔豚而祭，百官皆足，大牢而祭，不必有餘，此之謂稱也。注：稱牲之大小而爲俎，此指謂助祭者耳。足猶得也。云百官，喻衆也。疏：臣助祭，則各有俎。祭竟，播及胞翟，雖復羔豚之小，而百官皆悉得之。假令大牢亦不使有餘。小而皆得，大而不餘，是各稱牲體也。大夫士有田則祭，無田則薦。則無地大夫士薦羔豚也。無地則無臣助祭，故鄭云百官喻衆也。

陸氏佃曰：羔豚而祭，謂小祭祀；大牢而祭，謂大祭祀。先儒謂羔豚爲無地大夫之祭，是猶讀雲漢而責周無遺民也。

蕙田案：大夫祭用，少牢謂「羊豕」，此云「羔豚」，乃羊豕之小者耳。與「無田則薦」之説無與，孔氏非也。陸農師以爲小祭祀，亦非。字説：「羔，小羊；豚，豕

〔一〕「大」，原作「古」，據味經窩本、禮記正義卷五改。

子。」

君子大牢而祭謂之禮，匹士大牢而祭謂之攘。注：君子謂大夫以上。疏：大夫常祭少牢，遣奠及卒哭〔一〕、祔用大牢。匹士，士也。士常祭特豚，遣奠、卒哭、祔加一等少牢。

馬氏晞孟曰：君子者，以位之貴者言之；匹士者，以位之賤者言之。古者，天子諸侯卿大夫，皆君子也。天子諸侯卿大夫位之尊，其禮可以致其隆，故曰「天子以犧牛，諸侯以肥牛，大夫以索牛」，此大牢而祭謂之禮也。至於匹士大牢而祭，故謂之攘，攘者，非其有而取之也。

春秋襄二十二年左氏傳：九月，鄭公孫黑肱有疾，歸邑於公。召室老、宗人立段，而使黜官、薄祭，祭以特羊，殷以少牢。注：四時祀以一羊，三年盛祭以羊豕。殷，盛也。疏：少牢饋食禮者，諸侯之大夫時祭之禮也。是時祭用少牢。今公孫黑肱使黜官、薄祭，故時祭用特羊。禮器云：「君子大牢而祭謂之禮。」是大夫之祭有用大牢時也。雜記云：「上大夫之虞也，少牢；卒哭成事、祔皆大牢。」據此二文，大夫得用大牢者，禮器之文，據天子大夫故也。雜記據喪祭故進用等，士喪禮士遣奠用少牢是也。

國語楚語：屈到嗜芰。有疾，召其宗老而囑之，曰：「祭我必以芰。」及祥，宗老將

〔一〕「奠」，原作「羹」，據光緒本、禮記正義卷二三改。

薦芰，屈建命去之。宗老曰：「夫子屬之〔一〕。」子木曰：「不然。夫子承楚國之政，其法刑在民心而藏在王府〔二〕，上之可以比先王，下之可以訓後世，雖微楚國，諸侯莫不譽。其祭典有之曰：國君有牛享，大夫有羊饋，士有豚犬之奠，庶人有魚炙之薦，籩豆脯醢則上下共之。不羞珍異，不陳庶侈，夫子不以其私欲干國之典。」遂不用。

禮記祭器：有以小爲貴者。宗廟之祭，貴者獻以爵，賤者獻以散，尊者舉觶，卑者舉角。注：凡觴一升曰爵，二升曰觚，三升曰觶，四升曰角，五升曰散。疏：特牲云：「主人獻尸用角」，「佐食洗散以獻尸」，是尊者小，卑者大。案天子諸侯及大夫皆獻尸以爵，無賤者獻以散之文，禮文散亡，略不具也。特牲「主人獻尸用角」者，下大夫也。「尊者舉觶，卑者舉角」者，案特牲、少牢禮，尸入舉奠觶，是尊者舉觶。特牲「主人受尸」，「酢受角飲」者，是卑者舉角，此是士禮。天子諸侯祭禮亡，文不具也。

陸氏佃曰：「貴者獻以爵，賤者獻以散」，所謂尸飲五，君洗玉爵獻卿，尸飲九，以散爵獻士。「尊者舉觶，卑者舉角」者，凡妥尸，天子舉斝，諸侯舉角，則卿舉觶，大夫舉角歟？若特牲饋食酳尸以角，旅酬更以觶，與此不同者，蓋卑者以大爲貴，然則此經所言，蓋天子諸侯之儀也。

〔一〕「屬」，原作「薦」，據光緒本、國語楚語改。
〔二〕「心而」，原脱，據光緒本、國語楚語補。

蕙田案：賤者獻以散，疏以爲禮無其文，而陸農師引祭統散爵獻士爲説，蓋獻義原兼下獻上、上獻下兩義，不必專指下獻上，陸説亦可通。然明堂位加以璧散加爵，係助祭之賓所獻，此仍是下獻上，疏不引之，未詳何説。

坊記：子云：「七日戒，三日齋，承一人焉以爲尸，過之者趨走，以教敬也。醴酒在室，醍酒在堂，澄酒在下，示民不淫也。尸飲三，衆賓飲一，示民有上下也。因其酒肉，聚其宗族，以教民睦也。故堂上觀乎室，堂下觀乎上。詩云：『禮儀卒度，笑語卒獲。』」注：戒，謂散齋也。承猶事也。澄酒，清酒也。三酒尚質不尚味。淫猶貪也。上下，猶尊卑也。主人主婦上賓獻尸，乃後主人降〔一〕，洗爵獻賓也。「因其酒肉，聚其宗族」，言祭有酒食，群昭群穆皆至而獻酬之，咸有薦俎也。「堂上觀乎室，堂下觀乎上」，謂祭時肅敬之威儀也。疏〔二〕：注「主人」至「獻賓」，此儀禮特牲文。在堂上者觀望在室之人以取法，在堂下者觀望堂上之人以爲則，上下内外，更相倣法。

葉氏夢得曰：助祭而群昭群穆咸在，其賜爵者皆以齒也，故「以教民睦」。詔祝升首皆在室，故

〔一〕「主」上，諸本衍「獻」字，據禮記正義卷五一刪。
〔二〕「疏」，原脱，據光緒本、禮記正義卷五一補。

「堂上觀乎室」。爨定酳尸皆在堂，故曰「堂下觀乎上」。

蕙田案：「因其酒肉，聚其宗族」，此指祭畢之燕，即中庸「燕毛序齒」、楚茨「備言燕私」之事。鄭以獻酬薦俎爲説者，祇緣所引詩詞當在獻酬交錯時故也，不知獻酬乃賓主之事，燕私乃族人之事。經云「聚其宗族」，不得以獻酬當之，引詩斷章，未可拘泥。「尸飲三，衆賓飲一」，此酳尸之事。主人獻尸，尸酢主人；主婦獻尸，尸酢主婦；衆賓獻尸，尸酢衆賓，故曰「尸飲三，衆賓飲一」。陸農師以祼獻爲言，其説無稽。又酳尸在室，葉氏以爲在堂，亦誤。

祭義：曾子曰：「父母既没，必求仁者之粟以祀之。此之謂禮終。」注：喻貧困猶不取惡人物以事亡親也。

黄氏曰：粟者，禄也。謂父母既没，必仕於仁諸侯賢大夫之朝，立身行道，以終祭祀。危邦不入，亂邦不居，恐辱先也。孟子云：士三月無君則弔，失於祭祀之禮也。親没者，必居於仁者之朝，食禄行道，以終祭祀之禮，爲有終也。

右牲牢酒醴黍稷

鋪筵設几

祭統：鋪筵設同几，爲依神也。注：同之言詷也。祭者以其妃配，亦不特几也。疏：詷，共也。人生時形體異，故夫婦別几，死則魂氣同歸於此，故夫婦共几。鄭注「以某妃配」，儀禮少牢文，謂祭，夫祝辭。不但不特設辭，亦不特設其几。祝辭與几皆同於夫也。故鄭注司几筵云〔一〕：「祭於廟，同几，精氣合也。」席亦共之。必云「同几」者，筵席既長，几則短小，恐其各設，故云「同几」也。

朱子語録：問：「生時男女異席，祭祀亦合異席。今夫婦同席，如何？」曰：「夫婦同牢而食。」家廟之制，伊川只以元妃配。蓋古者只是以媵妾繼室，故不容與嫡並配。後世繼室，乃是以禮聘娶，自得爲正，故唐會要中載顏魯公家祭，有並配之儀。祭於別室，恐未安。

蕙田案：朱子答汪尚書有「正廟配食，止合用初配一人，其再娶及庶母之屬，皆各爲別廟祀之」云云，蓋朱子未定之說，當以語録爲正。

右鋪筵設几

〔一〕「司几筵」，原作「同几筵」，據光緒本、禮記正義卷四九改。

交爵授器

坊記：禮，非祭，男女不交爵。注：交爵，謂相獻酢。疏：特牲饋食禮云「主婦獻尸，尸酢主婦」。是非祭，不交爵也。

內則：男女非祭非喪，不相授器。注：祭嚴，喪遽，授器不嫌也。

家語：公父文伯之母，季康子之從祖母。康子往焉，側門而與之言，皆不踰閾。文伯祭其祖悼子，康子與焉。進俎而不授，徹俎而不與燕，宗老不具則不繹，繹不盡飫則退。孔子聞之，曰：「男女之別，禮之大經。公父氏之婦動中德趣，度於禮矣。」

右交爵授器

分肉致福

論語：祭肉不出三日。出三日，不食之矣。注：鄭曰：「自其家祭肉，過三日不食，是褻鬼神之餘也。」

朱子集注：家之祭肉，則不過三日，皆以分賜。蓋過三日，則肉必敗而人不食之，是褻鬼神之餘也。

禮記少儀：爲人祭曰「致福」，爲己祭而致膳於君子曰「膳」〔一〕，祔、練曰「告」。凡膳、告於君子，主人展之，以授使者於阼階之南，南面，再拜稽首，送，反命，主人又再拜稽首。其禮：大牢則以牛左肩、臂、臑折九个，少牢則以羊左肩七个，犆豕則以豕左肩五个。注：曰致福，曰膳，曰告，此皆致祭祀之餘於君子也。攝主言「致福」，申其辭。自祭言「膳」，謙也。祔、練言「告」，不敢以爲福膳也。「主人展之」，展，省具也。折，斷分之也。皆用左者，右以祭也。羊豕不言臂、臑，因牛序之可知。

方氏慤曰：膳，夫所謂凡祭祀之致福也，「受而膳之」是矣。必謂之福，以言祭者獲福，致其餘於人，而與之同其福也。曰「致膳」者，蓋祭祀不祈爲己而祭，非敢邀福，以其味之善乃致之於君子爾。於致膳曰君子，則致福又可知矣。至於練、祔，特告死者之已練而已，故直以「告」稱之。展，與「展墓」之「展」同。主人展之，省其善否也。其授使者與反命皆再拜稽首，則敬之至也。止言膳、告，而不及致福，則致福者尤致其敬，不嫌其不如是矣。臂，則脛也。臑，其節也。

右分肉致福

〔一〕「祭」，原脱，據光緒本、禮記正義卷三五補。

容儀節度

論語：祭如在。注：孔曰：「言事死如事生。」

朱子集注：程子曰：「祭，祭先祖也。祭先主於孝。」愚謂此門人記孔子祭祀之誠意。

朱子語録：問：「『祭如在』，人子固是盡誠以祭，不知真可使祖宗感格否〔一〕？」曰：「上蔡言：『自家精神，即祖考精神。』這裏盡其誠敬，祖宗之氣便在這裏〔二〕，只是一箇根苗來。如樹已枯朽，邊旁新根，即接續這正氣來。」

子曰：「吾不與祭，如不祭。」注：包曰：「孔子或出或病而不自親祭，使攝者爲之，不致肅敬於心，與不祭同。」

朱子集注：又記孔子之言以明之。言己當祭之時，或有故不得與，而使他人攝之，則不得致其如在之誠。故雖已祭，而此心缺然，如未嘗祭也。

〔一〕「真」，諸本作「其」，據朱子語類卷二五改。
〔二〕「宗」，諸本作「考」，據朱子語類卷二五改。

禮記玉藻：凡祭，容貌顏色如見所祭者。注：如覩其人在此。疏：凡祭，謂諸祭也。容貌恭敬，顏色温和，似見所祭之人，謂「如在」也。

方氏慤曰：孝子之祭也，「退而立，如將受命」，蓋容貌如見所祭者也。「已徹而退，敬齋之色不絶於面」，蓋顏色如見所祭者也。

凡行，廟中齊齊。注：齊齊，恭慤貌。疏：廟中，對神行步不敢舒散。齊齊，自收持嚴正之貌。

祭義：仲尼嘗，奉薦而進，其親也慤，其行也趨趨以數。已祭，子贛問曰：「子之言祭，濟濟漆漆然，今子之祭，無濟濟漆漆，何也？」子曰：「濟濟者，容也，遠也。漆漆者，容也，自反也。容以遠，若容以自反也，夫何神明之及交？夫何濟濟漆漆之有乎？反饋樂成，薦其薦俎，序其禮樂，備其百官，君子致其濟濟漆漆，夫何慌惚之有乎？夫言豈一端而已，夫各有所當也。」注：嘗，秋祭也。親，謂身親執事時也。慤與趨趨，言少威儀也，趨讀如「促」。數之言速也。漆漆，讀如「朋友切切」。自反，猶言自修整也。及交，及，與也。容以遠，言非所以接親親也。容以自反，言非孝子所以事親也。此皆非與神明交之道也。天子諸侯之祭，或從血、腥始，至反饋，是進熟也。薦俎，豆與俎也。慌惚，思念益深之時也。豈一端，言不可以一概也，禮各有所當。行祭宗廟者，賓客濟濟漆漆，主人慤而趨趨。

方氏慤曰：特言嘗，則與月令言「嘗犧牲」，祭法言「享嘗乃止」同義。奉薦而進，謂子奉所薦之時物而進之於其親也。慤，言奉之之容，完實而無文。趨趨以數，言行之之節，收攝而不疏。濟濟者，威儀之齊而遠，則優游而不迫。漆漆者，威儀之飾自反，則反覆而不苟。濟濟者之遠，則異乎趨數者矣。漆漆之自反，則異乎慤者矣。容以遠，若容以自反，則致其飾而於神明之道不及以交矣。致其濟濟漆漆，則非以慌惚與神明交矣。慌焉若無，惚焉若有，神人之道，幽明之際，以誠心交之，其狀如此。

周氏諝曰：濟濟之容遠也，而漆漆之容自反也。遠而自反，非主祭者之容，特其助祭者之容耳。故孔子之言祭則濟濟漆漆，而親奉祭則慤而趨趨者，蓋言之各有所當也。

孝子之祭也，盡其慤而慤焉，盡其信而信焉，盡其敬而敬焉，盡其禮而不過失焉。進退必敬，如親聽命，則或使之也。注：言當盡己而已，如居父母前，將受命而使之。

孝子之祭可知也，其立之也敬以詘，其進之也敬以愉，其薦之也敬以欲。退而立，如將受命。已徹而退，敬齊之色不絶於面。孝子之祭也，立而不詘，固也。進而不愉，疏也。薦而不欲，不愛也。退立而不如受命，敖也。已徹而退，無敬齊之色，而忘本也。如是而祭，失之矣。注：詘，充詘，形容喜貌也。進之，謂進血腥也。愉，顔色和貌也。薦之，謂進熟也。欲，婉順貌。齊，謂齊莊。固，猶質陋也。而忘本，而，衍字也。

方氏慤曰：其立之也，言方待事而立也。其進之者，言既從事而進也。其薦之也，言奉其物而薦也。退而立者，言其進而後退也。已徹而退者，言既薦而後徹也。蓋退而立，則少退而已；已徹而退，則於是乎退焉。詘，則身之屈也。愉，則色之愉也。欲，則心之欲也。退而立，如將受命，則順聽而無所忽焉。已徹而退，敬齊之色不絶於面，則慎終如始也。

蕙田案：詘謂身之屈，進即進退之進，方解得之。注訓詘爲「喜貌」、進爲「進血腥」，未的。

孝子將祭祀，必有齊莊之心以慮事，以具服物，以修宫室，以治百事。及祭之日，顔色必温，行必恐，如懼不及愛然。其奠之也，容貌必温，身必詘，如語焉而未之然。宿者皆出，其立卑静以正，如將弗見然。及祭之後，陶陶遂遂，如將復入然。是故慤善不違身，耳目不違心，思慮不違親。結諸心，形諸色，而術省之，孝子之志也。注：百事，謂齊之前後也。如懼不及愛，如懼不及見其所愛者也。奠之，謂酌尊酒奠之，及酳之屬也。如語焉而未之然，如有所以語親而未見答也。宿者皆出，謂賓助祭者，事畢出去也。如將弗見然，祭事畢，而不知親所在，思念之深，如不見出也。陶陶遂遂，相隨行之貌。思念既深，如覩親將復入也。「術」當爲「述」〔一〕，聲之誤也。

禮器：子路爲季氏宰。季氏祭，逮闇而祭，日不足，繼之以燭。雖有强力之容、肅

〔一〕「述」，諸本作「遂」，據禮記正義卷四八改。

敬之心，皆倦怠矣。有司跛倚以臨祭，其爲不敬大矣。他日祭，子路與，室事交乎户，堂事交乎階，質明而始行事，晏朝而退。孔子聞之，曰：「誰謂由也而不知禮乎？」疏：正祭之時，事尸在室。外人將饌至户，内人於户受饌〔一〕，設於尸前，相交承接在於户也。正祭後，儐尸之時，事尸於堂。堂下之人，送饌至階，堂上之人，於階受取，是「交乎階」也。

張子曰：室事交乎户，堂事交乎階，亦通達連續之義也。

方氏慤曰：室事，謂有事乎室，若血毛詔於室之類。堂事，謂有事乎堂，若羹定詔於堂之類。執事者内外異位，乃以内而交乎外；上下異等，乃以上而交乎下，則尤易爲力矣。宜乎質明而始行事，晏朝而退也。

蕙田案：大夫無朝踐於堂之禮，故注疏訓堂事爲儐尸。其實少牢禮正祭時，自陳鼎東序至上養親嘏，其有事於堂者不少，不應獨指儐尸爲堂事也。方氏説得之。

右容儀節度

〔一〕「户」下，諸本衍「内」字，據禮記正義卷二四删。

郊特牲：諸侯不敢祖天子，大夫不敢祖諸侯。而公廟之設於私家，非禮也，由三桓始也。注：仲孫、叔孫、季孫氏皆立桓公廟，魯以周公之故，立文王廟，三家見而僭焉。疏：鄭知魯得立文王廟者，案襄十二年，「吴子壽夢卒，臨於周廟，禮也」，注云：「周廟，文王廟也。」此經云「諸侯不敢祖天子」，而文二年左傳云：「宋祖帝乙，鄭祖厲王。」「大夫不敢祖諸侯」，而莊二十八年左傳云：「凡邑有宗廟先君之主曰都。」彼據有大功德者，此據尋常諸侯大夫也。

朱子語録：「諸侯不得祖天子。」然魯有文王廟，左氏亦云「鄭祖厲王」，何也？此必周衰，諸侯僭肆，做此違條礙法事，故公廟設於私家。

禮器：管仲鏤簋朱紘，山節藻棁，君子以爲濫矣。注：濫亦盗竊。鏤簋，謂刻而飾之，大夫刻爲龜耳，諸侯飾以象，天子飾以玉。朱紘，天子冕之紘也，諸侯青組紘，大夫士當緇組紘纁邊。栭謂之節。梁上楹謂之棁。宫室之飾，士首本，大夫達棱，諸侯斲而礱之，天子加密石焉。無畫山藻之禮也。

方氏慤曰：是皆天子之禮，管仲以陪臣爲之，則過於奢矣，奢則僭，故君子以爲濫。濫者，溢而無所制之謂也。雜記所謂「難爲上」者，以此。

晏平仲祀其先人，豚肩不掩豆，澣衣濯冠以朝，君子以爲隘矣。注：隘猶狹陋也。祀不以少牢，與無田者同，不盈禮也。大夫士有田則祭，無田則薦。澣衣濯冠，儉不務新。

方氏慤曰：隘者，陋而無所容之謂。雜記所謂「難爲下」者，以此。

禮運：祝嘏辭説，藏於宗祝巫史，非禮也，是謂幽國。醆、斝及尸君，非禮也，是謂僭君。大夫具官，祭器不假，聲樂皆具，非禮也，是謂亂國。注：藏於宗祝巫史，言君不知有也。幽，闇也。國闇者，君與大夫俱不明也。醆、斝，先王之爵也，唯魯與王者之後得用之耳，其餘諸侯用時王之器而已。僭君，謂僭禮之君也。臣之奢富擬於國君，敗亂之國也。孔子謂：「管仲官事不攝，焉得儉？」疏：大夫若有地者，置官一人，兼攝群職，不得具足其官。大夫無地，則不得造祭器。有地雖造而不得具足，並須假借。唯公孤以上得備造，故周禮：「四命受器。」鄭云：「此公之孤，始得有祭器者也。」又云：「王之下大夫亦四命。」大夫自有判縣之樂，不得如三桓舞八佾。一曰大夫祭，不得用樂，故少牢饋食無奏樂之文，唯君賜乃有之。大夫並爲上事，與君相敵，則非禮也。

周氏諝曰：以官事不攝，於聲樂皆具爲非禮，則然矣。以祭器不假爲非禮，則誤矣。王制曰：「大夫祭器不假，祭器未成，不造燕器。」果大夫祭器猶且假之，則燕器蓋未嘗有，殆非先王養成德者之義也。

應氏鏞曰：祝嘏辭説藏於公，而不藏於私，若金縢納於匱中是也。周公不欲宣其事而揚己之功，故命祝史勿敢言。若夫常時祭祀之辭説，未嘗不使人知之也，故曰宣祝嘏辭説。苟欲聽宗祝巫史爲之，而又俾私其藏，不爲隨之矯舉，則爲漢之祕祝矣。

蕙田案：祝嘏辭説，藏於宗祝巫史，應氏之説得之。無祭器，則亦無燕器，孟子所謂「牲殺、器皿、衣服不備，不敢以祭，則不敢以宴」是也。意士無田不祭，其無田之大夫，猶得假祭器以祭歟？

春秋：僖公十有五年九月己卯，晦，震夷伯之廟。注：夷伯，魯大夫展氏之祖父。夷，謚；伯，字。震者，雷電擊之。

高氏閌曰：不曰公孫者，大夫三廟宜毁，而不毁，故貶之也。

左氏傳：「震夷伯之廟」，罪之也。於是展氏有隱慝焉。

公羊傳：震之者何？雷電擊夷伯之廟者也。夷伯者，曷爲者也？季氏之孚也。季氏之孚則微者，其稱夷伯何？大之也。曷爲大之？天戒之，故大之也。

穀梁傳：夷伯，魯大夫也。因此以見天子至於士皆有廟。天子七廟，諸侯五，大夫三，士二。故德厚者流光，德薄者流卑。是以貴始，德之本也。始封必爲祖。注：夷伯之廟過制。

家語：魯公索氏將祭，而亡其牲。孔子聞之，曰：「公索氏不及二年將亡。」後一年而亡。門人問曰：「昔公索氏亡其祭牲，而夫子曰不及二年必亡，今過期而亡，夫子何以知其然？」孔子曰：「夫祭者，孝子所以自盡於其親。將祭而亡其牲，則其餘所亡者多矣。若此而不亡者，未之有也。」季桓子將祭，齊三日，而二日鐘鼓之音不絕。冉有問於孔子，子曰：「孝子之祭也，散齊七日，慎思其事，三日致齊而一用之，猶恐其不敬也，而二日伐鼓，何居焉？」

右廟祭僭忒

臨祭廢禮

禮記曾子問：曾子問曰：「大夫之祭，鼎俎既陳，籩豆既設，不得成禮，廢者幾？」孔子曰：「九。」「請問之。」曰：「天子崩，后之喪，君薨，夫人之喪，君之大廟火，日食，三年之喪，齊衰，大功，皆廢。外喪自齊衰以下，行也。其齊衰之祭也，尸入，三飯，不侑，酳不酢而已矣。大功，酢而已矣。小功、緦，室中之事而已矣。士之所以異者，緦不祭。所祭，於死者無服，則祭。」注：齊衰異門則祭。室中之事，謂賓長獻。士之所以異者，緦不祭，則士不得成禮者十一也。死者無服，謂若舅，舅之子，從母昆弟。

右臨祭廢禮

庶人祭寢

王制：庶人祭於寢。注：寢，適寢也。　疏：此庶人祭寢，謂是庶人在官府史之屬，及尋常庶人。此祭謂薦物，以其無廟，故惟薦而已[一]。薦獻不可褻處，故知適寢。

程子曰：庶人五服皆至高祖，服既如是，祭祀亦當如是。

庶人春薦韭，夏薦麥，秋薦黍，冬薦稻。韭以卵，麥以魚，黍以豚，稻以雁。注：庶人無常牲，取與新物相宜而已。　疏：云取與物相宜者，謂四時之間，有此牲穀，兩物俱有，故云「相宜」，若牛宜稌、羊宜黍之屬，非謂氣味相宜也。

陳氏禮書：卵、魚、豚、雁，以時之所宜論之，則春宜豚，冬宜鮮，此則秋以豚，夏以魚；以物之相宜論之，則羊宜黍，豕宜稷，雁宜麥，魚宜苽，此則黍以豚，麥以魚，何也？蓋魚之於夏，豚之於秋，雁之於冬，尤多而易得者也，庶人之薦，不過致其易得者而已。月令季秋薦稻，稻常穫於十月，而天子以前此者爲貴，故與庶人異。

[一]「惟」，諸本作「知」，據禮記正義卷一二改。

方氏慤曰：韭之性温，則陽類也，故以配卵，卵陰物故也。麥與黍，皆南方之穀，亦陽類也，故配以魚與豚，魚與豚皆陰物也。稻則西方之穀，則陰類也，故配以雁，雁陽物故也。植物之陽者配以動物之陰，植物之陰者配以動物之陽，亦使陽不勝陰，陰不勝陽而已。

大戴禮天圓篇〔一〕：無禄者稷饋，稷饋者無尸，無尸者厭也。注：庶人無常牲，故以稷爲主〔二〕。

國語楚語：庶人有魚炙之薦。籩豆、脯醢則上下共之。不羞珍異，不陳庶侈。又曰：庶人食菜，祀以魚。又曰：士、庶人舍時。

陳氏禮書：庶人之死曰鬼，寢而不廟，薦而不祭，故春薦韭，夏薦麥，秋薦黍，冬薦稻。韭以卵，麥以魚，黍以豚，稻以雁，取其與新物相宜而已。國語曰「庶人有魚炙之薦」，而不及豚雁者，舉其所易者言之也。然言「庶人舍時」，則與王制異矣。古之貴者，有正寢，有燕寢。正寢在外，燕寢在内。然則庶人祭於寢，蓋亦在外之適寢歟？聘禮記「卿館於大夫，大夫館於士，士館於工商」，鄭氏曰：「官師以上，有

〔一〕「天圓篇」，原脱，據光緒本補。
〔二〕「稷」，原作「禮」，據光緒本、大戴禮記匯校集解卷五改。

廟有寢，工商則寢而已。」寢所以館，士則在外可知。

右庶人祭寢

忌日祭

禮記檀弓：君子有終身之憂，而無一朝之患，故忌日不樂。注：終身之憂，謂念其親。無一朝之患，謂毁不滅性也。忌日，謂死日，不用舉吉事。

方氏慤曰：忌日不樂，蓋終身之憂有見於此。

祭義：君子生則敬養，死則敬享，思終身弗辱也。君子有終身之喪，忌日之謂也。忌日不用，非不祥也。言夫日志有所至，而不敢盡其私也。注：享，猶祭也，饗也。忌日，親亡之日。忌日者，不用舉他事，如有時日之禁也。祥，善也。志有所至，至於親以此日亡，其哀心如喪時。疏：非謂忌日不善，別有禁忌，不舉事也。以孝子志意有所至〔一〕，極思念親，不敢盡其私情而營他事也。

輔氏廣曰：忌日當以喪禮處之。

〔一〕「志意」，諸本作「至意」，據禮記正義卷四七改。

文王之祭也，事死者如事生，思死者如不欲生。忌日必哀，稱諱如見親，祀之忠也。注：言思親之深。

喪大記：大夫、士父母之喪，既練而歸，朔月、忌日則歸哭於宗室。注：歸，謂歸其宮也。忌日，死日。宗室，宗子之家，謂殯宮也。禮，命士以上，父子異宮。疏：朔月，朔、望也。忌日，死日也。宗室，適子家殯宮也。庶子雖練各歸，至忌日及朔、望則歸殯宮也。

程子曰：忌日必遷主出，祭於正寢，蓋廟中，尊者所據，又同室，難以獨享也。

張子曰：或問：「忌日有薦，可乎？」曰：「古則無之，今有，於人情自亦不害。」凡忌日，必告廟，爲設諸位，不可獨享，故迎出廟，設於他次。既出則當告，諸位雖尊者之忌，亦迎出，此雖無古禮，可以意推。薦用酒食，不焚楮幣，其子孫食素。古人於忌日不爲薦奠之禮，特致哀示變而已。

朱子語類：先生母夫人忌日，著黲黑布衫，其巾亦然。友仁問〔一〕：「今日服色何謂？」曰：「公豈不聞『君子有終身之喪』？」問：「忌日當哭否？」曰：「若是哀

〔一〕「友仁」，諸本作「友人」，據朱子語類卷九〇改。

來時，自當哭。」又問衣服之制。曰：「某自有弔服，絹衫絹巾，忌日則服之。」輔廣録。

忌日祭，只祭一位。　問：「『君子有終身之喪，忌日之謂也』，不知忌日合著如何服？」曰：「唐時士大夫依舊孝服受弔。五代時，某人忌日受弔，某人弔之，遂於坐間刺殺之。後來只是受人慰書，而不接見，須隔日預辦下謝書，俟有來慰者，即以謝書授之，不得過次日。過次日，謂之失禮。服亦有數等，考與祖、曾祖、高祖，各有降殺；妣與祖妣，服亦不同。大概都是黲衫、黲巾。後來横渠制度又别，以爲男子重乎首，女子重乎帶。考之忌日，則用白巾之類，疑亦是黲巾。而不易帶；妣之忌日，則易帶而不改巾。服亦隨親疏有隆殺。」問：「先生忌日何服？」曰：「某只著白絹涼衫、黲巾，不能做許多様服得。」問：「黲巾以何爲之？」曰：「紗絹皆可。某以紗。」又問黲巾之制。曰：「如帕複相似，有四隻帶，若當幞頭然。」沈僴録。　問：「時祭用仲月清明之類。或是先世忌日，則如之何？」曰：「却不思量到，古人所以貴於卜日也。」　過每於士大夫家忌日用浮屠誦經追薦，鄙俚可怪。既無此理，是使其先不血食也。　乙卯年，見先生家凡值遠諱，蚤起，出主於中堂，行三獻之禮。一家固自蔬食，其祭祀食物，則以待賓客。　考妣諱日祭罷，裹生絹黲巾終日。　一日晚到閣下，尚裹白巾未除。問：「未葬不當時祭，遇先忌如何？」朱子曰：「忌者，喪之餘祭，亦無妨。然正寢已設几筵，即無祭處，亦可暫停。」

顔之推家訓：禮云：「忌日不樂。」正以感慕罔極，惻愴無聊，故不接外賓，不理衆務爾。必能悲慘自居，何限於深藏也？世人或端坐奥室，不妨言笑，盛營甘美，厚供齋食，迫有急卒，密戚至交，盡無相見之理，蓋不知禮意乎！魏世王修母以社日亡，來歲社，修感念哀甚，鄰里聞之，爲之罷社。今二親喪亡，偶值伏臘分至之節，及月小晦後，忌之外，所經此日，猶應感慕，異於餘辰，不預飲讌聞聲樂及行遊也。

李濂忌日答問：李子當考妣忌日，必杜門謝客，不親書史，蔬素竟日，客有造謁於門者，閽人辭焉。他日，客愠見，李子再拜謝，已而歎曰：「古禮之不明於天下也，久矣。檀弓曰：『忌日不樂。』祭義曰：『君子有終身之喪，忌日之謂也。忌日不用，非不祥也。言夫日志有所至，而不敢盡其私也。』又曰：『忌日必哀。』某於考妣忌日致齋於内，不通賓客，守先王之禮也，亦情之不容已者也。粤稽諸古，若王修之母以社日亡，每歲社日，修感念哀甚，里閭爲之罷社；祝欽明以匿親忌日而貶；申州元亘以忌日辭攝祭而甘坐罰〔一〕，凡此咸可鑒也。夫既見賓客，必接談笑，而孝子之心忍乎？不忍乎？顔氏家

〔一〕「申州」，諸本作「申日」，據明文海卷一三六改。

訓曰：『忌日不樂。正以感慕罔極，愴惻無聊，故不接外賓，不理衆務。』而艾仲孺侍郎嘗聞其祖母于歸時衣笥中得黲黑衣，婦姒皆驚駭，詰之，曰：『父母教以遇翁家忌日，著此服爾。』當時衣冠之家，猶知此禮，惜今未之聞也。晦菴先生每于母夫人忌日著黲黑巾衫，門人問其故，先生曰：『子豈不聞君子有終身之喪乎？』先生凡值先代忌日，必早起出主於中堂，行三獻禮，闔門蔬食，此士大夫所當法也。故曰君子有終制之喪，有終身之喪，有斯須之喪〔一〕。終制之喪，三年是也；終身之喪，忌日是也；斯須之喪，弔日是也。夫天之道，陰陽不同時，則當寒而燠者，逆道也。人之理，哀樂不同日，則忌日接見賓客，談笑如故者，逆理也。君子愛人以德，君其勿深咎予哉？」客再拜曰：「先生教我矣〔二〕。」

作忌日答問。

薛夢禮教家類纂：凡祭祀，所以報本，不可不重。近世多不行四時之祭，惟於忌日設祭，前期不齋，臨祭無儀，祭畢請客飲酒，皆非禮也。今宜悉依家禮。忌日祭，止本親用四蔬果小三牲，考以妣配，妣不援考。

右忌日祭

〔一〕「斯」，諸本作「如」，據明文海卷一三六改，下同。

〔二〕「矣」，諸本作「合」，據明文海卷一三六改。

節薦

中庸：薦其時食。

朱子集注：時食，四時之食，各以其物，如春行羔、豚、膳、膏、香之類是也。

蕙田案：中庸「薦其時食」，指正祭言。今俗節之祭，古禮所無，然與薦時食之義相近，故先賢不廢，家禮云「俗節則獻以時食」是也。

朱子語録：朔旦家廟用酒果，望旦用茶。重午、中元、九日之類，皆名俗節。大祭時，每位用四味，請出木主。俗節小祭，只就家廟，止二味。朔旦俗節，酒止一上，斟一盃。叔器問：「行正禮，則俗節之祭如何？」曰：「韓魏公處得好，謂之節祠，殺於正祭。某家依而行之。」

朱子文集答張欽夫書：節祀有説，蓋今之俗節，古所無有，故古人雖不祭，而情亦自安。今人既以此爲重，至於是日，必具殽羞相宴樂，而其節物亦各有宜，故世俗之情，至於是日，不能不思其祖考，而復以其物享之，雖非禮之正，然亦人情之不能已者，但不當專用此而廢四時之正禮耳。古人不祭，則不敢以燕，況今於此俗節，既已據經而廢祭，而生者則飲食燕樂，隨俗自如，殆非事死如事生、事亡如事存之意也，必盡廢之然後可。又恐初無害於義理而特然廢之，不惟徒駭俗聽，若恐不能行遠，則是已廢之祭拘於定制，不能復舉，而燕飲節物漸於流俗，有時而自如也，此於天理，亦豈得謂安乎？夫三王制禮，因革不同，皆合乎風氣之宜，而不違乎義理之正。正使聖人復起，其於今日之議，亦必有所處矣。

丘氏濬大學衍義補：家禮「俗節則獻以時食」，如清明、寒食、端午、中元、重陽之類。

右節薦

蕙田案：忌日、俗節之祭，古人所無而今人所有，且爲大夫士、庶人通行之禮，故並列焉。

不祀非族

春秋僖公十年左氏傳：神不歆非類，民不祀非族。疏：傳稱「非我族類，其心必異」，則族、類一也，皆謂非其子孫，妄祀他人父祖，則鬼神不歆享之耳。

襄公六年穀梁傳：立異姓以莅祭祀，滅亡之道也。

史記趙世家：趙武服程嬰、公孫杵臼齊衰三年，爲之祭邑，春秋祠之，世世勿絶。正義：今河東趙氏祠先人，猶别舒一座祭二士矣。

朱子文集答汪尚書：宋公以外祖無後而歲時祭之，此其意可謂厚矣。然非族之祀，於禮既未安，而勢不及其子孫，則爲慮亦未遠。曷若訪其族親，爲之置後，使之以時奉祀之爲安便而久長哉？但貧賤之士，則其力或不足以爲此，或雖爲之，而彼爲後者無所顧於此，則亦不能使之致一於所後。若宋公，則其力非不足爲，若爲之而割田築室以居之，又奏授之官以禄之，則彼爲後者必將感吾之誼，而不敢乏其祀矣。此於義理甚明，利害亦不難曉。竊意宋公特欲親奉烝嘗，以致吾不忘母家之意，而其慮遂不及此耳。若果如此，則其爲後者主其祭，而吾特往助其饋奠，亦何爲而不可？願早爲之，使異時史策書之，可以爲後世法。

蕙田案：非族之祀，世俗亦間有之，列於末條，以爲承祭者之戒。

右不祀非族

五禮通考卷一百十四

吉禮一百十四

大夫士廟祭

歷代大夫士廟祭上

戰國策：馮煖誡孟嘗君曰：「願請先王之祭器，立宗廟於薛。」廟成，還報孟嘗君。

隋書禮儀志：後齊王及五等開國，執事官、散官從三品已上〔一〕，皆祀五世。五等散品及執事官、散官正三品已下從五品已上，祭三世。三品已上，牲用一太牢，五品

〔一〕「三品」，諸本作「二品」，據隋書禮儀志二改。

已下，少牢。執事官正六品已下從七品已上，祭二世，用特牲。正八品已下，達于庶人，祭于寢，牲用特肫，或亦祭祖禰。諸廟悉依其宅堂之制，其間數各依廟多少爲限。其牲皆子孫見官之牲。

文獻通考：唐制，一品二品四廟。

唐太宗貞觀六年，侍中王珪通貴漸久，而不營私廟，四時烝嘗，猶祭於寢，爲法司所劾。太宗優容之，因官爲立廟，以媿其心。

開元禮三品以上時享其廟儀：四品、五品、六品以下附。

前享五日，筮於廟門之外。主人公服立于門東，西面；掌事者各服其服立於門西，東面，北上。設筮席於闑西閾外，西面。筮者開韇出册，兼執之，東面受命于主人。主人曰：「孝曾孫某，來日丁亥，祗享於廟，尚饗。」亥，未必丁也，直舉一日以言之，則己亥、辛亥，苟有亥焉可。筮者曰：「諾。」進就筮席，西面，以韇繫册，遂述曰：「假爾太筮有常，孝曾孫某〔一〕，來日丁亥，祗享於廟，尚饗。」乃釋韇，坐筮訖，興，降席，東面稱：「占

〔一〕「某」，諸本脱，據通典卷一二一、開元禮卷七五補。

曰從。」筮吉退。若不吉即筮遠日，還如初儀。贊禮者進主人之左，告禮畢，掌事者徹筮席。先享三日，主人及亞獻、終獻并執事者，各散齋二日於正寢，致齋一日於廟所。同官僚佐之長爲亞獻〔一〕，其次爲終獻，無則親賓爲之。子孫及凡入廟者，各於其家清齋，皆一宿。四品、五品以上同。六品以下，若有廟者，如五品以上之儀。無廟者，筮于正寢之堂，主人公服立于堂上楹間近東，西面。掌事者近西，東面，北上。設筮席于主人之西，筮者開韇出册，兼執之，東面受命于主人。主人曰「孝孫某來日丁亥春祠」，其餘並同五品以上儀。亞獻、終獻親賓爲之。前一日之夕，清掃内外，掌廟者整拂神幄。六品以下無廟者，但清掃内外。贊禮者設主人之位於東階東南〔二〕，西面。亞獻、終獻位於主人東南，掌事者位於終獻東南，俱重行，西向，北上。設子孫之位於庭，重行，北面，西上。設贊唱者位於終獻西南，西面。又設亞獻以下位於門外之東，執事者在南差退，俱西向。設牲於南門之外，當門北面，以西爲上；掌牲者位於牲西北，東面；諸祝位於牲後，俱北向；設亞獻省牲位於牲前近東，西向。

〔一〕「同」，諸本作「國」，據通典卷一一二、開元禮卷七五改。
〔二〕「東南」，諸本脱，據通典卷一一二、開元禮卷七五補。

設祭器之數，每室罇二、簋二、簠二、甑二、鉶二、俎二；籩豆，一品二品各十，三品八。四品、五品各六。六品以下簋、簠、鉶、甑、俎各一，籩豆各二。掌事者以罇入設前楹下，各於室户六品以下無廟者不言室户。之東，北面，西上，皆加勺冪。首座爵一，餘座皆爵四，置于坫。四品、五品、六品以下皆置于罇下，加勺冪。設祭器於序東，西向。每座簋在前，簠次之，甑次之，鉶次之，籩次之，豆次之，俎在後；每座異之，皆以南爲上，屈陳而下。設洗於東階東南，東西當東霤，五品以上同，六品以下當東榮，餘同。南北以堂深；罍水在洗東，加勺冪；篚在西，南肆，實爵三巾二於篚，加冪；凡器物皆濯而陳之。執罇罍洗篚者各於罇罍洗篚之後。掌牲者以牲就榜位。贊禮者引亞獻入，詣東階升堂，徧視滌濯，於視滌，執罇者皆舉冪告潔。訖，引降就省牲位〔一〕。亞獻省牲，掌牲者前，東面舉手曰：「腯。」還本位。諸祝各循牲一帀，北面舉手曰：「充。」俱還本位。祝引掌牲者以次牽牲付厨〔二〕。贊禮者引終獻詣厨〔三〕，省鼎鑊，視濯溉。亞獻以下每事訖，各還齋所。執饌者入徹簠簋籩豆俎

〔一〕「引」，原脱，據光緒本、通典卷一二一補。
〔二〕「引」，諸本作「與」，據通典卷一二一、開元禮卷七五改。
〔三〕「厨」，原脱，據光緒本、通典卷一二一補。

鉶以出。享日未明，烹牲於厨。夙興，掌饌者實祭器。牲體皆載右胖。前脚三節，節一段，肩臂臑皆載之；後脚三節，節一段，去下一節，載上肫胳二節；又取正脊、脡脊、横脊、短脅、正脅、代脅各二骨以並，餘皆不設。簋實稷黍，簠實稻粱，籩實石鹽、乾脯、棗栗之屬，豆實醢醬韲葅之類。六品以下簋實稷，簠實黍，籩實脯棗，豆實葅醢，餘同五品以上。主人以下各服其服，掌事者入實罇罍。每室二罇，一實玄酒爲上，一實醴齊次之。祝版各置於坫。四品、五品、六品于尊所。諸祝與奄人四品、五品無奄人，六品以下于正寢室內。入立於庭，北面西上，立定，皆再拜訖，升自東階，以次出神主，各置於座。夫人之主，奄人奉出，俱並席處右。四品、五品祝拜訖〔一〕，升，整拂几筵。六品以下祝設神座于正寢室內，祖在西，東面，禰在祖東北，南向〔二〕，皆有几筵。質明，贊禮者引亞獻以下及子孫俱就門外位。贊唱者先入就位。諸祝與執罇罍者入立於庭，北面西上。立定，贊唱者唱「再拜」，祝以下俱再拜，各就位。掌饌者奉饌陳於門外。贊禮者引主人入就位，又贊禮者引亞獻以下及子孫以次入就位。立定，贊唱者曰「再拜」，主人以下皆再拜。贊禮者進主人之左，白「請行事」，退復位。掌饌者引饌入，升自東階，諸

〔一〕「拜」，諸本作「奉」，據通典卷一二一、開元禮卷七七改。

〔二〕「南向」，原脱，據通典卷一二一、開元禮卷七八補。

祝迎引於階上，各設於神座前。籩居右，豆居左，簠簋鉶居其間，羊豕二俎横重陳于右，腊俎特于左。四品、五品同〔一〕。六品特牲俎横于前。執爐炭、蕭稷、膟膋者，各從其俎升，置于室户外之左。六品無廟則設于堂户外之左，餘同。其蕭稷各置于爐炭下，施設訖，掌饌以下降出。諸祝各取蕭稷擩於脂，燔於爐炭，還罇所。贊禮者引主人詣罍洗，執罍者酌水，執洗者跪取盤，興，承水，主人盥手，執篚者跪取巾於篚，興，進，主人拭手，執篚者受巾，跪奠於篚；遂取爵，興以進，主人受爵，執罍者酌水，主人洗爵，執篚者又跪取巾於篚〔二〕，興，進，主人拭爵訖，受巾，跪奠於篚，奉盤者跪奠盤，興。凡取物者，跪俛伏而取以興，奠物則奠訖俛伏而後興。贊禮者引主人自東階升堂，詣某祖酒罇所，六品以下詣祖，下倣此。執罇者舉冪，主人酌酒。贊禮者引主人進詣某祖座前，北面跪奠爵，興，出户北面立。四品、五品同。六品以下西向奠爵，興，少退西向立。祝持板進於室户外之右，東面四品、五品同。六品以下祝持板進祖座之右，北面。跪讀祝文曰：「維某年歲次月朔日，子孝曾孫某官

〔一〕「同」，原脱，據光緒本、通典卷一二一補。
〔二〕「執篚」，原作「執爵」，據光緒本、通典卷一二一、開元禮卷七五改。

封某，無封者單稱官。六品以下稱孝孫，餘同。無官者稱名。敢昭告于某祖考某謚、封祖妣某邑夫人某氏：時維仲春，夏云仲夏，秋云仲秋，冬云仲冬。伏增遠感。謹以柔毛、剛鬣、明粢、薌合、薌萁、嘉蔬、嘉薦、四品、五品云柔毛、剛鬣、嘉薦、普淖。六品以下無柔毛，餘同五品。醴齊，恭薦祠享春云祠，夏云礿，秋云嘗，冬云烝。于某祖考某謚，封某祖妣夫人某氏配，尚饗。」祖考及孫各依尊卑稱號。其祝文，四品以下同。訖，興，主人再拜，祝進跪奠板於神座，興，還罇所。贊禮者引主人以次酌獻如上儀。唯不盥洗。訖，贊禮者引主人詣東序，西向立。四品、五品同。六品以下詣先祖座前近東，西向立，餘同。諸祝各以爵酌福酒，合置一爵，一祝持爵進主人之左〔一〕。跪祭酒，啐酒，奠爵，興。諸祝各帥執饌者以俎入減神前胙肉〔二〕，共置一俎上；又以籩徧取黍稷飯共置一籩。祝先以飯籩進，主人受以授左右；祝又以俎次授，主人每受以授左右。訖，主人跪取爵，遂飲卒爵，祝進受爵，復于坫，四品、五品、六品復于尊所，下倣此。主人興，再拜。贊禮者引主人降自東階，還本位〔三〕，西向

〔一〕「左」下，開元禮卷七五有「北向立主人再拜受爵」九字。
〔二〕「胙」，原作「俎」，據味經窩本、乾隆本、光緒本、通典卷一二一改。
〔三〕「本」，原作「板」，據光緒本、通典卷一二一改。

立。主人獻將畢，贊禮者引亞獻詣罍洗，盥手洗爵，升自東階，詣某祖酒罇所，執罇者舉冪，亞獻酌清酒。贊禮者引亞獻進詣某祖神座前，北向跪五品以上同。六品以下詣先祖前，西向跪奠爵，興，少退，再拜。奠爵，興，出户，北向再拜。贊禮者引亞獻如上儀〔一〕。訖，贊禮者引亞獻詣東序，西向立。五品以上同。六品詣祖座近東，西向立。諸祝各以爵酌福酒如初獻儀，唯不受胙。又贊禮者引終獻亦如初獻儀，訖，降復位。諸祝皆進神座前，跪徹豆，興，還罇所。徹者，籩豆各一少移于故處。贊唱者曰「再拜」，非飲福受胙者皆再拜。贊唱者又曰「再拜」，主人以下皆再拜。贊禮者進主人之左，白「禮畢」，遂引主人出，贊禮者引亞獻以下出，子孫以次出。諸祝及執罇罍篚者俱復執事位，立定，贊唱者曰「再拜」，諸祝以下皆再拜。執罇罍篚者出。諸祝與奄人匱神主納於埳室如常儀，訖，祝板焚於齋所。四品、五品以下無匱神主。褒聖侯祀孔宣父廟及王公以下皆用此禮，惟祝文別。

〔一〕「亞獻」下，開元禮卷七五有「以次酌獻」四字。

三品以上祫享其廟〔一〕：

前享五日，筮於廟門之外。齋及設位、牲榜、祭器、省牲皆如時饗之儀。掌事者以罇坫入設於廟堂上，皆於神座左。昭座之罇在前楹間，北向，始祖及穆座之罇在户外，南面，俱以近神爲上，皆加勺冪。若始祖在曾祖以下，則設罇依親廟之式，其首座爵一，餘座爵四，各置於坫。設祭器於序東，西向。每座簋在前，簠次之，甄次之，鉶次之，籩次之，豆次之，俎在後；每座異之，皆以南爲上，屈陳而下。設洗於東階東南，東西當東霤，南北以堂深；罍水在洗東，加勺冪；篚在洗西，南肆，實爵三巾二於篚，加冪；凡器皆濯而陳之。執罇罍篚冪者各位於罇罍篚冪之後。享日未明，牽牲於厨〔二〕。夙興，掌饌者實祭器。牲體折節所載，及諸祭器所實如時享。掌廟者設神座於廟堂之上，自西序以東。始祖座於西序，東向。昭座於始祖座東北，南向；穆座於東南，北向；俱西上。若始封者仍在曾祖以下，則空東面之座，依昭穆南北設之。每座皆有屏風几席，設趺扆如式。主人以下各服其

〔一〕「上」，原作「下」，據光緒本、通典卷一一二改。

〔二〕「牽」，開元禮卷七六作「烹」。

服。掌事者入實罇罍。每室四尊：一實醴齊爲上，一實盎齊次之，玄酒各實於上罇。設玄酒者，重古，陳而不酌。祝版各置於坫。諸祝與奄者入立於庭，北面西上；掌事者持腰輿從入，立於東階下，西面。立定，祝與奄者皆再拜訖，帥腰輿升自東階，詣始祖廟，入開埳室，出神主置於輿，出詣座前，以主置於座。以次出神主如上儀。訖，還齋所。夫人之主，奄人奉出，俱並西出〔一〕，處右。質明，贊者引亞獻以下及子孫俱就門外位。贊唱者先入就位。諸祝與執罇罍者入立於庭，北面西上，立定，贊唱者曰「再拜」，祝以下皆再拜，各就位。掌饌者帥執饌者奉饌陳於門外。贊禮者引主人入就位，又贊者引亞獻以下及子孫以次入就位，立定，贊唱者曰「再拜」，主人以下皆再拜。贊禮者進主人之左，白「請行事」，退復位。掌饌者引饌入，升自東階，諸祝迎引於階上，各設於神座前。籩居右，豆居左，簠簋瓿鉶居其間，羊豕二俎橫陳重於右，腊俎特於左。執爐炭、蕭稷、膟膋者從其俎升，設於神座之左少後，其蕭稷各置於爐炭下，施設訖，掌饌者以下降出；諸祝各取蕭稷擩於脂，燔於爐炭，還罇所。贊禮者引主人詣罍洗，執罍者酌水，執洗者跪取盤，

〔一〕「西」，諸本作「而」，據文獻通考卷一〇五改。

興，承水，主人盥手，執篚者跪取巾於篚，興，進，主人拭手，執篚者受巾，跪奠於篚；遂取爵興以進，主人受爵，執罍者酌水〔一〕，主人洗爵，執篚者又跪取巾於篚，興，進，主人拭爵訖，受巾，跪奠於篚，奉盤者跪奠盤，興。贊禮者引主人自東階升堂，詣始祖酒罇所，執罇者舉冪，主人酌醴齊。贊禮者引主人進詣始祖神座前，西向跪，奠爵，興，少退，西向立。祝持板進神座之右，北面跪讀祝文曰：「維某年歲次月朔日，子孝曾孫某官封某敢昭告於始祖考某謚〔二〕、封祖妣夫人某氏：歲序推遷，伏增遠感。謹以柔毛、剛鬣、明粢、薌萁、嘉齊〔三〕，恭薦祫事于始祖考某謚，封始祖妣夫人某氏配〔四〕，尚饗。」祖考及子孫各依尊卑稱號，其祝文同。案禮，不王不禘，大夫有事，省于其君，干祫及其高祖。三品以下，皆大夫士也，祫祭先祖則可行也，安得云禘享乎？唐開元禮品官亦云薦禘事，是僭禮也，故「前享五日」節注中，禘享設未毀廟之罇坫於前楹下；「享日設神座」節注中，禘又設未毀廟主各于其室；「出神主」節注中，

〔一〕「罍」，原作「篚」，據光緒本、通典卷一二一改。
〔二〕「敢」上，原衍「官」字，據光緒本、通典卷一二一删。
〔三〕「薌萁」上，開元禮卷七六有「薌合」二字，「嘉齊」作「嘉蔬嘉薦醴齊」。
〔四〕「配」下，原衍「座」字，據光緒本、通典卷一二一删。

禘又以次出毁廟主，置于室内之座，及「祝文」注禘云禘事，一概削去。訖，興，主人再拜，進跪奠板於神座，興，還罇所。贊禮者引主人依昭穆酌獻如上儀。唯不盥洗。訖，贊禮者引主人詣東序，西向立。諸祝各依爵酌福酒，合置一爵，祝持爵進主人之左，北向立〔一〕。主人再拜受爵，跪祭酒，啐酒，奠爵，興。諸祝各帥執饌者以俎進，減神座前胙肉，共置一俎上；又以籩徧取稷黍穇飯〔二〕，共置一籩。祝先以飯籩進，主人受以授左右；祝又以俎以次進，主人每受以授左右。訖，主人跪取爵〔三〕，遂飲卒爵，祝進受爵，復於坫，主人降自東階〔四〕，還本位，西向立。主人獻將畢，贊禮者引亞獻詣罍洗，盥手洗爵，升自東階，詣始祖酒罇所，執罇者舉冪，亞獻酌盎齊。贊禮者引亞獻進詣始祖神座前，西向跪，奠爵，興，少退，西向再拜。贊禮者引亞獻以次酌獻如上儀。訖〔五〕，贊禮者引

〔一〕「立」，原脱，據光緒本、通典卷一二二、開元禮卷七六補。
〔二〕「穇」，諸本脱，據文獻通考卷一〇五補。
〔三〕「跪取爵」三字，原脱，據光緒本、通典卷一二二補。
〔四〕「主人」下，開元禮卷七六有「興再拜贊禮者引主人」九字。
〔五〕「訖」，原脱，據光緒本、通典卷一二二、開元禮卷七六補。

亞獻詣東序，西向立。諸祝各以爵酌福酒如初獻之儀，唯不受胙。又贊禮者引終獻升獻飲福如亞獻之儀。訖，降復位。諸祝皆進神座前，跪徹豆，興，還鐏所。贊禮者曰「再拜」〔一〕，非飲福受胙者皆再拜。贊唱者又曰「再拜」，主人以下皆再拜。贊禮者進主人之左，白「禮畢」，遂引主人出，贊者引亞獻以下及子孫以次出。諸祝與執鐏罍篚者俱復執事位，立定，贊唱者曰「再拜」，諸祝以下皆再拜。執鐏罍篚者出，諸祝與奄者匵神主置於輿，納於埳室如常儀。

唐書禮樂志：天寶十載，京官正員四品清望及四品、五品清官，聽立廟，勿限兼爵。雖品及而建廟未逮，亦聽寢祭。廟之制，三品以上九架，厦兩旁。三廟者五間，中爲三室，左右厦一間，前後虛之，無重栱、藻井。室皆爲石室一，於西墉三之一近南，距地四尺，容二主。廟垣周之，爲南門、東門，門屋三室，而上間以廟，增建神厨于廟東之少南，齋院於東門之外少北，制勿逾于廟。三品以上有神主，五品以上有几筵。牲以少牢，羊、豕一，六品以下特豚，不以祖禰貴賤，皆子孫之牲。牲闕，代以野

〔一〕「者」，原脱，據光緒本、通典卷一二一補。

獸。五品以上室異牲，六品以下共牲。二品以上室以籩豆十，三品以八，四品、五品以六。五品以上室皆簠二、簋二、㽅二、鉶二、俎二、尊二、罍二、勺二、爵六、盤一、坫一、篚一、牙盤胙俎一。祭服，三品以上玄冕，五品以上爵弁，六品以下進賢冠，各以其服。凡祔皆給休五日，時享皆四日。散齋二日于正寢，致齋一日于廟，子孫陪者齋一宿于家。始廟則署主而祔，後喪闋乃祔，喪二十八月上旬卜而祔，始神事之矣。王公之主載以輅，大夫之主以翟車，其餘皆以輿。天子以四孟、臘享太廟，諸臣避之，祭仲而不臘。三歲一祫，五歲一禘。若祔、若常享、若禘祫，卜日、齋戒、省牲、視滌、濯鼎鑊，亨牲、實饌、三獻、飲福、受胙進退之數，大抵如宗廟之祀。以國官亞、終獻，無則以親賓，以子弟。其後不卜日，而筮用亥。祭寢者，春、秋以分，冬、夏以至日。若祭春分，則廢元日。然元正，歲之始，冬至，陽之復，二節最重。祭不欲數，乃廢春分，通爲四。祠器以烏漆，差小常制。祭服以進賢冠，主婦花釵禮衣，後或改衣冠從公服，無則常服。凡祭之在廟、在寢，既畢，皆親賓子孫慰，主人以常服見。若宗子有故，庶子攝祭，則祝曰：「孝子某使介子某執其常事。」通祭三代，而宗子卑，則以上牲祭宗子家，祝曰：「孝子某爲其介子某薦其常事。」庶子官尊而立廟，其主祭則以支庶封官依大宗主祭，兄陪於位。以廟由弟立，己不得延神也。或兄弟分官，則各祭考妣于正寢。凡殤及無後皆祔食於祖，無祝而不拜，設座祖左而西向，亞獻者奠，祝乃奠之，一獻而止。其後廟制設幄，當中南向，祔坐無所施，皆祭室户外之東而西向。親伯叔之無後者祔曾祖，親昆弟及從父昆弟祔于祖，親子姪祔于禰。寢祭之位西上，祖東向而昭穆南北，則伯叔之祔者居禰下之穆位北向〔一〕，昆弟、從父昆弟居祖下之昭位南向，子姪居伯叔之下穆位北向，以序尊卑。凡殤、無後，以周親及大功爲斷。古者廟于大門内，秦出寢于陵側〔二〕，故王公亦建廟于墓。既廟與居異，則宮中有喪而祭。三年之喪，齊衰、大功皆廢祭；外喪，齊衰以下行之。

圖書集成：唐韓雲卿故中書令贈太子太師崔公家廟碑銘略：尚書右僕射趙國公圓薨，天子罷朝三日，喪禮贈賻加異常數，詔贈太子太師，謚曰某。嗣子褒敦率舊禮，五月而葬，二十五月而祥。既祥，始立廟于洛邑，曰考廟、皇考廟，階二尺有七寸，從四尋，衡八尋三尺五，楹外垂四阿，圬墁采椽，不施丹雘，齋宮爨室，庭垣稱之。寢廟既成，庭除既平，備器撰服，先饗七日，致齋具物。君子曰：「吾觀崔氏

〔一〕「向」，原脱，據光緒本、新唐書禮樂志三補。
〔二〕「秦」，原作「奉」，據光緒本、新唐書禮樂志三改。

之饗，有以知禘嘗之義焉。」古者諸侯立五廟，廟有鼎與樂。有國之制，侯伯有爵而無土，廟有鼎，祭有樂，不克立五廟而立三廟，不銘于鼎而銘于碑。

文獻通考：德宗貞元十三年，敕贈太傅馬燧祔廟，宜令所司供少牢，仍給鹵簿。

憲宗元和七年十一月，太子少傅判太常卿事鄭餘慶建立私廟，將祔四代神主，廟有二夫人，疑于祔配，請禮院詳定。修撰官太學博士韋公肅議曰：「古者一娶九女，所以於廟無二嫡〔一〕。自秦、漢以下，不行此禮，遂有再娶之説。前娶後繼，並是正嫡，則偕祔之義，于禮無嫌。謹案晉驃騎大將軍温嶠相繼有三妻，疑並爲夫人，以問太學博士陳舒，議以妻雖先没，榮辱並隨夫也。禮祔于祖姑，祖姑有三人，則各祔舅之所生。如其禮意，三人皆夫人也。秦、漢以來，諸侯不復一娶九女，既生娶以正禮，没不可貶。自後諸儒咸用舒議，且嫡繼于古則有殊制，于今則無異等。今王公再娶，無非禮聘，所以祔配之議〔二〕，不得不同。至於卿士之家寢，祭亦二妻，位同几席，豈廟享之禮而有異乎？是知古者廟無不嫡，防姪娣之爭競，今無所施矣。古之繼室，皆媵妾也，

〔一〕「所以於廟無二嫡」七字，諸本脱，據文獻通考卷一〇四補。

〔二〕「配」，原作「祀」，據光緒本、文獻通考卷一〇四改。

今之繼室，皆嫡妻也。不宜援古一娶九女之制也，而使子孫祭享不及。或曰：春秋聲子不入魯侯之廟，如之何？謹案魯惠公元妃孟子，孟子卒，繼室以聲子，聲子之姪娣〔一〕，非正也，自不合入惠公之廟明矣。又武公生仲子，則仲子歸于魯，生桓公而惠公薨，立宮而奉之，追成父志，別爲宮也。尋求禮意，則當然矣，未見前例，如之何？謹案晉南昌府君廟有荀氏、薛氏，景帝有夏侯氏、羊氏〔二〕，聖朝睿宗廟有昭成皇后竇氏〔三〕、肅明皇后劉氏，故太師顏魯公祖廟有夫人殷氏、繼夫人柳氏，其流甚多，不可悉數，略稽禮文，參諸故事，二夫人並祔，于禮爲宜。」

蕙田案：程子有「只以元妃配享」之說，又有「奉祀之人是再娶所生，則以所生母配」之說。朱子並以爲不然，而曰：「凡是嫡母，無先後，皆當並祔合祭。」故知陳舒、韋公肅之議，爲深得禮意。

〔一〕「魯惠公元妃孟子孟子卒繼室以聲子聲子之姪娣」，新唐書韋公肅傳作「魯惠公元妃孟子卒，繼室以聲子，聲子，孟姪娣也」。
〔二〕「景帝」，原作「景侯」，據光緒本、文獻通考卷一〇四改。
〔三〕「朝」，原作「廟」，據光緒本、文獻通考卷一〇四改。

圖書集成：韓愈魏博節度觀察使沂國公先廟碑銘：元和八年十一月壬子，上命召比部郎中韓愈至政事堂，傳詔曰：「田弘正始有廟京師，朕惟弘正先祖父厥心靡不嚮帝室，訖不得施，乃以教付厥子。維弘正銜訓事嗣，朝夕不怠，以能迎天之休，顯有丕功。惟父子繼忠孝，予惟寵嘉之，是以命汝愈銘。」伏念昔者魯僖公能遵其祖伯禽之烈，周天子寶命其史臣克作爲駉、駜、泮、閟之詩，使聲于其廟，以假魯靈。今天子嘉田侯服父訓不違，用康靖我國家，蓋寵銘之所以休寧，田氏之祖考得立廟，祭三代，曾祖都水使者府君祭初室，祖安東司馬、贈襄州刺史府君祭二室，兵部府君祭東室。

唐書韋彤傳：會昌五年，詔京城不許群臣作私廟。宰相李德裕等引彤所議：「古制：廟必中門之外，吉凶皆告，以親而尊之，不自專也。今俾立廟京外，不能得其意于禮。宮之南九坊，三坊曰圍外，地荒，立廟無嫌；餘六坊可禁。」詔不許，聽準古即所居立廟。

蕙田案：詔書是也，立廟圍外，豈得爲家廟乎？

盧弘宣傳：弘宣患士庶人家祭無定儀，乃合十二家法，損益其當，次以爲書。

文獻通考：唐宣宗大中五年十一月，太常禮院奏：據崔龜從奏：「臣準式合立私廟，伏準會昌五年二月一日敕旨，百官並不得京内置廟。如欲于京内置廟者，但準古禮，於所居處置，即不失敬親之禮者。伏以武宗時，緣南郊行事，見天門街左右諸坊有人家私廟〔一〕，遂令禁斷。且不欲令御路左右有廟宇，許令私第内置〔二〕，則近北諸坊漸逼宫闕，十年之内，悉是人家私廟。今若人家居第寬廣〔三〕，或鄰里可吞併者，必便置廟以展孝思，或居處偏狹，鄰近無可開廣者〔四〕，便是終身廢廟享之榮，公私情禮皆極不便〔五〕。國朝二百餘年，在私家側近者不過三數家，今古殊禮，頗爲褻黷，其餘悉在近南遠坊，通行已久。今若緣南路不欲令置私廟，却令居處建立廟宇，即須種植松柏及白楊樹，近北諸坊，又恐未便。以臣愚見，天門街左右諸坊不許置廟，其餘圍外遠坊本是隙地，并舊是廢廟者，許令建立，即天門街側近既無私廟，近北諸坊又免百官占地立廟，并官至三品，盡得升祔禰，無乖禮經。中外官僚已至三品者，皆望有此釐革。伏請下太常禮院重定立廟制度及去處，庶得禮可遵，行事無乖。」當奉今月一

〔一〕「天門街」，原作「六門街」，據光緒本、文獻通考卷一〇四改。
〔二〕「令」，原作「人」，據光緒本、文獻通考卷一〇四改。
〔三〕「第」，諸本作「地」，據文獻通考卷一〇四改。
〔四〕「近」，原作「里」，據光緒本、文獻通考卷一〇四改。
〔五〕「禮」，諸本作「理」，據文獻通考卷一〇四改。

日敕，宜依所奏，下太常禮院審詳制度，分析奏聞者。伏以事亡如存，典禮攸重。今百官悉在京師，若不許于京内置廟，則烝嘗之禮難復躬親，孝思之心或乖薦奠。若悉令于居處置廟，又緣近北諸坊，便於朝謁，百官第宅，布列坊中，其間雜以居人，棟宇悉皆連接，今廣開則鄰無隙地，廢廟貌則禮闕敬親。若令依會昌五年敕文，盡勒于所居置廟，兼恐十數年間，私廟漸逼于宫墻，齊人必苦于吞併。臣具詳本末，冀便公私，今請夾天門街左右諸坊，不得立私廟，其餘圍外遠坊〔一〕，任取舊廟，及擇空閑地建立廟宇。應立廟之初，先取禮司詳定，兼請準開元禮，二品以上祠四廟，三品祠三廟，三品以下不須爵者，四廟外有始封，通祠五廟。三品以上不得過九架，並厦兩頭，其三室廟制，合造五間，其中三間隔爲三室，兩頭各厦一間虚之，前後亦虚之，每室廟垣合開南門、東門，並有門屋，餘並請準開元禮及曲臺禮爲定制。其享獻之禮，除依古禮用少牢、特牲饋食外，有設時新及今時熟饌者並聽。仍請永爲定式。敕旨宜依。

〔一〕「圍外」，原誤倒，據味經窩本、光緒本、文獻通考卷一〇四乙正。

蕙田案：古者左廟右寢，廟寢相連，即神依乎人之義。私廟設天門街與另覓遠坊隙地建立者，皆非禮意也。

北夢瑣言：唐劉舍人蜕，桐廬人。早以文學應進士舉，其先德誡之曰：「任汝進取，窮乏與達，不望于汝。吾若没後，慎勿祭祀。」乃乘扁舟以漁釣自娱，竟不知其所適。紫微歷登華貫，出典商於，霜露之恩，于是乎止。臨終亦誡其子如先考之命。蜀禮部尚書纂，即其息也，嘗與同列言之。君子曰：「名教之中，重于喪祭。劉氏先德，是何人斯？苟同隱逸之流，何傷菽水之禮？紫微以儒而進，爵比通侯，遵乃父之緒言，紊先王之舊制，報本之敬，能便廢乎？」

退朝録：祕府有唐孟詵家祭儀、孫氏仲饗儀數種，大抵以士人家用臺卓享祀，類几筵，乃是凶祭。其四仲吉祭，當用平面氈條屏風而已。

蕙田案：祭祀可廢耶，禮先亡矣！劉舍人從親之命，直從其亂命而已。家語「仰視榱桷，俯察几筵」，祭統「鋪筵設同几」，几筵豈定是凶祭？臺卓既先人所曾用，便是合用之物，謂其類于凶祭，不經甚矣！

宋史仁宗本紀：慶曆元年十一月大赦，改元。臣僚許立家廟，功臣不限品數賜戟。

禮志：群臣家廟，本于周制，適士以上祭于廟，士庶以下祭于寢。唐原周制，崇尚私廟。五季之亂，禮文大壞，士大夫無襲爵，故不建廟，而四時寓祭于室屋〔一〕。慶曆元年，南郊赦書，應中外文武官並許依舊式立家廟〔二〕。

仁宗本紀：皇祐二年十二月甲申，定三品以上家廟制。

禮志：群臣家廟。宋庠又以爲言，乃下兩制、禮官詳定其制度：「官正一品平章事以上立四廟；樞密使、知樞密院事、參知政事、樞密副使、同知樞密院事、簽書院事，見任、前任同，宣徽使、尚書、節度使、東宫少保以上，皆立三廟；餘官祭于寢。凡得立廟者，許嫡子襲爵以主祭〔三〕。其襲爵世降一等，死即不得作主祔廟，別祭于寢。自當立廟者，即祔其主，其子孫承代，不計廟祭、寢祭，並以世數疏數遷祧；始得立廟者不祧，以比始封。有不祧者，通祭四廟、五廟。廟因衆子立而嫡長子在，則祭以適長子主之；適長子死，即不傳其子，而傳立廟者之長〔四〕。凡立廟，聽于京師或所居州縣；

〔一〕「屋」，諸本脱，據宋史禮志十二補。
〔二〕「依」，諸本作「以」，據宋史禮志十二改。
〔三〕「許」，諸本作「使」，據宋史禮志十二改。
〔四〕「長」，諸本作「子」，據宋史禮志十二改。

其在京師者，不得于裹城及南郊御路之側。」仍别議襲爵之制，既以有廟者之子孫或官微不可以承祭，而朝廷又難盡推襲爵之恩，事竟不行。

蕙田案：廟制可復，而襲爵决不可行，以襲爵格礙廟制，拘牽甚矣！

文獻通考：至和二年，宰臣宋庠言：「慶曆郊祀赦書，許文武官立家廟，而有司終不能推述先典，明喻上仁，因循顧望，遂踰十載，使王公薦享，下同委巷；衣冠昭穆，雜用家人。緣偷襲弊，甚可嗟也。臣嘗因進對，屢聞聖言，謂諸臣專殖第産，不立私廟，寧朝廷勸戒，有所未孚，將風教頽陵，終不可復。睿心至意，形於太息。臣每求諸臣所以未即建立者，誠亦有由。蓋古今異儀，封爵殊制，因疑成憚，遂格詔書。禮官既不講求，私家何緣擅立？且未信而望誠者，上難必責；從善而設教者，下或有違。若欲必如三代冢嫡世封之重〔一〕，山川國邑之常，然後議之，則墜典無可復之期。夫建宗祏，序昭穆，别貴賤之等，所以爲孝，雖有過于爲孝〔二〕，殖産利，營居室，以遺子孫之

〔一〕「世」，諸本作「始」，據文獻通考卷一〇四改。
〔二〕「雖」，諸本作「乃」；「爲孝」，諸本脱，據文獻通考卷一〇四改補。

業，或與民爭利〔一〕，顧不以爲恥，逮夫立廟，則曰不敢，寧所謂去小違古而就大違古者，諸臣之惑，不亦甚乎？」於是下兩制，與禮官詳定制度。

嘉祐三年，禮部尚書同中書門下平章事文彦博言：「伏覩禮官詳定家廟制度〔二〕，平章事以上許立四廟，臣欲乞于河南府營創私廟，乞降敕指揮。」從之。

司馬温公集文潞公先廟碑記：先王之制，自天子至于官師皆有廟，君子將營宫室，宗廟爲先，居室爲後。及秦，非笑聖人，蕩滅典禮，務尊君卑臣，于是天子之外無敢營宗廟者。漢世公卿貴人多建祠堂于墓所，在都邑則鮮焉。魏、晉以降，漸復廟制，其後遂著于令，以官品爲所祀世數之差。唐侍中王珪不立私廟，爲執法所糾，太宗命有司爲之營構以耻之。是以唐世貴臣皆有廟。及五代蕩析，士民求生有所未遑，禮頹教壞，廟制遂絶。宋興，夷亂蘇疲，久而未講。仁宗皇帝閔群臣貴極公相而祖禰食于寢，儕于庶人。慶曆元年，因郊祀赦，聽文武官依舊式立家廟，令雖下，有司莫之舉，士大夫亦以耳目不經，往往不知廟之可設于家也。皇祐二年，天子宗祀禮成，平章事宋公奏言，請下禮官儒臣議定制度。于是翰林承旨而下，共奏請自平章事以上立四廟，東宫少保以上三廟，其餘器服儀範，俟更參酌以聞。

〔一〕「或」下，諸本衍「至」字，據文獻通考卷一〇四删。
〔二〕「家」，原作「私」，據光緒本、文獻通考卷一〇四改。

是歲十二月，詔如其請。既而在職者違慢相尚，迄今廟制卒不立。公卿亦安故習，常得諉以爲辭，無肯倡衆爲之者，獨平章事文公首奏乞立廟河南。明年七月，有詔可之，然尚未知築構之式，靡所循依。至和初，西鎮長安，訪唐廟之存者，得杜岐公遺迹，止餘一堂四室及旁兩翼。嘉祐元年，始倣而營之。三年，增置前兩廡及門，東廡以藏祭器，西廡以藏家譜。齋祊在中門之右，省牲、展饌、滌濯在中門之左，庖厨在其東南。其外門再重，西折而南出。四年秋，廟成，公以入輔出藩，未嘗踰時，安處于洛。元豐三年秋，留守西都，始釁廟而祀焉。公以廟制未備，不敢作主，用晉荀安昌公祠制，作神板，采唐周元陽議，祀以元日、寒食、春秋分、冬夏至，致齋一日。又以或受詔之四方，不常其居，乃酌古諸侯載主之義，作車奉神板以行。此皆禮之從宜者也。

却掃編：近世士大夫家祭祀，多苟且不經，惟杜正獻公家用其遠祖叔廉書儀，四時之享以分、至日，不設椅卓，惟用平面席褥，不焚紙幣，以子弟執事，不雜以婢僕，先事致齋之類，頗爲近古。又韓忠獻公嘗集唐御史鄭正則等七家祭儀，參酌而用之，名曰韓氏參用古今家祭式，其法與杜氏大略相似，而參以時宜。如分、至之外，元日、端午、重九、七月十五日之祭皆不廢，以爲雖出于世俗，然孝子之心不忍違衆而忘親也。其説多近人情，最爲可行。

蘇頌傳：頌皇祐五年，召試館閣校勘，同知太常禮院。至和中，文彥博爲相，請建家廟，事下太常。頌議以爲：「禮，大夫、士有田則祭，無田則薦，是有土者乃爲廟祭也。有田則有爵，無土無爵，則子孫無以繼承宗祀，是有廟者止于其躬，子孫無爵，祭乃廢也。若參合古今之制，依約封爵之令，爲之等差，錫以土田，然後廟制可議。若猶未也，即請考案唐賢寢堂祠饗儀，止用燕器常食而已。」

蕙田案：頌議可謂泥古而不察理者，圭田雖廢，品官有禄，可以無田而不廟耶？

退朝録：皇祐中，宗衮請置家廟，下兩制、禮官議，以爲廟堂當靈長，若身没而子孫官微，即廟隨毁。請以其子孫襲三品階勳及爵，庶常得奉祀，不報。

蕙田案：父爲大夫，子爲士，祭以士，不聞毁廟也。宋臣之議，極似以立廟邀恩，宜其不報也，異哉！

李涪刊誤：禮，嫡士立二廟，庶人祭于寢，累代禮文不易斯義。開元十二年，敕一品許祭四廟，三品許祭三廟，五品二廟，嫡士亦許祭二廟。爾後禮令並無革易。古者廟連于家，家主之喪，則殯于西階之上。「鄉人儺」，孔子「朝服立于阼階」，又曰「喪不慮居，爲無廟也」，則知居不違廟，禮典昭然。近代顯居上位，率多祭寢，亦嘗發問，皆曰官品未宜。有位至將相者奏請之，詞則曰：「臣官階並及三品，準令合立私廟。」是不知舊制，妄有論奏，廟貌申敬，用展孝思，豈于霜露之情，合俟朝廷之命？蓋以將同列戟，先白有司，既展哀榮，宜遵典故。原其奏請之因，蓋以廟不在其家，或于坊選吉地，乃爲府縣申奏，或有官居顯重，慎慮是宜，營構之初，亦自聞奏，相習既久，致立廟須至聞奏。

司馬温公書儀：凡祭用仲月，王制：大夫、士有田則祭，無田則薦。注：「祭以首時，薦以仲月。」今國家惟享太廟孟月，自周六廟、濮王廟皆用仲月，以此私家不敢用孟月。主人即曰在此男家長也。曲禮：「支子不祭。」曾子問「宗子爲士，庶子爲大夫」，「以上牲祭于宗子之家」。古者諸侯、卿大夫宗族聚于一國，故可以如是。今兄弟仕宦，散之四方，雖支子亦四時念親，安得不祭也？及弟子孫皆盛服親臨，筮日於影堂外。少牢饋食禮「日用丁、己」，又主人曰「來日丁亥」，注：「丁，未必亥也，直舉一日以言之耳。禘于太廟禮曰：日用丁亥，不得丁亥，則己亥、辛亥亦用之，無則苟有亥焉可也。」孟説家祭儀用二至、二分，然今仕宦者職業殊繁，但時至事暇可以祭，則卜筮亦不必亥日及分、至也。若不暇卜日，則止依孟儀用分、至，于事亦便也。仁宗時，嘗有詔聽太子少保以上皆立家廟，而有司終不爲定制度，惟文潞公立廟于西京，他人皆莫之立，故今但以影堂言之。主人西向立，衆男在其後，共爲一列，以長幼爲叙，皆北上。置卓子於主人之前，設香爐、香合及蓍于其上。主人搢笏，進，焚香薰而命之曰：「某將以某日諏此歲時，適其祖考，尚饗。」乃退立，以蓍授筮者，令西向，筮不吉，則更命日。或無能，筮者則以杯珓代之。既得吉日，乃入影堂，主人北向，子孫在其後，如門外之位，西上。主人搢笏，進，焚香，退立。祝懷辭，書辭于紙。出於主人之左，東向，搢笏，出辭，跪讀之曰：「孝孫具官無官，則但稱名。某，將以某日祇薦歲事于先祖先妣，占既得吉，敢告。」卷辭懷之，執笏興，復位，主人再拜皆出。古者，四時之祭，習以爲常，故筮日、宿尸賓而不告祖考，今始變時俗，筮日而祭，故不得不告，蓋人情當然。前期三日，主人帥諸丈夫致齋于外，男十歲以上，皆居宿于外。主婦帥諸婦女致齋于內。雖得飲酒而不至亂，亂，謂改其常度。食肉不茹葷，葷，謂葱韭蒜之類，有臭氣之物。不弔喪，不聽樂。凡凶穢之事，皆不得預，專致思於祭祀。祭義曰：「齋之日，思其居處，思其笑語，思其志意，思其所樂，思其所嗜。齋三日，乃見所爲齋者。」前期一日，主人帥衆丈夫及執事者灑掃祭所，影堂迫隘，則擇廳堂寬潔之處，以爲祭所。滌濯祭器，主人縱不親滌，亦須監視，務令蠲潔。設椅卓，考妣並位，皆南向，西上。古者祭于室中，故神坐東向。自後漢以來，公私廟皆同堂異室，南向，西上。所以西上者，神道尚右故也。主婦主人之妻也。禮，舅没則姑老不與于祭，主人、主婦必使長男及婦爲之，若或自欲預祭，則特位於主婦之前參神，畢，升立於酒壺之北，監視禮儀。或老疾不能久立，則休于他所，俟受胙復來。受胙，辭神而已。帥衆婦女滌釜鼎，具祭饌。注：往歲，士大夫家婦女皆親造祭饌，近日婦女驕倨，鮮肯入庖厨。凡事父母姑舅，雖有使令之人，必身親之，所以致其孝恭之心。今縱不能親執刀匕，亦須監視庖厨，務令精潔，未祭之物，勿令人先食之及爲猫犬及鼠所盜污。開元禮：六品以下，祭亦有省牲、陳祭器等儀。案士大夫家祭其先者，未必皆殺牲。又簠簋籩豆鼎俎罍洗，皆非私家所有，今但能別置椀楪等器，專供祭祀，平時收貯，勿供他用已善矣。時蔬時果各五品，膾、今紅生。

炙、今炙肉。羹、今炒肉。骰、今骨頭。軒、今白肉，音獻。脯、今乾脯。醢、今肉醬。庶羞、猪、羊之外珍異之味。麵食、如薄餅、油餅、胡餅、蒸餅、棗糕、環餅、捻頭、餺飥之類是也。米食，謂黍稷稻粱粟所爲飯，及粢餻團粽餳之類皆是也。共不過十五品。若家貧，或鄉土異宜，或一時所無，不能辦此，則各隨其所有蔬果、肉、麵、米食各數品可也。執事者設盥盆有臺于阼階東南，帨巾有架在其北。盥，濯手也。帨，手巾也。此主人以下親戚所盥，無阼階，則以階之東偏爲阼階，西偏爲西階。又設盥盆、帨巾無臺架者於其東。此執事者所盥。少牢饋食禮設洗于阼階東南，設罍水于洗東，有枓，設篚于洗西，南肆，開元禮倣此。又云：贊禮者引主人詣罍洗，執罍者酌水，執洗者取盤，承水，主人盥手，執篚者受巾，遂進爵，主人詣酒罇所，執罇者舉冪。私家乏人，恐難備。今但設盥盆、帨巾，使自盥手帨手，以從簡易。明日，夙興，主人以下皆盛服。丈夫有官者具公服靴笏，無官者幞頭衫帶，婦人大袖裾帔，各隨其所應服之盛者。主人、主婦帥執事者詣祭所，於每位設蔬果各于卓子南端，酒盞匕筯茶盞托醬楪實以醬鹽醢。於卓子北端。禮，主婦薦籩豆，設黍稷，主人舉鼎，設俎。今使主婦帥婦女薦蔬果粢盛，主人帥衆男薦肉，亦倣此。執事者設玄酒一瓶，其日，取井華水充。酒一瓶于東階上，西上。別以卓子設酒注、酒盞、刀子、拭布于其東，設香卓於堂中央，置香爐、香合於其上，裝灰瓶，設火爐、湯瓶、香匙、火筯于西方，對瓶實水于盥盆。

質明，庖者告饌具，主人、主婦共詣影堂，一執事舉祠版笥，主人前導主婦，主婦從後。衆丈夫在左，衆婦女在右，從至祭所，置于西階上火爐之西向。主人、主婦盥手帨手，各奉祠版置于其位，考先妣後。主人帥衆丈夫共爲一列，長幼以序，立于東階下，北向，西上。主婦帥衆婦女如衆丈夫之叙，婦以夫之長幼，不以身之長幼。立於西階下，北向，東上。執事者立於其後，共爲一列，亦西上，位定，俱再拜。此參神也。少牢饋食禮：將祭，主人朝服即位于阼階東，西面；祝告利成，主人立于阼階上，西面；尸出入，主人降立于阼階東，西面，此皆主人之正位也。卒胥，祝盥于洗，升自西階，主人盥，升自阼階，祝先入，南面，主人從户内西面，祝酌奠，主人西面再拜稽首，皆爲几筵之在西也。尸升筵，主人西面立于户内，拜妥尸，尸醋主人，主人西面奠爵拜，皆爲尸之在西也。開元禮：贊禮者設主人之位于東階下，西面，亞獻、終獻位于主人東南，掌事者位終獻東南，俱重行，西向，北上；設子孫之位于庭，重行，北面，西上；設贊唱者位于終獻西南。西南向曰參神，皆就此位。案今民間祠祭必向神位而拜，無神在北而西向拜者，故此皆北向，向神而立及拜。胥，諸應切。醋音胙。主人升自阼階，立于香卓之南，搢笏焚香，古之祭者，不知神之所在，故灌用鬱鬯，臭陰達于淵泉；蕭合黍稷，臭陽達于牆屋，所以廣求其神也。今此禮既難行于士民之家，故但焚香酹酒以代之。再拜，降復位。祝及執事者皆盥手帨手，執事者一人升，開酒，拭瓶口，實酒于注子，取盞斟酒，西向酹。庖人先用飯牀陳饌于盥帨之東，衆丈夫盥手帨手，主人帥之脱笏〔一〕，奉肉食，主人升自阼階，衆丈夫升自西階，以次設于曾祖考妣、祖考妣、考妣神座前蔬果之北，降執笏，復位。衆婦女盥手帨手，主婦帥之奉麵食，升自西階，以次設于肉食之北，降；奉米食，升自西階，以次設于麵食之北，降復位。主人升自阼階，詣酒注所，西向立。執事者一人左手奉曾祖考酒盞，右手奉曾祖妣酒盞，一人奉祖考妣酒盞，一人奉考妣酒盞，皆如曾祖考妣之次，就主人所。主人搢笏執注，以次斟酒，執事奉之徐行，反置故處。主人出笏，詣曾祖考妣神座前，北向。執事者一人奉曾祖考酒盞，立於主人之左，一人奉曾祖妣酒盞，立于主人之右。主人搢笏，跪取曾祖考酒酹之，授執事者盞，返故處。主人出笏，俛伏，興，少退立。祝懷辭，出主人之左，東向，搢笏出辭，跪讀之曰：「維年月日，孝子曾孫具位某敢用柔毛、牲用彘則曰剛鬣。嘉薦、普淖，用薦歲事于曾祖考某官府君、曾祖妣某封某氏配，尚饗。」祝卷辭懷之，執笏興。主人再拜，次詣祖考妣、考妣神座，皆如曾祖考妣之儀。祝辭之異者，祖曰：「孝孫薦歲事于祖考妣。」父曰：「孝子薦歲事于考妣。」獻畢，祝及主人皆

〔一〕「脱」，原作「搢」，據光緒本、書儀卷一〇改。

降位。次亞獻終獻，以主婦或近親爲之。盥手帨手，若已嘗盥手者，更不盥。升自西階，斟酒，酹酒，皆如上儀，惟不讀祝。既徧，主人升自東階，脱笏，執注子徧就斟酒盞皆滿，執笏，退立于香卓東南，北向。主婦升自西階，執匕扱黍中，西柄，扱，初洽切。正筯，立于香卓西南，北向。主人再拜，主婦四拜。少牢饋食禮：七飯，尸告飽。祝西面于主人之南，獨侑，不拜。侑曰：「皇尸未實。」侑，勸也。又曰：尸又食，上佐食舉肩。尸不飯，告飽。主人不言，拜侑。注：「祝言而不拜，主人不言而拜，親疏之宜。」今主人斟酒，主婦扱匕正筯而拜，亦不言，侑食之意也。執事者一人執器瀝去茶清，一人以湯斟之，皆自西始，畢皆出。祝闔門，主人立于門東，西向，衆丈夫在其後。主婦立于門西，東向，衆婦皆在其後。特牲饋食曰：尸謖。注：謖，起也。又曰：佐食徹尸薦、俎、敦，設于西北隅，几在南，厞用筵，納一尊。佐食闔牖户，降。注：厞，隱也。不知神之所在，或遠諸人乎？尸謖而改饌爲幽闇，所以爲厭飫。此所謂當室之白，爲陽厭。尸未入之前爲陰厭。祭義曰：「祭之日，入室，僾然必有見乎其位。周旋出户，肅然必有聞乎其容聲。出户而聽，愾然必有聞乎嘆息之聲。」鄭曰：「無尸者，闔户若食間。」此則孝子廣求其親庶或享之，忠愛之至也。今既無尸，故須設此儀，若老弱羸疾，不能久立，則更休他所，當留親者一兩人，侍立于門外可也。謖，所六切。敦音對。厞，扶米切。僾音愛。愾，開大切。如食間，祝升，當門外北向，告啓門三。士虞禮：祝聲三，啓户。注：聲者，噫歆也。將啓户，驚覺神也。乃啓門，執事者席于玄酒之北，主人入就席，西向立。祝升自西階，就曾祖位前，搢笏，舉酒徐行，詣主人之右，南向授。主人搢笏跪受，祭酒啐酒。執事者授祝以器，祝受器，取匕，抄諸位之黍各少許置器中，祝執黍行，詣主人之左，北向，嘏于主人曰：「祖考命工祝，承致多福，于汝孝孫，來汝孝孫，使汝受禄于天，宜稼于田，眉壽永年，勿替引之。」主人置酒于席前，執笏，俛伏，興，再拜，搢笏，跪受黍嘗之，實于左袂。執事者一人立于主人之右，主人授執事者器，挂袂于手指，取酒，卒飲。執事者一人立于主人之右，受盞，置酒注旁，一人立于主人之左，執盤，置于地。主人寫袂中之黍于盤，執事者授以出，主人執笏，俛伏，興，立于東階上，西向于主人之受黍也。祝執笏，退立于西階上，東向。主人既就位，祝告利成，降復位。於是在位者皆再拜，主人不拜。此受胙也。主人降，與在位者皆再拜。此辭神也。主人、主婦皆升，奉祠版納于櫝笥，妣先考後。執事者二人舉之，導從歸于影堂，如來儀。主婦還監徹，酒盞不酹者及注中餘酒，皆入于壺封之，所謂福酒。執事者徹祭饌，返於厨，傳於宴器。主婦監滌祭器，藏之。主人監分祭饌，爲胙盤品取少許，同置于合并福酒，皆緘之。貴于神，餘不貴，豐腆。遣僕執書歸胙于親友之好禮者。書辭在後。執事者設餕席，男女異座，主人與衆丈夫坐於堂，主婦與衆婦女坐于室。設椅卓、蔬果、醢醯、醬、酒盞、匕、筯，畢，入酒于注，庖者温祭饌，男尊長就坐，衆男獻壽。若主人、主婦之上更有尊長，則主人帥衆男、主婦帥婦女以獻壽。叙立向尊長，如祭所之位，而男女皆以右爲上。如尊長南向，則以東爲上是也。衆丈夫以長者或弟或子。少進，執事者一人執酒注，立於右，一人執酒盞，立於左。長男即衆丈夫之長也。搢笏跪，右手執注，左手執盞，斟酒，祝曰：「祀事既成，祖考嘉享，伏願備膺五福，保族宜家。」執注者退，執盞者置酒於尊長之前。長男俛伏，興，退復位，與衆丈夫俱再拜，興，立。尊長命執事者取酒注及長男酒盞置于前，自斟之，祝曰：「祀事克成，五福之慶，與汝曹共之。」執事者以盞致于長男，長男搢笏，跪受，以授執事者置其位，俛伏，興，立。尊者命執事者偏斟衆丈夫酒，畢，長男及衆丈夫皆再拜。尊者命坐，乃就坐。衆女獻女尊長于室，女尊長酢，衆婦女立斟，立受，不跪，餘皆如衆丈夫之儀。飲畢，執事者獻肉食。畢，衆婦女詣堂獻男尊長壽，婦女執事不能祝者，默斟而已。及尊長酢長女，或妹或女。長女立斟，立受，不跪，婦長，則使執事者就酢。餘皆如衆丈夫之儀。衆丈夫詣室獻女尊長壽，如堂上之儀。執事者薦麵食，衆執事者獻男女尊長壽，如婦女而不酢。執事者薦米食，然後泛行酒，間以祭饌盞數惟尊長之命。禮，祭事既畢，兄弟及賓迭相獻酬，有無算爵，所以因其接會，使之交恩定好優勸之，今亦取此儀。凡歸胙及餕，若酒不足，則和以他酒，饌不足，則繼以他饌。既罷，據所酒饌，主人頒胙于外僕，主婦頒胙于内執事者，徧及微賤，其日皆盡。孔子祭於公，不宿肉，不敢留神惠也。凡祭，主于盡愛敬之誠而已。疾則量筋力而行之，少壯者自當如儀。

蕙田案：後世大夫士祭儀，始詳見於開元禮，大概彷佛儀禮爲之，而於主婦薦獻及男婦酬酢等儀，均未之及，殆古今異宜，未可行也。司馬氏書儀其追仿儀禮，實有精意，而添入主婦、諸婦及獻酬諸儀，朱子從之。

朱子文集答郭子從：問影堂序位。曰：古者一世自爲一廟，有門有堂有寢，凡屋三重而墻四周焉。自後漢以來，乃爲同堂異室之廟，一世一室，而以西爲上，如韓文中家廟碑有「祭初室」、「祭東室」之語。今國家亦用此制，故士大夫家亦無一世一廟之法，而一世一室之制亦不能備，故温公諸家祭禮皆用以右爲尊之説。獨文潞公嘗立家廟，今温公集中有碑載其制度頗詳，亦是一世一室，而以右爲上。大抵今士大夫家只當且以温公之法爲定也。

聞見前録：康節先生出行不擇日，或告之以不利則不行。蓋曰：「人未言則不知，既言則有知，而必行則神鬼敵也。」春秋祭祀，約古今禮行之，亦焚楮錢。程伊川怪問之，則曰：「明器之義也。脱有一非，豈孝子慈孫之心乎？」又曰：「吾高曾今時人，以簠簋籩豆薦牲不可也。」伯温謹遵遺訓而行之也。

宋史王存傳：存以右正議大夫致仕。嘗悼近世學士貴爲公卿〔一〕，而祭祀其先，但循庶人之制〔二〕。及歸老築居，首營家廟。

禮志：大觀二年，議禮局言：「所有臣庶祭禮，請參酌古今，討論條上〔三〕，斷自聖衷。」于是議禮局議：「執政以上祭四廟，餘通祭三廟。」「古無祭四世者，又侍從官以至士庶，通祭三世〔四〕，無等差多寡之别，豈禮意乎？古者天子七世，今太廟已增爲九室，則執政視古諸侯，以事五世，不爲過矣。先王制禮，以齊萬有不同之情，賤者不得僭，貴者不得踰。故事二世者〔五〕，雖有孝思追遠之心，無得而越，事五世者，亦當跂以及

〔一〕「士」，諸本作「者」，據宋史王存傳改。
〔二〕「循」，諸本作「備」，據宋史王存傳改。
〔三〕「討」，原作「訂」，據光緒本、宋史禮志十二改。
〔四〕「三世」，原作「一世」，據光緒本、宋史禮志十二改。
〔五〕「二世」，原作「一世」，據光緒本、宋史禮志十二改。

焉。今恐奪人之恩，而使通祭三世，徇流俗之情，非先王制禮等差之義。可文臣執政官、武臣節度使以上祭五世，文武升朝官祭三世〔一〕，餘祭二世。」「應有私第者，立廟于門内之左，如狹隘，聽於私第之側。力所不及，仍許隨宜。」又詔：「古者寢不踰廟，禮之廢失久矣。士庶堂寢，踰度僭禮，有七楹、九楹者，若一旦使就五世、三世之數，則當徹毁居宇，以應禮制，豈得爲易行？可自今立廟，其間數視所祭世數，寢間數不得踰廟。事二世者，寢聽用三間〔二〕。」議禮局言：「禮記王制：『諸侯五廟，二昭二穆，與太祖之廟而五。』所謂『太』者，蓋始封之祖，不必五世，又非臣下所可通稱。今高祖以上一祖未有名稱，欲乞稱五世祖。其家廟祭器：正一品，每室籩、豆各十有二，簠、簋各四，壺尊、罍、鉶鼎、俎、篚各二，尊、罍加勺、冪各一，爵各一，諸室共用胙俎、罍洗一。從一品，籩、豆、簠、簋降殺以兩。正二品，籩、豆各八，簠、簋各二。餘皆如正一品之數。」詔禮制局製造，仍取旨以給賜之。

〔一〕「世」，原作「室」，據光緒本、宋史禮志十二改。
〔二〕「三間」，諸本作「二間」，據宋史禮志十二改。

蕙田案：諸侯五廟，上不及五世祖。此祭及五世，欲乞稱五世祖，殊乖典禮。

楊存中傳：存中父、祖及母皆死難，存中既顯，請于朝，宗閔謚忠介，震謚忠毅，賜廟曰顯忠，曰報忠。又以家廟、祭器爲請，遂許祭五世，前所無也。

文獻通考：孝宗隆興二年，少師奉國軍節度使、四川宣撫使吴璘請用存中例立廟賜器，從之。

宋史孝宗本紀〔一〕：乾道八年九月戊寅，以虞允文爲少保、武安軍節度使、四川宣撫使，封雍國公。己丑，賜虞允文家廟祭器。

右歷代大夫士廟祭上

〔一〕「宋史孝宗本紀」，原脱，據光緒本補。

五禮通考卷一百十五

吉禮一百十五

大夫士廟祭

歷代大夫士廟祭下

朱子家禮：祠堂制。

古之廟制，不見於經，且今士庶人之賤，亦有所不得爲者，故特以祠堂名之，而其制度，亦多用俗禮云。

君子將營宮室，先立祠堂於正寢之東。

祠堂制，三間或一間。正寢，謂前堂也。

爲四龕，以奉先世神主。

高、曾、祖、考四代，各爲一龕，龕中置櫝，櫝中藏主，龕外垂簾，以一長桌共盛之，列龕以西爲上。每龕前各設一桌，或共設一長桌。兩階之間，又通設一香案，上置香鑪、香盒之類。

旁親之無後者，以其班祔。

伯叔祖父母祔於高祖，伯叔父母祔於曾祖，妻若兄弟、若兄弟之妻祔於祖，子姪祔於父，皆西向。主櫝並如正位，而略小。或不用櫝，列主於龕之兩旁，男左女右，亦可祔。殤亦如之。

置祭田。

計見田，每龕取其二十之一以爲祭田。

具祭器。

椅、桌子、牀、席、香爐、香盒、香匙、燭檠、茅沙盤、祝版、杯珓、酒注、盞盤、盞、茶瓶、茶盞并托椀、楪子、匙、箸、酒尊、方酒尊、托盤、盥盤并架、帨巾并架、火爐，以上器物，隨其合用之數，皆具貯而封鎖之，不得他用。不可貯者，列於外門之內。或有水火盜賊，則先救祠堂，遷神主、遺書，次及祭器，然後及家財。易世，則改題神主而遞遷之。

凡祠堂所在之宅，子孫世守之，不得分析。凡屋之制，不問何向背，但以前爲南，後爲北，左爲東，右爲西，後皆倣此。祠堂之内，以近北一架爲四龕，大宗及繼高祖之小宗，則高祖居西，曾祖次之，祖次之，父次之。繼曾祖之小宗，則不敢祭高祖而虚其西龕一；繼祖之小宗，則不敢祭曾祖而虚其西龕二；繼禰之小宗，則不敢祭祖而虚其西龕三。若大宗世數未滿，則亦虚其西龕，如小宗之制。凡升降，惟主人由阼階，主婦及餘人，雖尊長亦由西階。凡拜，男子再拜，則婦人四拜，謂之俠拜。其男女相答拜亦然。曲禮「舅殁則姑老」，不預於祭，又曰「支子不祭」，故今專以世適宗子夫婦爲主人、主婦，其有母及諸父母兄嫂者，則設特位於前如此。凡祝版，於皇高祖考、皇高祖妣自稱孝玄孫，於曾祖考妣自稱孝曾孫，於皇祖考妣自稱孝孫，於皇考妣自稱孝子。有官封謚則皆稱之，無則以生時稱謂之號加於府君之上，妣曰某氏夫人，自稱非宗子不稱孝。

觀承案：家禮，乃士大夫居家一日不可少之書，即今便可案本子做去，然亦有難行之處。朱子爲要存古，故段段有宗子行禮。今世宗法已亡，亦無世禄，數傳之後，宗子未必貴，貴者不必宗子，祭用貴者之禄，倘支子爲卿大夫，而宗子直是農夫，如之何？反使農夫主祭，而卿大夫不得祭也。此當酌一變通之法。榕村李氏家祭法頗有可采，蓋以貴者主祭，而宗子與直祭者同祭，直祭者以祭田每年輪收而辦祭者也。其法：主祭者居中，而宗子居左，直祭居右。祝文竟寫：「主祭孫某、宗孫某、直祭孫某。」他小祭，亦皆倣此意行之。此亦禮以義起，於隨俗之中，仍寓存古之意，庶不似俗下祭祀全然滅裂也。

四時祭。

高氏閌曰：何休曰：「有牲曰祭，無牲曰薦。」大夫牲用羔，士牲特豚，庶人無常牲。春薦韭，夏薦麥，秋薦黍，冬薦稻。韭以卵，麥以魚，黍以豚，稻以雁，取其新物相宜。凡庶羞，不踰牲。若祭以羊，則不以牛爲羞也。今人鮮用牲，惟設庶羞而已。補注：繼高祖宗子則祭高祖以下考妣，繼曾祖宗子則祭曾祖以下考妣，繼祖宗子則祭祖考以下考妣，繼禰宗子則祭考妣二位而已。

時祭用仲月，前旬卜日。

孟春下旬之首，擇仲月三旬各一日，或丁或亥，主人盛服，立於祠堂中門外，西向。兄弟立於主人之南，少退，北上。子孫立於主人之後，重行，西向，北上。置桌子於主人之前，設香爐、香盒、杯珓及盤於其上。主人搢笏，焚香薰珓，而命以上旬之日，曰：「某將以來月某日，諏此歲事，適其祖考，尚饗。」即以珓擲於盤，以一俯一仰爲吉，不吉，更卜中旬之日，又不吉，則不復卜，而直用下旬之日。既得日，祝開中門，主人以下北向立，如朔望之位，皆再拜。主人升，焚香，再拜。祝執辭，跪於主人之左，讀曰：「孝孫某，將以來月某日，祗薦歲事於祖考，卜既得吉，敢告。」用下旬日則不言卜。既得吉，主人再拜，降，復位，與在位者皆再拜。祝闔門，主人以下復西向位。執事者立於門西，皆東面，北上。祝立於主人之右，命執事者曰：「孝孫某，將以來月某日，祗薦歲事於祖考。」有司具修，執事者應曰：「諾。」乃退。

問：舊常收得先生一本祭儀，時祭皆用卜日，今聞却用二至、二分祭，是如何？朱子曰：卜日無定，慮有不虔。司馬温公只用分、至亦可。

前期三日，齋戒〔一〕。

前期三日，主人率衆丈夫致齋於外，主婦率衆婦女致齋於内，沐浴更衣，飲酒不得致亂，食肉不得茹葷，不弔喪，不聽樂，凡凶穢之事，皆不得預。

前一日，設位陳器。

主人帥衆丈夫深衣，及執事灑掃正寢，洗拭椅桌，務令蠲潔。設高祖考妣位於堂西北壁下，南向，考西妣東，各用一椅一桌而合之。曾祖考妣、祖考妣、考妣以次而東，皆如高祖之位。世各爲位，不屬袝位，皆於東序，西向，北上。或兩序相向，其尊者居西，妻以下則於階下。設香案於堂中，置香爐、香盒於其上，束茅聚沙於香案前及逐位前地上。設酒架於東階上，别置桌子於其東，設酒注一、酹酒盞一、盤一、受胙盤一、匕一、巾一、茶盒、茶筅、茶盞、托鹽楪、醋瓶於其上。火爐、湯瓶、香匙、火筯於西階上，别置桌子於其西，設祝版於其上。設盥盆、帨巾各二於阼階下之東，其西者有臺架，又設陳饌大牀於其東。

〔一〕「戒」，原脱，據味經窩本、乾隆本、光緒本補。

補注：案本注設位之次，愚未敢以爲然。蓋神主在四龕中，則以西爲上，先高祖考妣，次曾祖考妣，次祖考妣，次考妣，以東西分昭穆也。至於大祭祀，出主在堂，或于正寢，惟高祖考在西，高祖妣在東，南向，其餘曾祖考、祖考與考皆西旁，東向，曾祖妣、祖妣與妣皆東旁，西向。而祔祭神主，高祖兄弟則祔于高祖左右，亦南向；曾祖考、祖考與考兄弟則祔于曾祖考、祖考與考上下，皆東向。其妣祔于高祖妣左右，亦南向；祔則曾祖妣、祖妣與妣上下，皆西向。卑幼男女祔位則在兩序，以上下分昭穆也。至於子孫序立，惟宗子在東，宗婦在西，北向，其餘男在宗子之右，女在宗婦之左，皆北向。先太伯叔祖，次伯叔祖，次兄弟，在宗子宗婦之前；次子姪，次執事，在宗子宗婦之後，以前後分昭穆也。蓋繼高宗子則爲高廟，故高祖考妣得居正位，餘當在側。而祔祭者，亦世爲一列，當祔正位者亦正位，當祔側位者亦側位，如天子諸侯太廟祫祭，惟太祖東向，其餘在南北牖下，亦南北向。此自然之理也。張子雖一人數娶，猶不妨東方虛其位，以應北方之數，其世次則復對西方之配也。又案：本注束茅聚沙在香案前地下，所以降神酹酒；及逐位前地上，所以初獻祭酒也。

省牲，滌器，具饌。

主人帥衆丈夫深衣，省牲莅殺。主婦帥衆婦女背子滌濯祭器，潔釜鼎，具祭饌。每位果六品，蔬菜及脯醢各三品，肉、魚、饅首、糕各一盤，羹飯各一椀，肝各一串，肉各二串，務令精潔，未祭之前，勿令人先食及爲猫犬蟲鼠所污。

朱子嘗書戒於塾，曰：吾不孝，爲先公棄捐，不及供養，事先妣四十年，然心無識知，所以承顔順色，甚有乖戾。至今思之，嘗以爲終天之痛，無以自贖，惟有歲時享祀，致其謹潔，猶是可著力處。汝輩及新婦等切宜謹戒，凡祭肉臠割之餘及皮毛之屬，皆當存之，勿令殘穢褻慢，以重吾不孝。

厥明夙興，設蔬果、酒饌。

主人以下深衣，及執事者俱詣祭所，盥手。設果楪於逐位桌子南端，蔬菜脯醢，相間次之。設盞盤醋楪於北端，盞西楪東，匙筯居中。設玄酒及酒各一瓶於架上。玄酒，其日取井花水充，在酒之西。熾炭於爐，實水於瓶。主婦背子炊煖祭饌，皆令極熱，以盒盛出，置於東階下大牀上。

質明，奉主就位。

主人以下各盛服，盥手帨手，詣祠堂前，衆丈夫聚立，如告日之儀。主婦西階下，北向立。主人有母，則特位於主婦之前。諸伯叔母、諸姑繼之嫂及弟婦、姑姊妹在主婦之左，其長於主母、主婦者皆少進。子孫婦女、内執事者在主婦之後，重行，皆北向，東上，立定。主人升自阼階，搢笏，焚香，出笏，告曰：「孝孫某，今以仲春之月，有事於高祖考某官府君、高祖妣某封某氏、曾祖考某官府君、曾祖妣某封某氏、祖考某官府君、祖妣某封某氏、考某官府君、妣某封某氏，以某親某官府君、某親某封某氏祔食，敢請神主出就正寢，恭伸奠獻。」告辭，仲夏秋冬各隨其時，祖考有無官爵封謚，皆如題主之文。祔食，謂旁親無後者及早逝先亡者，無即不言。告訖，搢笏，斂櫝，正位祔位，各置一笥，各以執事者一人捧之。主人出笏前導，主婦從後，卑幼在後。至正寢，置於西階桌子上，主人搢笏，啓櫝，奉諸考神主出就位。主婦盥，帨，升，奉諸妣神主，亦如之。其祔位則子弟一人奉之。既畢，主人以下皆降復位。

參神。

主人以下叙立，如祠堂之儀。立定，四拜。若尊長老疾者，休於他所。

降神。

主人升，搢笏，焚香，出笏，少退立。執事者一人開酒，取巾拭瓶口，實酒於注，一人取東階桌子上盤盞，立於主人之左，一人執注，立於主人之右。主人搢笏，跪，奉盤盞者亦跪，進盤盞，主人受之，執注者亦跪，斟酒於盞。主人左手執盤，右手執盞，灌於茅沙，以盤盞授執事者，出笏，俯伏，興，再拜，降復位。程子語録：問：既奠之，酒何以置之？程子曰：古者灌以降神，故以茅縮酌，謂求神於陰陽有無之間，故酒必灌於地。若謂奠酒，則安置在此。今人以澆在地上，甚非也。既獻，則徹去可也。朱子曰：「酹酒有兩説：一用鬱鬯灌地以降神，則唯天子諸侯有之；一是祭酒，蓋古者飲食必祭。今以鬼神自不能祭，故代之祭也。今人雖存其禮而失其義，不可不知。」問：「酹酒是小傾，是盡傾？」曰：「降神是盡傾。」

楊氏復曰：此四條，降神酹酒是盡傾，三獻奠酒，不當傾之于地。家禮初獻，取高祖妣盞祭之茅上者，代神祭也。禮，祭酒少傾于地，祭食于豆間，皆代神祭也。

進饌。

主人升，主婦從之。執事者一人以盤奉魚肉，一人以盤奉米麵食，一人以盤奉羹飯，從升。至高祖位前，主人搢笏，奉肉奠於盤盞之南，主婦奉麵食奠於肉西，主人奉魚奠於醋楪之南，主婦奉米食奠於魚東，主人奉羹奠於醋楪之東，主婦奉飯奠於盤盞之西。主人出笏，以次設諸正位，使諸子弟婦女設祔位，皆畢，主人以下皆降復位。

初獻。

主人升，詣高祖位前，執事者一人執酒注，立於其右，冬月即先煖之。主人搢笏，奉高祖考盤盞位前，東向立，執事者西向斟酒於盞，主人奉之奠於故處。次奉高祖妣盤盞亦如之。出笏，位前北向立，執事者一人奉高祖考妣盤盞，立於主人之左右。主人搢笏，跪，執事者亦跪。主人受高祖考盤盞，左手取盞，祭之茅上，以盤盞授執事者，反之故處。受高祖妣盤盞亦如之。出笏，俯伏，興，少退，立。執事執肝於爐，以楪盛之，兄弟之長一人奉之，奠於高祖考妣前匙筯之南，祝取版立於主人之左，跪讀曰：「維年歲月朔日，子孝玄孫某官某，敢昭告於高祖考某官府君、高祖妣某封某氏，氣序流易，時維仲春，追感歲時，不勝永慕，敢以潔牲柔毛、牲用彘，則曰剛鬣。粢盛、醴齊祇薦歲事，以某親某官府君、某親某封某氏祔食，尚饗。」畢，興，主人再拜，退。詣諸位，祝獻如初。每逐位讀祝畢，即兄弟衆男之不爲亞終獻者，以次分詣本立所祔之位，酌獻如儀，惟不讀祝。獻畢，皆降復位。執事者以他器徹酒及肝，置盞故處。曾祖前稱孝曾孫，考前稱孝子，改「不勝永慕」爲「昊天罔極」。

凡祔者，伯叔祖父祔於高祖，伯叔父祔於曾祖，兄弟祔於祖，子孫祔於考，餘皆倣此。如本位無，即不言，以某親祔食。

楊氏復曰：司馬公書儀主人升自阼階，詣酒注所，西向立。執事者一人左手奉曾祖考酒盞，右手奉曾祖妣酒盞，一人奉祖考妣酒盞，一人奉考妣酒盞，皆如曾祖考妣之次，就主人所。主人搢笏，執注，以次斟酒，執事者奉之，徐行，反置故處。主人出笏，詣曾祖考妣神座前，北向。執事者一人奉曾祖考酒盞，立於主人之左，一人奉曾祖妣酒盞，立於主人之右。主人搢笏，跪取曾祖考妣酒酹之，授執事者盞，反故處，乃讀祝。此其禮與虞禮同。家禮則主人升詣神位前，主人奉祖考妣盤盞，一人執注立于其右斟酒，此則與虞禮異。竊詳虞禮，神位惟一，時祭則神位多。家禮主人升詣神前，奉盤盞位前，東向立，執事斟酒，主人奉之，奠於故處，次奉祖妣盤盞亦如之，如此則禮嚴而意專。若書儀，則時祭與虞祭同，主人詣酒注桌子前，執事者左右手奉兩盤盞，則其禮不嚴；主人執注，盡斟諸神位酒，則其意不專。此家禮所以不用書儀之禮，而又以義起也。

亞獻。

主婦爲之，諸婦女奉炙肉及分獻，如初獻儀，但不讀祝。

朱子曰：祭禮，主人作初獻，未有主婦，則弟得爲亞獻，弟婦爲終獻。

終獻。

兄弟之長，或長男或親賓爲之，衆子弟奉炙肉及分獻，如亞獻儀。

侑食。

主人升，搢笏，執注就斟諸位之酒皆滿，立於香案之東南；主婦升，扱匙飯中，西柄，正筯，立於香案之西南，皆北向，再拜，降復位。

闔門。

主人以下皆出，祝闔門。無門處，即降簾可也。主人立於門東，西向，衆丈夫在其後；主婦立於門西，東向，衆婦女在其後。如有尊長，則少休於他所。此所謂厭也。

啓門。

祝聲三噫歆，乃啓門。主人以下皆入，其尊長先休於他所者，亦入就位。主人、主婦奉茶，分進於考妣之前。祔位，使諸子弟婦女進之。

受胙。

執事者設席於香案前。主人就席，北面。祝詣高祖考前，舉酒盤盞，詣主人之右。主人跪，祝亦跪。主人搢笏，受盤盞，祭酒，啐酒。祝取匙併盤，抄取諸位之飯各少許，奉以詣主人之左，嘏於主人曰：「祖考命工祝，承致多福，於汝孝孫，來汝孝孫，使汝受禄於天，宜稼於田，眉壽永年，勿替引之。」主人置酒於席前，出笏，俛伏，興，再拜，搢笏，跪受飯嘗之，實於左袂，掛袂於季指，取酒啐飲。執事者受盞自右，置注旁，受飯自左亦如之。主人執笏，俛伏，興，立於東階上，西向。祝立於西階上，東向，告利成，降復位，與在位者皆再拜。主人不拜，降復位。

辭神。

主人以下皆四拜。

納主。

主人、主婦皆升，各奉主納於櫝，主人以笥斂櫝，奉歸祠堂，如來儀。

徹。

主婦還監徹，酒之在盞注他器中者，皆入於瓶緘封之，所謂福酒。果蔬、肉食，並傳於燕器，主婦監滌祭器而藏之。

餕。

是日，主人監分祭胙品，取少許置於盒，併酒皆封之。遣僕執書，歸胙於親友。

遂設席，男女異處，尊行自爲一列，南面，自堂中東西分首，若止一人，則當中而坐，其餘以次相對，分東西向。尊者一人先就坐，衆男叙立，世爲一行，以東爲上，皆再拜。子弟之長者一人少進立，執事者一人執注，立於其右，一人執盤盞，立於其左。獻者搢笏，跪，弟獻，則尊者起立，子姪則坐受注斟酒，反注受盞，祝曰：「祀事既成，祖考嘉享，伏願某親備膺五福，保族宜家。」授執盞者置於尊者之前，長者出笏，尊長舉酒。畢，長者俛伏，興，退復位，與衆男皆再拜。尊者命取注及長者之盞置於前，自斟之，祝曰：「祀事既成，五福之慶，與汝曹共之。」命執事者以次就位，斟酒皆徧，長者進，跪受，飲畢，俛伏，興，退立。衆男進，揖，退立飲。長者與衆男皆再拜。諸婦女獻女尊長於内，如衆男之儀，但不跪。既畢，乃就位，薦肉食。諸婦女詣堂前獻男尊長壽，男尊長酢之如儀。衆男詣中堂獻女尊長壽，女尊長酢之如儀。乃就坐，薦麪食。内外執事者各獻内外尊長壽如儀，而不酢。遂就斟，在坐者偏侯，皆舉，乃再拜，退。遂薦米食，然後泛行酒，間以祭饌，酒饌不足，則以他酒他饌益之。將罷，主人頒胙於外僕，主婦頒胙於内執事者，偏及微賤。其日皆盡，受者皆再拜，乃徹席。

凡祭，主於盡愛敬之誠而已，貧則稱家之有無，疾則量筋力而行，財力可及者，自當如儀。

文獻通考：馬氏端臨曰：「臣庶祭祀之制，歷代未嘗立爲定法，惟唐制見於開元禮者頗詳。近代司馬温公及伊川、横渠各有禮書，朱文公作家禮，又參取三家之説，酌古今之制而損益之，可以通行。」

初祖。

惟繼始祖之宗得祭。

冬至祭始祖。

程子曰：此厥初生民之祖也。冬至，一陽之始，故象其類而祭之。

補注：丘氏曰：「禮經别子法，乃三代封建諸侯之制，于今人家不相合。以始遷及初有封爵者爲始祖，準古之别子，又以始祖之長子準古繼别之宗，雖非古制，其實則古人之意也。」

前期三日，齋戒。

如時祭之儀。

前期一日，設位。

主人、衆丈夫深衣，帥執事者灑掃祠堂，滌濯器具，設神位於堂中間北壁下，設屏風於其後，食牀於其前。

補注：設於墓，所以義推之，只恐當設初祖考一位而已，而妣不在其内。世遠在所略也，祭先祖亦然。

陳器。

設火爐於堂中，設炊烹之具於東階下，盥東，炙具在其南，束茅以下並同。時祭，主婦、衆婦女背子帥執事者滌濯祭器，潔釜鼎，具果楪六，盤三，盂六，小盤三，盞盤匙筯各二，脂盤一，酒注爵酒盤盞一，受胙盤匙一。案此本合用古祭器，今恐私家或不能辦，且用今器以從簡便。神位用蒲薦，如草席皆有緣，或用紫褥，皆長五尺，闊二尺。有半屏風，如枕屏之制，足以圍席三面。食牀以版爲面，長五尺，闊三尺，餘四圍，亦以版高一尺二寸，二寸之下，乃施版，皆黑漆。

具饌。

晡時，殺牲，主人親割毛血爲一盤，首心肝肺爲一盤，脂雜以膏爲一盤，皆腥之左胖，不用右胖，前足爲三段，脊爲三段，脇爲三段，足爲三段，近竅一節不用，凡十一體。飯米一杅，置於一盤，蔬果各六品，切肝一小盤，切肉一小盤。

補注：本注「主人親割毛血爲一盤」，國語曰：「毛以示物，血以告殺，接誠拔取以獻具〔一〕，爲齊敬也。」韋氏注云：「接誠於神也。拔毛取血〔二〕，獻其備物也。齊，潔也。」

厥明夙興，設蔬果、酒饌。

主人深衣，帥執事者設玄酒瓶及酒瓶於架上，酒注、酹酒盤盞、受胙盤匙各一於東階桌子上，祝版及脂盤於西階桌子上。匙筯各一於食牀北端之東西，相去二尺五寸，盤盞各一於筯西，果在食牀南端，蔬在其北。毛血腥盤切肝肉皆陳於階下饌牀上，米實階下炊具中，十一體實烹具中，以火爨而熟之，盤一，盂六，置饌牀上。

補注：案家禮叙立之儀，在小宗之祭四親廟，則男在主人之右，女在主婦之左，世爲一列，前爲昭而後爲穆也；在大宗家之祭始先祖，則一世居左，二世居右，三世居左，四世居右，左爲昭而右爲穆也，而女不在内者。蓋祭四親廟，則四親之子孫皆在世近屬親，男女會於一堂，自不爲嫌；若祭始祖先祖，則自始祖先祖以下子孫，皆在世遠屬疏，又人數衆多，故女不得在内列者，莫非自然之理也。

質明，盛服就位。

〔一〕「具」，諸本作「其」，據國語楚語改。
〔二〕「拔」，諸本作「接」，據國語楚語改。

如時祭儀。

降神，參神。

主人盥升，奉脂盤詣堂中爐前，跪告曰：「孝孫某，今以冬至有事於始祖考、始祖妣，敢請尊靈降居神位，恭伸奠獻。」遂燎脂於爐炭上，俛伏，興，少退立，再拜。執事者開酒，主人跪酹酒於茅上，如時祭之儀。

劉氏璋曰：茅盤用磁。匾盂廣一尺，餘或黑漆小盤。截茅八寸餘作束，束以紅，立於盤内。

進饌。

主人升詣神位前，執事奉毛血腥肉以進，主人受，設之於蔬北，西上。執事者出熟肉，置於盤，奉以進，主人受，設之腥盤之東。執事者以盂二盛飯，盂二盛肉湆不和者，又以盂二盛肉湆以菜者，奉以進，主人受，設之飯在盞西，太羹在盞東，鉶羹在太羹東，皆降復位。

補注：本注「肉湆不和者」，即太羹肉湆以菜者，即鉶羹也。

初獻。

如時祭之儀，但主人既俛伏，興。祝爲炙肝加鹽，實於小盤以從。祝詞曰：「維年歲月朔日，孝子孫姓名，敢昭告於初祖考、初祖妣，今以仲冬陽至之始，追惟報本，禮不敢忘，謹以潔牲、柔毛、粢盛、醴齊祗薦歲事，尚饗。」

亞獻。

如時祭之儀，但衆婦炙肉加鹽以從。

終獻。

如時祭及上儀。

侑食，闔門，啓門，受胙，辭神，徹，餕。

並如時祭之儀。

補注：祭畢而餕，設大席于堂東西二向，東向爲昭，西向爲穆，世爲一席，各以齒而坐，所以會宗族而篤恩義也。

先祖。

繼始祖、高祖之宗得祭。繼始祖之宗則自初祖而下，繼高祖之宗則自先祖而下。

立春祭先祖。

程子曰：初祖以下，高祖以上之祖也。立春，生物之始，故象其類而祭之。

補注：大宗之家，其第二世以下祖親盡〔一〕，及小宗之家高祖親盡，所謂先祖也。

前三日，齋戒。

如祭始祖之儀。

前一日，設位陳器。

如祭始祖之儀，但設祖考神位於堂中之西，祖妣神位於堂中之東，蔬果楪各二，大盤六，小盤六，餘並同。

具饌。

如祭初祖之儀，但毛血爲一盤，首心爲一盤，肝肺爲一盤，脂膏爲一盤，切肝兩小盤，切肉四小盤，餘並同。

厥明夙興，設蔬果、酒饌。

如祭初祖之儀，但每位匙筯各一，盤盞各二，置階下饌牀上，餘並同。

〔一〕「盡」，諸本脱，據家禮卷一補。

質明，盛服，就位，降神，參神。

如祭始祖之儀，但告辭改「始」爲「先」，餘並同。

進饌。

如祭初祖之儀，但先詣祖考位，瘞毛血，奉首心，前足上二節，脊三節，後足上一節。次詣祖妣位，奉肝肺，前足一節，脇三節，後足下一節。餘並同。

初獻。

如祭初祖之儀，但獻二位，各俛伏，興，當中少立。兄弟炙肝兩小肝以從，祝辭改「初」爲「先」，「仲冬陽至」爲「立春生物」。餘並同。

亞獻。

如祭初祖之儀，但從炙肉各二小盤。

終獻，侑食，闔門，啓門，受胙，辭神，徹，餕。

並如祭初祖之儀。

季秋祭禰。

繼禰之宗以上皆得祭，惟支子不祭。程子曰：季秋，成物之始，亦象其類而祭之。
前一月下旬卜日。
如時祭之儀，惟告辭改「孝孫」爲「孝子」，又改「祖考妣」爲「考妣」，若母在，則止云「考」，而告於本龕前，餘並同。
前三日齋戒，前一日設位、陳器。
如時祭之儀，止於正寢，合設兩位於堂中西，上香案以下並同。具饌。
如時祭之儀，二分。
厥明夙興，設蔬果、酒饌。
如時祭之儀。
質明，盛服，詣祠堂，奉神主出，就正寢。
如時祭於正寢之儀，但告詞云：「孝子某，今以季秋成物之始，有事於考某官府君、妣某封某氏。」
參神，降神，進饌，初獻。

如時祭之儀，但祝辭云：「孝子某官某，敢昭告於考某官府君、妣某封某氏，今以季秋成物之始，感時追慕，昊天罔極。」

亞獻，終獻，侑食，闔門，啓門，受胙，辭神，納主，徹，餕。

並如時祭之儀。

忌日前一日，齋戒。

如祭禰之儀。

設位。

如祭禰之儀，但止設一位。

陳器。

如祭禰之儀。

具饌。

如祭禰之饌，一分。

補注：如父之忌日，止設父一位，母之忌日，止設母一位，祖以上及旁親忌日亦然。

厥明，夙興，設蔬果、酒饌。

如祭禰之儀。

質明，主人以下變服。

禰，則主人、兄弟黲紗幞頭，黲布衫，布裹角帶，祖以上則黲紗衫，旁親則皁紗衫，主婦特髻去飾，白大衣，淡黃帔，餘人皆去華飾之服。

詣祠堂，奉神主出，就正寢。

如祭禰之儀，但告詞云：「今以某親某官府君遠諱之辰，敢請神主出就正寢，恭伸追慕。」餘並同。

參神，降神，進饌，初獻。

如祭禰之儀，但祝詞云：「歲序遷易，諱日復臨，追遠感時，不勝永慕。」考妣，改「不勝永慕」爲「昊天罔極」。旁親云：「諱日復臨，不勝感慘。」若考妣，則祝興，主人以下哭，盡哀，餘並同。

亞獻，終獻，侑食，闔門，啓門。

並如祭禰之儀，但不受胙。

辭神，納主，徹。

並如祭禰之儀，但不哭。

是日，不飲酒，不食肉，不聽樂，黲布素服素帶以居，夕寢於外。

補注：此所以不餕也。

蕙田案：初祖、始祖，冬至、立春之祭及祭禰季秋，皆程子意也。朱子篤信程子，故述之家禮，然後已不行矣，今姑仍之。

朱子語録：家廟要就人住居。神依人，不可離外做廟。又在外時，婦女遇雨時難出入。問：「先生家廟，只在廳事之側。」曰：「便是力不能辦。古之家廟甚闊，所謂『寢不踰廟』是也。」「祭時移神主於正堂，其位如何？」曰：「只是排列以西爲上。」「祫祭，考妣之位如何？」曰：「太祖東向，則昭、穆之南向北向者，以西方爲上；則昭之位次，高祖西而妣東，祖西而妣東，是祖母與孫並列，於體爲順。若余正父之説，則欲高祖東而妣西，祖東而妣西，則是祖與孫婦並列，於體爲不順。彼蓋據漢儀中有高祖南向，呂后少西，更不取證於經文；而獨取傳注中之一二，執以爲是，斷不可回耳。」

文集答汪尚書曰：蒙垂問廟制之説，竊謂至和之制，雖若不合於古而實得其意，但有所未盡而已。政和之制，則雖稽於古者，或得其數而失其意則多矣。蓋古者諸侯五廟，所謂二昭二穆者，高祖以下四世有服之親也；所謂太祖者，始封之君百世不毁之廟也。今世公侯有家而無國，則不得有太祖之廟矣。故至和四廟，所謂二昭二穆，四世有服之親，而無太祖之廟，其於古制，雖若不同，而實不害於得其意也。又況古者天子之三公八命，及其出封，然後得用諸侯之禮。蓋仕於王朝者，其禮反有所厭而不得伸，則今之公卿，宜亦未得全用諸侯之禮也。禮家又言夏四廟〔一〕，至子孫而五，則是凡立五廟者，亦是五世以後，始封之君正東向之位，然後得備其數，非於今日立廟之初，便立太祖之廟也。政和之制，蓋皆不考乎此，故二昭二穆之上，通數高祖之父，以備五世。夫既非始封之君，又已親盡而服絶矣，乃苟以備夫五世而祀之，於義何所當乎？至於大夫三廟，説者以爲天子諸侯之大夫皆同。蓋古者天子之大夫與諸侯之大夫，品秩之數，不甚相遠，故其制可以如此。若今之世，則唯侍從官以上，乃可以稱天子之大夫，至諸侯之大夫，則州鎮之幕職官

〔一〕「禮家」，原誤倒，據光緒本、晦庵先生朱文公文集卷三〇乙正。

而已爾。是安可拘於古制，而使用一等之禮哉？故至和之制，專以天子之大夫爲法，亦深得制禮之意。但其自東宫三少而上，乃得爲大夫，則疑未盡，而適士二廟，官師一廟之制，亦有所未備焉耳。政和之制，固未必深考古者天子諸侯之大夫同爲一等之説，然其意實近之。但自侍從至陞朝官並爲一法，則亦太無隆殺之辨矣。蓋官職高下，固有古今之不同，但以命數準今品數而論之，則禮之等差可得而定矣。然此亦論其得失而已，若欲行之，則政和之禮行於今日，未之有改。凡仕於今日而得立廟者，豈得而不用哉？但其所謂廟者，制度草略，已不能如唐制之盛，而況於古乎？此好禮之士，未嘗不歎息於斯也。然考諸程子之言，則以爲高祖有服，不可不祭，雖七廟五廟，亦止於高祖，雖三廟一廟以至於祭寢，亦必及於高祖，但有疏數之不同耳。疑此最爲得祭祀之本意。今以祭法考之，雖未見祭必及高祖之文，然有月祭享嘗之别，則古祭祀以遠近爲疏數，亦可見矣。禮家又言大夫有事，省於其君，干祫及其高祖，此則可爲立三廟而祭及高祖之驗，而來教所疑私家合食之文，亦因可見矣，但干祫之制，他未有可考耳。

石林燕語：父没稱皇考，於禮本無見。祭法言〔一〕：「天子五廟，曰考廟，王考廟，皇考廟，顯考廟，祖考廟。」則皇考者，曾祖之稱也。自屈原離騷稱「朕皇考曰伯庸」，則皇考爲父，故晉司馬機爲燕王告祔廟文，稱「敢昭告於皇考清惠亭侯」，後世遂因不改。漢議宣帝父稱〔二〕，蔡義初請謚爲悼，曰悼太子；魏相以爲宜稱尊號曰皇考。則皇考者，乃尊號之稱，非後世所得通用。然沿習已久，雖儒者，亦不能自異也。

蕙田案：瓊山丘氏謂：「家禮舊本於『高曾祖考妣』上俱加『皇』字，今本改作『故』字，『故』字似俗，不如用『顯』字，蓋『皇』與『顯』，皆明也，其義相符。」案祭法以高祖爲顯考，曾祖爲皇考，同義異名耳。今俗稱考妣爲顯，從丘氏之説也。蓋皇考則爲尊稱，臣民不得通用矣。若漢宣帝稱皇考，恐猶是常稱，如屈原之意，非尊稱也。

宋史禮志：嘉定十四年八月，詔右丞相史彌遠賜第，遵淳熙故事賜家廟，命臨安守臣營之，禮官討論祭器，並如侂胄之制。彌遠請併生母齊國夫人周氏及祔妻魯國

〔一〕「祭法」，諸本作「王制」，據石林燕語卷一改。
〔二〕「稱」下，諸本衍「親」字，據石林燕語卷一删。

夫人潘氏於生母別廟，皆下有司賜器。

理宗本紀：紹定六年十二月戊寅，史宅之繳納賜第，詔給賜本家，仍奉家廟。景定三年正月，賜賈似道第宅於集芳園，給緡錢百萬，就建家廟。

王圻續通考：元世宗時，中書令耶律楚材卒，建祠於河南輝縣，祀之。仁宗皇慶元年，命河南省建故丞相阿珠祠堂。六年，建晦庵先生祠於淳安，祀宋儒朱文公。順帝至元六年，徽州知州宇文傳復建朱氏家廟，以祠朱文公父子，又撥田以供祀事。又婺源縣建鄉賢祠，亦祀文公。

英宗至治元年，建故太師魯公穆呼哩祠堂於東平。

順帝至正元年，羅豫章五世孫天澤請建祠堂於沙縣杜溪里，亦其故居也，復建豫章羅文質公祠。

蕙田案：以上五條與家廟有別，蓋即今之鄉祠也。

明太祖洪武六年春，詔定公侯以下家廟禮儀。時禮部官議奏云：「凡公侯品官，別立祠堂三間於所居之東，以祀高、曾、祖、考併祔位。如祠堂未備，奉主於中堂享祭，二品以上羊二豕二〔一〕，五品以上羊一豕一〔二〕，皆分四體，熟而薦之。不能具牲者，設饌享之。所用器皿，隨官品第，稱家有無。祭之前二日，主祭者聞於上，免朝參。凡祭，四仲之月擇吉日，或春秋分、冬夏至亦可。前期一日，主祭者致齋，執事者灑掃祭所〔三〕，陳設儀如無〔四〕，親監宰牲。是晚，主婦監造祭饌。是夕，主祭以下，沐浴更衣，宿於外舍。明日〔五〕，率祭者盥洗訖，詣祭堂，捧正位、祔位神主櫝各置於一盤，令親子弟各一人捧至祭所〔六〕。主祭者開櫝，捧各祖考神主，主婦開櫝，捧各祖妣神主，以安奉於位〔七〕。子弟捧祔食神主置於東西壁邊，執事者進饌，讀祝者一人，就讀祝位。贊禮以子弟親族爲之陳設各神位，訖，各就位。主祭在東，伯叔諸兄立於其前，

〔一〕「羊二豕二」，嵇璜續文獻通考卷八六作「羊一豕一」。
〔二〕「五品以上羊一豕一」，嵇璜續文獻通考卷八六作「五品以上羊一，以下豕一」。
〔三〕「者」，原作「以」，據光緒本改。
〔四〕「儀如無」，嵇璜續文獻通考卷八六作「儀物」。
〔五〕「明日」，嵇璜續文獻通考卷八六作「祭日質明」。
〔六〕「率祭者」至「捧至祭所」，嵇璜續文獻通考卷八六作「率預祭諸親、主婦率預祭衆婦詣祭所，實蔬菓酒饌於器。主祭者盥帨訖，詣祠堂，親捧正、祔神主之櫝各置於盤，令親子弟捧至祭所」。
〔七〕「以」下，嵇璜續文獻通考卷八六有「序」字。

稍西〔一〕，諸親立於其後，主婦在西，諸母立於其前，稍西，婦女立於其後，讚拜。主祭、主婦以下皆拜〔二〕。主祭者詣香案前，跪，三上香，奠酒於高祖考前〔三〕，由曾祖而下皆如之。執事者酌酒於祔位前，讀祝，跪讀訖，贊拜。主祭復位，與諸婦皆再拜。亞獻、終獻亦如之，唯不讀祝。每獻，執事者於祔位奠酌酒，獻畢，贊拜。主祭、婦以下復再拜〔四〕，焚祝併紙錢於中庭。禮畢，主祭者安神主於櫝如初。是日，設筵享祭饌，男女異席，餘胙分諸親友及下執事。」制曰「可」。

明會典：品官家廟。國初，品官廟制未定，大明集禮權倣宋儒家禮祠堂之制，奉高、曾、祖、禰四世之主，亦以四仲之月祭之，又加臘日〔五〕、忌日之祭，與夫歲時俗節之薦享。至若庶人得奉其祖父母、父母之祀，已有著令，而其時享於寢之禮，大概與品官略同。

〔一〕「西」，嵇璜續文獻通考卷八六作「東」。
〔二〕「拜」上，嵇璜續文獻通考卷八六有「再」字。
〔三〕「奠酒」上，嵇璜續文獻通考卷八六有「獻酒」二字；「考」，嵇璜續文獻通考卷八六作「祖妣」。
〔四〕「婦」上，嵇璜續文獻通考卷八六有「主」字。
〔五〕「加」，諸本作「如」，據明會典卷九五改。

祠堂制度。

祠堂三間，外爲中門，中門外爲兩階，皆三級，東曰阼階，西曰西階。階下隨地廣狹，以屋覆之，令可容家衆叙立。又爲遺書、衣服、祭器庫及神厨於其東，繚以周垣，别爲外門，常加扃閉。祠堂之内，以近北一架爲四龕。每龕内置一桌，高祖居西，曾祖次之，祖次之，父次之，神主皆藏於櫝中，置於桌上，南面。龕外各垂小簾，簾外設香卓於堂中〔一〕，置香爐香盒於其上，兩階之間，又設香卓亦如之。若家貧地狹，則止爲一間，不立厨庫。而東西壁下，置立兩櫃，西藏遺書衣物，東藏祭器亦可，地狹，則於廳事之東亦可。

時祭儀節。

卜日　凡四時之祭，用仲月，並於孟月下旬之首，擇仲月三旬各一日，或丁或亥。主祭盛服，率兄弟子孫立於祠堂階下，北面。置桌子於主祭之前，設香爐香盒杯珓於其上，主祭以下皆再拜。訖，主祭焚香熏珓，祝曰：「某將以來月上旬某日，

〔一〕「卓」，諸本作「案」，據明會典卷九五改。

祇薦歲事於祖考。」即以珓擲於地，以一俯一仰爲吉。不吉，再卜中旬之日，又不吉，則不復卜，而直用下旬之日。既得日，乃復位，再拜而退。若臘日、忌日、俗節之薦享，則不必卜。

齋戒　前期三日，主祭率衆丈夫致齋於外，主婦率衆婦女致齋於内，沐浴更衣，飲酒不得至亂，食肉不得茹葷，不弔喪，不聽樂，凡凶穢之事，皆不得預。

陳設　前一日，主祭帥子弟及執事灑掃正寢，洗拭椅桌，務令蠲潔。設高祖考妣位於堂西北壁下，南向，考西妣東，各用一椅一桌而合之。曾祖考妣、祖考妣、考妣以次而東，皆如高祖之位。世各爲位，不相連屬。別設旁親無後及卑幼先亡者祔食位於東西壁下。凡伯叔祖考妣、伯叔考妣、兄弟、嫂妻〔一〕、弟婦、子姪、子姪婦之屬，皆右男子，左婦女，東西相向，以北爲上。凡屋不問何向，但以前爲南，後爲北，左爲東，右爲西。設香案於堂中，置香爐香盒於其上，束茅聚沙於香案前及逐位前地上。設酒案於東階上，別置桌子於東，設酒注一、酹酒盞一、鹽楪醋瓶於其上。火爐、湯

〔一〕「嫂妻」，原誤倒，據光緒本、明會典卷九五乙正。

瓶、香匙、火箸於西階上，别置桌子於西，設祝板於其上。設盥盆帨巾各二於阼階下之東，又設陳饌大牀於東。

省饌　前一日，主祭帥衆丈夫省牲莅殺，主婦帥衆婦女滌濯祭器，潔釜鼎，具祭饌，每位果六品，菜蔬及脯醢各三品，肉、魚、饅頭、糕各一盤，羹飯各一椀，肝各一串，肉各一串。務令精潔，未祭之前，勿令人先食及爲猫犬蟲鼠所污。

行事　祭之日質明，主祭以下各具服。主祭者見居官則唐帽束帶，婦人曾受封者則花釵翟衣，士人未爲官者則幅巾深衣，庶人則巾衫結絛，婦人則大襖長裙，首飾如制。主祭以下具服訖，盥手帨手，詣正寢神位前，設蔬果酒饌。設果楪於桌子上南端，蔬果脯醢相間次之，設盞柈醋楪於北端，盞西楪東，匙箸居中。設酒瓶於架上，熾炭於爐。主婦炊煖祭饌皆令極熱，以盒盛出，置東階下大牀上。次詣祠堂前，階下序立。主祭位於東，兄弟以下位於主祭之東，少退，子孫及外執事者，以次重行，列於主祭之後。主婦位在西，弟婦姊妹位於主婦之西，少退，女子子婦及内執事者，亦以次重行，列於主婦之後，皆北向。有伯叔父母，位次並居主祭主婦位稍前，主祭有母，則特位於主婦之前。叙立訖，主祭升自阼階，焚香告曰：「孝孫某，今以仲春之月，夏秋冬同。有事於顯高祖考某官府君、顯高祖妣某封某氏、顯曾祖考某官府君、顯曾祖妣某封某氏、顯祖考某官府君、顯祖妣某封某氏、顯考某官府君、顯妣某封某氏，以某親某官府君、某親某封某氏祔食，敢請神主出就正寢，恭伸奠獻。」告訖，斂櫝，正位、祔位各置一笥，各以執事者一人捧之，主祭前導，主婦以下皆從。至正寢，置於西階桌子上，主祭啓櫝奉諸考神主出就位，主婦奉諸妣神主就位。其祔位則各用子弟一人奉之，既畢，主祭以下，皆降復位。

參神　主祭以下，叙立如祠堂之儀〔一〕。立定，俱拜，若尊長老疾者，則休於他所。

降神　主祭升詣香案前〔二〕，焚香，少退立。執事者一人實酒於注，一人取東階桌子上盤盞，立於主祭之左，一人執注，立於主祭之右。主祭跪，捧盤盞者亦跪，進盤盞，主祭受之，執注者亦跪，斟酒於盞，主祭者左手執盤，右手執盞。灌於茅上，以盤盞

〔一〕「如」，原作「於」，據光緒本、明會典卷九五改。
〔二〕「前」，諸本脱，據明會典卷九五補。

授執事者，俯伏，興，再拜，降復位。

進饌　主祭升，主婦從之，執事者一人以盤奉魚肉，一人以盤奉米麪食，一人以盤奉羹飯。從升。至高祖位前，主祭奉肉奠於盤盞之南，主婦奉麪食奠於肉西，主祭奉魚奠於醋楪之南，主婦奉米食奠於魚東，主祭奉羹奠於醋楪之東，主婦奉飯奠於盤盞之西。以次設諸正位，使諸子弟婦女各設祔位皆畢，主祭以下，皆降復位。

酌獻　主祭升，詣高祖位前。執事者一人執酒注，立於其右，冬月，即先煖之。主祭奉高祖考盤盞位前東向立，執事者西向斟酒於盞，主祭奉之奠於故處，次奉高祖妣盤盞亦如之。奠訖，位前北向立。執事者二人舉高祖考妣盤盞，立於主祭之左右。主祭跪，執事者亦跪，主祭受高祖考盤盞，右手取盞，祭之茅上，以盤盞授執事者，反之故處。受高祖妣盤盞亦如之。俯伏，興，少退立。執事者炙肝於爐，以楪盛之。兄弟之長一人奉之，奠於高祖考妣前匙箸之南。祝取版，立於主祭之左，跪讀曰：「某年某月某朔某日，孝玄孫某官某，敢昭告於顯高祖考某官府君、顯高祖妣某封某氏，氣序流易，時維仲春，追感歲時，不勝永慕，敢以潔牲、柔毛、粢盛、醴齊，祗薦歲事，以某親某官府君、某親某封某氏祔食，尚饗。」畢，興，主祭再拜，退。

詣諸位，獻祝如初。每逐位，讀祝畢，即兄弟衆男之不爲亞終獻者，以次分詣本位所祔之位，酌獻如儀，但不讀祝。獻畢，皆降復位。執事者以他器徹酒及肝，置盞於故處。曾祖前稱孝曾孫，祖前稱孝孫，考前稱孝子，改「不勝永慕」爲「昊天罔極」。凡祔者，伯叔祖父祔於高祖，伯叔父祔於曾祖，兄弟祔於祖，子孫祔於考，餘皆倣此。如本位無，即不言以某親祔食。亞獻則主婦爲之，諸婦女奉炙肉及分獻如初獻儀，但不讀祝。終獻，則兄弟之長，或長男或親賓爲之，衆子弟奉炙肉及分獻如亞獻儀。

侑食　主祭升，執注就斟諸位之酒皆滿，立於香案之東南，主婦升，扱匙飯中，西柄，正箸，立於香案之西南，皆北面再拜，降復位。

闔門　主祭以下皆出，祝闔門，無門處降簾。主祭立於門東，西向，衆丈夫在其後。主婦立於門西，東向，衆婦女在其後。如有尊長，則少休於他所。

啓門　祝聲三噫歆，乃啓門，主祭以下皆入。其尊長先休於他所者，亦入就位。主祭、主婦奉茶，分進於考妣之前，祔位使諸子弟婦女進之。

受胙　執事者設席於香案前，主祭就席，北面。祝詣高祖考前，舉酒盤盞，詣主祭之右。主祭跪，祝亦跪，主祭受盤盞，祭酒啐酒，祝取匙併盤，抄取諸位之飯各少許，奉以詣主祭之左，嘏於主祭曰：「祖考命工祝，承致多福，於汝孝孫，使汝受禄于天，宜稼于田，眉壽永年，勿替引之。」主祭置酒於席前，俯伏，興，再拜，跪受飯嘗之，實於左袂，掛袂於季指，取酒卒飲。執事者受盞，自右置注旁，受飯亦如之。主祭俯伏，興，立於東階上，西向。祝立於西階上，東向，告利成，降復位，與在位者皆再拜。主祭不拜，降復位。

辭神　主祭者以下，皆再拜。

納主　主祭者與主婦皆升，各奉主納於櫝。主祭以笥斂櫝，奉歸祠堂，如來儀。

徹　主婦還監徹，酒之在盞注他器中者，皆入於瓶緘封之，所謂福酒；果蔬、肉食並傳之燕器，主婦監滌祭器而藏之。

餕　是日設席，男女異處，尊行自爲一列，南面，自堂中東西分首，若止一人，則當中而坐，其餘以次相對，分東西向。就坐，行酒，薦食。酒饌不足，則以他酒他饌益之。將罷，主祭頒胙於内外執事者，徧及微賤，其日皆盡。

神主　禮經及家禮舊本於高祖考上皆用「皇」字〔一〕，今止用「顯」字。作主用栗，取法於時日月辰。趺方四寸，象歲之四時；高尺有二寸，象十二月；身博三十分，象月之日；厚十二分，象日之辰。身趺皆厚一寸二分。剡上五分爲圓首，寸之下〔二〕，勒前爲額而判之，一居前，二居後。前四分，後八分。陷中以書爵姓名行，書曰：故某官某公，諱某，字某，第幾神主。陷中長六寸，闊一寸。合之植於趺，身出趺上一尺八分，併趺高一尺一寸。竅其旁以通中，如身厚三之一，謂圓徑四分。居二分之上，謂在七寸一分之上。粉塗其前以書屬稱，屬謂高、曾、祖、考，稱謂官或號行，如處士秀才幾郎幾公。旁題主祀之名，曰孝子某奉祀。加贈易世，則筆滌而更之，水以洒廟墻。外改中不改。

蕙田案：明品官家廟，即朱子家禮，而小有異耳。然非天子不議禮，載之會典，則一朝之制也，不嫌重見。

王圻續通考：嘉靖十五年，夏言疏言：「天下臣民，冬至日得祀始祖。臣案宋儒

〔一〕「考」，諸本脱，據明會典卷九五補。
〔二〕「寸」，諸本作「首」，據明會典卷九五改。

程頤嘗修六禮，大略家必有廟，庶人立影堂，廟必有主，月朔必薦新，時祭用仲月，冬至祭始祖，立春祭先祖。至朱熹纂家禮，則以爲爲始祖之祭近於逼上，乃删去之，自是士庶家無復有祭始祖者。臣愚以爲三代而下，禮教衰，風俗敝，衣冠之俗，尚忘報本，況匹庶乎？程頤爲是緣情，而爲權宜以設教事逆而意順者也，故曰『人家能存得此等事，雖幼者，可使漸知禮義』也。且禘，五年一舉，其禮最大。此所謂冬至祭始祖者，乃一年一行，酌不過三，物不過魚、黍、羊、豕，隨力所及，特時享常禮焉耳。禮不與禘同，朱熹以爲僭而廢之，亦過矣。邇者面奏前事，伏蒙聖諭，人皆有所本之祖，情無不同，此禮當通於上下，惟禮樂名物，不可僭擬，是爲有嫌，奈何不令人各得報本追遠耶？大哉皇言，至哉皇心！非以父母天下爲王道者，不及此也。伏望皇上詔令天下臣民，得如程子之議，冬至祭厥初生民之始祖，立春祭始祖以下高祖以上之先祖，皆設兩位於其席，但不許立廟以踰分。庶皇上廣錫類之孝，臣下無禘祫之嫌，愚夫愚婦得盡追遠報本之誠矣。」上是之。又禮官疏請：「自周以上，天子以至大夫士各有祖廟，雖庶人亦各薦於寢。至秦滅學，斯禮乃失，天子之外，無敢有營私廟者。魏、晉以降，始復廟制，許文武百官立家廟，以官品爲所祀世次之差，然位至通貴，猶不營廟，至有官爲立以愧之者，有至勤詔旨切責者，是豈獨禮教衰廢，狃故習常哉？亦由古今異儀，封爵殊制，事固有礙，而當時禮官，又不能詳求典禮，制爲定論，使人有所依據，是以疑憚而不敢立耳。敢依倣古今，酌爲中制，以俟採擇。謹案三代時，有五廟三廟二廟一廟之制者，以其有諸侯、有卿大夫、上中下士之爵也。今官職既異，且無冢適世封之重，又無山川國邑之常，欲竊取古人之制而爲之，所謂刻舟膠柱矣。漢爲曹公立五廟，晉爲安昌公立六廟，後魏爲胡珍立五廟，至北齊以下，以從二品以上祀五代，五品以上祀三代，七品以上祀二代，或五廟四廟三廟二廟一廟皆不可行。至宋程頤始約之而歸於四世，上自公卿，下及士庶，莫不皆然。其言曰：自天子至於庶人，五服皆自高祖。服既如此，則祭亦須如此。若止祭禰，是知母而不知父，非人道也。朱熹以爲得祭祀本意，禮：『大夫有事，省於其君，干祫及其高祖。』此可爲立三廟而祭其高祖之驗。由是觀之，則廟雖有多寡，而祭皆及四親，則一也。以是考之，則莫若官自三品以上爲五廟，以下皆四廟。爲五廟者，亦如唐制五間九架，厦兩旁隔板爲五室，中祔五世祖，旁四室祔高、曾、祖、禰。爲四廟者，三間五架，中爲一室，祔高、曾，左右爲二室，祔祖、禰。若當祀始祖、先祖，則如朱熹所云：『臨祭時作紙牌，祭訖，焚之。』然三品以上，雖得爲五廟，若上無應立廟之祖，不得爲世祀不遷之祖，惟以第五世之祖奉爲五世，只名曰五世祖。必待世窮數盡，則以今之得立廟者，爲世祀之祖，世祀而不遷焉。四品以下，無此祖也，惟四世遞遷而已。至於牲牢俎豆等物，惟依官品而設，不得同也。蓋古者於四親之廟，有日祭、月祀、時享，數疏之不同，今不可考，然而皆在祭中，不可缺廢，則貴賤一也。是以因其可知，而缺其不可知，是亦厚於孝養而不爲過也。若夫庶人祭於寢，無可説矣。伏乞詔令天下，使小大士庶皆得據而爲之。凡唐、宋以來，一切三廟二廟一廟、四世三世二世一世之制，繁雜破碎多礙而少通者，一切除去之，以五室四室爲率，庶幾三代之制，程、朱之義，通融貫徹，並行不背矣。」從之。

蕙田案：夏氏之疏，殊有可議。程子謂不害祭及高祖，未嘗有五世祖也。古者諸侯五廟，以兼太祖廟，言今若大宗無論矣。若非大宗，則無太祖廟，無太祖廟而祭及四世，則亦小宗之法也，四廟可矣。五世祖之祭，始於宋大觀中，朱子固嘗非之，此其可議者一。始祖先祖之祭，朱子業已不行，而復行之，非禮意也，正不如丘氏以始遷祖及有封爵者爲始祖，準古之別子爲不可易，此其可議者二。

又云五品以下皆立四廟，如是，則皆繼高祖之宗則可，若繼祖繼禰之宗，得無亂宗法乎？此尤可議者三。惟三品以上，世窮數盡，則以得立廟者爲世祀之祖而不遷，此則合於禮經，通於萬世者也。

穆宗隆慶四年，詔祀太子少保、禮部尚書兼翰林院學士歐陽德于鄉，時江西撫按官言，德文章行業爲世所重，其門人後學相與祀之，宜詔有司歲時舉祀，以從人望。禮部覆請，上特允之。

蕙田案：此與家廟之制，雖若有别，然今日之事，最得禮意者，無如鄉祠。蓋大夫士之貴顯而有德望者，準之古禮，所謂别子也，别子百世不遷，然既無古者世禄之制，則其子孫之盛衰，爲能祀與否，皆不可必。子孫既不能祀，而闕其血食焉，可乎？故不得已而爲之建祠，雖鄉祠，猶家祠也。此後世之權宜而合古人之禮者與？

右歷代大夫士廟祭下

五禮通考卷一百十六

吉禮一百十六

祀先代帝王

經傳古帝王祀典

禮記祭法：夫聖王之制祭祀也，法施於民則祀之，疏：若神農及后土、帝嚳與堯及黄帝、顓頊與契之屬是也。以死勤事則祀之，疏：若舜及鯀、冥是也。以勞定國則祀之，疏：若禹是也。能禦大菑則祀之，能捍大患則祀之。疏：若湯及文、武也。帝嚳能序星辰以著衆。注：著衆，謂使民興事，知休作之期也。疏：嚳能紀星辰、序時候以明著，使民休作有期，不失時節，故祀之也。堯能賞均刑法以義終。注：賞，賞善，謂禪舜，封禹、稷等也。能刑，謂去四凶。義終，謂既禪二十八載乃死也。疏：五刑有宅，是能刑有法也。舜勤衆事而野死。注：野死，謂征有苗，死于蒼梧也。疏：舜征有苗，仍巡守陟方，而死蒼梧之野。鯀鄣洪水而殛死。注：殛死，謂不能成其功也。疏：鯀亦是有微功于人，故得祀之。又世本云「作城郭」，是有功也。鄭答趙商云：「鯀非誅死，放居東裔〔一〕，至死不得反于朝。禹乃其子也，以有聖功，故堯興之。若以爲殺人父，用其子，而舜、禹何以忍乎？」禹能修鯀之功。黄帝正名百物，以明民共財，顓頊能修之。疏：正名百物者，雖有百物而未有名，黄帝爲物作名，正名其體也。以明民者，謂垂衣裳，使貴賤分明，得其所也。共財者，謂山澤不鄣，教民取百物以自贍也。顓頊能修黄帝之法。契爲司徒而民成。注：民成，謂知五教之禮也。冥勤其官而水死。注：冥，契六世之孫也。其官玄冥，水官也。疏：案世本，契生昭明，昭明生相土，相土生昌若，昌若生遭圉，遭圉生根國，根國生冥，是契六世孫也。湯以寬治民而除其虐。文王以文治，武王以武功，去民之菑。注：虐、菑，謂桀、紂也。此皆有功烈于民者也。非此族也，不在祀典。疏：若非上等，無益于民者，悉不得與于祭祀之典也。

〔一〕「放」，原作「故」，據光緒本、禮記正義卷四六改。

王制：天子諸侯，祭因國之在其地而無主後者。注：謂所因之國，先王、先公有功德，宜享世祀，今絶無後爲之祭主者。疏：若天子因先公之後，亦祭先公。若諸侯因先王之後，亦祭先王。

葉氏夢得曰：亡國絶世而無主後者，雖已廢而不可舉。然先王興滅繼絶，而因國亦祭者，所以見其仁也。

胡氏銓曰：因國，謂所都所封之内，固古先聖哲所居之地。若晏子云「爽鳩氏始居此地，而後季萴因之，有逢伯陵因之，蒲姑氏因之，而後太公因之」之因也。

右經傳古帝王祀典

歷代古帝王祀典

史記封禪書：秦并天下，令祠官所常奉於湖，有周天子祠。索隱曰：地理志，湖縣屬京兆，有周天子祠二所在。

始皇本紀：三十七年十月癸丑〔一〕，始皇出游。十一月，行至雲夢，望祀虞舜于九疑山，上會稽祭大禹。

〔一〕「十月」，原作「七月」，據光緒本、史記秦始皇本紀改。

漢書高祖本紀：高祖立爲沛公。祀黄帝，祭蚩尤于沛庭而釁鼓。

應氏劭曰：黄帝戰于阪泉，以定天下。蚩尤亦古天子，好五兵，故祠祭之，求福祥也。

漢舊儀：高祖五年，修復周家舊祠，祠后稷于東南，常以八月，祭以太牢，舞者七十二人，冠者五六三十人，童子六七四十二人，爲民祈農報功。

漢書高祖本紀：十二年，十二月，詔曰：「秦皇帝、楚隱王、魏安釐王、齊愍王、趙悼襄王，皆絶亡後。其與秦始皇帝守冢二十家，楚、魏、齊各十家，趙及魏公子亡忌各五家，令視其冢，復亡與他事。」

蕙田案：此爲帝王陵置守冢之始。

郊祀志：天下已定，立蚩尤之祠于長安。南山巫祠南山秦中。秦中者，二世皇帝也。各有時日。

人有言，古天子常以春解祠，祠黄帝用一梟、破鏡。張晏曰：黄帝，五帝之首也，歲之始也。梟，惡逆之鳥。方士虚誕，云以歲始祓除不祥，令神仙之帝食惡逆之物，使天下爲逆者破滅訖竟，無有遺育也。孟康曰：梟，鳥名，食母。破鏡，獸名，食父。黄帝欲絶其類，使百吏祠皆用之。如淳曰：漢使東郡送梟，五月五日作梟羹以賜百官。以其惡鳥，故食之也。師古曰：解祠者，謂祠祭以解罪求福。

武帝本紀：元封元年，冬十月，祠黄帝于橋山。

郊祀志：其春，既滅南越。其來年，北巡朔方，還祭黄帝冢橋山，釋兵涼如。上曰：「吾聞黄帝不死，有冢，何也？」或對曰：「黄帝以僊上天，群臣葬其衣冠。」

武帝本紀：元封五年，冬十月，行南巡狩，至于盛唐，望祀虞舜于九嶷。

郊祀志：宣帝立黄帝祠于膚施。

後漢書章帝本紀：元和二年二月，東巡狩。使使者祀唐堯于成陽靈臺。郭緣生述征記曰：成陽縣東南有堯母慶都臺，上有祠廟，堯母陵俗亦名靈臺大母。

安帝本紀：延光二年二月，東巡狩。庚寅，遣使者祀唐堯于成陽〔一〕。

三國魏志文帝本紀：黄初二年正月甲戌，校獵至原陵，遣使者以太牢祠漢世祖。

宋書高祖本紀：永初元年閏八月壬午朔，詔曰：「晉世帝后及藩王諸陵守衛，宜便置格。」

宋顔延之爲湘州祭虞舜文：惟哲化神，繼天作聖，藏器漁陶，致身愛敬。是以

〔一〕「于」，原脱，據光緒本、後漢書安帝本紀補。

二妃嬪德，九子觀命，在麓不迷，御衡以正。唐歷既終，虞道乃光，咨堯授禹，素俎采堂。百齡厭世，萬里陟方，敬詢故老，欽咨聖君。職奉西湘，虔屬南雲，神之聽之，匪酒伊葷。

南齊書明帝本紀：建武二年十二月丁酉，詔曰：「舊國都邑，望之悵然，況乃自經南面，負扆宸居，或功濟當時，德覃一世，而塋壠欑穢，封樹不修。豈直嗟深牧豎，悲甚信陵而已哉！昔中京淪覆，鼎玉東遷，晉元締構之始，簡文遺咏在民，而松門夷替，埏路榛蕪。雖年代殊往，撫事興懷。晉帝諸陵，悉加修理，并增守衛。」

梁王僧孺祭禹廟文：惟帝稟圖上昊，貽則下民。五聲窮聽，四乘兼往。輕璧惜景，既捨冠履。愛人忘我，不顧胼胝。下車以泣，事深罪己。憑舟靡懼，義存拯物。盛業方來，遺神如在。愛被昆蟲，理有好生之德；事安菲素，固無厚味之求。是用黍稷非馨，蘋蘩以薦，克誠斯享，憑心可答。

北魏書太祖本紀：天興三年五月己巳，車駕東巡，遂幸涿鹿，遣使者以太牢祀帝堯、帝舜廟。

太宗本紀：神瑞二年夏四月己卯，車駕北巡。六月壬申，幸涿鹿，登橋山，觀温泉，使使者以太牢祠黃帝廟。至廣甯，登歷山，祭舜廟。

泰常七年九月辛酉，幸橋山。遣使者祠黃帝、唐堯廟。

世祖本紀：神䴥元年八月，東幸廣甯，臨觀温泉。以太牢祭黃帝、堯、舜廟。

禮志：文成帝和平元年正月，帝東巡。歷橋山，祀黃帝。先是，長安牧守常有事於周文、武廟。延興四年，坎地埋牲，廟玉發見。四月，詔東陽王丕祭文、武二廟。以廟玉露見，若即而埋之，或恐愚民將爲盜竊，敕近司收之府藏。

高祖本紀：太和十六年二月丁酉，詔祀唐堯于平陽，虞舜于廣甯，夏禹於安邑，周文于洛陽。

禮志：太和十六年，二月丁酉，詔曰：「崇聖祀德，遠代之通典；秩缺三字，中古之近規。故三五至仁，唯德配享；夏、殷私己，稍用其姓。且法施於民，祀有明典，立功垂惠，祭有恒式。斯乃異代同途，奕世共軌。今遠遵明令，憲章舊則，比于祀令，已爲決之。其孟春應祀者，頃以事殷，遂及今日。可令仍以仲月享祀焉。凡在祀令者，其數有五。帝堯樹則天之功，興巍巍之治，可祀於平陽。虞舜播太平之風，致無爲之化，可祀于廣甯。夏禹禦洪水之災，建天下之利，可祀于安邑。周文公制禮作樂，垂範萬葉，可祀于洛陽。其宣尼之廟，已于中省，當別敕有司。享薦之禮，自文公已上，可令當界牧守，各隨所近，攝行祀事，皆用清酌尹祭也。」

高祖本紀：太和十九年夏四月癸丑，幸小沛，遣使以太牢祀漢高祖。

二十年，五月丙戌，初營方澤于河陰。遣使者以太牢祭漢光武及明、章三帝陵。又詔漢、魏、晉諸帝陵，各禁方百步不得樵蘇踐踏。

二十一年，三月乙未，車駕南巡。丙辰，次平陽，遣使者以太牢祭唐堯。夏四月庚申，幸龍門，遣使者以太牢祭夏禹。癸亥，行幸蒲坂，遣使者以太牢祭虞舜。戊辰，詔修堯、舜、夏禹廟。丙戌，遣使者以太牢祀漢帝諸陵。五月壬辰，遣使者以太牢祭周文王于豐，祭武王于鎬。

隋書禮儀志：禘祫之月，并以其日，使祀先代王公帝堯于平陽，以契配；帝舜于河東，咎繇配。夏禹於安邑，伯益配；殷湯于汾陰，伊尹配；文王、武王于豐渭之郊，周公、召公配；漢高帝於長陵，蕭何配。各以一太牢而無樂。配者饗于廟庭。

丘氏濬曰：秦始皇南巡，望祀舜于九嶷，上會稽祭禹。北魏文成東巡，歷橋山，祀黄帝，然皆因所至而祀也，未有常典。魏孝文太和始詔，祀堯、舜、禹及周公，然惟用清酌尹祭而已。至隋始定爲常祀，祀用太牢，而唐因之。

蕙田案：祀有配食，亦始于隋制也。

隋書高祖本紀：開皇十四年，冬閏十月甲寅，詔曰：「齊、梁、陳往皆創業一方，綿歷年代。既宗祀廢絶，祭奠無主，興言矜念，良以愴然。莒國公蕭琮及高仁英、陳叔寶等宜令以時修其祭祀。所須器物有司給之。」

蕙田案：仁人之言藹如此，祭勝國之典也。

煬帝本紀：大業二年十二月庚寅〔一〕，詔曰：「前代帝王，因時創業，君民建國，禮尊南面。而歷運推移，年世永久，丘壟殘毁，樵牧相趨，塋兆堙蕪，封樹莫辨，興言淪滅，有愴於懷。自古已來帝王陵墓，可給隨近十户，蠲其雜役，以供守祀〔二〕。」

舊唐書高祖本紀：武德三年春正月，幸蒲州，命祀舜廟。

唐書高祖本紀：武德三年六月癸卯，詔隋帝及其宗室柩在江都者，爲塋窆，置陵

〔一〕「十二月」，原作「十月」，據光緒本、隋書煬帝本紀改。
〔二〕「祀」，隋書煬帝本紀作「視」。

廟，以故宮人守之。

舊唐書太宗本紀：貞觀四年九月壬午，令自古明王聖帝墳墓無得芻牧，春秋致祭。　十一年二月甲子，幸洛陽宮，命祭漢文帝。　十六年冬十一月丙辰，狩于岐山。辛酉，使祭隋文帝陵。

禮儀志：貞觀之禮，無祭先代帝王之文。顯慶二年六月，禮部尚書許敬宗等奏曰：「請案禮記祭法云：『聖王之制祀也，法施于人則祀之，以死勤事則祀之，以勞定國則祀之，能禦大災則祀之，能捍大患則祀之。』又『堯、舜、禹、湯、文、武有功烈于人，及日月星辰，人所瞻仰；非此族也，不在祀典。』準此，帝王合與日月同例，常加祭享，義在報功。爰及隋代，並遵斯典。漢高祖祭法無文，但以前代迄今，多行秦、漢故事。始皇無道，所以棄之。漢祖典章，法垂于後。自隋以下，亦在祀例。伏惟大唐稽古垂化，網羅前典，惟此一禮，咸秩未申，今請聿遵故事，三年一祭。以仲春之月，祭唐堯於平陽，以契配；祭虞舜于河東，以咎繇配；祭夏禹于安邑，以伯益配；祭殷湯于偃師，以伊尹配；祭周文王于酆，以太公配；祭武王于鎬，以周公、召公配；祭漢高祖于長陵，以蕭何配。」

冊府元龜：景龍三年十二月甲午，幸新豐温湯境内，有自古帝王陵致祭。

褚無量傳：開元五年，帝幸東都。無量上言：「昔虞舜之狩，秩山川，徧群神。漢孝景祀黄帝橋山，孝武祀舜九疑，高祖過魏祭信陵君墓，過趙封樂毅後，孝章祠桓譚冢。願陛下所過名山大川、丘陵墳衍，古帝王賢臣在祀典者，並詔致祭。自古受命之君，必興滅繼絶，崇德報功。故存人之國大于救人之災，立人之後重于封人之墓。願到東都收叙唐初逮今功臣世絶者，雖在支庶，咸得承襲。」帝納其言，即詔無量祠堯平陽，宋璟祠舜蒲坂，蘇頲祠禹安邑，所在刺史參獻。

開元十二年十一月庚午，幸東都，敕有司所經自古帝王陵精意致祭，以酒脯時果用代牲牢。

開元禮：有司享先代帝王。前享五日，諸享官各散齋三日于正寢，致齋二日于其廟所，如別儀。無廟者，祭于壇。其壇制準州社壇，其祭官以當州長官充，無以次通取也。諸享官致齋之日，給酒食及明衣，各習禮於齋所。前享一日，所管縣官清掃内外，整拂神座。無廟者，享日未明，縣官率其屬入詣壇，東陛升，設神座于壇上，近北，南向。席以莞，以後陳設行事，依在廟之位。設配座于神座東南，西向，席以莞。又爲瘞坎于廟後壬地，方深取足容物。贊禮者設初獻位于東階東南，亞獻、終獻于初獻之南，少退，俱西向，北上。設掌事者位于終獻東南，重行，西面，以北爲上。設贊唱者于終獻西南，西向，北上。設望瘞位于廟堂東北，西向。又設贊唱者位于瘞埳東北，南向，東上。設享官以下位于南門之外道東，重行，西面，以北爲上。無廟者，即設享官以下位于壇東壝門之外道南〔一〕，重行，北面，西上。祭器之數，每座罇六、籩十、豆十、簠二、簋二、鉶三、俎三。縣官率其屬升，設罇于廟堂上前楹間，室户之外，北向。正座之罇在西，配座之罇在東。罇皆加勺冪，有坫以置爵。設幣篚于罇所，設洗于東階東南，北向，東西當東霤，南北以堂深。罍水在洗東，篚在洗西，南肆。實爵三，巾二，在篚，加勺冪。執罇罍洗篚者，各依于罇罍洗篚之後。享日未明，烹牲于厨。夙興，掌饌者實祭器。牲體牛、羊、豕皆載右胖，前脚三節，節一段，皆載之。後脚三節，節一段，去上節，載下二節。又取正脊、脡脊、正脅、代脅〔二〕，各二骨以並，餘皆不設。簋實稷黍，簠實稻粱〔三〕。籩十實石鹽、乾魚、棗、栗、榛、菱、芡、鹿脯、白餅、黑餅。豆十實韭菹、醓醢，菁菹、鹿醢，

〔一〕「東」，諸本脱，據通典卷一一六、開元禮卷五〇補。
〔二〕「正脅」上，光緒本、通典卷一一六有「横脊」二字，「代脅」下有「短脅」二字。
〔三〕「稻」，原作「菽」，據光緒本、通典卷一一六改。

芹菹、兔醢，笋菹、魚醢，脾菜菹、豚胉。若土無者，各以其類充之。諸享官以下各服祭服，三品毳冕，四品絺冕，五品玄冕，六品以下爵弁。縣官率其屬入實罇罍及幣〔一〕，每座之罇，一實醴齊，一實盎齊，一實清酒，其玄酒，各實于上罇。幣用帛，長丈八尺，色用白也。祝版各置于坫。贊唱者先入就位，祝與執罇罍篚者入，立于庭，重行，北面，以西爲上。立定，贊唱者曰「再拜」，祝以下俱再拜。執罇者升自東階。壇則升自東陛。立于罇所，執罇罍篚者各就位，升自東階，行掃除于上，降，掃除于下。訖，各引就位。質明，贊禮者引享官以下俱就門外位。少頃，贊禮者引享官以下以次就位立定。贊唱者曰「再拜」，在位者皆再拜，贊禮者進初獻之左，白：有司謹具，請行事。退復位。祝跪，取幣于篚，各立于罇所。掌饌者率執饌者，奉饌陳于南門之外。壇則奉饌陳于東壝門之外。贊禮者引初獻，升自東階，其壇則升自南陛，以後初獻升降皆準此。進當神座前，北向立。祝以幣東向進，初獻受幣，祝還罇所。贊禮者引初獻入，跪奠于神座，興，出户，北向，再拜。贊禮者引初獻入，當配座西壁下，東面立。祝以幣北向進，初獻受幣，祝還罇所。贊禮者引初獻進，東面

〔一〕「縣」，原脱，據味經窩本、乾隆本、光緒本、通典卷一一六補。

跪，奠于配座。興，退復位，東面再拜。贊禮引初獻降，復位。掌饌者引饌入，升自東階。壇則升自南陛。祝迎，引于階上，各設于神座前。掌饌者帥執饌者各復本位，祝還鐏所。贊禮者引初獻，詣罍洗，盥手洗爵，升自東階，詣酒鐏所，執鐏者舉冪。初獻酌醴齊。贊禮者引初獻入，詣神座前，跪奠爵，興，出户，北向立。祝持版進于神座之右，東面跪，讀祝文曰：帝嚳氏云：「維某年歲次月朔日，子開元神武皇帝諱，謹遣具官姓名，敢昭告于帝高辛氏，惟帝能序星辰，功施萬物，式遵祀典，敬以制幣犧齊，粢盛庶品，祗薦于帝高辛氏，尚饗。」帝堯云「敢昭告于帝陶唐氏，惟帝則天而行，光被四表，式遵祀典，敬以制幣」云云。配座云「敢昭告于唐司徒，惟公敬敷五教，弘贊彝倫，率由舊章，配享于帝陶唐氏」云云。帝舜云「敢昭告于帝有虞氏，惟帝道光七政〔一〕，績宣五典，式遵故實」云云〔二〕。配座云「敢昭告于皋陶氏，惟神爰定五刑，載孚九德，率由舊典」云云。夏王禹云「敢昭告于夏王禹，惟王克平九土，功施萬代，式遵故實」云云。配座云「敢昭告于伯益氏，惟公贊敷下土，克蕃庶物，率由舊章，配享于夏王禹」云云。殷王湯云「惟王革命黜暴，功濟天下，式遵祀典」云云。配座云「敢昭告于伊尹氏，惟公弼諧政道，功格天地，率由故實」云云。周文王云「惟王受命

〔一〕「光」，原作「先」，據光緒本、通典卷一一六改。

〔二〕「故實」，諸本作「舊章」，據通典卷一一六、開元禮卷五〇改。

作周，經緯天地，式遵祀典」云云。配座云「敢昭告于太公，惟公純德孔明，翼成周室，率由舊典」云云。周武王云「應天順人，克定禍亂，式遵祀典」云云。配座云「敢昭告于周文公、召康公，惟公道光十亂，功著分陝，率由舊典」云云。漢高帝云「神武膺期，撫安區夏，式遵祀典」云云。配座云「敢昭告于蕭相國，惟公翼成漢業，厥功惟茂，率由舊章」云云。初獻再拜，祝進，跪，奠版于神座，興，還罇所。贊禮者引初獻官詣配座酒罇所，取爵于坫。執罇者舉冪，初獻酌醴齊。贊禮者引初獻入，東面跪，奠于配座前，興，進立于西壁下，東面立。祝持版入，立于配座之左，北面跪，讀祝文訖，興，初獻再拜。祝進，跪，奠版于配位，興，還罇所。贊禮者引初獻出户，北向立。祝各以爵酌清酒，合置一爵。太祝持爵，進於初獻之右，西向立。初獻再拜，受爵，跪，祭酒，啐酒，奠爵，興。祝各帥執饌者以俎跪，減神座前三牲胙肉，各取前脚第二節，共置一俎上，以授初獻。初獻受，以授掌饌者。初獻跪取爵，遂飲，卒爵。祝進受爵，復于坫。初獻，興，再拜。贊禮者引初獻降復位。于初獻飲福。贊禮者引亞獻詣罍洗，盥手，洗爵，升自東階，詣酒罇所。執罇者舉冪，亞獻酌盎齊。贊禮者引亞獻入詣神座前，北面跪，奠爵，興，出户，北面再拜。贊禮者引亞獻詣配座酒罇所，取爵于坫。執罇者舉冪，亞獻酌盎齊。贊禮者引亞獻入，詣配座前，東向跪，奠爵，興，退于西壁下，東面再拜，出户北向立。祝各以爵酌清酒，合置一爵。一太祝持爵，進亞獻之右，西向立〔一〕。亞獻再拜，受爵，跪祭酒，遂飲，卒爵。祝受爵，復于坫。亞獻興，再拜，贊禮者引亞獻降，復位。初、亞獻將畢，贊禮者引終獻，盥洗，升，獻，飲福如亞獻之儀。訖，贊禮者引終獻，降復位。祝各進神座前，跪徹豆，興，還罇所。贊唱者曰「再拜」，非飲福受胙者皆再拜。再拜訖，贊唱者又曰「再拜」，獻官以下皆再拜。贊禮者進初獻之左，白請就望瘞位。贊禮者引初獻就望瘞位，西向立。贊唱者轉立于望瘞東北位，初獻官拜訖，祝各進神位前，跪，取幣興，降自西階。壇則降自南陛。詣瘞埳北，南面，以幣置于埳。贊唱者曰「可瘞」，埳東西面各二人，填土半埳。贊禮者進初獻之左，白禮畢。遂引初獻以下出，贊唱者還本位，祝與執罇罍者俱復執事位，立定。贊唱者曰「再拜」，祝以下皆再拜以出，祝版焚于齋所。

唐書禮樂志中：祀古帝王祠壇廣二丈五尺，高三尺，四出陛。以犧尊實醍齊，象尊實盎齊，山罍實酒，皆二。幣以白，長八尺。每三年祭三代帝王及配座。籩豆皆

〔一〕「向」，諸本作「面」，據文獻通考卷一〇三改。

十，簠二，簋二，俎三牲以太牢。

文獻通考：開元二十一年，雲州置魏孝文帝祠堂，有司以時享祭。

舊唐書玄宗本紀：開元二十二年春正月，制古聖帝明王用牲牢，餘並以酒脯充奠。

天寶六載正月，制三皇、五帝廟，以時享祭。

文獻通考：天寶六載，敕：「三皇、五帝創物垂範，永言龜鏡，宜有欽崇。三皇：伏羲以勾芒配，神農以祝融配，黄帝以風后、力牧配；五帝：少昊以蓐收配，顓頊以玄冥配，高辛以稷、契配，唐堯以羲仲、和叔配，虞舜以夔、龍配。其擇日及置廟地量事營立，其樂器請用宫懸，祭以少牢，仍以春秋二時致享，共置令丞，太常寺檢校。」

丘氏濬曰：案此祀三皇之始，前此堯、舜各祭于所都之地，今乃併三皇立廟焉。

蕙田案：此三皇、五帝立廟之始。

舊唐書玄宗本紀：天寶七載五月，詔三皇以前帝王，京城置廟，以時致祭。其歷代帝王肇迹之處未有祠宇者，所在各置一廟。

文獻通考：天寶七載，詔：上古之君，存諸氏號，雖事先書契，而道著皇王，緬懷厥功，寧忘咸秩。其三皇已前帝王，宜于京城内，共置一廟，仍與三皇、五帝廟相近，以時致祭。天皇氏、地皇氏、人皇氏、有巢氏、燧人氏，其祭料及樂請準三皇、五帝廟，以春秋二時享祭。歷代帝王肇迹之處，未有祠宇者，所由郡置一廟享祭，仍取當時將相德業可稱者二人配享。夏王禹都安邑〔一〕，以伯益、伯夷配；殷王湯都亳，以伊尹、仲虺配；周文王都酆，以師鬻熊、太公望配；周武王都鎬，請入文王廟同享，以周公、召公配；秦始皇都咸陽，以李斯、王翦配；漢高祖起沛，以蕭何、張良配；後漢光武皇帝起南陽，以鄧禹、耿弇配；魏武皇帝都鄴，以荀彧、鍾繇配；晉武帝都故洛陽，以張華、羊祜配；後魏道武皇帝起雲中，以長孫嵩、崔玄伯配；後周文帝起馮翊，以蘇綽、于謹配；隋文帝封隋漢東，以高熲、賀若弼配。並令郡縣長官春秋二時擇日準前致祭，其歷代帝王廟，每所差側近人、不課户四人，有闕續填，仍關户部處分。

丘氏濬曰：案此祀三皇以前帝王之始，然皇莫大于伏羲、神農、黄帝，帝莫盛于少昊、顓頊、高辛、堯、舜，王莫備于禹、湯、文、武。經史所紀者，僅此而已。三皇以

〔一〕「夏王禹」，「禹」字原脱，據光緒本、文獻通考卷一〇三補。

前，世涉洪荒，事屬茫昧，有陵墓者，命有司守之，不立廟祀可也。

蕙田案：此歷代帝王立廟之始。

舊唐書玄宗本紀：天寶九載冬十一月辛丑，立周武王、漢高祖廟于京城，司置官吏。

蕙田案：此别立帝王廟。

文獻通考：代宗永泰二年，詔道州舜廟宜蠲近廟佃户充掃除。

丘氏濬曰：玄宗時，嘗令歷代帝王廟，每所差側近人四户，有闕續填，其後有敕廢之。至是，代宗從道州刺史元結請，而有此舉。

大曆五年，鄜坊節度使上言：坊州軒轅皇帝陵闕，請置廟，四時列于祀典。

憲宗元和十四年，敕周文王、武王祠宇在咸陽縣，宜令有司精加修飾。

王圻續通考：唐昭宗乾寧四年，建漢昭烈一廟，在涿州西南樓桑村。明洪武間重修。

宋史太祖本紀：建隆元年春正月丁巳，命周宗正郭玘祀周陵廟，仍以時祭享。五月己酉，西京作周六廟成，遣官奉遷。秋七月甲子，遣工部侍郎艾穎拜嵩、慶陵。八月辛未，遣郭玘享周廟。

禮志：建隆元年，詔前代帝王陵寢，或樵採不禁、風雨不庇，宜以郡國置户以守，墮毁者修葺之。

太祖本紀：建隆二年春正月己未，遣郭玘享周廟。夏四月壬寅，詔郡國置前代帝王、賢臣陵冢户。

乾德元年六月丙申，詔歷代帝王三年一享，立漢光武、唐太宗廟。

禮志：乾德初，詔：「歷代帝王，國有常享，著于甲令，可舉而行。自五代亂離，百司廢墜，匱神乏祀，闕孰甚焉。案祀令，先代帝王，每三年一享，以仲春之月，牲用太牢，祀官以本州長官，有故則上佐行事。官造祭器，送諸陵廟。」又詔：「先代帝王，載在祀典，或廟貌猶在，久廢牲牢，或陵墓雖存，不禁樵採。其太昊、炎帝、黄帝、高辛、唐堯、虞舜、夏禹、成湯、周文王武王、漢高帝光武、唐高祖太宗，各置守陵五户，歲春秋祀以太牢；商中宗太戊高宗武丁、周成王康王、漢文帝宣帝、魏太祖、晉武帝、後周太祖、隋高祖各置三户，歲一享以太牢；秦始皇帝、漢景帝武帝明帝章帝、魏文帝、後魏孝文帝、唐玄宗憲宗肅宗宣宗、梁太祖、後唐莊宗明宗、晉高祖，各置守陵兩户，三年一祭以太牢；周桓王景王威烈王、漢元帝成帝哀帝平帝和帝殤帝安帝順帝沖帝質帝獻帝、魏明帝高貴鄉公陳留王、晉惠帝懷帝愍帝、西魏文帝、東魏孝靜帝、唐高宗中宗睿宗德宗順宗穆宗代宗敬宗文宗武宗懿宗僖宗昭宗、梁少帝、後唐末帝諸陵，常禁樵採。」尋又禁河南府民耕晉、漢廟壖地。

丘氏濬曰：宋太祖次序歷代帝王，給守陵户，命有司致享，可謂忠厚之至矣。但其所品第者，亦有未盡善者焉。其第一等十六帝，給民五户；第二等十帝，給民三户；第三等十五帝，給民二户，皆令有司歲祀。第四等惟禁樵採，無陵户，無祭祀。其第一等皆創業之君，無可議者。其第二等，曹操以篡得國，未嘗即帝位也，而亦列于成、康、漢文之間；朱温篡弑其君，無復人理，而亦得預于景、武、玄、憲之列，則似無别矣。至於北朝、五代之陵墓，皆禁樵採，而於南朝獨遺者，是時吴、蜀未平也。嗚呼！宋祖此舉，雖若爲崇奉帝王而設，然其品第之間，亦寓抑揚之意，後世人主鑒之，亦知所以自勉矣。

文獻通考：乾德二年十一月，太常博士聶崇義上言：「準祠令周文王以太公配，唐天寶七載，以師鬻熊及太公望配。伏緣太公已封武成王，春秋釋奠，望自今止，以鬻熊配享。」奏可。

宋史太祖本紀：乾德四年九月丙午，詔吴、越立禹廟于會稽。冬十月癸亥，詔諸郡立古帝王陵廟。

路史：乾德四年，詔置女皇氏守陵五户，春祭少牢。

宋史太祖本紀：開寶三年九月甲辰，詔西京、鳳翔、雄耀等州，周文、成、康三王，秦始皇，漢高、文、景、武、元、成、哀七帝，後魏孝文，西魏文帝，後周太祖，唐高祖、太宗、中宗、肅宗、代宗、德、順、文、武、宣、懿、僖、昭諸帝，凡二十七陵，常被盜發者，有司備法服、常服各一襲，具棺槨重葬，所在長吏致祭。

四年三月，增前代帝王守陵户二。夏四月辛卯，發廂軍千人修前代帝王陵寢之在秦者。

九年秋七月丁亥，命修先代帝王祠廟。

真宗本紀：咸平元年十一月甲子，詔葺歷代帝王陵廟。

景德元年冬十月壬午，詔修葺歷代聖賢陵墓。

禮志：景德元年，詔：「前代帝王陵寢，並禁樵採，摧毁者官爲修築；無主者碑碣、石獸之類，敢有壞者論如律。仍每歲首所在舉行此令。」

真宗本紀：景德四年二月，命吏部尚書張齊賢祭周六廟。戊子，葺周六廟。庚寅，詔河南府置五代漢高祖廟。辛卯，車駕發西京。甲午，次鄭州，遣使祀周嵩、懿二陵。

玉海：大中祥符元年六月丙申〔一〕，王欽若言瑕丘堯祠前得芝草九本，連理者四。甲辰，命欽若祭堯祠。

文獻通考：大中祥符三年，令西京葺後唐莊宗廟。

宋史真宗本紀：大中祥符四年三月丁亥，詔葺歷代帝王祠廟。

文獻通考：四年，祀汾陰，駐蹕河中府，遣官致祭，緣路帝王祠廟、神帳、畫壁，並加葺治，令衡州葺神農廟。

宋史真宗本紀：大中祥符六年六月丁丑，崇飾諸州黃帝祠廟。

文獻通考：大中祥符六年，詔諸州有黃帝祠廟，並加崇葺。

〔一〕「六月丙申」四字，原脱，據光緒本、玉海卷一〇二補。

宋史真宗本紀：天禧元年六月庚辰，盜發後漢高祖陵，論如律，并劾守土官吏，遣内侍王克讓以禮治葬，知制誥劉筠祭告。因詔州縣，申前代帝王陵寢樵採之禁。

禮志：熙寧元年，從知濮州韓鐸請：「堯陵在雷澤縣東穀林山，陵南有堯母慶都靈臺廟，請敕本州春秋致祭，置守陵五户，免其租，奉灑掃。」又以中丞鄧潤甫言，唐諸陵除已定頃畝外，其餘許耕佃爲守陵户，餘並禁止。

鄧潤甫傳：潤甫爲御史中丞上言：「興利之臣，議前代帝王陵寢，許民請射耕墾，而司農可之。唐之諸陵，因此悉見芟刈，昭陵喬木，剪伐無遺。熙寧著令，本禁樵采，遇郊祀則敕吏致祭，德意可謂遠矣。小人掊克，不顧大體。願絀創議之人，而一切如令。」從之。

文獻通考：熙寧四年，詔周嵩、慶、懿三陵柏子户留七户，餘放歸農。仍命歲時加修葺。

十年，詔永興軍自漢以來諸陵下閑地歲收，州縣以其錢修葺陵墓。

宋史禮志：元祐六年，詔相州商王河亶甲冢，載祀典。先是，乾德中，定先代帝王配享儀，下諸州以時薦祭，牲用羊豕，政和議禮局遂爲定制。

文獻通考：徽宗政和三年，議禮局上五禮新儀。仲春仲秋，享歷代帝王：女媧氏於晉州，無配；帝太昊氏於陳州，以金提、勾芒配；帝神農氏於衡州，以祝融配；帝高陽氏於澶州，以玄冥配；帝高辛氏應天府，無配；帝陶唐氏濮州，以禼配；帝有虞氏於道州，以庭堅配；夏王大禹於越州，以伯益配；商王高宗於陳州，以甘盤、傅説配；商王成湯於慶成軍，以伊尹配；商王中宗於大名府，以伊陟、臣扈配；周文王以鬻熊配；武王以召康公配；成王以周文公、唐太叔配；康王以畢公配；秦始皇帝以李斯、蒙恬、王翦配；漢高皇帝以蕭何配；太宗孝文皇帝以陳平、周勃、宋昌、劉章配；孝景皇帝以竇嬰、申屠嘉配；世宗孝武皇帝以公孫弘、衛青、霍去病、金日磾配；中宗孝宣皇帝以丙吉、魏相、霍光、張安世配。自周文王至漢宣帝並於永興軍。後漢世祖光武皇帝於河南府，以鄧禹、吴漢、賈復、耿弇配；魏文皇帝於河南府，以賈詡、王景興、曹真、辛毗配；後周太祖於耀州，以齊煬王憲、蘇綽、于謹、盧辯配；隋高祖皇帝於鳳翔，以牛里仁、高熲、賀若弼配；唐高祖神堯皇帝於耀州，以趙郡王孝恭、殷開山、劉政會、淮安王神通配；太宗文皇帝於永興軍，以長孫無忌、房喬、杜如晦、魏玄成、李靖配；明皇帝於華州，以張説、郭元振配；肅宗宣孝皇帝於永興軍，以苗晉卿、裴冕配；憲宗章武皇帝於華州，以裴度、杜佑、李愬配；宣宗獻文皇帝於耀州，以夏侯孜、白敏中、馬植配；後唐莊宗皇帝以郭崇韜、李嗣昭、符存審配；明宗皇帝以霍彦威、任圜配；晉高祖皇帝以桑維翰、趙瑩配；漢高祖皇帝無配。自後唐莊宗至漢高祖皇帝，並於河南府，周嵩陵太祖皇帝、慶陵世宗皇帝於鄭州。

建炎元年十一月丙寅，郊赦：歷代聖帝明王、忠臣烈士有功于民載在祠典者，命所在有司祭之。自後凡赦皆如之。

宋史禮志：紹興元年，命祠禹于越州，及祠越王勾踐，以范蠡配。

文獻通考：孝宗乾道四年，加封楚州顯濟廟靈感王，乃吴主孫皓祠，汪太猷等使虜還，言其靈感，故加封，仍命使人往來皆前期祭之。

淳熙四年，靜江守臣張栻謂：「臣所領州有唐帝祠，去城二十里，而近其山曰堯山，高廣爲一境之望。祠雖不詳所始，然有唐衡嶽道士彌明詩刻，即知其來舊矣。有虞帝祠去城五里，而近其山曰虞山，灕江滙其左曰皇澤之灣，有大曆中磨崖碑，載刺史李昌夔修祠事。臣已肇修祠宇，請著之祀典，俾長吏檢校葺治。」從之。

宋史孝宗本紀：淳熙十四年六月，詔衡州葺炎帝陵廟。

文獻通考：淳熙十四年，衡州守臣劉清之奏：「史載炎帝陵在長沙茶陵，今衡州茶陵縣是也。陵廟在康樂鄉白鹿源，距縣百里，而祠宇廢。祖宗時給近陵七户守視，禁其樵牧。宜復建廟給陵户。」禮官請如故事，命守臣行之。

王圻續通考：寧宗嘉定時，廖德明重建舜廟于韶州黄崗嶺下，又衡州刺史劉清之重建舜廟于衡陽。

淳祐八年二月，荆湖帥臣陳韡奏：「國家以火德王，于火德之祀合加欽崇。炎帝陵在衡州茶陵縣，廟久弗治，乞相度興修，以稱崇奉之意。」從之。

金史禮志：諸前代帝王三年一祭，于仲春之月祭伏羲于陳州，神農于亳州，軒轅于坊州，少昊于兖州，顓頊于開州，高辛于歸德府，陶唐于平陽府，虞舜、夏禹、成湯于河中府，周文王、武王于京兆府。泰和三年，尚書省奏：「太常寺言：開元禮祭帝嚳、堯、舜、禹、湯、文、武、漢祖祝版請御署。開寶禮羲、軒、顓頊、帝嚳、陶唐、女媧、成湯、文、武請御署，自漢高祖以下二十七帝不署。平章政事鎰、左丞匡、太常博士温德亨言：方岳之神各有所主，有國所賴，請御署固宜。至於前古帝王，寥落杳茫，列於中祀亦已厚矣，不須御署。參知政事即康及鉉以爲三皇、五帝、禹、湯、文、武皆垂世立教之君，唐、宋致祭皆御署，而今降祝版不署，恐于禮未盡。不若止從外路祭社稷及釋奠文宣王例，不降祝版，而令學士院定撰祝文，頒各處爲常制。」敕命依期降祝版，而不請署。

章宗本紀：泰和四年二月庚戌，始祭三皇、五帝、四王。三月，詔定前代帝王合致祭者。尚書省奏：「三皇、五帝、四王，已行三年一祭之禮。若夏太康，殷太甲、太戊、武丁，周成王、康王、宣王，漢高祖、文、景、武、宣、光武、明帝、章帝，唐高祖、文皇一十七君致祭爲宜。」從之。

元史祭祀志：自古帝王而下，祭器不用籩豆簠簋〔一〕，儀非酌奠者，有司便服行禮，三上香奠酒而已。

凡有司致祭先代聖君名臣，皆有牲無樂。

世祖本紀：中統三年夏四月辛卯，修河中禹廟，賜名建極宮。

四年六月，建帝堯廟于平陽，仍賜田五十頃。

〔一〕「用」，諸本作「同」，據元史祭祀志五改。

至元元年秋七月丁酉，龍門禹廟成，命侍臣阿哈托音代祀。

祭祀志：堯帝廟在平陽。舜帝廟，河東、山東濟南歷山、濮州，湖南道州皆有之。禹廟在河中龍門。至元元年七月，龍門禹廟成，命侍臣持香致敬，有祝文。

世祖本紀：至元五年九月，建堯廟。

祭祀志：至元十二年二月，立伏羲、女媧、舜、湯等廟于河中解州、洪洞、趙城。十五年四月，修會川縣盤古皇祠，祀之。二十四年閏二月，敕春秋二仲丙日，祀帝堯廟。致和元年，禮部移太常送博士議，舜、禹之廟合依堯祠故事，每歲春秋仲月上旬卜日，有司蠲潔致祭，官給祭物。

文宗本紀：至順元年三月，命彰德路歲祭羑里周文王祠。

祭祀志：至順元年三月，從太常奉禮郎薛元德言，彰德路湯陰縣北故羑里城周文王祠，命有司奉祀如故事。

元歐陽玄禹王廟記略：在昔唐虞之世，洪水横流，民無底居，而天下幾不國矣。大禹出而治之，然後九州以平，五行以順，而民生衣食于彝倫攸叙之中，迨於今幾四千年矣。所謂盛德當祀，宜與天地相爲無窮也。安邑，夏后氏之故都，邑之人尤重祀禹。後魏分其東爲夏縣，邑之故墟存焉，上有大禹廟四楹，創始歲月莫有記焉，且隘陋弗稱，歲久將傾。泰定甲子初，靜海縣達嚕噶齊瑞著致仕家居，爰咨于衆，合謀新之。廟成有日，而瑞著卒，遂中寢。邑士劉思義出己資以竟其功，於故殿址廣植八楹，殿之北復作四楹，以塗山后配焉。左右翼以邃廡，嚴偭宏敞，信足以萃人心、祀盛德矣。聞龍門之水，噴薄激越，聲如萬雷，意疏鑿之初，其功殆與神明侔也。歷代廟祀，固宜在焉。然安邑山川形勢則太行、王屋、箕山三門在其東，龍門、壺口在其西，其陽則雷首、汾陰，其陰則平陽、霍岳也。邑大夫士庶歲時則具牲牷，舉粢盛，潔酒醴，登于廟而左右瞻顧，其隨山刊木，跋履險阻，舟車橇梮之載，疏鑿排決之勞，膚肢胼胝，過其門而不入者，可想像而見也。傳曰『見河、洛而思禹功』，況其故都實治水之功所在，而朝覲謳歌歸于吾君之子之地，其感人思深矣，是尤宜爲廟食之所在也。

禮志：三皇廟祭祀禮樂：

至正九年，御史臺以江西湖東道肅政廉訪使文殊諾爾所言：「三皇開天立極，功被萬世。京師每歲春秋祀事，命太醫官主祭，揆禮未稱。請如國子學、宣聖廟春秋釋奠，上遣中書省臣代祀，一切儀禮倣其制。」中書付禮部集禮官議之。是年十月二十四日，平章政事台哈布哈、鼎珠等以聞，制曰「可」。於是命太常定儀式，工部範祭器，浙江行省製雅樂器。復命太常博士定樂曲名，翰林國史院撰樂章十有六曲。明年，祭器、樂器俱備，以醫籍百四十有八户充廟户禮樂生。御藥院大使盧亨素習音律，受命教樂工四十有二人，各執其技，乃季秋九月九日蒇事。宣徽供禮饌，光禄勳共内醖，太府共金帛，廣源庫共薌炬，大興府尹共犧牲、制幣、粢盛、殽核。中書奏擬三獻官以次定，諸執事並以清望充。前一日，内降御香，三獻官以下公服備大樂儀仗迎香，至開天殿庋置。退習明日祭儀，習畢就廟齋宿。京朝文武百司與祭官如之，各以禮助祭。翰林詞臣具祝文，曰「皇帝敬遣某官某致祭」。

樂章：

降神，奏咸成之曲，黄鍾宫三成　於皇三聖，神化無方。繼天立極，垂憲百王。聿崇明祀，率由舊章。靈兮來下，休有烈光。

降神，奏賓成之曲，大吕角二成　帝德在人，日用不知。神之在天，矧可度思。

辰良日吉，蕆事有儀。感之至誠，尚右享之。

降神，奏顧成之曲，太簇徵二成　大道之行，肇自古先。功烈所加，何千萬年。是尊是奉，執事孔虔。神哉沛兮，泠風馭然。

降神，奏臨成之曲，應鍾羽二成　雅奏告成，神斯降格。妥安有位，清廟奕奕。肹蠁潛通，豐融烜赫。我其承之，百世無斁。

初獻盥洗，奏蠲成之曲，姑洗宫　靈斿戾止，式燕以寧。吉蠲致享，惟寅惟清。挹彼注兹，沃盥而升。有孚顒若，交于神明。

初獻升殿，奏恭成之曲，南吕宫　齋明盛服，恪恭命祀。洋洋在上，匪遠具邇。左右周旋，陟降庭止。式禮莫愆，用介多祉。

奠幣，奏祗成之曲，南吕宫　駿奔在列，品物咸備。禮嚴載見，式陳量幣。惟兹篚實，肅將忱意。靈兮安留，成我熙事。

初獻降殿。與升殿同。

捧俎，奏□成之曲，姑洗宫　我祀如何，有牲在滌。既全且潔，爲俎孔碩。以將以享，其儀不忒。神其迪嘗，純嘏是錫。

初獻盥洗。與前同。

初獻升殿。與前同。

太皞宓犧氏位酌獻，奏□成之曲，南呂宮　五德之音，巍巍聖神。八卦有作，誕開我人。物無能稱，玄酒在尊。歆監在兹，惟德是親。

炎帝神農氏位酌獻，奏□成之曲，南呂宮　耒耜之利，人賴以生。鼓腹含哺，帝力難名。欲報之德，黍稷非馨。眷言顧之，享於克誠。

黄帝有熊氏位酌獻，奏□成之曲，南呂宮　爲衣爲裳，法乾效坤。三辰順序，萬國來賓。典祀有常，多儀具陳。純精㫻達，匪藉彌文。

配位酌獻，奏□成之曲，南呂宮　三聖儼臨，孰侑其食。惟爾有神，同功合德。丕擁靈休，留娱嘉席。歷世昭配，永永無極。

初獻降殿。與前同。

亞獻，奏□成之曲，終獻同。姑洗宫　緩節安歌，載升貳觴。禮成三終，申薦令芳。凡百有職，罔敢怠遑。神具醉止，欣欣樂康。

徹豆，奏□成之曲，南呂宮　籩豆有踐，殷薦亶時。禮文疏洽，廢徹不遲。慎終如始，進退無違。神其祚我，綏以繁釐。

送神，奏□成之曲，黄鍾宫　夜如何其，明星煌煌。靈逝弗留，飇舉雲翔。瞻望靡及，德音不忘。庶回景貺，發爲禎祥。

望瘞，奏□成之曲，姑洗宫　工祝致告，禮備樂終。加牲兼幣，訖薶愈恭。精神斯罄，惠澤無窮。儲休錫美，萬福來崇。

蕙田案：元祀三皇，已歸入「先醫」門。兹以醫官主祭未稱，請如釋奠儀，且樂章多歌其盛德，大功不及醫藥事，是仍不以先醫祀之也，故附於此。

明史太祖本紀：洪武三年十二月庚午，遣使祭歷代帝王陵寢，並加修葺。

禮志：洪武三年，遣使訪先代陵寢，仍命各行省具圖以進，凡七十有九。禮官考其功德昭著者，曰伏羲，神農，黄帝，少昊，顓頊，唐堯，虞舜，夏禹，商湯、中宗、高宗，周文王、武王、成王、康王，漢高祖、文帝、景帝、武帝、宣帝、光武、明帝、章帝，後魏文帝，隋高祖，唐高祖、太宗、憲宗、宣宗，周世宗，宋太祖、太宗、真宗、仁宗、孝宗、理宗，凡三十有六。各製衮冕，函香幣。遣秘書監丞陶誼等往修祀禮，親製祝文遣之。每陵以白金二十五兩具祭物。陵寢發者掩之，壞者完之。廟敝者葺之。無廟者設壇以祭。仍令有司禁樵採。歲時祭祀，牲用太牢。

洪武四年，禮部定議，合祀帝王三十五。在河南者十：陳祀伏羲、商高宗，孟津祀漢光武，洛陽祀漢明帝、章帝，鄭祀周世宗，鞏祀宋太祖、太宗、真宗、仁宗。在山西者一：滎河祀商湯。在山東者二：東平祀唐堯，曲阜祀少昊。在北平者三：内黄祀商中宗，滑祀顓頊、高辛。在湖廣者二：酃祀神農，寧遠祀虞舜。在浙江者二：會稽祀夏禹、宋孝宗。在陝西者十五：中部祀黄帝，咸陽祀周文王、武王、成王、康王、宣王，漢高帝、景帝，咸寧祀漢文帝，興平祀漢武帝，長安祀漢宣帝，三原祀唐高祖，醴泉祀唐太宗，蒲城祀唐憲宗，涇陽祀唐宣宗。歲祭用仲春、仲秋朔。於是遣使詣各陵致祭。陵置一碑，刊祭期及牲帛之數，俾所在有司守之。已而命有司歲時修葺，設陵户二人守視。又每三年，出祝文、香帛，傳制遣太常寺樂舞生齎往所在，命有司致祭。其所祀者，視前去周宣王，漢明帝、章帝，而增祀媧皇於趙城，後魏文帝於富平，元世祖于順天，及宋理宗於會稽，凡三十六帝。後又增祀隋高祖于扶風，而理宗仍罷祀。又命帝王陵廟所在官司，以春秋仲月上旬，擇日致祭。

洪武四年，帝以天下郡邑通祀三皇爲瀆。禮臣議：「唐玄宗嘗立三皇、五帝廟於京師。至元成宗時，乃立三皇、五帝廟於府州縣。春秋通祀，而以醫藥主之，甚非禮也。」帝曰：「三皇繼天立極，開萬世教化之原，汩於藥師可乎？」命天下郡縣毋得褻祀。

太祖本紀：洪武六年，詔祀三皇及歷代帝王。

禮志：洪武六年，帝以五帝、三王及漢、唐、宋創業之君，俱宜於京師立廟致祭，遂建歷代帝王廟於欽天山之陽。倣太廟同堂異室之制，爲正殿五室：中一室三皇，東一室五帝，西一室夏禹、商湯、周文王，又東一室周武王、漢光武、唐太宗，又西一室漢高祖、唐高祖、宋太祖、元世祖。每歲春秋仲月上旬甲日致祭。已而以周文王終守臣服，唐高祖由太宗得天下，遂寢其祀，增祀隋高祖。七年，令帝王廟皆塑衮冕坐像，惟伏羲、神農未有衣裳之制，不必加冕服。八月，帝躬祀於新廟。已而罷隋高祖之祀。

蕙田案：此京師總立帝王廟之始。

太祖本紀：洪武七年八月甲午朔，祀歷代帝王廟。

明會典：洪武七年春，塑帝王衮冕坐像，惟羲、農不衮冕。是秋，上親臨祭焉，凡五室十七帝。

王圻續通考：洪武初，命繪諸帝像于廟，太祖臨其祭，行禮畢，復至漢高祖之神位，笑謂曰：「劉君！今日廟中諸君，當時皆有所憑藉，以得天下，惟我與汝不假尺土一民，提三尺劍，位至天子，尤爲難事，可多飲三杯。」後遂爲制：每帝王前皆一爵，惟漢高帝以三爵獻。又設歷代帝王祭一壇，每歲春從祀于大祀壇内，秋祭於本廟。

明史太祖本紀：九年八月己酉，遣官省歷代帝王陵寢，禁芻牧，置守陵户。

王圻續通考：先是，上閱宋史，見宋太祖詔修歷代帝王陵寢，嘆曰：「此美事也。」遣翰林編修蔡元、侍儀舍人李震亨、陳敏、于謙等四方求之，仍命各行省之臣同詣所在審視，若有廟祀，并具圖以聞。于是陳州有伏羲氏、商高宗，孟津漢光武，鄭州周世宗，鞏宋太祖、太宗、真宗、仁宗，酃神農氏，寧遠舜帝，延安軒轅氏，咸陽周文王、武王、成王、康王、漢高祖、景帝，咸寧漢文帝，興平漢武帝，長安漢宣帝，富平後魏文帝，扶風隋高祖，三原唐高祖，醴泉唐太宗，蒲城唐憲宗，涇陽唐宣宗，滑縣高陽氏、高辛氏，内黄商中宗，順天元世祖，東平堯帝，曲阜少昊氏，趙城媧皇氏，滎河商湯王，會稽夏禹王、宋孝宗。凡三十六陵。是年遣官行視帝王陵寢，遂禁樵牧，設守陵户陵二人，三歲一傳制，遣道士奉香詣諸陵，令有司致祭。凡遇皇帝即位，俱遣官祭告。

禮志：洪武二十一年，令每歲郊祀，附祭歷代帝王於大祀殿。仍以歲八月中旬，擇日遣官祭於本廟，其春祭停之。又定每三年遣祭各陵之歲，則停廟祭。是年詔以歷代名臣從祀，禮官李原名奏擬三十六人以進，帝以宋趙普負太祖不忠，不可從祀。元臣四傑，木華黎爲首，不可祀孫而去其祖，可祀木華黎而罷安童。既祀伯顏，則阿术不必祀。漢陳平、馮異，宋潘美，皆善始終，可祀。於是定風后、力牧、皋陶、夔、龍、伯夷、伯益、伊尹、傅説、周公旦、召公奭、太公望、召虎、方叔、張良、蕭何、曹參、陳平、周勃、鄧禹、馮異、諸葛亮、房玄齡、杜如晦、李靖、郭子儀、李晟、曹彬、潘美、韓世忠、岳飛、張浚、木華黎、博爾忽、博爾术、赤老温、伯顏，凡三十七人，從祀於東西廡，爲壇四。初，太公望有武成王廟，嘗遣官致祭如釋奠儀。至是，罷廟祭，去王號。

丘氏濬曰：祭法言聖王制祭祀之禮，其常典所當祀者有五焉。其下文復歷叙自古君臣有道功庸者以實之，凡十有四人，爲君者八人，爲臣者六人。後世廟祀前代帝王，而以其功臣從享者，其原蓋出于此。本朝洪武初，建帝王廟于南京雞鳴山之陽，以祀三皇、五帝、三王、漢高祖、光武、唐太宗、宋太祖、元世祖，所祀者止及一統之世創業之君，其與前代泛及無統者異矣。又詔以歷代名臣從祀帝王廟，凡三十有七人，是皆前代之君臣同德，始終一心者。然其中或有不祀其君而祀其臣者，蓋惟取其純德鉅功，位列而通祀之，非若前代隨其君，而各以其臣配其食也。臣愚竊以爲，昔者建都南京，歷代帝王廟因在于彼，今郊廟既立於此，則帝王廟亦當從之而北焉。議禮之事，非臣下所當及者，謹述所見如此。

明會典：洪武二十六年，定各處聖帝明王載在祀典者，其廟宇陵寢皆要備知其處，每年定奪日期，或差官往祭，或令有司自祭，禮部悉理之。

是年，定遣祭儀。

一齋戒：前一日，太常官宿于本司。次日，具本奏致齋二日。傳制遣官行禮。

一傳制：儀見儀制司〔一〕。

一省牲：牛五、羊五、豕六、鹿一、兔八。凡正祭前一日，獻官承制畢，詣本壇

〔一〕「司」，原作「同」，據光緒本、明會典卷九一改。

省牲。

一陳設：五室十六位，每室犢一，羊一，豕一，每位登一，鉶二，籩豆各十，簠簋各二，帛一白色。禮神制帛。共設酒尊三、爵四十八、篚五，于中室東南，西向。祝文案一于西。東廡第一壇：風后、皋陶、龍、伯益、傅說、召公奭、召穆公虎、張良、曹參，羊一，豕一，鉶九，籩豆各四，簠簋各一，帛九白色，禮神制帛。酒盞二十七，饌盤一，篚一。第二壇：周勃、馮異、房玄齡、李靖、李晟、潘美、岳飛、木華黎、博爾忽、伯顏，羊一豕一，鉶十，籩豆各四，簠簋各一，帛一，酒盞三十，饌盤一，篚一。西廡第一壇：力牧、夔、伯夷、伊尹、周公旦、太公望、方叔、蕭何、陳平，陳設與東廡第一壇同。第二壇：鄧禹、諸葛亮、杜如晦、郭子儀、曹彬、韓世忠、張浚、博爾朮、赤老温，陳設與東廡第二壇同。

一正祭：典儀唱「樂舞生就位」，執事官各司其事。贊引引獻官至盥洗所，贊搢笏，出笏，引至拜位。贊就位，典儀唱「迎神」，協律郎舉麾奏樂。樂止，贊四拜，陪祭官同。典儀唱「奠帛」，行初獻禮，奏樂，執事官各捧帛、爵進于神位前。贊引贊詣三皇神位前，搢笏。執事官以帛進于獻官。奠訖，執事官以爵進于獻官。贊獻爵，凡三，出笏，詣五帝神位前，儀同前，爵五。詣三王神位前，爵三。詣漢高祖、光武、唐太宗皇帝神位前，爵三。詣宋太祖、元世祖神位前，爵二。出笏，詣讀祝所，跪讀祝，讀祝官取祝跪于獻官左。讀畢，進于神位前，贊俯伏，興，平身，復位。樂止，典儀唱「行亞獻禮」，奏樂，執事官各以爵獻於神位前，樂止。典儀唱「行終獻禮」，儀同亞獻。典儀唱「飲福受胙」。贊詣飲福位，跪，搢笏。執事官以爵進，飲福酒。執事官以胙進，受胙。出笏，俯伏，興，平身，復位。贊兩拜，典儀唱「徹饌」，奏樂，執事官各於神位前徹饌，樂止。典儀唱「送神」，奏樂，贊四拜，平身，樂止。典儀唱「讀祝官捧祝，掌祭官捧帛饌，各詣燎位」。樂止，贊禮畢。

一祝文：維洪武年歲次月朔日，皇帝謹遣具官某致祭于太昊伏羲氏、炎帝神農氏、黄帝軒轅氏、帝金天氏、帝高陽氏、帝高辛氏、帝陶唐氏、帝有虞氏、夏禹王、商湯王、周武王、漢高祖皇帝、漢光武皇帝、唐太宗皇帝、宋太祖皇帝、元世祖皇帝曰：「昔者奉天明命，相繼爲君。代天理物，撫育黔黎。彝倫攸叙，井井繩繩。至今承之，生民多福。思不忘而報，特祀以春秋，惟帝以英靈，來歆來格，尚享。」

明會典：祀歷代帝王樂章：

迎神　仰瞻兮聖容，想鸞輿兮景從。降雲衢兮後先，來俯鑒兮微衷。荷聖臨兮蒼生有崇，睠諸帝兮是臨。予頓首兮幸蒙。

奠帛　秉微誠兮動聖躬，來列坐兮殿庭。予今願兮效勤，捧禮帛兮列酒尊。鑒予情兮欣享，方旋駕兮雲程。

初獻　酒行兮爵盈，喜氣兮雍雍。重荷蒙兮再瞻再崇，君臣忻兮躍從。願睹穆穆兮聖容。

亞獻　酒斟兮禮明，諸帝熙和兮悦情。百職奔走兮滿庭，陳籩豆兮數重。亞獻兮願成。

終獻　獻酒兮至終，早整雲鸞兮將還宮。予心眷戀兮神聖，欲攀留兮無蹤。躡雲衢兮緩行，得遥瞻兮達九重。

徹饌　納肴羞兮領陳，烝民樂兮幸生。將何以兮崇報，惟歲時兮載瞻載迎。

送神　旛幢繚繞兮導來蹤，鸞輿冉冉兮歸天宮。五雲擁兮祥風從，民歌聖祐兮樂年豐。

望燎　神機不測兮造化功，珍羞禮帛兮薦火中。望瘞旋庭兮稽首，願神鑒兮寸衷。

明史禮志：永樂遷都，帝王廟，遣南京太常寺官行禮。

明會典：凡前代陵寢，天順八年，令各處帝王陵寢被人毀發者，所在有司即時修理如舊，仍令附近人民二丁看護，免其差役。

明史禮志：正德十一年，立伏羲氏廟於秦州〔一〕，秦州古成紀地，從巡按御史馮時奏也〔二〕。

嘉靖九年，罷歷代帝王南郊從祀。令建歷代帝王廟于都城西，歲以仲春秋致祭。後并罷南京廟祭。十年春二月，廟未成，躬祭歷代帝王於文華殿，凡五壇，丹陛東西名臣四壇。禮部尚書李時言：「舊儀有賜福胙之文。賜者自上而下之義，惟郊廟社稷宜用。歷代帝王，止宜云答。」詔可。十一年夏，廟成，名曰景德崇聖之殿。殿五室，東西兩廡。殿後祭器庫，前爲景德門。門外神庫、神厨、宰牲亭、鐘樓。街東西二坊，曰景德街。八月壬辰，親祭。帝由中門入，迎神、受福胙、送神各兩拜。嗣後歲遣大

〔一〕「秦州」，原作「陳州」，據光緒本、明史禮志四改，下同。
〔二〕「馮時」，光緒本、明史禮志四作「馮時雄」。

臣一員行禮，四員分獻。凡子、午、卯、酉祭於陵寢之歲，則停秋祭。

王圻續通考：嘉靖九年庚寅，右中允廖道南奏：「今之郊祀，列歷代帝王一壇於五岳四瀆之間，是躋人鬼於天神地祇。南畿歷代帝王廟，每歲致祭，宜歸本廟。」下禮部議，復奏云：「迎奉明旨，天地四壇，祈報之祭，俱不從祀。今乃仍歸本廟，爲當再行。南京太常寺加添春祭，庶不失我祖宗敬禮前代帝王之意。」從之。仍行南京太廟加春祭一壇，已而上命建廟于北都致祭，上謂禮臣曰：「古先帝王春祭南京，不必增，待廟成，春秋俱在京行禮。」禮部臣奏云：「營建廟宇，非旬月可完。若候廟貌完備，誠恐緩不及事，有誤春祭。合無嘉靖十年，暫於南京本廟，權添春祭一祭。」有旨：「來春暫於文華殿設壇，朕親一舉。」

蕙田案：世宗罷帝王郊壇從祀，最得禮意。

明會典：十一年定親祭儀。先期，太常寺預設牲、醴、香、帛、樂舞等如儀，錦衣衛設隨朝駕，設上拜位於殿中，設御幄于景德門之左。是日早，免朝。上服常服御奉天門。太常寺卿跪奏「請皇上詣王廟祭歷代帝王」。上乘輿，由長安右門出。至廟門，由中門入。至幄次，降輿，具祭服出。導引官導上由中門中道至拜位。典儀唱「樂舞生就位」。執事官各司其事。内贊奏「就位」，上就拜位。典儀唱「迎神」，樂作。樂止，内贊奏「搢圭」，奏「上香，上三上香」。訖，奏「出圭」，復位。内贊奏「兩拜，興，平身」，傳贊陪祀官同。典儀唱「奠帛，行初獻禮」，樂作。内贊奏「詣神位前」，執事官各捧帛、爵，跪進于各神位前，樂暫止。内贊讀祝，奏「跪」，傳贊陪祀官同。讀祝官取祝，讀訖，樂作。内贊奏「俯伏，興，平身」，傳贊陪祀官同，樂止。典儀唱「行亞獻禮」，樂作。儀同初獻，惟不讀祝，樂止。典儀唱「行終獻禮」，儀同亞獻，樂止。太常寺卿進立於壇東，西向，唱「答福胙」。内贊奏「詣飲福位」，奏「搢圭」，奏「跪」。光禄寺卿以福酒跪進于上右，内贊奏「飲福酒」，上飲訖，光禄寺卿以福胙跪進于上右，内贊奏「受胙」，上受訖，奏「出圭，俯伏，興，平身」，奏「復位」，内贊奏「兩拜，興，平身」〔二〕，傳贊陪祭官同，樂止。典儀唱「讀祝官捧祝，進帛官捧帛，掌祭官捧饌，各詣燎位」，樂作。内贊奏「禮畢」，樂止。導引官導上入御幄，易祭服，陞輦還宫。

王圻續通考：嘉靖十三年甲午秋七月朔，例遣道士致祭帝王陵寢。夏言復奏

〔二〕「奏復位内贊奏兩拜興平身」十一字，原脱，據光緒本、明會典卷九一補。

云：「本廟秋祭，合宜停免，春祭既無從祀，仍當遣舉行。」從之，遂著爲令。

嘉靖十八年，御史謝少南因上南巡，言慶都爲帝堯肇封之地，堯母乃帝嚳元妃，陵墓俱存，乞表揚以弘達孝，以光巡幸。上曰：「堯父母異陵，可見合葬非古祠寢，令有司修之。」少南建白可嘉，改授翰林檢討兼司直。

明史禮志：嘉靖二十四年，以禮科陳棐言，罷元世祖陵廟之祀，及從祀木華黎等，復遷唐太宗與宋太祖同室。凡十五帝，從祀名臣三十二人。

明會典：嘉靖間，更定遣官祝文曰：「仰惟諸帝，昔皆奉天撫世，創治安民。皇祖景慕不忘，春秋致祭，著在令甲。朕特遣建殿宇，恭修恒祀，時維仲春秋，謹遣輔臣，以牲帛庶品，用享列聖。予惟沖昧，敬體皇祖追報之虔，惟諸帝鑒臨，來格于斯，庶副予誠之至，尚饗。」

右歷代古帝王祀典

五禮通考卷一百十七

吉禮一百十七

祭先聖先師

蕙田案：古者立學，必祭先聖、先師，所以報本反始，崇德而勸學也。其禮有三：曰釋奠，曰釋幣，曰釋菜。釋幣，告祭用之，禮不常行。常行之禮，釋奠、釋菜而已。宋歐陽子曰：「釋奠、釋菜，祭之略者也。釋奠有樂無尸，釋菜無樂，則其又略也。」此可見釋奠禮重，而釋菜禮輕矣。自釋菜之禮亡於唐、宋間，學官所舉，惟略存釋奠之儀耳。古者四時常祭，止及先師，惟始立學及釁器告祭等，乃及先聖。説者謂先師親而不尊，不嫌於數；先聖尊而不親，不嫌於疏故也。後世之祭，則每以先師配先聖，而祭則俱祭矣。至先聖、先師之稱，考之經傳，未嘗舉其人以實之。其先聖則長樂劉氏謂虞庠以舜，夏學以禹，殷學以湯，東膠以文王也。其先師則康成所謂詩有毛公，書有伏生，禮有高堂生，樂有制氏也。此恐亦臆度之詞而未必然也。漢魏以還，或以周公爲先聖，孔子爲先師；或以孔子爲先聖，顔回爲先師。誠如長孫無忌所云，顔回、夫子互作先師，宣公、周公迭爲先聖者，至貞觀時，始欲定以孔子爲先聖，顔回爲先師。雖一變於永徽，而旋復於顯慶，自此而後，千年莫改。而封爵之崇、謚號之美、籩豆之加、登歌之盛、冕旒之數，代增世益，至於用天子之禮樂，而後稱其德焉。蓋名曰釋奠，而祭儀實與大祀埒矣。至嘉靖間，又於文華殿有聖師之祭，此則於學校之外重出者也。今取學宫之祭，與周禮所云「死爲樂祖，祭於瞽宗」之義合者，俱入此門。而封謚器數之遞加，配食崇祀之增損，各詳載始末，以備參考。若夫闕里之尊崇，褒成之奉祠，雖亦出於崇儒尊聖之盛心，而無關於東序、虞庠之秩節，別爲一卷，以附其後云。

統論祀先聖先師

周禮春官大司樂：掌成均之法，以治建國之學政，而合國之子弟焉。凡有道者有德者，使教焉。死則以爲樂祖，祭於瞽宗。注：道，多才藝者。德，能躬行者。若舜命夔典樂教胄子是也。死則以爲樂之祖，神而祭之。明堂位曰：「瞽宗，殷學也。泮宮，周學也。」以此觀之，祭於學宮中。疏：祭樂祖必於瞽宗者，案文王世子云：「春誦夏弦，太師詔之瞽宗。」以其教樂在瞽宗，故祭樂祖還在瞽宗。彼雖有學干戈在東序，以誦弦爲正。文王世子云：「禮在瞽宗，書在上庠。」則學禮、樂在瞽宗，祭禮先師亦在瞽宗。若然，則書在上庠，書之先師亦祭於上庠。其詩則春誦夏弦在東序，則祭亦在東序也。

林氏之奇曰：祭於瞽宗，記所謂「春夏釋奠於先師，秋冬亦如之」是也。

吕氏祖謙曰：設教受教，當知無窮意思，若死則配食於樂祖，祭於學校，使天下常不忘。所謂君子以教思無窮者也。

禮記祭義：祀先賢於西學，所以教諸侯之德也。注：西學，周小學也。先賢，有道德，王所使教國子者。疏：以先賢有德，故祀之，令諸侯尊敬有德。此西學〔一〕，鄭注云：「周小學。」則周之小

〔一〕「西」，原作「小」，據光緒本、禮記正義卷四八改。

學，在西郊。王制云：「養庶老於虞庠」，虞庠在國之西郊是也。

蕙田案：先賢，兼先聖、先師在内。

右統論祀先聖先師

釋奠

文王世子：凡學，春官釋奠於其先師，秋冬亦如之。注：官，謂禮、樂、詩、書之官。周禮曰：「凡有道者有德者，使教焉。死則以爲樂祖，祭於瞽宗。」此之謂先師之類也。若漢禮有高堂生，樂有制氏，詩有毛公，書有伏生，億可以爲之也。不言夏，夏從春可知也。釋奠者，設薦饌酌奠而已，無迎尸以下之事。疏：官，謂詩、書、禮、樂之官者，謂所教之官也。若春誦夏弦，則太師釋奠也。教干戈，則小樂正、樂師等釋奠也。教禮者，則執禮之官釋奠也。皇氏云：「其教雖各有時，其釋奠則四時各有其學，備而行之。」引周禮大司樂文，證樂之先師也。後世釋奠祭之，然則禮及詩、書之官有道有德者，亦使教焉。死則以爲書、禮之祖，後世則亦各祭於其學也。以大司樂掌樂，故特云樂祖，其餘不見者，周禮文不具也。億是發語之聲，言此等之人，後世亦可以爲先師也〔一〕。以其三時釋奠，獨不言夏，故言夏從春可

〔一〕「後世」，諸本脱，據禮記正義卷二〇補。

知也。以其釋奠直奠置於物，無食飲、酬酢之事，故云設薦饌酌奠而已，無迎尸以下之事。釋奠所以無尸者，以其主於行禮，非報功也。

魏氏了翁曰：傳者，謂各於所習之學，祭先師。夫周公、孔子非周、魯之所得而專也。而經各立師，則周典安有是哉？古者民以君爲師，仁鄙壽夭，君實司之，而臣則輔相人君，以師表萬民者也。自孔子以前曰聖曰賢，有道有德，則未有不生都顯位，没祭大烝者，此非諸生所得祀也。自君師之職不修，學校廢，井牧壞，民散而無所係，於是始有師弟子群居以相講授者。所謂各祭其先師，疑秦、漢以來始有之，而詩、書、禮、樂各有師，不能以相通，則秦、漢以來爲士者，斷不若是之隘也。此亦可見世變日降，君師之職下移，而先王之道分裂矣。然而，春秋戰國之亂，猶有聖賢爲之師，秦、漢以來，猶有專門爲之師，故所在郡國尚存先師之號，奠祠於學。故記人識於禮，而傳者又即其所見聞以明之也。

凡始立學者，必釋奠於先聖先師。注：謂天子命之教，始立學官者也〔一〕。先聖，周公若孔子。

疏：諸侯言始立學，必釋奠於先聖先師，則天子始立學，亦釋奠於先聖先師也。天子云四時釋奠於先師，不及於先聖者，則諸侯四時釋奠，亦不及先聖也。始立學云必用幣，則四時常奠不用幣也。天子立虞、夏、商、周四代之學，若諸侯止立時王一代之學，有大學小學耳。云「先聖周公若孔子」者，以周公、

〔一〕「官」，原脱，據光緒本、禮記正義卷二〇補。

孔子皆爲先聖，近周公處祭周公，近孔子處祭孔子，故云若。立學爲重，故及先聖；常奠爲輕，故惟祭先師。此經始立學，故奠先聖先師。

陳氏祥道曰：德之小者，親而不尊，故其祭數，故四時釋奠止於先師。德之大者，尊而不親，故始立學，乃祭先聖。

劉氏彝曰：周有天下，立四代之學。虞庠則以舜爲先聖，夏學則以禹爲先聖，殷學則以湯爲先聖，東膠則以文王爲先聖，各取當時左右四聖成其德業者爲之先師，以配享焉。此天子立學之法也。

欽定禮記義疏：鄭於先師，惟以漢人爲比。於先聖言周公若孔子，於下有國，故言若。唐、虞有夔、龍、伯夷，周有周公，魯有孔子，則所謂先聖、先師，大約係能教之人，未必是帝王，且地異而時不同，未必定某爲先聖某爲先師，如劉氏説也。記曰「祀先賢於西學」，賢者，師與聖之統名，其祀之總在西學，又未必五學各有一先聖數先師也。唐初以周公爲先聖，孔子爲先師，後從房喬議，改孔子爲先聖，顔子爲先師。至明嘉靖改孔子爲至聖先師，而先聖先師合爲一矣。至三皇、五帝，唐玄宗嘗立廟京師，元成宗立三皇廟於府州縣。嘉靖間，於文華殿奉皇師伏羲、神農、軒轅，帝師堯、舜，王師禹、湯、文王，皆南向；先聖周公，先師孔子，東西向，則先聖先師之號又分。然而孔子之祀，自國學以及天下州縣皆行，而聖師惟春秋開講，親行釋奠，禮用羹酒、果脯、束帛而已，其輕重迥不侔也。

及行事，必以幣。疏：皇氏云：「行事必用幣，謂禮樂器成，及出軍之事，其告用幣而已。」按釁器用幣，下别具其文，此行事必用幣，繫於釋奠之下。皇氏乃離文析句，其義非也。

凡釋奠者，必有合也，有國故則否。注：國無先聖先師，則所釋奠者，當與鄰國合也。若唐、虞有夔、龍、伯夷，周有周公，魯有孔子，則各自奠之不合也。疏：此謂諸侯之國，釋奠之時，若己國無先聖先師，則合祭鄰國先聖先師，謂彼此二國共祭此先聖先師，故云合也。非謂就他國而祭之，當遥合祭耳。若己國有先聖先師，則不須於鄰國合也，當各自祭〔一〕，故云有國故則否。

陳氏祥道曰：必有合，合舞與聲。有國故則否，與國有大故去樂意同。

朱子曰：以下文大合樂考之，有合當爲合樂。國故當爲喪紀凶札之類。

蕙田案：周禮大胥春合舞，秋合聲，故曰必有合。當以朱子、陳氏説爲長。

凡大合樂，必遂養老。注：大合樂，謂春入學，舍菜合舞；秋頒學，合聲。於是時也，天子則視

〔一〕「當各自祭」，諸本脱，據禮記正義卷二〇補。

學焉。遂養老者，謂用其明日也。疏：凡者，非一之詞。其月令季春大合樂，則亦在其中。以其文自明，故鄭不引之耳。周禮大胥春合舞，秋合聲，雖無天子視學之文，又月令季春大合樂，天子親往，則明春合舞，秋合聲之時，天子亦親視學〔一〕。

陳氏祥道曰：視學養老，皆同日也。鄭氏謂用其明日，誤矣。

葉氏夢得曰：天子一入學，而所教者三：釋奠以教重道，合樂以教崇德，養老以教致孝。

天子視學，大昕鼓徵，所以警衆也。注：早昧爽，擊鼓以召衆也。疏：大，猶初也。昕，猶明也。徵，猶召也。凡物以初爲大，以末爲小。必知早昧爽者，以云衆至，然後天子至。若其盛明始召學士，則晚矣。衆至，然後天子至，乃命有司行事，興秩節，祭先師先聖焉。注：興，猶舉也。秩，常也。節，猶禮也。使有司攝其事，舉常禮祭先師先聖。不親祭之者，視學觀禮耳，非爲彼報也。疏：天子既至，乃命遣有司行此釋奠之事。有司，詩、書、禮、樂之教官也。注云舉常禮者，此謂因大合樂之時，在虞庠之中，祭先師先聖也。若四時常奠，各於其學之中，又不祭先聖也。云「視學觀禮耳，非爲彼報也」者，解天子不親釋奠之意，所以視學者，觀看有司行禮耳，非是爲彼學學士報先聖先師也。有司卒事，反命。注：告祭畢也。

〔一〕「視學」，原作「往也」，據光緒本、禮記正義卷二〇改。

王制：天子將出征，受命於祖，受成於學。注：定兵謀也。出征執有罪，反，釋奠於學，以訊馘告。注：釋菜奠幣，禮先師也。訊馘，所生獲斷耳者。詩曰：「在泮獻馘。」疏：按大胥職云：「春入學〔一〕，舍菜合舞。」文王世子亦云「釋菜」，鄭注云：「釋菜，禮輕也。」則釋菜則惟釋蘋藻而已，無牲牢，無幣帛。文王世子又云：「始立學者，既釁器用幣。」注云：「禮樂之器成，則釁之，又用幣告先聖先師以器成。」此則徒用幣而無菜，亦無牲牢也。文王世子又云：「凡始立學者，必釋奠於先聖先師，及行事，必以幣。」是釋奠有牲牢，又有幣帛，無用菜之文。熊氏以此爲釋菜奠幣者，謂釋奠之禮以獻俘馘，故云釋菜奠幣。言釋奠之時，既有牲牢，菜幣兩有。今按注云「釋菜」，解經中「釋」字，「奠幣」解經中「奠」字。又云禮先師，不云祭先師，則似訊馘告之時，但有菜幣而已，未必爲釋奠有牲牢也。於事有疑，未知孰是，故備存焉。然則釋菜奠幣，皆告先聖先師，此直云先師，文不具耳。

詩魯頌泮水：矯矯虎臣，在泮獻馘。疏：王制云：「天子將出征，受成於學。出征執有罪，反釋奠於學，以訊馘告。」是將出則謀於學而後行，反則禮先師以告克，故僖公既伐淮夷，而又在泮宮獻馘也。

何氏楷曰：魯有四代之學，先代之學尊，魯得立之，示存古法而已。其行禮之飲酒養老，兵事之

〔一〕「學」，原作「樂」，據光緒本、禮記正義卷一二改。

受成告克，當於周世之學在泮宮也。司馬光云：「受成獻馘，莫不在學。所以然者，欲其先禮義而後勇力也。」陳祥道云：「諸侯視學之禮，蓋有同於天子。魯侯戾止，在泮飲酒，既飲旨酒，永錫難老，此養老也。在泮獻馘，此以訊馘告也。」

陳氏禮書：奠者，陳而奠之也。鄭氏曰：「釋奠者，設薦饌酌奠而已，無迎尸以下事。」賈公彦曰：奠之爲言停，停饌具而已。考之儀禮，聘賓歸，至於禰，薦脯醢。觴酒陳，陳者，所以奠之也。則釋奠，設薦饌酌奠而已可知也。特牲饋食奠觶於尸未至之前，則釋奠無迎尸可知也。古者釋奠，或施於山川，或施於廟社，或施於學。周官大祝「反行舍奠」，甸祝「舍奠於祖廟」，此施於山川廟社者也。文王世子：「凡學，春官釋奠於先師。凡始立學者，必釋奠於先聖先師；凡釋奠者，必有合也。」「天子視學，命有司行事，興秩節，祭先聖先師。適東序，釋奠於先老。」王制：「出征執有罪，反釋奠於學。」此施於學者也。山川廟社之祭，不止於釋奠學之祭釋奠而已。賈公彦曰：「非時而祭曰奠。」此爲山川廟社而言之也。學之釋奠，則有常時者，有非時者，文王世子：「凡學，春官釋奠於其先師，秋冬亦如之。」鄭氏曰：「不言夏，夏從春可知。」此常時之釋奠也。凡始立學，天子視學，出征執有罪，反以訊馘告，必釋奠焉，此非時之釋奠也。釋奠之禮，有牲幣，有合樂，有獻酬。大祝造於廟，宜乎社，過大山川則用事，反則釋奠，此告祭也。曾子問曰：「凡告必用牲幣。」文王世子：「凡始立學，釋奠行事，必以幣。」此釋奠有牲幣之證也。文王世子：「凡釋奠者，必有合也。」此釋奠者合樂之證也。聘禮「觴酒陳席於阼，薦脯醢，三獻，一人舉爵獻從者，行酬乃出」，此釋奠有獻酬之證也。然山川廟社之釋奠皆有牲幣，學之釋奠，非始立學則不必有幣也。學之釋奠，有合樂，則山川廟社不必有合也。聘賓釋奠有三獻，則天子諸侯之於山川廟社不止三獻也。凡始立學與天子視學，釋奠先聖先師，四時則釋奠先師而已。文王世子謂春釋奠於先師，鄭氏釋王制亦謂釋奠禮先師，其説是也。然鄭氏以王制之釋奠爲釋菜奠幣，以文王世子之釋奠者必有合爲與鄰國合，孔穎達以學記之釋菜爲釋奠，其説誤也。

右釋奠

釋菜

禮記文王世子：始立學者，既興器用幣。注：「興」當爲「釁」，字之誤也。禮樂之器成，則釁之，又用幣告先聖先師以器成。然後釋菜。注：告先聖先師以器成，有時將用也。不舞不授器。注：釋菜禮輕也。釋奠則舞，舞則授器，司馬之屬司兵、司戈、司盾，祭祀授舞者兵也。乃退，儐於東序，一獻，無介語可也。注：言乃退，謂得立三代之學者，釋菜於虞庠，則儐賓於東序。魯之學有米廩，東序、瞽宗也。　疏：前用幣，告其器成，後釋菜，告其將用。凡釋奠禮重，故作樂時須舞，乃授舞者所執干戈之器。今其釋菜之時，雖作樂，不爲舞也。亦既不舞，故不授舞者之器。釋菜虞庠既畢，乃從虞庠而退，儐禮其賓於東序之中，其禮既殺，惟行一獻，無介無語，如此於禮可也。前用幣直云告器成，此釋菜云告器成將用，則兩告不同也。熊氏云：「用幣則無菜，用菜則無幣。」皇氏云：「用幣釋菜祇是一告，其義恐非也。」按四時釋奠，不及先聖，知此用幣及釋菜及先聖者，以上文始立學釋奠先聖先師。此文亦云始立學，既釁器，用幣釋菜，亦及先聖也。以其始立學及器新成，事重於四時常奠也。凡釋奠有六：始立學釋奠，一也；四時釋奠有四，通前五也；王制師還釋奠於學，六也。釋菜有三：春入學釋菜合舞，一也；此釁器釋菜，二也；學記皮弁祭菜，三也。秋頒學合聲，無釋菜之文，則不釋菜也。釋幣惟一也，從釁器以來，皆據諸侯之禮，故云始立學。諸侯惟立時王之學，何得云得立三代之學，得有夏之東序，謂諸侯有功德者，得立三代之學，若魯國之比。東序於虞庠相對，東序在東，虞庠在西，既退，儐於東序，明釋菜在於虞庠。

欽定禮記義疏：用幣，或君親之，或有司爲之。釋菜，則學子之事。考祭則有尸，有牲，有幣，有樂。釋奠則無尸，釋幣併無牲，釋菜併無幣。然脯醢之屬，未嘗無也。然不言脯祭而曰釋菜者，或取其新且潔與？

周禮春官大胥：春入學，舍采合舞。注：春始以學士入學宫而學之。合舞，等其進退，使應節奏。舍，即釋也。采，讀爲菜。始入學，必釋菜，禮先師也。菜，蘋蘩之屬。疏：釋菜禮輕，故不及先聖也。其先師者，鄭注文王世子云：「若漢，禮有高堂生，樂有制氏，詩有毛公，書有伏生。」知菜是蘋蘩之屬者，詩有采蘋采蘩，皆菜名。言「之屬」者，周禮又有芹茆之等，亦菜名也。秋頒學，合聲。注：春使之學，秋頒其才藝所爲。合聲，亦等其曲折，使應節奏。疏：頒，分也，分其才藝高下。

黄氏曰：樂師教舞，帗羽干旄，皇人未嘗合也。大胥：「春始入學，合而教之。」

鄭氏鍔曰：月令春入學合舞，秋入學習吹，學無二義，皆學宫也。蓋周家建五學，其中謂之辟雍，水南曰成均，水北曰上庠，水東曰東序，水西曰瞽宗。春令學士始入學，所入者辟雍也。總處於此，以觀其能。至秋則所觀者已久，知其所宜矣，於是分而處之。宜學禮者處之瞽宗，宜學書者處之上庠，宜學干戈者處之東序，宜學語者處之成均。非惟不分學字以爲二義，又合周家立學之制。

禮記月令：孟春之月，命樂正入學，習舞。注：爲仲春將釋菜。仲春之月上丁，命樂正習舞，釋菜。注：樂正，樂官之長也。命習舞者，萬物始出地鼓舞也。將舞，必釋菜於先師，以禮之。夏小正曰：「丁亥，萬舞入學。」疏：此仲春習舞，則大胥「春入學，釋菜合舞」，一也。據人所學謂之習舞，節奏齊同，謂之合舞，此亦謂之大合樂，故文王世子大合樂注「春舍菜合舞，秋頒樂合聲」，自是春秋常所合樂也。孟春習舞，及仲春習舞，及仲丁習舞，併季春合樂，皆在太學。仲春釋菜合舞，季春大合樂，皆天子親往，餘則不也。注云「將舞，必釋菜於先師」者，以經文習舞釋菜，文在於後，恐習舞釋菜，共是一事，故云將欲習舞，必先釋菜。必知然者，以釋菜之時，不爲舞也，故文王世子云釋菜不舞，不授器，是知釋菜無舞也。知必先有釋菜者，以大胥云「舍菜合舞」，舍即是釋，故知釋菜在合舞之前。天子乃帥三公、九卿、諸侯、大夫親往視之。注：順時達物也。

陳氏澔曰：必用丁者，以先庚三日、後甲三日也。習舞釋菜，謂將教習舞者，則先以釋菜之禮告先師也。

高氏誘曰：初入學官，必禮先師，置采帛於前，以贄神也。周禮「春入學釋菜合舞，秋頒學合聲」，此之謂也。

欽定禮記義疏：鄭注「菜」如字，高氏則「菜」爲「采」，高氏蓋依吕氏本也。然儀禮只有釋幣，而無釋菜之文，高以釋采即釋幣，是屈儀禮以從吕也。惟是月令原本吕氏説，故尚可存之。若謂他經皆可作「采」，亦並爲釋幣之説，則未可信也。

學記：大學始教，皮弁祭菜，示敬道也。注：皮弁，天子之朝服也。祭菜，禮先聖先師。菜謂芹藻之屬。疏：熊氏曰：「始教，謂始立學教。」皮弁祭菜者，謂天子使有司服皮弁，祭先聖先師以蘋藻之菜也。崔氏云：「著皮弁，祭菜蔬，並是質素，示學者以謙敬之道矣。」熊氏以注禮先聖先師之義解經，謂始立學也，若學士春始入學，惟得祭先師，故文王世子云「春官釋奠於其先師」，皇氏謂春時學士始入學，恐非。

陳氏澔曰：始教，學者入學之初也。有司衣皮弁之服，祭先師以蘋藻之菜，示之以尊敬道藝也。

吴氏澄曰：古者始入學，必釋菜於先聖先師，故大學始初之教，有司先服皮弁服行釋菜禮，蓋示學者以敬先聖先師之道也。常服玄冠，今加服皮弁，芹藻之菜，簡質而潔，皆示敬也。

吕氏大臨曰：釋菜之禮，禮之至簡者也。皆不在多品，貴其誠也。其用有三，每歲春合舞則行之。月令云：「仲春命樂正合舞舍菜也，始立學則行之。」文王世子云：「既興器用幣，然後舍菜是也，始入學則行之。」學記云：「大學始教，皮弁祭菜，示敬道也。」

陳氏禮書：周禮大胥：「春入學，舍菜合舞。」學記：「皮弁祭菜，示敬道也。」月令：「仲春上丁，命樂正習舞釋菜。」文王世子：「始立學者，既興器用幣，然後釋菜，不舞不授器，乃退，儐於東序，一獻，無介語，可也。」然則釋菜之禮，猶摯也。婦見舅姑，其摯也棗栗腶脩，若没而廟見則釋菜。弟子見師，其摯也束脩，若禮於先師則釋菜。大胥釋菜合舞，而文王世子釋菜不舞不授器者，以釋奠既舞故也。士喪禮「君視斂，釋菜，入門」。喪大記「大夫士既殯而君往焉，釋菜於門内」。占夢「季冬，乃舍萌於四方」，舍萌，釋菜也。則釋菜之禮，豈特子弟之見先師、婦之見廟而已哉？婚禮有奠菜儀，弟子之見先師，其儀蓋此類歟？鄭氏謂婚禮奠菜，蓋用堇；入學釋菜，蘋藻之屬；始立學釋菜，芹藻之屬。蓋以泮宫有芹藻，子事父母有堇荁，故有是説也。菜之爲摯，則菜而已。采蘋教成之祭，毛氏謂「牲用魚，芼之用蘋藻」，則詩所謂「湘之」者，芼之也，與釋菜異矣。

右釋菜

漢

後漢書禮儀志：明帝永平二年三月，郡縣行鄉飲酒禮於學校，皆祀聖師周公、孔子，牲以犬。

右漢

三國

三國魏志齊王紀：正始二年春二月，帝初通論語，使太常以太牢祭孔子於辟雍，以顔淵配。五年五月癸巳，講尚書經通，使太常以太牢祠孔子於辟雍，以顔淵配；賜太傅、大將軍及侍講者各有差。七年冬十二月，講禮記通，使太常以太牢祀孔子於辟雍，以顔淵配。

右三國

晉

晉書禮志：禮，始立學必先釋奠於先聖先師，及行事必用幣。漢世雖立學，斯禮無聞。魏齊王正始二年二月，帝講論語通。五年五月，講尚書通。七年十二月，講禮記通，並使太常釋奠，以太牢祠孔子於辟雍，以顔回配。

丘氏濬曰：按此以顔子配享之始，亦漢以來釋奠之禮始見於此。前此祠孔子者皆於闕里，至是始行於太學。

武帝泰始三年，詔太學及魯國四時備三牲，以祀孔子。

成帝本紀〔二〕：咸康元年二月甲子，帝親釋奠。

穆帝本紀：升平元年三月，帝講孝經。壬申，親釋奠於中堂。

孝武帝本紀：寧康三年九月，帝講孝經。冬十月癸巳，帝釋奠於中堂，祠孔子，以顏回配。

禮志：武帝泰始七年，皇太子講孝經通。咸寧三年，講詩通。太康三年，講禮記通。惠帝元康三年，皇太子講論語通。元帝太興二年，皇太子講論語通。太子並親釋奠，以太牢祀孔子，以顏回配。成帝咸康元年，帝講詩通。穆帝升平元年三月，帝講孝經通。孝武寧康三年七月，帝講孝經通。並釋奠如故事，穆帝、孝武並權以中堂爲太學。

宋書禮志：魏齊王正始中，齊王每講經，使太常釋奠於先聖先師於辟雍，弗躬親。晉惠帝、明帝之爲太子，及愍懷太子講經竟，並親釋奠於太學，太子進爵於先師，中庶子進爵於顏回。成、穆、孝武三帝，亦皆親釋奠。孝武時，以學在水南懸遠，有司議依

〔二〕「成帝本紀」，原作「武帝本紀」，據光緒本、晉書成帝本紀改。

升平元年，於中堂權立行太學。於時無復國子生，有司奏：「應須復二學生百二十人。太學生取見人六十，國子生權銓大臣子孫六十人，事訖罷。」奏可。釋奠禮畢，會百官六品以上。

右晉

宋齊梁陳

宋文帝元嘉二十二年四月，皇太子講孝經通，釋奠國子學，如晉故事。元嘉二十二年，太子釋奠采晉故事，官有其注。祭畢，太祖親臨學宴會，太子以下悉預。

南齊書世祖本紀：永明三年冬十月壬戌，詔曰：「皇太子長懋講畢，當釋奠，王公以下可悉往觀禮。」

禮志：武帝永明三年，詔立學，創立堂宇。有司奏：「宋元嘉舊事，學生到，先釋奠先聖先師，又有釋菜，未詳今當行何禮？用何樂及禮器？」尚書令王儉議：「周禮『春入學，釋菜合舞』。記云：『始教，皮弁祭菜，示敬道也。』又云：『始入學，必釋奠先聖先師。』中朝以來，釋菜禮廢，今之所行，釋奠而已。金石俎豆，皆無明文。方之七廟則輕，比之五祀則重。陸納、車胤謂宣尼廟宜依亭侯之爵；范甯欲依周公之廟，用王者儀，范宣謂當其爲師則不臣之，釋奠日，宜備帝王禮樂。此則車、陸失於過輕，二范傷於太重。喻希云：『若王者自設禮樂，則肆賞於致敬之所；若欲嘉美先師，則須所況非備。』尋其此説，守附情理。皇朝屈尊弘教，推以師資，引同上公，即事惟允。元嘉立學，裴松之議應儛六佾，以郊樂未具，故權奏登歌。今金石已備，宜設軒懸之樂，六佾之儛，牲牢器用，悉依上公。」其冬，皇太子講孝經，親臨釋奠，車駕幸聽。

丘氏濬曰：按釋奠用六佾、軒懸之樂始此。

隋書禮儀志：梁天監八年，皇太子釋奠。周捨議，以爲：「釋奠仍會，既惟大禮，請依東宮元會。太子著絳紗襮，樂用軒懸。預升殿坐者，皆服朱衣。」帝從之。又有司以爲：「禮云：『凡爲人子，升降不由阼階。』案今學堂凡有三階，愚謂客若降等，則從主人之階。今先師在堂，義所尊敬，太子宜登阼階，以明從師之義。若釋奠事訖，宴會之時，無復先師之敬，太子升堂，則宜從西階，以明不由阼義。」吏部郎徐勉議：「鄭玄云：『由命士以上，父子異宮。』宮室既異，無不由阼階之禮。請釋奠及宴會，太子升堂，並宜由東階。若輿駕幸學，自然中陛。又檢東宮元會儀注，太子升崇政殿，不欲東西階。責東宮典儀，列云『太子元會，升自西階』，此則相承爲謬。請自今東宮大公事，太子升崇政殿，並由阼階。其預會賓客，依舊西階。」

梁元帝釋奠祭孔子文：粵若宗師，猗歟乃聖。惟岳降神，惟天所命。上善如水，至人若鏡。

祭顔子文：欽哉體一，亞彼至人。乍分介石，時知落鱗。不先稱寶，席上爲珍。致虛守靜，曲巷安貧。欽風味道，其德有鄰。

陸倕釋奠祭孔子文：於惟上德，是曰聖真。克明克峻，知化窮神。研幾善誘，藏用顯仁。利同道濟，成俗教民。道尊功倍，德溥化光。離經辨志，濟濟洋洋。

陳書杜之緯傳：中大同七年，梁皇太子釋奠於國學，時樂府無孔子、顔子登歌詞，尚書參議令之緯製其文，伶人傳習以爲故事。

陳書宣帝本紀：大建三年秋八月辛丑，皇太子親釋奠於太學，二傅、祭酒以下賚帛各有差。

後主本紀：至德三年十一月己未，詔曰：「宣尼誕膺上哲，體資至聖，祖述憲章之典，並天地而合德，樂正雅頌之奥，與日月而偕明，垂後昆之訓範，開生民之耳目。梁季湮微，靈寢忘處，鞠爲茂草。三十餘年，敬仰如在，永惟愾息。今雅道雍熙，由庚得所，斷琴故履，零落不追，閱笥開書，無因循復。外可詳之禮典，改築舊廟，蕙房桂棟，咸使惟新，芳蘩潔潦，以時饗奠。」十二月辛卯，皇太子出太學，講孝經，戊戌，講畢。辛丑，釋奠於先師，禮畢，設金石之樂，會宴王公卿士。

右宋齊梁陳

北魏北齊北周

北魏書太祖本紀：天興四年二月丁亥，命樂師入學習舞，釋菜於先聖先師。

世宗本紀：始光三年二月，起太學於城東，祀孔子，以顔淵配。

肅宗本紀：正光元年春正月乙酉，詔曰：「建國緯民，立教爲本。尊師崇道，兹典自昔。來歲仲陽，節和氣潤，釋菜孔、顔，乃其時也。有司可豫繕國學，圖飾聖賢，置官簡牲，擇吉備禮。」

正光二年二月癸亥，車駕幸國子學，講孝經。三月庚午，帝幸國子學，祀孔子，以顔淵配。

隋書禮儀志：後齊將講於天子，先定經於孔父廟，置執經一人，侍講二人，執讀二人，摘句二人，録義六人，奉經二人。講之旦，皇帝服通天冠、玄紗袍，乘象輅，至學，坐廟堂上。講訖，還便殿，改服絳紗袍，乘象輅，還宫。講畢，以一太牢釋奠孔父，配以顔回，列軒懸樂，六佾舞。行三獻禮畢，皇帝服通天冠、絳紗袍，升阼，即坐。宴畢，還宫。皇太子每通一經，亦釋奠，乘石山安車，三師乘車在前，三少從後而至學焉。

後齊制，新立學，必釋奠禮先聖先師，每歲春秋二仲，常行其禮。每月旦，祭酒領博士以下及國子諸學生以上，太學、四門博士升堂，助教以下、太學諸生階下，拜孔揖顔。日出行事而不至者，記之爲一負。雨霑服則止。學生每十日給假，皆以丙日放之。郡學則於坊内立孔、顔廟，博士以下，亦每月朝云。

文獻通考：張憑議曰：「不拜顔子者，按學堂舊有聖賢之象，既備禮盡敬，奉尼父以爲師，而未詳顔子拜揖之儀。臣以聖者，君道也；師者，賢臣道也。若乃堯、舜、禹於君位，則稷、契與我並爲臣矣。師玄風於洙泗，則顔子吾同門也。夫大賢恭己，既揖讓於君德，回也如愚，豈越分於人師哉？是以王聖佐賢而君臣之義著，拜孔揖顔而師資之分同矣。」

丘氏濬曰：「按此後世朔日行禮之始，今制有朔望行事之禮，此其權輿歟？

周書武帝本紀：天和元年秋七月壬午，詔諸胄子入學，但束脩於師，不勞釋奠。釋奠者，學成之祭，自今即爲恒式。

宣帝本紀：大象二年二月丁巳，帝幸露門學，行釋奠之禮。

右北魏　北齊　北周

隋

隋書禮儀志：隋制，國子寺，每歲以四仲月上丁，釋奠於先聖先師。每年別一行鄉飲酒禮。州郡學則以春秋仲月釋奠。州郡縣亦每年於學一行鄉飲酒禮。學生皆乙日試書，丙日給假焉。

隋牛弘先聖先師歌：經國立訓，學重教先。三墳肇册，五典留篇。開鑿理著，陶鑄功宣。東膠西序，春誦夏弦。芳塵載仰，祀典無愆。

右隋

唐

舊唐書高祖紀：武德二年六月戊寅，令國子學立周公、孔子廟，四時致祭。

闕里志：武德二年，詔曰：「大德必祀，義存方册。達人命世，流慶後昆。爰始姬旦，匡翊周邦。創設禮經，大明典憲，啓生民之耳目，窮法度之本原。粤若宣尼，天姿睿哲，四科之數，歷代不刊；三千之徒，風流無斁。惟兹二聖，道濟生人。尊禮不修，孰明褒尚。宜命有司立周公、孔子廟各一所，四時致祭。」

唐書高祖本紀：武德七年二月丁巳，釋奠於國學。

册府元龜：武德七年二月，詔曰：「釋奠之禮，致敬先師。鼓篋之義，以明遜志。比多闕略，更宜詳備。仲春釋奠，朕將親覽。所司具爲條式，以時宣下。」是月丁巳，帝幸國子監，親臨釋奠。

唐書禮樂志：武德二年，始詔國子學立周公、孔子廟。七年，高祖釋奠焉，以周公爲先聖，孔子配。

蕙田案：前此之祭先聖先師，皆以孔子爲先聖，顔回爲先師。其周公爲先聖，孔子爲先師，至此始有明文。然則自三國以來，其以周公爲先聖者，或偶一爲之，故不恒見歟？

舊唐書禮儀志：武德七年二月，幸國子學，親臨釋奠。引道士、沙門有學業者，與博士雜相駁難，久之乃罷。

蕙田案：孔子云：「道不同，不相爲謀。」又曰：「攻乎異端，斯害也已。」孟子曰：「我亦欲正人心，息邪説，距詖行，放淫辭，以承三聖者。」又曰：「能言距楊、墨者，聖人之徒也。」是故「楊、墨之道不息，孔子之道不著」。今也不惟不能距之闢之放之，反引佛、老二氏與吾徒相辨論，烏覩所謂崇儒尊聖者乎？高祖於是乎失禮矣。

唐書禮樂志：貞觀二年，左僕射房玄齡、博士朱子奢建言：「周公、尼父俱聖人，然釋奠於學，以夫子也。大業以前，皆孔丘爲先聖，顏回爲先師。」乃罷周公，升孔子爲先聖，以顏回配。

文獻通考：太宗貞觀二年，左僕射房玄齡等建議：「武德中詔釋奠於太學，以周公爲先聖，孔子配享。臣以爲周公、尼父俱稱聖人，庠序置奠，本緣夫子，故晉、宋、梁、陳及隋大業故事，皆以孔子爲先聖，顏回爲先師，歷代所行，古今通允。伏請停祭周公，升孔子爲先聖，以顔回配。」詔從之。

玉海：貞觀二年，停以周公爲先聖，始立孔子廟堂於國學，式稽舊典，以仲尼爲先聖，顔子爲先師，俎豆干戚之容始備。魯哀公十七年，立孔子廟於故宅，閱千餘載，未嘗出闕里。漢儒所謂立學釋奠，未知先聖先師爲誰。自戴記之外無聞，迨魏齊王、晉武帝釋奠於學，雖昉見簡册，而未有原廟也。唐武德二年，廟周、孔於胄監。至貞觀定孔子爲先聖，而黜周公，牲牢祭幣，日增月益。

丘氏濬曰：案至是始定以孔子爲先聖，顔子爲先師。

蕙田案：丘氏之説似矣，而猶未核也。觀長孫無忌等奏云：「庠序置奠，本緣夫子，故晉、宋、梁、陳及隋大業故事，皆以孔子爲先聖，顔回爲先師，歷代所行，古今通允。」則知六朝以還，皆以孔子爲先聖矣。特一改其制於武德，而旋復於貞觀，再改其制於永徽，而再復於顯慶耳。夫云定者，一成而不變之詞也。乃貞觀之制，行之未久，至高宗永徽間，而復以周公爲先聖，孔子爲先師矣，何定之有？迨至顯慶一復其規，夫而後孔子之爲先聖，歷千餘年而不變耳。故謂定制於高宗顯慶之時則可，謂定制於太宗貞觀之初則不可。

唐書禮樂志：貞觀四年，詔州縣學皆作孔子廟。

蕙田案：此州縣立孔廟之始。

太宗本紀：貞觀十四年二月丁丑，觀釋奠於國學。

舊唐書禮儀志：貞觀十四年三月丁丑〔一〕，太宗幸國子學，親觀釋奠。祭酒孔穎達講孝經。

唐書儒林傳：貞觀十四年，召天下惇師老德以爲學官，又數臨幸國子學，觀釋菜，廣學舍千二百區〔二〕，益生員至三千二百，自屯營飛騎，皆給博士。受經，能通一經者〔三〕，聽入貢限。四方秀艾，坌集京師，於是新羅、高昌、百濟、吐蕃、高麗等，並遣子弟入學，鼓笥踵堂者，凡八千餘人，雖三代之盛，所未聞也。

太宗本紀：貞觀二十一年二月丁丑，皇太子釋菜於太學。

禮樂志：皇太子釋奠，自爲初獻，以祭酒張後胤亞獻，光州刺史攝司業趙弘智

〔一〕「三月」，諸本作「二月」，據舊唐書禮儀志四改。
〔二〕「學」，諸本作「博」；「千二百」，諸本作「二千百」，據新唐書儒學傳上改。
〔三〕「一」，諸本脱，據新唐書儒學傳上補。

終獻。

舊唐書禮儀志：貞觀二十一年，詔曰：「左丘明、卜子夏、公羊高、穀梁赤、伏勝、高堂生、戴聖、毛萇、孔安國、劉向、鄭衆、杜子春、馬融、盧植、鄭玄、服虔、何休、王肅、王弼、杜預、范甯、賈逵總二十二座，春秋二仲，行釋奠之禮。」初，以儒官自爲祭主，直云博士姓名，昭告於先聖。又州縣釋奠，亦以博士爲主。敬宗等又奏曰：按禮記文王世子：「凡學，春官釋奠於其先師。」鄭注云：「官，謂詩、書、禮、樂之官也。」彼謂四時之學，將習其道，故儒官釋奠，各於其師。既非國學行禮〔一〕，所以不及先聖。至於春秋二時合樂之日，則天子視學，命有司興秩，即總祭先聖先師焉。秦、漢釋奠，無文可檢。至於魏武則使太常行事。自晉、宋以降，時有親行，而學官主祭，全無典實。且名稱國學，樂用軒懸，樽俎威儀，蓋皆官備，在於臣下，理不合專。況凡在小祀，猶皆遣使行禮，釋奠既準中祀，據理必須稟命。今請國學釋奠，令國子祭酒爲初獻，祝辭稱「皇帝謹遣」，仍令司業爲亞獻，國子博士爲終獻。其州學，刺史爲初獻，上佐爲亞

〔一〕「學」，原作「家」，據光緒本、舊唐書禮儀志四改。

獻，博士爲終獻。縣學，令爲初獻，丞爲亞獻，博士既無品秩，請主簿及尉通爲終獻。若有闕，並以次差攝。州縣釋奠，既請各刺史、縣令親獻主祭，望準祭社，同給明衣。修附禮令，以爲永則。

丘氏濬曰：按此後世國學遣官釋奠之始，前此蓋學官自祭也，而州縣以守令主祭亦始於此。

音樂志：皇太子親釋奠樂章五首：

迎神用承和亦曰宣和。　聖道日用，神機不測。金石以陳，絃歌載陟。爰釋其菜，匪馨於稷。來顧來享，是宗是極。

太子行用承和　萬國以貞光上嗣，三善茂德表重輪。視膳寢門遵要道，高闢崇賢引正人。

登歌奠幣用肅和　粤惟上聖，有縱自天。旁周萬物，俯應千年。舊章允著，嘉贊孔虔。王化兹首，儒風是宣。

迎俎用雍和　堂獻瑶篚，庭敷璆縣。禮備其容，樂和其變。肅肅親享，雍雍執奠。明德惟馨，蘋蘩可薦。

送文舞出迎武舞入用舒和　隼集龜開昭聖列〔一〕，龍蹲鳳跱肅神儀。尊儒敬業宏圖闡，緯武經文盛德施。

武舞用凱安。詞同冬至圜丘。

送神用承和。詞同迎神。

又享孔廟樂章二首：太樂舊有此詞，不詳所起。

迎神　通吴表聖，問老探貞。三千弟子，五百賢人。億齡規法，萬載祠禋。潔誠以祭，奏樂迎神。

送神　醴溢犧象，羞陳俎豆。魯壁類聞，泗川如覯〔二〕。里校覃福，胄筵承佑。雅樂清音，送神其奏。

唐書禮樂志：永徽中，復以周公爲先聖，孔子爲先師，顏回、左丘明以降皆從祀。

舊唐書禮儀志：高宗顯慶二年七月，禮部尚書許敬宗等議：「依令，周公爲先聖，

〔一〕「隼」，諸本作「集」，據舊唐書音樂志三改。

〔二〕「泗川」，諸本作「泗州」，據舊唐書音樂志三改。

孔子爲先師。又禮記云：『始立學，釋奠於先聖。』鄭玄注云：『若周公、孔子也。』且周公踐極，功比帝王，請配成王，以孔子爲先聖。」

文獻通考：顯慶二年，太尉長孫無忌等議曰：「案新禮，孔子爲先聖，顔回爲先師；又準貞觀二十一年，以孔子爲先聖，更以左丘明等二十一人，與顔回俱配尼父於太學。今據永徽令文改用周公爲先聖，遂黜孔子爲先師，顔回、丘明並爲從祀。謹按禮記云：『凡學，春官釋奠於其先師。』鄭玄注曰：『官，謂詩、書、禮、樂之官也。先師者，若漢禮有高堂生，樂有制氏，詩有毛公，書有伏生可以爲師者。』又禮記曰：『始立學，釋奠於先聖。』鄭玄注曰：『若周公、孔子也。』據禮爲定，昭然自別，聖則非周即孔，師則偏善一經。漢、魏以來，取捨各異。顔回、夫子互作先師，宣父、周公迭爲先聖，求其節文，遞有得失。所以貞觀之末，親降綸言，依禮記之明文，配康成之奥説，正夫子爲先聖，加衆儒爲先師，永垂制於後昆，革往代之紕繆。而今新令不詳制旨，輒事刊改，遂違明詔。但成王幼年周公踐極，制禮作樂，功比帝王，所以禹、湯、文、武、成王、周公爲六君子。又説明王孝道，乃述周公嚴配，此即姬旦鴻業合同王者祀之，儒官就享，實貶其功。仲尼生衰周之末，拯文喪之弊，祖述堯、舜，憲章文、武，弘聖教於六經，闡儒風於千世，故孟軻稱：『生民以來一人而已。』自漢已降，奕葉封侯，崇奉其聖，迄於今日，胡可降玆上哲，俯入先師？且丘明之徒，見行其學，貶爲從祀，亦無故事。今請改令從詔，於義爲允，其周公仍依別禮配享武王。」詔從之。

唐書高宗本紀：總章元年二月丁巳，皇太子釋奠於國學。四月乙卯，贈顏回爲太子少師，曾參太子少保。

册府元龜：總章元年三月，詔曰：「皇太子弘近因釋菜，齒胄上庠，祇事先師，馳心近侍，仰崇山而景行，眷曩哲以勤懷，顯顏、曾之特高，揚仁義之雙美，請申褒贈，載甄芳烈。朕嘉其進德，冀以思齊，訓誘之方，莫斯爲尚。顏回可贈太子少師，曾參可贈太子少保。」

丘氏濬曰：此後世追贈孔門弟子之始，而以曾參配享，亦始於此。

蕙田案：曾子配享，乃在睿宗太極元年，非高宗時也。

唐書禮樂志：咸亨元年，詔州縣皆營孔子廟。

唐書睿宗本紀：景雲二年八月丁巳，皇太子釋奠於國學。

劉子玄傳：玄宗在東宮，將親釋奠於國學，有司草儀注，令從臣皆乘馬著衣冠。

子玄進議曰：「古者自大夫已上皆乘車，而以馬爲騑服。魏晉已降，迄乎隋代，朝士又駕牛車，歷代經史，具有其事，不可一二言也。至如李廣北征，解鞍憩息；馬援南伐，據鞍顧眄；斯則鞍馬之設，行於軍旅，戎服所乘，貴於便習者也。案江左官至尚書郎，而輒輕乘馬，則爲御史所彈。又顔延之罷官後好騎馬出入閭里，當代稱其放誕。此則專車憑軾，可擐朝衣；單馬御鞍，宜從褻服。求之近古，灼然之明驗也。自皇家撫運，沿革隨時，至如陵廟巡謁，王公册命，則盛服冠履，乘彼輅車。其士庶有衣冠親迎者，亦時以服箱充馭。在於他事，無復乘車，貴賤所行，通用鞍馬而已。臣伏見比者鑾輿出幸，法駕首途，左右侍臣皆以朝服乘馬。夫冠履而出，只可配車而行，今乘車既停，而冠履不易，可謂唯知其一而未知其二也，何者？褒衣博帶，革履高冠，本非馬上所施，自是車中之服，必也韈而升鐙，跣以乘鞍，非唯不師古道，亦自取驚今俗。求諸折中，進退無可。且長裾廣袖，襜如翼如，鳴珮行組，鏘鏘奕奕，馳驟於風塵之内，出入於旌棨之間，儻馬有驚逸，人從顛墜，遂使屬車之右，遺履不收，清道之傍，絓驂相續，固以受嗤行路，有損威儀。今議者皆云，秘閣有梁武帝南郊圖，多有危冠乘馬者，此則近代故事，不得謂無其文。臣案此圖是後人所爲，非當時所撰。且觀代間有古今圖畫者多矣，如張僧繇畫群公祖二疏，而兵士有著芒屩者；閻立本畫明君入匈奴，而婦人有著帷帽者〔一〕。夫芒屩出於水鄉，非京華所有；帷帽創於隋代，非漢宫所作，議者豈可徵此二畫，以爲故實者乎？由斯而言，則梁氏南郊之圖，義同於此。又傳稱因俗，禮貴緣情，殷輅周冕，規模不一；秦冠漢佩，用捨無常。況我國家道軼百王，功高萬古，事有不便，理資變通，其乘馬衣冠，竊謂宜從省廢。臣懷此異議，其來自久，日不暇給，未及摧揚。今屬殿下親從齒胄，將臨國學，凡有衣冠乘馬，皆憚此行，所以輒進狂言，用申鄙見。」皇太子手令，付外宣行，仍編入令，以爲常式。

唐書睿宗紀：太極元年至是年八月玄宗即位，追改爲先天元年。二月丁巳，皇太子釋奠於國學。

禮樂志：睿宗太極元年，加贈顔回太子太師，曾參太子太保，皆配享。

玄宗本紀：開元七年十一月乙亥，皇太子入學齒胄，賜陪位官及學生帛。

〔一〕「婦」，諸本作「歸」，據舊唐書劉子玄傳改。

禮樂志：開元七年皇太子齒胄於學，謁先聖，詔宋璟亞獻，蘇頲終獻。臨享，天子思齒胄義，乃詔三獻皆用胄子，祀先聖，如釋奠。右散騎常侍褚無量講孝經、禮記文王世子篇。

文獻通考：八年，國子司業李元瓘奏言：「兩京國子監廟堂〔一〕，先聖孔宣父，配坐先師顏子，今其像見立侍。準禮授坐不立，授立不跪，況顏子道亞生知，才光入室，既當配享，其像見立〔二〕，請據禮文合從坐侍。又四科弟子閔子騫等並伏膺儒術，親承聖教，雖復列像廟堂，不參享祀。謹按祠令，何休等二十二賢猶霑從祀，豈有升堂入室之子，獨不霑配享之餘？望請春秋釋奠，列享在二十二賢之上。七十子者，則文翁之壁，尚不闕如，豈有國庠遂無圖繪？請命有司圖形於壁，兼爲立贊，庶敦勸儒風，光崇聖烈。曾參孝道可崇，獨受經於夫子，望準二十二賢從享。」詔曰：「顏子等十哲宜爲坐像，悉令從祀。曾參大孝，德冠同列，特爲塑像，坐於十哲

〔一〕「兩」，諸本脱，據文獻通考卷四三校勘記補。
〔二〕「像」，諸本作「儀」，據文獻通考卷四三校勘記改。

之次。」因圖七十弟子及二十二賢於廟壁上，以顔子亞聖，親爲製贊，書於右。仍令當朝文士分爲之贊，題其壁焉。

蕙田案：新唐書睿宗時，曾子已配享矣。觀通考載開元八年之奏，新唐書似誤。

馬氏端臨曰：自禮記釋奠於先聖先師之説，鄭康成釋先師以爲如樂有制氏，詩有毛公，禮有高堂生，書有伏生之類，自是，後儒言釋奠者本禮記，言先師者本鄭氏注。唐貞觀時，遂以左丘明以下至賈逵二十二人爲先師，配食孔聖。夫聖，作之者也；師，述之者也。述夫子之道，以親炙言之，則莫如十哲七十二賢；以傳授言之，則莫如子思、孟子。必是而後可以言先師，可以繼先聖。今捨是不録，而皆取之於釋經之諸儒。姑以二十二子言之，獨子夏無以議焉。左丘明、公羊高、穀梁赤猶曰受經於聖人，而得其大義。至於高堂生以下，則謂之經師可矣，非人師也。如毛、鄭之釋經，於名物固爲該洽，而義理間有差舛。至王輔嗣之宗旨老、莊，賈景伯之附會讖緯，則其所學，已非聖人之學矣。又況戴聖、馬融之貪鄙，則其素履固當見擯於洙、泗，今乃俱在侑食之列，而高弟子除顔淵之外，反不得預。李元瓘雖懇言之，而僅能升十哲、曾子儕於二十二子之列，而七十二賢俱不霑享祀。蓋拘於康成之注，而以專門訓詁爲盡得聖道之傳也。

蕙田案：馬氏此論，已爲嘉靖間人張本。要之，是二十二人者，雖不盡純然，保殘守缺，使先聖微言得以不絶之，數子之功，未始不鉅。君子之於人，取其大而略其細可也。

宗元案：經以載道，傳經即以傳道，原不容分，然自顏、曾、思、孟而下，已多不能兼之，直至宋五子而始合耳。二十二人又何能及此？然抱殘守缺，使遺經不至於遂亡，則二十二人不爲無功，録功則當棄過，從祀焉可也，配食焉則過矣。

丘氏濬曰：案塑像之設，中國無之，至佛教入中國始有也。三代以前，祀神皆以主，無有所謂像設也。彼異教用之，無足怪者，不知祀吾聖人者，何時而始爲像云？觀李元瓘言顏子立侍，則像在唐前已有矣。嗚呼！姚燧有言，北史敢有造泥人、銅人者門誅，則泥人固非中土爲主以祀聖人法也，後世莫覺其非，亦化其道而爲之，郡異縣殊，不一其狀，長短豐瘠，老少美惡，惟其工之巧拙是隨，就使盡善，亦豈其生時盛德之容？甚非神而明之、無聲無臭之道也。國初洪武十四年，首建太學，聖祖毅然的見千古之非，自夫子以下，像不土繪，祀以神主。嗚呼，盛哉！夫國學廟貌，非但以爲師生瞻仰之所，而天子視學，實於是乎致禮焉。夫以冕旒之尊，而臨夫俎豆之地，聖人百世之師，坐而不起，猶之可也；若夫從祀諸儒，皆前代之縉紳，或當代之臣子，君拜於下而臣坐於上，可乎？臣知非獨名分之乖舛，而觀瞻之不雅，竊恐聖賢在天之靈〔一〕，亦有所不安也。或者若謂，既以摶土爲之，事之以爲聖賢，一旦毀之，以爲泥滓，似乎不恭。竊觀聖祖詔毀郡邑城隍塑像，用其土泥壁，以繪雲山，載在令甲可考也，矧所塑者特具人形耳，豈真聖賢之遺貌哉？程頤論人家祖宗影有一毛不類，則非其人。彼親見其人而貌之有毫髮不肖似，尚非其人，況工人隨意信手而爲之者哉！臣惟文廟之在南京者，固已行聖祖之制，今京師國學，乃因元人之舊，正統中重修廟學，惜無以此上聞者，儻有以聞，未必不從。今天下郡邑，恐其勞民，無俟改革。惟國學乃天子臨視之所，乞遵聖祖之制，如儒臣宋訥所云者，誠千萬世儒道之幸。仰惟我聖祖有大功於世教十數，此其一也。發揚祖

〔一〕「恐」，原作「觀」，據光緒本、大學衍義補卷六五改。

宗之功烈，亦聖子神孫繼述之大者。

舊唐書禮儀志：開元十一年，春秋二時釋奠，諸州宜依舊用牲牢，其屬縣用酒脯而已。十九年正月，春秋二時社及釋奠，天下州縣等停牲牢，惟用酒脯，永爲常式。

開元禮皇太子釋奠於孔宣父：國學釋奠、仲春仲秋釋奠於齊太公廟並附〔一〕。

齋戒

皇太子散齋三日於別殿，致齋二日於正殿。前致齋一日，典設郎設皇太子幄座於正殿東序及室内，俱西向。又張帷於前楹下。殿若無室，張帷爲之。致齋之日質明，諸衛率各勒所部屯門列仗如常。晝漏上水一刻，左庶子版奏「請中嚴」，近仗就陳於閤外，通事舍人引宫臣文武七品以上袴褶陪位如式。諸侍衛之官各服其器服，諸侍臣並結珮，俱詣閣奉迎。左庶子版奏「外辦」。上水三刻，皇太子服通天冠，絳紗袍，結珮以出，侍衛如常。皇太子即座，西向坐，侍臣夾侍如常。一刻頃，左庶子前跪奏稱「左庶子臣某言，請降就齋室」，俯伏，興，還侍位。皇太子降座入室，文武侍臣各還本

〔一〕「國學釋奠仲春仲秋釋奠於齊太公廟並附」十七字，原脱，據光緒本、通典卷一一七補。

司，直衛者如常。典謁引陪位者以次出。凡應享之官，散齋三日，致齋二日。散齋皆於正寢，致齋一日於本司，一日於享所。其無本司者皆於享所。近侍之官應從升者及從享群官、監官、學官、學生等，各於本司及學館俱清齋一宿，並如別儀。國學及齊太公廟將享，館司先申享日，本司散下其禮〔一〕，所司隨職供辦。凡應享之官，散齊三日，致齋二日，如別儀，無皇太子散齋以下儀。

陳設

前享三日，典設郎設皇太子便次於廟東，西向；又設便次於學堂之後，隨地之宜。守宮設文武侍臣次，各於便次之後，文左武右。設諸次，享官於齋坊之内，從享之官於廟東門之外，隨地之宜。國學設獻官以下次於齋坊，太公儀同國學。前享二日，太樂令設軒懸之樂於廟庭，東方、西方磬簴起北，鐘簴次之；北方磬簴起西，鐘簴次之。設三鎛鐘於編懸之間，各依辰位。樹路鼓於北懸之間道之左右，植建鼓於三隅，置柷敔於懸内，柷在左，敔在右。設歌鐘歌磬於廟堂之上前楹間，北向，磬簴在西，鐘簴在東；其

〔一〕「散」，原作「諸」，據通典卷一一七改。

匏竹者立於堂下階間，重行，北向，相對爲首。凡懸皆展而編之〔一〕。諸工人各位於懸後。右校掃除内外。又爲瘞坞於院内堂之壬地，方深取足容物，南出陛。自設軒懸以下，國學太公儀並同。前享一日，奉禮設皇太子位於東陛東南，西向。國學設三獻位於東門之内道北，執事則道南〔二〕，西向，北上。太公儀同國學。又設望瘞位於廟堂東北，當埋坞，西向。望瘞與國學同，太公儀並同。設亞獻、終獻位於皇太子東南，執事者各位於後，俱重行，西向，北上。國學無亞獻以下儀，太公並同。設御史位於廟堂之下西南，東向，令史陪其後；設奉禮位於樂懸東北，贊者二人在南，差退，俱西面；又設奉禮贊者位於埋坞東北，南面，東上；設協律郎位於廟堂上前楹之間近西，東向；設太樂位於北懸之間，北向；自御史位以下與國學同，太公儀同國學。設從享官七品以上位國學則館官位，太公儀設廟官位。於樂懸之東，當執事西，南向；監官學官位於樂懸之西，當宫官，東向；國學則設學官位於懸西，當館官，東向；太公廟設廟官位同。設學生位於宫官、監官、學官之後，俱重行，北上。國學學生位

〔一〕「編」，諸本作「懸」，據通典卷一一七、開元禮卷五三改。
〔二〕「道」，諸本作「近」，據通典卷一一七改。

於學官、館官後，有觀者於南門内道左右，相對爲首。太公無學生。設門外位，爲亞獻、終獻位於東門之外道南，執事位於後，每等異位，俱北向，西上；國學設三獻門外位，如常儀。太公儀與國學同。監官、學官位於獻官之東南，國學則館官、學官位，太公儀廟官位。從享宫官位於學官之東，俱重行，北面，以西爲上。設酒樽之位於廟堂之上，先聖犧樽二，象樽二，山罍二在前楹間，北向；先師犧樽二，象樽二，山罍二，在先聖酒樽之東，俱西上。樽皆加勺羃，有坫以置爵。其先師爵同置於一坫。太公及留侯同上。洗設於東階東南，亞獻之洗又於東南，俱北向；罍水在洗東，篚在洗西，南肆。篚實以巾爵。執樽罍篚羃者各位於樽罍篚羃之後。設幣篚二，各於樽坫之所。典設郎設皇太子座於學堂之上東壁下，西向；監司設講榻於北壁下，南向；又設執讀者位於前楹間，當講榻，北向；守宫設太傅少傅座於皇太子西北，南面，東上。若有令詹事以下坐，則設坐於皇太子西南，北向，東上。侍講者座於執讀西北，執如意者一人，立於侍講之西。三館學官非侍講者座於侍講者之西，皆北面，東上。若有上臺三品以上觀講者，設座於侍講之北，南面，東上。設論議座於講榻之前近南，北面；設脱履席於西階之南，東向。掌儀設版位：宫官七品以上東階東南，西向，北上；執經侍講等於西階西南，監官及學官非侍講者於侍講者之後，有上臺三品以上觀講者，位於執經之北，少退，重行，皆東面，北上。學生分位於宮官、學官之後，皆重行，北上。又設掌儀位於宮官西北，贊者二人在南，皆西向。國學無設皇太子座下至此儀。晡後，郊社令帥齋郎以樽、坫、罍、洗、篚、冪入設於位。升堂者自東階。謁者引祭酒、司業詣厨，視濯溉。凡導引者每一曲一逡巡。太公儀引三獻視濯溉。贊引引御史詣厨省饌具，司業以下每事訖，各還齋所。享日未明十五刻，太官令帥宰人以鸞刀割牲，祝史以豆取毛血置於饌所，遂烹牲。其牲用太牢。二正座及先師首俎皆升右胖十一體，左丘明以下折分餘體升之。國學、太公並同。未明五刻，郊社令帥其屬及廟司各服其服，升設先聖神座於堂上西楹間，東向；國學設神座於廟室內西楹間，東向。太公儀拂神幄。設先師神座於先聖神座東北，南向，西上。若前堂不容，則又於堂外之東，屈陳而北〔一〕，東向，南上。席皆以莞，設神位各於座首。國學儀，其七十二弟子名，以具歷代祀先儒篇〔二〕。太公儀無先聖神座以下至此。

出宮

〔一〕「屈」，諸本作「至」，據通典卷一一七、開元禮卷五三改。
〔二〕「具」，原作「其」，據光緒本、通典卷一一七改。

前出宫二日，本司宣攝内外，各供其職。守宫設從享宫官次於東宫朝堂如常。其日未明，所司依鹵簿陳設於重明門外。奉禮設從享宫官位於東宫朝堂如常。文武宫臣七品以上依時刻俱集於次，各服公服。諸衛率各勒所部陳設如式。左庶子版奏「請中嚴」，典謁引宫臣各就位。諸侍衛官各服其器服，左庶子負璽如式。俱詣閤奉迎。僕進輅車於西閤外，南向。若須乘輦，則聽臨時進止。内率一人執刀立於車前，北向；中允一人在侍臣之前，贊者二人在中允之前。左庶子版奏「外辦」，僕奮衣而升〔一〕，正立執轡。皇太子著具服，遠遊冠，乘輿以出，左右侍衛如常儀。内率前執轡，皇太子升車，僕立授綏，左庶子以下夾侍如常儀。中允進當車前，跪奏稱「請發引」，俛伏，興，退復位。凡中允奏請皆當車前，跪奏稱「具官臣某言」，訖，俛伏興。車動，中允與贊者夾引以出，内率夾車而趨。出重明門，至侍臣上馬所。中允奏稱「請車權停，令侍臣上馬」。左庶子前，承令，退稱「令曰諾」。中允退稱「侍臣上馬」〔二〕。贊者承傳，文武侍臣皆上

〔一〕「升」，原作「出」，據光緒本、通典卷一一七改。
〔二〕「左庶子前承令退稱令曰諾中允退稱侍臣上馬」十九字，諸本脱，據通典卷一一七補。

馬。庶子以下夾侍於車前，贊者在供奉官人内。侍臣上馬畢，中允奏稱「請令車右升」。左庶子前承令，退稱「令曰諾」，中允退，復位。内率升訖，中允奏稱「請發引」，退，復位。皇太子車動，太傅乘車訓導，少傅乘車訓從，出延喜門，不鳴鼓吹，從享宫臣乘馬陪從如常儀。

饋享

享日未明三刻，諸享官各服祭服，諸陪祭之官皆公服，學生青衿服。郊社令、良醖令各帥其屬入實樽罍及幣。犧樽實以醴齊，象樽實以盎齊，山罍實以清酒，齊加明水，酒加玄酒，各實於上樽。其幣以白，各長一丈八尺。太官令帥其屬實諸籩豆簠簋俎等。未明二刻，奉禮帥贊者先入就位，贊引引御史、太祝及令史、祝史與執樽罍篚冪者入自東門，當階間，重行，北向，西上。立定，奉禮曰「再拜」，贊者承傳，凡奉禮有辭，贊者皆承傳。御史以下皆再拜，訖，執樽罍篚冪者各就位。贊引引御史、太祝詣東階升堂，行掃除於上，令史、祝史行掃除於下。訖，引降，還齋所。奉禮以下次還齋所〔一〕。國學掃除於下訖，引

〔一〕「奉禮以下次還齋所」八字，諸本脱，據通典卷一一七補。

就位，謁者引享官以下俱就門外位，學生就門内位。太公儀無學生位，餘同國學。皇太子將至，謁者、贊引各引享官及從享學官等俱就門外位，學生皆入就門内位。皇太子至廟門外，迴車南向，内率降立於車右，左庶子進當車前，跪奏稱：「左庶子臣某言，請降車。」俛伏，興，還侍位。皇太子降車，乘輿之便次，侍衛如常。郊社令以祝版進，皇太子署訖，近臣奉出，郊社令受，各奠於坫。國學無皇太子將至以下至此儀，太公並同。

○未明一刻，謁者、贊引引享官宫官就門外位，奉禮帥贊者先入就位。贊引引御史以下就入位，國學無「謁者」以下儀，太公同。太常令帥工人、二舞次入就位，文舞入陳於懸内，武舞立於懸南道西。其升堂坐者皆脱履於下，降納如常。謁者引祭酒入就位，立定，奉禮曰「再拜」，祭酒再拜。訖，謁者引祭酒詣東階升堂，行掃除於上，降，行樂懸於下訖，引還本位。初，祭酒行樂懸，謁者、贊引各引祭官及陪祭之官次入就位。國學則謁者引司業，太公儀引亞獻。皇太子停便次半刻頃，率更令於便次門外，東向，左庶子版奏「外辦」，皇太子出便次，侍衛如常儀。率更令引皇太子至廟東門，中允進笏，皇太子執笏，近侍者從入如常儀。皇太子至版位，西向立。每位定，率更令退立於左。率更令前啓「再拜」，退，復位。皇太子再拜，奉禮曰「衆官再拜」，衆官在位者及學生皆再拜。其先拜者不拜。率更令前啓：「有司謹具，請行事。」退，復位。國學，初司業行掃除訖，謁者、贊引各引享官以下學官以上次入就位，立定。奉禮曰「衆官再拜」，衆官及學生皆再拜。其先拜者不拜。謁者進祭酒之左，白「有司謹具，請行事」，退，復位。無「停便次」以下儀。太公儀，亞獻掃除就位，至入拜訖，謁者白初獻。協律郎跪，俛伏，舉麾，凡取物者皆跪，俛伏而取以興，奠物則奠訖，俛伏，興。鼓柷，奏永和之樂，以姑洗之均，自後堂上接神之樂，皆奏姑洗。作文舞之舞，樂舞三成，偃麾，戛敔，樂止。凡樂皆協律郎舉麾，工鼓柷而後作；偃麾，戛敔而後止。率更令前啓「再拜」，退，復位。皇太子再拜。國學無「率更」下至「再拜」，太公儀並同。奉禮曰「衆官再拜」，在位者及學生皆再拜。太祝各跪取幣於篚，立於樽所。率更令引皇太子，永和之樂作，皇太子每行，皆作永和之樂。國學引祭酒升東階，無樂，下倣此。太公廟謁者引初獻官。皇太子自東階升，左庶子以下及左右侍衛量人從升。以下皆如之。皇太子升堂，進先聖神座前，西向立，樂止。太祝以幣授左庶子，左庶子奉幣，北向進，皇太子搢笏，受幣，每受物，搢笏，奠訖，執笏，俛伏，興。登歌，作肅和之樂，以南吕之均。率更令引皇太子進，西面跪，奠於先聖神座前，俛伏興。率更令引皇太子少退，西向再拜。訖，率更令引皇太子進先師首座前，北向立〔一〕。又太祝以幣授左庶子，左庶子奉幣，西向進，皇太子受幣，率更令引皇太子進，北向跪，奠於先師首座，俛伏，興。率更令引皇太子少退，北向再拜，登歌止。率更令引皇太子，樂作，皇太子降自東階，還版位，西向立，樂止。初，群官拜訖，各奉毛血之豆立東門外，於登歌止，祝史奉毛血升自東階，太祝迎取於階上，進奠於先聖及先師首座前，太祝與祝史退，立於樽所。初，皇太子既奠幣，太官令出，帥進饌者奉饌陳於東門之外。初，皇太子既至位，樂止，太官令引饌入，俎初入門，奏雍和之樂。自後酌獻皆奏雍和之樂。饌至階，樂止。祝史各進，跪徹毛血之豆，降自東階以出，饌升，太祝迎引於階上，各設於神座前。籩豆蓋冪，先徹乃升。簠簋既奠，却其蓋於下。設訖，太官令以下降，復位。太祝還樽所。率更令引皇太子詣罍洗，樂作；皇太子至罍洗，樂止。左庶子跪取匜，興〔二〕，沃水；又左庶子跪取盤，興，承水，皇太子盥手。中允跪取巾於篚，興，進，皇太子帨手訖，中允受巾，跪奠於篚，遂取爵於篚，興，進，皇太子受爵，左

〔一〕「北向」，原誤倒，據光緒本、通典卷一一七乙正。
〔二〕「興」，諸本作「盥」，據通典卷一一七、開元禮卷五三改，下「興」字同。

庶子酌罍水，又左庶子奉盤，皇太子洗爵，中允又授巾，皆如初。皇太子拭爵訖，左庶子奠盤匜，中允受巾，奠於篚，皆如常。率更令引皇太子，樂作，皇太子升自東階，樂止。詣先聖酒樽所，執樽者舉冪，左庶子贊酌醴齊，訖，樂作。率更令引皇太子進先聖神座前，西向跪，奠爵，俛伏興。率更令引皇太子少退，西向立，樂止。太祝持板進於神座之右，北面跪，讀祝文曰：「維某年歲次月朔日，子皇太子某國學則云「開元神武皇帝，謹遣祭酒某封姓名」，下同。太公儀云「謹遣某官某封」。敢昭告於先聖孔宣父：惟夫子固天攸縱，誕降生知，經緯禮樂，闡揚文教，餘烈遺風，千載是仰，俾兹末學，依仁游藝。謹以制幣犧齊，粢盛庶品，祗奉舊章，式陳明薦，以先師顔子等配座，尚饗。」訖，興。太公祝云：「爰定六韜，載成七德，功業昭著，生靈攸仰，俾兹末學，克奉舊章」云云〔一〕，以張留侯等配。皇太子再拜，初讀祝文訖〔二〕，樂作。太祝進，跪奠版於神座，興，還樽所。皇太子拜訖，樂止。率更令引皇太子詣先師酒樽所，執樽者舉冪，左庶子取爵於坫，進，太子受爵，左

〔一〕「云云」，諸本作「謹」，據通典卷一一七改。
〔二〕「初」，原脱，據味經窩本、光緒本、通典卷一一七補。

庶子贊酌醴齊，樂作。率更令引皇太子進先師首座前，北向跪，奠爵，俛伏，興。率更令引皇太子少退，北向立，樂止。皇太子既奠首座爵，餘座皆齋郎助奠，相次而畢〔一〕，其亞獻、終獻齋郎助奠亦如之。太祝持板進於先師神座之左，西面跪，讀祝文曰：「維某年歲次月朔日〔二〕，子皇太子某敢昭告於先師顏子等七十二賢：爰以仲春，仲秋。率遵故實，敬修釋奠於先聖孔宣父，惟子等或服膺聖教，德冠四科，或光闡儒風，貽範千載。謹以制幣犧齊，粢盛庶品，式陳明薦，從祀配神，尚饗。」訖，興，齊太公配座張留侯等祝云「惟子等宣揚武教，光贊韜鈐，大濟生靈，貽範千載」云云。皇太子再拜。初，讀祝文訖，樂作。太祝進跪奠板於神座，興，還樽所，皇太子拜，訖，樂止。率更令引皇太子詣東序，西向立〔三〕，樂作。太祝各以爵酌上樽福酒，合置一爵，一太祝持爵授左庶子，左庶子舉爵，北向進，皇太子再拜受爵，跪，祭酒，啐酒，奠爵，興。太祝各帥齋郎進俎，太祝跪減先聖及先

〔一〕「相」上，諸本衍「引」字，據通典卷一一七、開元禮卷五三删。
〔二〕「維」，原脱，據味經窩本、光緒本、通典卷一一七補。
〔三〕「立」，諸本脱，據通典卷一一七、開元禮卷五三補。

師首座前三牲胙肉，皆取前脚第一骨。加於俎，又以籩取稷黍飯〔一〕，興。以胙肉各共置一俎上，又以飯共置一籩。太祝以飯籩授左庶子，左庶子奉飯，北向進，皇太子受，以授左右。太祝又以俎授左庶子，左庶子以次奉進，皇太子每受，以授左右，訖，皇太子跪取爵，遂飲，卒爵。左庶子進受爵，以授太祝，太祝受爵，復於坫。皇太子俛伏，興，再拜，樂止。率更令引皇太子，樂作。皇太子降自東階，還板位，西向立，樂止。文舞出，鼓柷，作舒和之樂，出訖，戛敔，樂止。武舞入，鼓柷，作舒和之樂，立定，戛敔，樂止。初，皇太子將復位，謁者引國子祭酒國學謁者引司業，下倣此。太公儀引亞獻。詣罍洗，盥手洗爵訖，謁者引祭酒升自東階，詣先聖酒樽所，執爵者舉冪，祭酒酌盎齊訖，武舞作。謁者引祭酒進先聖神座前，西向跪，奠爵，興，謁者引祭酒少退，西向再拜。謁者引祭酒詣先師酒樽所，取爵於坫，執樽者舉冪，祭酒酌盎齊，謁者引祭酒進先師首座前，北向跪，奠爵，興。謁者引祭酒少退，北向再拜。訖，謁者引祭酒詣東序，西向立。太祝各以爵酌罍福酒，合置一爵，一太祝持爵進祭酒之左，北向立，祭酒再拜，受爵，

〔一〕「籩」下，諸本衍「豆」字，據通典卷一一七、開元禮卷五三删。

跪，祭酒，遂飲，卒爵。太祝進受爵，復於坫。祭酒興，再拜。謁者引祭酒降，復位。初，祭酒獻將畢，謁者引司業國學謁者引博士，下倣此。太公儀引終獻。詣罍洗〔一〕，盥洗訖〔二〕，升，酌盎齊，終獻如亞獻之儀。訖，謁者引司業降，復位，武舞止。太祝等各進，跪徹豆，興，還樽所。徹者，籩豆各一，少移於故處。奉禮曰「賜胙」，贊者唱「衆官再拜」，在位者及學生皆再拜。已飲福者不拜。永和之樂作，率更令前啓「再拜」，退，復位。皇太子再拜，國學無「率更令」至「再拜」，太公儀同國學。奉禮曰「衆官再拜」，在位者及學生皆再拜，樂一成止。率更令前啓「請就望瘞位」，率更令引皇太子就望瘞位，西向立。國學謁者引祭酒，太公儀引初獻。奉禮帥贊者轉就瘞埳東北位〔三〕。初在位者將拜，太祝各執篚進神座前，跪，以篚取幣，降自西階，詣瘞埳，以幣置於埳。訖，奉禮曰「可瘞」，埳東西厢各四人寘土。半埳，率更令前啓「禮畢」，國學、太公儀進初獻之左白云。率更令引皇太子出門，還便次，樂作，國學謁者遂引祭酒出，無「率更令」下至「樂作」，太公儀同。皇太子出門，

〔一〕「詣」，原脱，據光緒本、通典卷一一七補。
〔二〕「盥」，諸本脱，據通典卷一一七、開元禮卷五三補。
〔三〕「位」，諸本作「向」，據通典卷一一七、開元禮卷五三改。

樂止。中允進受笏，侍衛如常儀。國學無皇太子出門等儀，太公儀同。謁者、贊引各引亞獻以下以次出。初白禮畢，奉禮帥贊者還本位。贊引引御史、太祝以下俱復執事位，立定，奉禮曰「再拜」，御史以下皆再拜。訖，贊引引出，學生以次出，其祝版燔於齋坊。

諸州釋奠於孔宣父：縣釋奠附。

前享三日，刺史縣則縣令，下倣此。散齋於別寢二日，致齋於廳事一日。亞獻以下應享之官散齋二日，各於正寢，致齋一日於享所。上佐爲亞獻，博士爲終獻。若刺史、上佐有故，並以次差攝。博士有故，取參軍以上攝。縣丞爲亞獻，主簿及尉通爲終獻〔一〕。縣令有故，並以次差充當，縣闕則差比縣及州官替充。其日，助教及諸學生皆清齋於學館一宿。前享二日，本司掃除內外，又爲瘞埳於院內堂之壬地，方深取足容物，南出陛。本司設刺史以下次於門外，隨地之宜。前享一日晡後，本司帥其屬守門。本司設三獻位於東階東南，每等異位，俱西面；設掌事位於三獻東南，西面，北上；設望瘞位於堂之東北〔二〕，當瘞埳，

〔一〕「主簿及尉」，諸本作「及簿尉」，據通典卷一二一、開元禮卷七一改。
〔二〕「堂」下，諸本衍「上」字，據通典卷一二一、開元禮卷六九刪。

西向；設助教位縣學官位，下倣此。於西階西南，當掌事位〔二〕，學生位於助教之後，俱東面，北上；設贊唱者位於三獻西南，西面，北上；又設贊唱位於瘞埳東北，南向，東上；設三獻門外位於道東，每等異位，俱西面；掌事位於終獻之後，北上。祭器之數與祭社同。掌事者以罇坫升設於堂上前楹間，北向；先聖之罇在西，先師之罇在東，俱西上，皆加勺冪。先聖爵一，配座爵四，各置於坫。設幣篚於罇所。設洗直東榮，南北以堂深。罍水在洗東，加勺冪。篚在洗西，南肆。實爵三巾二於篚，加冪。執罇罍洗篚者各位於罇罍洗之後。享日未明，烹牲於厨。夙興，掌饌者實祭器，其實與祭社同。本司帥掌事者設先聖神座於堂上西楹間，東向；設先師神座於先聖神座東北，南向；席皆以莞。質明，諸享官各服祭服，助教儒服，學生青衿服。本司帥掌事者入實罇罍及幣，每座罇二，一實玄酒爲上，一實醴齊次之。禮神之幣用帛，各長丈八尺。祝版各置於坫。贊唱者先入就位。祝二人與執罇罍篚者入立於庭，重行，北面，西上，立定。贊唱者曰

〔二〕「當」、「位」，諸本脱，據通典卷一二一、開元禮卷六九補。

「再拜」〔一〕，祝以下皆再拜。執罇罍篚者各就位，祝升自東階，行掃除訖，降自東階，各還齋所。刺史將至，贊禮者引享官以下俱就門外位，助教、學生並入就門内位。刺史至，參軍事引之次。縣令，贊禮者引，下倣此。贊唱者先入就位，祝入，升自東階，各立於罇後。刺史停於次，少頃，服祭服出次。參軍事引刺史入就位，西向立。參軍事退位，立於左。贊禮者引享官以下次入就位，凡導引者，每曲一逡巡。立定。贊唱者曰「再拜」，刺史以下皆再拜。參軍事少進刺史之左，北面，白「請行事」，退，復位。祝俱跪取幣於篚，興，各立於罇所。凡取物者皆跪伏，取以興，奠，則奠訖，俛伏而後興。本司帥執饌者奉饌，陳於門外。參軍事引刺史升自東階，進先聖神座前，西向立。祝以幣北向授，刺史受幣。參軍事引刺史進，西向跪，奠於先聖神座前，興，少退，西向再拜。訖，參軍事引刺史當先師神座前，北向立。又祝以幣西向授，刺史受幣。參軍事引刺史進，北向跪，奠於先師神座前，興，少退，北向再拜。參軍事引刺史降〔二〕，復位。本司引饌

〔一〕「曰」，諸本脱，據通典卷一一二、開元禮卷六九補。
〔二〕「事」，原脱，據光緒本、通典卷一一二補。

入，升自東階。祝迎引於階上，各設於神座前。籩豆蓋冪，先徹乃升；簠簋既奠，却其蓋於下。籩居右，豆居左，簠簋居其間，羊豕二俎横而重於右，腊特陳於左〔一〕。設訖，本司與執饌者降，出。祝還罇所。參軍事引刺史詣罍洗，執罍者酌水，執洗者跪取盤，興，承水。刺史盥手，執篚者跪取巾於篚，興，進，刺史帨手。訖，執篚者受巾，跪奠於篚，遂取爵，興以進，刺史受爵，執罍者酌水，刺史洗爵，執篚者又跪取巾於篚，興，進，刺史拭爵訖，受巾，跪奠於篚；奉槃者跪奠盤，興。參軍事引刺史升自東階，詣先聖酒罇所，執罇者舉冪，刺史酌醴齊，參軍事引刺史詣先聖神座前，西向跪，奠爵，興，少退，西向立。祝持版進於神座之右，北面跪讀祝文曰：「維某年歲次月朔日，子刺史縣令，下倣此。具官姓名，敢昭告于先聖孔宣父：惟夫子固天攸縱，誕降生知，經緯禮樂，闡揚文教，餘烈遺風，千載是仰，俾兹來學，依仁游藝。謹以制幣牲齊，粢盛庶品，祗奉舊章，式陳明薦，以先師顏子配，尚饗。」祝興，刺史再拜。祝進跪奠版於神座，興，還罇所。刺史拜訖，參軍事引刺史詣先師酒罇所，取爵於坫，執罇者舉冪，刺史酌醴齊，參軍事引刺史詣

〔一〕「左」，原作「右」，據光緒本、通典卷一二一改。

先師神座前，北向跪，奠爵，興，少退，北向立。祝持祝版進於神座之左〔一〕，西向跪，讀祝文曰：「敢昭告于先師顔子：爰以仲春，仲秋。率遵故實，敬修釋奠於先師顔子，惟子庶幾具體，德冠四科，服道聖門，實臻壼奥。謹以制幣牲齊，粢盛庶品，式陳明薦，從祀配神，尚饗。」祝興，刺史再拜，祝進跪奠版於神座〔二〕，興，還鐏所。刺史拜訖，參軍事引刺史詣東序，西向立，祝各以爵酌福酒，合置一爵，一太祝持一爵進刺史之左，北面立。刺史再拜，受爵，跪，祭酒，啐酒，奠爵，俛伏，興。祝各帥執饌者進俎，跪，減先師神座前胙肉，各取前脚第二骨。共置一俎上，又以籩取稷黍飯，共置一籩。祝興，先以飯進，刺史受，以授執饌者，刺史跪取爵〔三〕，遂飲，卒爵，祝進，受爵，復於坫。刺史興，再拜。參軍事引刺史降，復位。初，刺史獻將畢，贊禮者引亞獻詣罍洗，盥手，洗爵，升，獻飲福，如刺史之儀。唯不讀祝文，亦不受胙。訖，降復位。亞獻畢〔四〕，贊禮者引

〔一〕「祝持」，原脱「祝」字，據光緒本、通典卷一二一補。
〔二〕「祝進」上，諸本衍「訖參軍事引」五字，據通典卷一二一、開元禮卷六九删。
〔三〕「刺史」上，開元禮卷六九有「又以俎進刺史受以授執饌者」十二字。
〔四〕「亞獻畢」，開元禮卷六九作「初亞獻將畢」。

終獻，皆罍洗，盥洗，升獻，如亞獻之儀。訖，復位。自此下至燔祝版，如祭社儀，唯祝取幣降西階爲異。

舊唐書禮儀志：二十六年正月，敕：「諸州鄉貢見訖，令引就國子監謁先師，學官爲之開講，質問疑義。有司設食，弘文、崇文兩館學生及監内得舉人亦聽預焉。」其日祀先聖已下，如釋奠之禮。青宫五品以下及朝集使就監觀禮，遂爲常式。

二十七年，制曰：弘我王化，在乎儒術。孰能發揮此道，啓迪含靈，則生人以來，未有如夫子者也。所謂自天攸縱，將聖多能，德配乾坤，身揭日月。故能立天下之大本，成天下之大經，美政教，移風俗，君君臣臣，父父子子，人到於今受其賜，不其猗歟！於戲！楚王莫封，魯公不用，俾夫大聖，纔列陪臣，棲遲旅人，固可知矣〔一〕。年祀寖遠，光靈益彰，雖代有褒稱，而未爲崇峻，不副於實，人其謂何？朕以薄德，祗膺寶命〔二〕，思闡文明，光被華夏。時則異於今古，情每重於師資。既行其教，合旌厥德，爰

〔一〕「固」，諸本作「國」，據舊唐書禮儀志四改。
〔二〕「膺」，諸本作「應」，據舊唐書禮儀志四改。

申盛禮，載表徽猷。夫子既稱先聖，可追謚爲文宣王，宜令三公持節册命，應緣册及祭，所司速擇日，併撰儀注進。其文宣陵併舊宅立廟，量加人灑掃，用展誠敬。其後嗣可封文宣公〔一〕。至如辨方正位，著自禮經，苟非得所，何以示則？昔緣周公南面，夫子西坐，今位既有殊，坐豈如舊〔二〕，宜補其墜典，永作成式。自今已後，兩京國子監，夫子皆南面坐，十哲等東西列侍，天下諸州亦準此。且門人三千，見稱十哲〔三〕。包夫衆美，實越等夷，暢玄聖之風規，發人倫之耳目，並宜褒贈，以寵賢明。顏子既云亞聖，須優其秩，可贈兖公。閔子騫可贈費侯，冉伯牛可贈鄆侯，冉仲弓可贈薛侯，冉子有可贈徐侯，仲子路可贈衛侯，宰子我可贈齊侯，端木子貢可贈黎侯，言子游可贈吴侯，卜子夏可贈魏侯。又孔子格言，參也稱魯，雖居七十之數，不載四科之目。頃雖異於十哲，終或殊於等倫，允稽先旨〔四〕，俾循舊位。庶乎禮得其序，人焉式瞻，宗

〔一〕「封」，諸本作「爲」，據舊唐書禮儀志四改。
〔二〕「如」，諸本作「宜依」，據舊唐書禮儀志四改。
〔三〕「見」，原作「皆」，據光緒本、舊唐書禮儀志四改。
〔四〕「允」，原作「久」，據光緒本、舊唐書禮儀志四改。

洙、泗之丕烈，重膠庠之雅範。又贈曾參、顓孫師等六十七人皆爲伯，於是正宣父坐於南面，内出王者衮冕之服以衣之。遣尚書左丞相裴耀卿就國子廟册贈文宣王。册畢，所司奠祭，亦如釋奠之儀，公卿以下預觀禮。又遣太子少保崔琳就東都廟以行册禮。自是始用宫懸之樂，春秋二仲上丁，令三公攝行事。

唐書禮樂志：開元二十七年，詔：夫子既稱先聖，可謚曰文宣王，遣三公持節册命，以其嗣爲文宣公，任州長史，代代勿絶。先時孔廟以周公南面，而夫子坐西墉下。貞觀中，廢周公祭而夫子位未改。至是，二京國子監天下州縣夫子始皆南向，以顔淵配。贈諸弟子爵公侯：子淵兗公，子騫費侯，伯牛鄆侯，仲弓薛侯，子有徐侯，子路衛侯，子我齊侯，子貢黎侯，子游吴侯，子夏魏侯；又贈曾參以降六十七人：參成伯，顓孫師陳伯，澹臺滅明江伯，宓子賤單伯，原憲原伯，公冶長莒伯，南宫适郯伯，公皙哀郳伯，曾點宿伯，顔路杞伯，商瞿蒙伯，高柴共伯，漆雕開滕伯，公伯寮任伯，司馬牛向伯，樊遲樊伯，有若卞伯，公西赤邵伯，巫馬期鄫伯，梁鱣梁伯，顔柳蕭伯〔一〕，

〔一〕「顔柳」，諸本作「顔辛」，據新唐書禮樂志五改。

冉孺郜伯〔一〕，曹恤豐伯，伯虔鄒伯，公孫龍黄伯，冉季産東平伯，秦子南少梁伯，漆雕斂武城伯，顔子驕瑯琊伯，漆雕徒父須句伯，壤駟赤北徵伯，商澤睢陽伯，石作蜀郈邑伯，任不齊任城伯，公夏首亢父伯，公良孺東牟伯，后處營丘伯，秦開彭衙伯，奚容蒧下邳伯，公肩定新田伯，顔襄臨沂伯，鄡單銅鞮伯，句井彊淇陽伯〔二〕，罕父黑乘丘伯，秦商上洛伯，申黨召陵伯，公祖子之期思伯，榮子旗雩婁伯，縣成鉅野伯〔三〕，左人郢臨淄伯，燕伋漁陽伯，鄭子徒滎陽伯，秦非汧陽伯，施常乘氏伯，顔噲朱虚伯，步叔乘淳于伯，顔之僕東武伯，原亢籍萊蕪伯，樂欬昌平伯，廉潔莒父伯，顔何開陽伯，叔仲會瑕丘伯，狄黑臨濟伯，邽巽平陸伯，孔忠汶陽伯，公西與如重丘伯，公西蒧祝阿伯。於是二京之祭，牲太牢，樂宮懸，舞六佾矣。州縣之牲，以少牢而無樂。

文獻通考：又敕兩京及兗州舊宅廟像，宜改服衮冕。其諸州及縣廟宇既小，但移南面，不須改衣服。

〔一〕「冉孺」，諸本作「冉儒」，據新唐書禮樂志五改。
〔二〕「淇陽伯」，原脱「陽」字，據光緒本、新唐書禮樂志五改補。
〔三〕「縣成」，原作「縣城」，據光緒本、新唐書禮樂志五改。

馬氏端臨曰：孔子弟子姓名之可考者，史記、家語所載併十哲，共七十七人。内公伯寮、秦商、鄡單，家語不載，而别有琴牢、陳亢、縣亶三人。唐贈典見禮樂志，及唐會要所載，並七十七人。獨杜氏通典所載則除十哲外，自計七十三人，係增入蘧瑗、林放、陳亢、申棖、琴牢、琴張六人。若以爲七十二賢在十哲之外，則史記、家語所載少五人，通典所載多一人。然太史公作仲尼弟子傳，序言孔子之所嚴事，於周則老子，於衛蘧伯玉，於齊晏平仲，於楚老萊子，於鄭子産，於魯孟公綽，數稱臧文仲、柳下惠、銅鞮伯華、介山子然，孔子皆後之，不並世。又史稱孔子適衛，主蘧伯玉。及反魯，伯玉使人至，孔子禮其使而稱以夫子，則尊之者如此，然則瑗雖賢，蓋非門弟子之列也。

姚氏燧曰：杜預春秋傳叙曰：「子路欲使門人爲臣，孔子以爲欺天，而云仲尼素王、丘明素臣，又非通論也。」斯言爲獲聖人之心，而後世王之堯、舜二帝也。宰我以夫子遠賢於堯、舜，何王之不可居？然後世天子之子、有功之臣皆曰王，以孔子之聖，卒下比爵於其臣子，誠不知其可也！

丘氏濬曰：此孔子封王、弟子封公侯之始。夫自漢平帝追謚孔子爲宣尼公，後世因謂孔子爲宣父，又謂爲宣尼，至是又加「文」與「宣」爲謚，然「文」之爲言，謚法有所謂「經緯天地」者也。孔子亦曰：「文王既没，文不在兹乎？」以是謚之，固亦幾矣。若夫宣之爲宣，謚法之美者，不過「聖善周聞」而已，豈足以盡吾聖人之大德哉？况唐未加聖人是謚之前，而北齊高洋、李元忠、南齊蕭子良、隋長孫賢之數人者，固先有此謚矣。天生聖人，爲萬世道德之宗主，稱天以誄之，猶恐未足以稱其德，彼區區荒誕之稱、汙下之見，何足以爲吾聖人之輕重哉！

中春、中秋釋奠於文宣王、武成王，皆以上丁、上戊，國學以祭酒、司業、博士三獻，樂以軒縣。前享一日，奉禮郎設三獻位於東門之内道北，執事位於道南，皆西向，北上；學官、館官位於縣東，當執事西南，西向；學生位於館官之後，皆重行，北上；觀者位於南門之内道之左右，重行，北面，相對爲首。設三獻門外位於東門之外道南，執事位於其後，每等異位，北向，西上；館官、學官位於三獻東南，北向，西上。設先聖神座於廟室内西楹間，東向；先師於先聖東北，南向；其餘弟子及二十一賢以次東陳，南向，西上。其餘皆如常祀。

開元二十八年詔：春秋二仲上丁以三公攝事，若會大祀，則用仲丁，州縣之祭上丁。

唐李觀天寶十年祭文：於皇夫子之道之德，與天地周旋，與日月合明，乃聖乃神，炳乎典謨。惟王者得之，以事神使民；庶人得之，以不失其死生；諸侯得之，以事天子；卿大夫得之，以保禄位，怨笑不及其身；四時得之而序行，天下得之而大同。然則天地神人之事，昭乎夫子之道之德也至矣，何小子之所竊歎焉。斯歎也，其惟來學乎？其惟乞靈乎？曰：某不敢然也。且夫禮樂浹於明，夫子之善道也，斯可謂以學矣。鬼神瞰於幽，夫子之明靈也，斯可謂以敬矣。孰敢捨道而來學，黷敬而乞靈者乎？於是再拜而起，徊翔而觀，章施足徵，像設無喧，我廟俎豆，我王衣冠，夫子得之，亦無愧焉。七十之徒，亦公亦侯，外如君臣，内實討論，烝烝小子，思得其門。夫子聖人，天錫元精。其未生也，若超然神遊，與兩氣俱存；其既生也，遇三季之會，飄飄湮淪。絃歌之音，拊而不和；仁義之圖，卷而靡陳。及相魯而有喜色，去宋而曰「桓魋其如予何」，聖人之窮，乃有如是耶？噫！俾夫子生於堯之代，堯必後舜而先夫子；生於舜之代，舜必先夫子而後禹，聖人得時化可知也。如舜、禹生於夫子之年，則不過守於田畝，安有夫子之教垂於無窮，若今日之澶漫者乎？

惟夫子生實陪臣，没乃王爵，有聖德也。惟紂生實殷辟，死曰獨夫，有逆德也。惟爵謚在德，惟德有聖有逆，惟聖逆在人，不在於尊。嗚呼！夫子聖人之極歟？鳳鳥不至，無其時也。秦人焚書，文之衰也。帝唐爵王，德之興也。惟夫子之德，洎唐之德，永而能安，古而更新，降康下民，夐有烈光，訖無間然。小子沖沖慄慄，拜奠而出，匪作匪述。

上元元年，肅宗以歲旱，罷中小祠，而文宣之祭，至仲秋猶祀之於太學。

舊唐書代宗本紀：永泰二年二月丁酉，釋奠於國學，賜宰臣百官飧錢。八月丁亥，國子監釋奠，復用牲牢。

上元二年，詔詣祠獻熟。至是，魚朝恩請復舊制。

禮儀志：永泰二年二月上丁，釋奠。蕭昕奏：諸宰相元載、杜鴻漸、李抱玉及常參官、六軍軍將就國子學就講論，賜錢五百貫。令京兆尹黎幹造食，集諸儒道僧質問竟日。此禮久廢，一朝能舉。八月，國子學成。四日，釋奠，宰相、常參官、軍將盡會於講堂，京兆府置食講論，軍容使魚朝恩説易，又於講論堂畫周易鏡圖。

自至德二年收兩京，惟元正含元殿受朝賀，設宫懸之樂，雖郊廟大祭，祇有登歌樂，亦無文武二舞。其時軍容使魚朝恩知監事，廟廷乃具宮懸之樂於講堂前〔一〕，又有教坊樂府雜伎，竟日而罷。

冊府元龜：大曆三年八月丁未，釋奠於文宣王廟。禮畢，内侍魚朝恩及宰臣、文武百官，咸詣國子監觀講論。有司陳饌，詔遣中使賜酒，及三勸奬。四月丁未，釋奠於文宣王，許百僚詣國學觀講論。

貞元二年二月丁卯，有司釋奠於文宣王廟，自宰臣以下畢集於國學，學官升講座，陳五經大旨、先聖之道。

唐書禮樂志：貞元九年季冬，貢舉人謁先師日與親享廟同。有司言上丁釋奠，與大祠同，即用仲丁，乃更用日謁於學。

舊唐書歸崇敬傳〔二〕：崇敬議：每年春秋二時，釋奠文宣王，祝版御署訖，北面揖，臣以爲禮太重。謹按大戴禮師尚父授周武王丹書，武王東面而立。今署祝版，

〔一〕「樂」，諸本作「學」，據舊唐書禮儀志四改。
〔二〕「舊唐書」三字，原脱，據光緒本補。

伏請準武王東面之禮，輕重庶得其中。

文獻通考：憲宗時，夔州刺史劉禹錫常歎天下學校廢，乃奏記宰相曰：「言者謂天下少士，而不知養材之道鬱湮不揚，非天不生材也，是不耕而歎廩庾之無餘，可乎？貞觀時，學舍千二百區，生徒三千餘，外夷遣子弟入附者五國。今室廬圮廢，生徒衰少，非學官不振，病無貲以給之也。凡學官春秋釋奠於先師，斯止辟雍頖宮，非及天下。今州縣咸以春秋上丁有事孔子廟，其禮不應古，甚非孔子意。漢初，群臣起屠販，故孝惠、高后間，置原廟於郡國〔一〕。逮元帝時，韋玄成遂議罷之。夫子孫尚不敢違禮饗其祖，況後學師先聖道而欲違之。傳曰『祭不欲數』，又曰『祭神如神在』。與其煩於薦饗，孰若行其教令？教令頽靡，而以非禮之祀媚之，儒者所宜疾，竊觀歷代無有是事。武德初，詔國學立周公、孔子廟，四時祭。貞觀中詔修孔子廟兖州，後許敬宗等奏天下州縣置三獻官，其他如立社。玄宗與儒臣議罷釋奠牲牢，薦酒脯。時王孫林甫爲宰相，不涉學，使御史中丞王敬從以明衣、牲牢，

〔一〕「置」，原作「署」，據光緒本、文獻通考卷四三改。

著爲令，遂無有非之者。今夔四縣歲釋奠，費十六萬，舉天下州縣，歲費凡四千萬，適資三獻官飾衣裳，飴妻子，於學無補也。請下禮官、博士議，罷天下州縣牲牢、衣幣。春秋祭如開元時。籍其資，半畀所隸州，使增學校；舉半歸太學，猶不下萬計，可以營學室，具器用，豐饌食，增掌故，以備使令。儒官各加稍食，州縣進士皆立程督，則貞觀之風，粲然可復。」當時不用其言。

韓愈處州孔子廟碑：自天子至郡邑守長通得祀而徧天下者，唯社稷與孔子爲然。而社祭土，稷祭穀，句龍與棄，乃其佐享，非其專主。又其位所，不屋而壇，豈如孔子用王者事，巍然當座，以門人爲配，自天子而下，北面跪祭，進退誠敬，禮如親弟子者，句龍、棄以功，孔子以德，固自有次第哉！自古多有以功德得其位者不得常祀，句龍、棄、孔子皆不得位而得常祀，然其祀事皆不如孔子之盛。所謂生人以來，未有如孔子者，其賢過於堯舜遠矣！此其效歟？郡邑皆有孔子廟，或不能修事，雖設博士弟子，或役於有司，名存實亡，失其所業。獨處州刺史鄴侯李繁至官，能以爲先，既新作孔子廟，又令工改爲顏子至子夏十人像，其餘六十子及後大儒公羊高、左丘明、孟軻、荀況、伏生、毛公、韓生、董生、高堂生、揚雄、鄭玄等數十人皆圖之壁。選博士弟子，必皆其人，又爲置講堂，教之行禮，肄習其中。置本錢廩米，令可繼處以守。廟成，躬率吏及博士弟子入學，行釋菜禮。耆老歎嗟，其子弟皆興於學。鄴侯尚文，其於古記，無不貫達，故其爲政，知所先後，可歌也已。

唐書曹華傳：華惡沂地褊，請治兖，許之。自李正己盜齊、魯，俗益汙驁，華下令曰：「鄒、魯禮義鄉，不可忘本。」乃身見儒士，春秋祀孔子祠，立學官講誦，斥家貲，佐贍給，民乃知教。

皮日休請韓文公配饗太學書：嗚呼！聖人之道，不過乎求用。用於生前，則一時可知也；用於死後，則萬世可知也。故孔子之封賞，自漢至隋，其爵不過乎公侯，至於吾唐，乃册王號。七十子之爵命，自漢至隋，或卿大夫，至於吾唐，乃封公侯。曾參之孝道，動天地，感鬼神，自漢至隋，不過乎諸子，至於吾唐，乃旌入十哲。噫！天地久否，忽泰則平；日月久昏，忽開則明；雷霆久息，忽震則驚；雲霧久鬱，忽廓則清。仲尼之道，否於周秦而昏於漢魏，息於晉宋而鬱於陳隋。至乎吾唐，萬世之憤，一朝而釋，倘死者可作，其至可知也。今有人，身行聖人之道，口吐聖人之言，行如顔、閔，文若游、夏，死不得配食於夫子之側，吾又不知尊先聖之道也。夫孟子、荀卿，翼傳孔道，以至於文中子之末，降及貞觀、開元，其傳者漓，其繼者淺，或引刑名以爲文，或援縱横以爲理，或作詞賦以爲雅。文中子之道，曠百祀而得室授者，唯昌黎文公之文，蹴楊、墨於不毛之地，蹂釋、老於無人之境，故得孔道，巍然而自正。夫今之文人千百士之作，釋其卷，觀其詞，無不裨造化，補時政，繄公之力也。公之文曰：「如僕自度若世無孔子，僕不當在弟子之列。」以日休度之，設使公生於孔子之世，公未必不在四科焉。然國家以二十一賢者，代用其書，垂於國胄，並配饗於孔聖廟堂者，其爲典禮，大矣！美矣！苟以大用其書，不能以釋聖人之辭，箋聖人之義哉！況有身行其道，口傳其文，吾唐以來，一人而已，反不得在二十一賢之列者，則典禮未爲備也。伏請命有司定其配饗之位，則自兹以後，天下以文化者，未必不由夫是也。

右唐

五代

五代會要：後唐長興元年，尚書比部員外郎知制誥崔棁奏：「臣伏見開元五年敕，每年貢舉人見訖，宜引就國子監謁先聖、先師，學者謂之開講，質疑義，所司設食。

其監内得舉人，亦準此例。其日清晨，官五品已上併朝集使並往觀禮，永爲常式。自經多故，其禮久廢，請再舉行。」從之。

文獻通考：長興三年，國子博士蔡同文奏：「伏見每年春秋二仲月上丁，釋奠於文宣王，以兖公顔子配座，以閔子騫等爲十哲〔一〕，排祭奠。其有七十二賢圖形於四壁，面前皆無酒脯。自今後，乞準本朝舊規，文宣王四壁諸英賢畫像前面，請各設一豆、一爵祠饗。」中書帖太常禮院檢討禮例，分析申者。今禮院檢郊祀録，釋奠文宣王並中祠，例祭以少牢，具配坐十哲，見今行釋奠之禮。伏自喪亂以來，廢祭四壁英賢。今準帖爲國子博士蔡同文所奏，文宣王四壁諸英賢，各設一豆、一爵祀享。當司詳郊祀録，文宣王從祀諸座，各籩二實以栗黄、牛脯，豆二實以葵菹、鹿醢，簠、簋各一實以黍、稷飯；酒爵一。禮文所設祭器，無一豆、一爵之儀者。奉敕：其文宣王廟四壁英賢，自此每釋奠，宜準郊祀録，各陳脯醢等物以祭。

右五代

〔一〕「十」，原作「上」，據光緒本、文獻通考卷四三改。

五禮通考卷一百十八

吉禮一百十八

祭先聖先師

宋

宋會要：建隆元年二月，太祖幸國子監，詔加飾祠宇及塑繪先聖、先賢、先師之像。

宋史禮志：至聖文宣王，唐開元末升爲中祠，設從祀，禮令攝三公行事。朱梁喪亂，從祀遂廢。後唐長興三年〔一〕，仍復從祀。周顯德二年，別營國子監，置學舍。宋

〔一〕「後唐」，原作「唐」，據光緒本、宋史禮志八改。

因增修之，塑先聖、亞聖、十哲像，畫七十二賢及先儒二十一人像於東西廡之木壁。太祖親撰先聖、亞聖贊，十哲以下命文臣分贊之。

太祖本紀：建隆二年十一月己巳，幸國子監。三年春正月癸未，幸國子監。二月丙辰，復幸國子監。

禮志：其謁先師之禮，建隆二年，禮院準禮部貢院移，自後諸州府貢舉人，十一月朔日正衙見訖，擇日謁先師，遂爲常禮。

建隆中，凡三幸國子監，謁文宣王廟。

太宗本紀：太平興國四年二月壬子，幸國子監。端拱元年八月庚辰，幸太學，令博士李覺講易，賜帛。淳化五年十一月丙寅，幸國子監，賜直講孫奭緋魚，因幸武成王廟，復幸國子監，令奭講尚書，賜以束帛。

禮志：太宗亦三謁廟，詔繪三禮器物制度于國學講論堂木壁，又令河南府建國子監文宣王廟，置官講說，及賜九經書。

闕里志：淳化四年，從監庫使臣請宣聖廟六衙朔望焚香。

景德三年，大學士王欽若奏令諸道州府軍監文宣王廟摧毀處量爲修葺，仍令不得占射充磨勘司推勘院，及不得令使臣官員等在廟内居住。

其釋奠之禮，景德四年，同判太常禮院李維言：「開寶通禮諸州釋奠，並刺史致齋三日，從祭之官齋於公館。祭日，刺史爲初獻，上佐爲亞獻，博士爲終獻。今諸州長吏不親行禮，非尊師重教之道。」詔太常禮院檢討以聞。案五禮精義，州縣釋奠，刺史縣令初獻，上佐縣丞亞獻，主簿終獻，有故以次官攝之。

真宗本紀：大中祥符元年十一月戊午，加謚孔子曰玄聖文宣王。

大中祥符二年二月壬辰，詔立曲阜縣孔子廟學舍。五月乙卯，追封孔子弟子七十二人。秋七月戊寅，詔孔子廟配享，魯史左丘明等十九人加封爵。

禮志：大中祥符二年五月乙卯，詔追封十哲爲公，七十二弟子爲侯，先儒爲伯或贈官。親製玄聖文宣王贊，命宰相等撰顔子以下贊，留親奠祭器於廟中，從官立石刻名。

文獻通考：詔追封孔子弟子，兖公顔回兖國公，費侯閔損琅琊公，鄆侯冉耕東平公，薛侯冉雍下邳公，齊侯宰予臨淄公，黎侯端木賜黎陽公，徐侯冉求彭城公，衛侯仲由河内公，吴侯言偃丹陽公，魏侯卜商河東公，郕伯曾參瑕丘侯，陳伯顓孫師宛丘侯，江伯澹臺滅明金鄉侯，單伯宓不齊單父侯，原伯原憲任城侯，莒伯公冶長高密侯，郯伯南宫縚襲丘侯，郳伯公晳哀北海侯，宿伯曾點萊蕪侯，杞伯顔無繇曲阜侯，蒙伯商瞿須昌侯，共伯高柴共城侯，滕伯漆雕開平輿侯，任伯公伯寮壽張侯，向伯司馬耕楚丘侯，樊伯樊須益都侯，郜伯公西赤鉅野侯，卞伯有若平陰侯，鄮伯巫馬期東阿侯，潁伯陳亢南頓侯，梁伯梁鱣千乘侯，蕭伯顔辛陽穀侯，紀伯冉孺臨沂侯，東平伯冉季諸城侯，聊伯伯虔沭陽侯，黄伯公孫龍枝江侯，彭衙伯秦甯新息侯，少梁伯秦商鄄城侯，武城伯漆雕哆濮陽侯，琅琊伯顔驕雷澤侯，須句伯漆雕徒父高苑侯，北徵伯壤駟赤上邽侯，清河伯林放長山侯，睢陽伯商澤鄒平侯，石邑伯石作蜀成紀侯，任城伯任不齊當陽侯，魯伯申棖文登侯，東牟伯公良孺牟平侯，曹伯曹恤上蔡侯，下邳伯奚容蒧濟陽侯，淇陽伯句井疆滏陽侯，邵陵伯申黨淄川侯，期思伯公祖句兹即墨侯，雩婁伯榮期猷次侯，鉅野伯縣成武城侯，臨淄伯左人郢南華侯，漁陽伯燕伋汧源侯，滎陽伯鄭國朐山侯，汧陽伯秦非華亭侯，乘氏伯施之常臨濮侯，朱虚伯顔噲濟陰侯，淳于伯步叔乘博昌侯，東武伯顔之僕冤句侯，衛伯蘧瑗内黄侯，瑕丘伯叔仲會博平侯，開陽伯顔何堂邑侯，臨濟伯狄黑林慮侯，平陸伯邽巽高堂侯，汶陽伯孔忠鄆城侯，重丘伯公西輿如臨朐侯，祝阿伯公西蒧徐城侯，南陵伯琴張頓丘侯。

又詔封玄聖文宣王廟配饗，先魯史左丘明瑕丘伯，齊人公羊高臨淄伯，魯人穀梁赤龔丘伯，秦博士伏勝乘氏伯，漢博士高堂生萊蕪伯，九江太守戴聖楚丘伯，河間博士毛萇樂壽伯，臨淮太守孔安國曲阜伯，中壘校尉劉向彭城伯，後漢大司農鄭衆中牟伯，河南杜子春緱氏伯，南郡太守馬融扶風伯，北中郎將盧植良鄉伯，大司農鄭康成高密伯，九江太守服虔滎陽伯，侍中賈逵岐陽伯，諫議大夫何休任城伯，魏衛將軍太常蘭陵亭侯王肅贈司空，尚書郎王弼封偃師伯，晉鎮南大將軍開府儀同三司當陽侯杜預贈司徒，豫章太守范甯封鉅野伯，一命三司使兩制待制館閣官作贊。

玉海：大中祥符二年三月庚辰，詔文宣廟木圭易以玉，賜桓圭一。五月乙卯朔，詔追封顔回兖國公至卜商河東公，曾參瑕丘侯至琴張頓丘侯。詔曰：「四科鉅賢，並超五等，七十達者，俱贈列侯。」令中書門下及兩制館閣分撰贊，命王旦撰顔子贊。初，帝覽崇文院檢定七十二弟子，案史記、唐會要凡七十七人，今曲阜廟唯七十二人，帝曰：「何故不同？」王旦言：「國學七十二弟子，經太祖定議，曲阜準國學畫像。」七月戊寅，詔封左丘明至范甯二十一人皆爲伯，贈王肅司空，杜預司徒，命群臣爲贊。

曲阜縣志：大中祥符二年追封顔子爲兖國公，詔曰：「朕乃封巒禪社，昭列聖之鴻勳；崇德報功，廣百王之彝制。言旋於闕里，遂躬謁於魯堂。瞻河海之姿，睟容穆若；出洙、泗之上，高風凜然。舉茂典之有加，期斯文之益振。由是推恩世胄，併錫寵章，增其奉邑。念性與天道，德冠生民，議兹玄聖之名，冀廣嚴師之禮。兼朕親製，以表崇儒，至于四科鉅賢，並超五等；七十達者，俱贈列侯。仍命寮寀分紀遺烈，式書褒揚之旨，庶幾善誘之方，宜令中書樞密院三司兩制承郎待制館閣直館校理分撰贊以聞。」

宋史真宗本紀：大中祥符三年六月丙辰，頒天下釋奠先聖廟儀并祭器圖。

禮志：大中祥符三年，判國子監孫奭言：「上丁釋奠，舊禮以祭酒司業博士充三獻官，新禮以三公行事，近歲止命獻官兩員臨時通攝，未副崇祀向學之意。望自今備差太尉、太常、光禄卿以充三獻。」又命崇文院刊釋奠儀注及祭器圖，頒之諸路。

真宗本紀：大中祥符四年五月癸巳，詔州城置孔子廟。五年改謚玄聖文宣王曰至聖文宣王。

禮志：詔太常禮院定州縣釋奠器數，先聖先師每坐酒尊一〔一〕，籩豆八，簠二，簋二，俎三，罍一，洗一，篚一，尊皆加勺冪，各置于坫，巾共二，燭二，爵共四，有坫。從祀之處，諸坐各籩二，豆二，簠一，簋一，俎一，燭一，爵一。

仁宗本紀：天聖二年八月己卯，幸國子監謁孔子。

玉海：明道元年八月戊午，詔國子監重修七十二賢堂，左丘明而下二十一人，並以本品衣冠圖之。

文獻通考：景祐元年，詔釋奠用登歌。

宋史樂志：景祐祭文宣王廟六首：

迎神，凝安　大哉至聖，文教之宗。紀綱王化，丕變民風。常祀有秩，備物有容。神其格思，是仰是崇。

初獻升降，同安　右文興化，憲古師今。明祀有典，吉日惟丁。豐犧在俎，雅奏來庭。周旋陟降，福祉是膺。

〔一〕「一」，宋史禮志八作「二」。

奠幣，明安　一王垂法，千古作程。有儀可仰，無得而名。齊以滌志，幣以達誠。禮容合度，黍稷非馨。

酌獻，成安　自天生聖，垂範百王。恪恭明祀，陟降膠庠。酌彼醇旨，薦以令芳。三獻成禮，率由舊章。

飲福，綏安　犧象在前，豆籩在列。以享以薦，既芬既潔。禮成樂備，人和神悅。祭則受福，率遵無越。

兖國公配位酌獻，成安哲宗朝增此一曲。　無疆之祀，配侑可宗。事舉以類，與享其從。嘉栗旨酒，登薦惟恭。降此遐福，令儀肅雍。

送神，凝安　肅肅庠序，祀事惟明。大哉宣父，將聖多能。歆馨肹蠁，迴馭凌兢。祭容斯畢，百福是膺。

陳氏樂書：成周之制，大胥春入學舍菜合舞，秋頒學合聲，故禮記文王世子凡釋奠必有合也，有國故則否。凡大合樂，必遂養老。又曰釋奠於先聖先師，先老終之，遂發咏焉。登歌清廟，下管象，舞大武而已。月令仲春上丁，命樂正習舞釋菜。蓋學校之於天下，禮樂之所自出。小有釋菜，而以食爲主；大有釋奠，而以飲爲主。

其習舞與聲，而大合六代之樂，一也。北齊天子講畢，以太牢釋奠孔子，配以顔回，設軒架之樂，六佾之舞。唐開元中，釋奠文宣王，始用宫架之樂。然孔子，人臣也，用軒架足以爲禮，用宫架則過矣。宫架，天子之制，四面皆縣鐘磬，備六律六吕，如宫室之有墻，故謂之宫架。軒架，諸侯之制，三面縣，去中吕、蕤賓、林鐘，缺其一面，如軒車之有籓，故謂軒架。圖見樂書。聖朝春秋上丁釋奠於東序，上戊釋奠於西序，並設登歌之樂，不用軒架而用判架，判架只東西兩面縣而已，南北皆缺，又去黄鐘、大吕、應鐘也。抑又不施於堂下而施於堂上，於其庭又不設舞焉，是有歌奏而無舞，非古人習舞合樂之意。釐而正之，以廣禮樂之教於天下，實聖朝急務也。

仁宗本紀：慶曆四年五月壬申，幸國子監謁孔子。有司言舊儀止肅揖，帝特再拜，賜直講孫復五品服。

禮志：仁宗再幸國子監，謁文宣王廟，皆再拜焉。

宋歐陽修襄州穀城縣夫子廟記：釋奠釋菜，祭之略者。古者士之見師，以菜爲贄，故始入學者必釋菜，以祀其先師。其學官四時之祭，乃皆釋奠。釋奠有樂無尸，而釋菜無樂，則其又略也，故其禮亡焉。而今釋奠幸存，然亦無樂，又不徧舉於四時，獨春秋行事而已。記曰：「釋奠必合樂，國有故則否。」謂凡有國，各自祭其先聖先師，若唐虞之夔、伯夷，周之周公，魯之孔子，其國之無焉者，則必合於鄰國而祭之。然自孔子没，後之學者，莫不宗焉，故天下皆尊爲先聖，而後世無以易。學校廢久矣，學者莫知所師，又取孔子門人之高弟曰顏回者而配焉，以爲先師。隋唐之際，天下州縣皆立學，置學官生員，而釋奠之禮，遂以著令，其後州縣學廢，而釋奠之禮，吏以其著令，故得不廢。學廢矣無所從祭，則皆廟而祭之。荀卿子曰：「仲尼，聖人之不得勢者也。」然使其得勢，則爲堯舜矣。不幸無時而没，特以學者之故享弟子春秋之禮。而後之人不推所謂釋奠者，徒見官爲立祠，而州縣莫不祭之，則以爲夫子之尊由此爲盛。甚者乃謂生雖不得位而没有所享，以爲夫子榮，謂有德之報，雖堯舜莫若，何其謬論者歟？祭之禮，以迎尸酌鬯爲盛，釋奠薦饌，直奠而已，故曰祭之略者。其事有樂舞授器之禮，今又廢，則於其略者又不備焉。然古之所謂吉、凶、鄉射、賓燕之禮，民得而見焉者，今皆廢失，而州縣幸有社稷、釋奠、風雨雷師之祭，民猶得以識先王之禮器焉。其牲酒器幣之數，升降俯仰之節，吏人多不能習，至其臨事，舉多不中而色不莊，使民無所瞻仰，見者怠焉，因以爲古禮不足復用，可勝歎哉！大宋之興，于今八十年，天下無事，方修禮樂，崇儒術，以文太平之功。以謂王爵未足以尊夫子，又加至聖之號，以褒崇之，講正其禮，下於州縣。而吏或不能諭上意，凡有司簿書之所不責者，謂之不急，非好學者莫肯盡心焉。穀城令狄君栗爲其邑未逾時，修文宣王廟易於縣之左，大其正位，爲學舍於其傍，藏九經書，率其邑之子弟興於學。然後考制度，爲俎豆籩篚罇爵簠簋凡若干，以與其邑人行事。穀城縣政久廢，狄君居之期月稱治，又能遵國典，修禮興樂，急其有司所不責者，諰諰然惟恐不及，可謂有志之士矣。

愛日齋蘘抄：釋奠釋菜，古禮僅存而行於學。歐陽公記襄州穀城縣夫子廟有云：「釋奠釋菜，祭之略者也。古之見師，以菜爲贄，故始入學者必釋菜，以見其先師。其學官四時之祭，乃皆釋奠。釋奠有樂無尸，而釋菜無樂，則其又略也。」「祭之之禮，以迎尸酌鬯爲盛，釋奠薦饌，直奠而已，故曰祭之略者。」余讀其文，因考之禮，「凡學，春官釋奠於其先師，秋冬亦如之。凡始立學者，必釋奠於先聖先師，及行事，必以幣。凡釋奠，必有合也」，「天子視學，適東序，釋奠於先聖」，見文王世子。「出征執有罪，反，釋奠於學，以訊馘告」，見王制。凡皆言釋奠，而釋奠必於學。春官大祝「大會同，皆造於太廟，宜於社，過大山川，則用事焉，反行舍奠」，甸祝「掌四時之田表貉之祝號。舍奠於祖，禰亦如之」，師甸「致禽於虞中，乃屬禽。及郊，饁獸，舍奠於祖禰」，亦云舍奠也。「始立學者，既興器用幣，然後釋菜」，見文王世子。「仲春上丁，命樂正習舞釋菜」，見月令。「大學始教，皮弁祭菜，示敬道也」，見學記。「大胥春入學，舍菜合舞」，見春官。凡皆言釋菜也，而亦莫不於學。士婚禮「舅姑既没，則婦入三月，乃奠菜」，士喪禮「君釋菜入門」，喪大記「大夫士既殯而君往焉，釋菜於門内」，春官筮人「乃舍萌於四方，以禳惡夢」，注謂「猶釋菜。萌，菜始生」。則凡祭禮，皆有釋菜也。鄭氏以釋菜奠者，設薦饌酌奠而已，無迎尸以下之事，又以爲釋菜奠幣〔一〕。孔氏以爲直奠置於物，方氏以爲釋其所執之物而祭之，故其字或作舍，奠言物就可薦以菜，則特用菜而已。儀禮疏「奠之爲言停，停饌具而已」。又案周禮注：「鄭司農云：『舍菜，謂舞者皆持芬香之菜〔二〕。或曰古者

〔一〕「爲」，原作「縣」，據光緒本、愛日齋叢抄卷一改。

〔二〕「謂」，諸本作「爲」，據愛日齋叢抄卷一改；「芬」，原作「有」，據光緒本、愛日齋叢抄卷一改。

士見于君，以雉爲贄；見于師，以菜爲贄。菜直爲蔬食菜羹之菜。或曰學者皆人君卿大夫之子，衣服采飾，舍采者，減損解釋盛服以下其師也〔一〕。』玄謂舍即釋也，采讀爲菜，蘋菜之屬。」呂氏春秋注：「舍，猶置也。初入學宫，必禮先師，置采帛於前以贄神。」采、菜兩音而異義，其説惟議禮之家有以折衷也。

丘氏濬曰：案修之記，作於宋盛時，而謂釋菜禮亡，又謂釋奠幸存而亦無樂。今制則國子監每月朔，先期太常寺送兔蔬等物，至日行禮。其春、秋上丁二祭，則先期皇帝傳制，遣官行禮，文武官朝服侍班，牲用太牢，禮行三獻，樂備登歌，舞用八佾，其禮可謂備矣。説者謂釋奠、釋菜二者之重輕，繫乎樂之有無。今世之樂襲勝國，用宋人魏漢津所製大晟之故耳，非古樂也。吁！禮廢羊存，雖曰不合於古，豈不勝於無哉？方今聖明在上，必有當制作之任者，行古之禮，復古之樂，政有望於今日。

熙寧五年，國子監言舊例遇貢舉歲，禮部貢院集諸州府所貢第一人謁奠先聖，如

〔一〕「師」，原作「飭」，據愛日齋叢抄卷一改。

春秋釋奠儀，況春秋自有釋奠禮，請罷貢舉人謁奠。

蕙田案：此罷貢舉人釋奠。

文獻通考：熙寧八年，判國子監常秩等言：「本監宣聖神像舊用冕服九旒，七十二賢、二十一先儒並用朝服。檢會唐開元中，尊孔子爲文宣王，内出王者衮冕之服以衣之，詳此，則孔子之冕宜用天子之制十二旒。孔子既用冕旒，則七十二賢、二十一先儒各依本爵用冕服。今來所修殿屋已成，見裝飾塑像，欲乞改正。下太常禮院詳定。禮院檢會國朝文宣王廟自建隆三年詔廟門準儀制，令立戟十六枝，用正一品之禮。大中祥符二年，賜曲阜縣文宣王廟桓圭一，從上公之制，冕九旒，服九章。按衣服今王爵之服，春秋釋奠則用中祠，皆今朝之制也。其兖國公顔子等皆以本朝郡國縣封爵，緣古今禮制不一，難以追用周之冕服，宜如舊制，依官品衣服。今文宣王冕用九旒，顔子以下各依郡國縣公侯伯正一品至正四品冠服制度，庶合禮令。」從之。

神宗本紀：元豐六年冬十月戊子，封孟軻爲鄒國公。

禮志：熙寧七年，判國子監常秩等請立孟軻、揚雄像於廟庭，仍賜爵號；又請追尊孔子以帝號，下兩制禮官詳定，以爲非是而止。京兆府學教授蔣夔請以顏回爲兖國公，毋稱先師，而祭不讀祝，儀物一切降殺，而進閔子騫九人亦在祀典。禮官以孔子、顏子稱號歷代各有據依，難輒更改，儀物祝獻亦難降殺，所請九人已在祀典，熙寧祀儀十哲皆爲從祀，惟州縣釋奠未載，請自今三京及諸州春秋釋奠，並準熙寧祀儀。詔封孟軻爲鄒國公。

神宗本紀：元豐七年五月壬戌，以孟軻配食文宣王，封荀況、揚雄、韓愈爲伯並從祀。

禮志：晉州州學教授陸長愈請春秋釋奠，孟子宜與顏子並配，議者以爲配享從祀，皆孔子同時之人，今以孟軻並配，非是。禮官言：「唐貞觀以漢伏勝、高堂生，晉杜預、范甯之徒與顏子俱配享，至今從祀，豈必同時。孟子於孔門當在顏子之列，至於荀況、揚雄、韓愈皆發明先聖之道，有益學者，久未配食，誠闕典也。請自今春秋釋奠，以孟子配食，荀況、揚雄、韓愈並加封爵，以世次先後從祀於左丘明二十一賢之間。自國子監及天下學廟皆塑鄒國公像，冠服同兖國公。仍繪荀況等像於從祀：荀況，左丘明下；揚雄，劉向下；韓愈，范甯下。冠服各從封爵。」詔如禮部議。荀況封

蘭陵伯，揚雄封成都伯，韓愈封昌黎伯，令學士院撰贊文。又詔太常寺修四孟釋

菜儀。

丘氏濬曰：案此孟子配享孔子之始。自唐以左丘明二十二人從祀之後，至是

始以荀況三人者從祀。

日知録顧氏炎武曰：古人每事必祭其始之人，耕之祭先農也，桑之祭先蠶也，

學之祭先師也，一也。唐太宗貞觀二十一年，詔以左丘明等二十二人代用其書，垂

於國胄。自今有事於太學，並令配享宣尼廟堂，蓋所以報其傳注之功。迄於宋之

仁、英，未有改易，可謂得古人敬學尊師之意者矣。神宗元豐七年，始進荀況、揚

雄、韓愈三人，此三人之書，雖有合於聖人，而無傳注之功，不當祀也。祀之者爲王

安石配享，王雱從祀地也。

觀承案：日知録之論，雖亦有見，然荀況、揚雄之於韓子，可若是班乎？且但

知貴詁經之力，而不知尊任道之功，所見膚矣。

哲宗本紀：元祐六年冬十月庚午，幸國子監，賜祭酒豐稷三品服，監學官賜帛

有差。

禮志：元祐六年，幸太學，先詣國子監至聖文宣王殿行釋奠禮，一獻再拜。

徽宗本紀：崇寧元年二月庚戌，追封孔鯉爲泗水侯，孔伋爲沂水侯。

畢仲游傳：仲游爲吏部郎中，言孔子廟自顏回以降，皆爵命於朝，冠冕居正，而子鯉孫伋乃野服幅巾以祭，爲不稱，詔皆追侯之。

禮志：崇寧時，封孔鯉爲泗水侯，孔伋沂水侯，詔古者學必祭先師，況都城近郊，大闢黌舍，聚四方之士，多且數千，宜建文宣王廟，以便薦獻。

文獻通考：崇寧三年，太常寺言：「國朝祀儀，諸壇祠祭，正位居中南面，配位在正位之東南西面，若兩位亦爲一列，以北爲上，其從祀之位又在其後。今國子監顏子、孟子配享之位，即與閔子騫等從祀之位同作一列，雖坐次少出，而在文宣王帳座之後，於配食之禮未正。請改正顏子而下從享位次，爲圖頒示天下。」從之。

宋史徽宗本紀：崇寧三年六月癸酉，以王安石配享孔子廟。

禮志：詔王安石可配孔子廟，位於鄒國公之次。

文獻通考：令國子監圖其像，頒之天下。

崇寧三年，國子監丞趙子櫟言：「唐封孔子爲文宣王，其廟像内出王者衮冕衣之，今乃循五代故制，服上公之服，七十二子皆周人，而衣冠率用漢制，非是。」詔孔子仍舊，七十二子易以周之冕服。又詔辟雍文宣王殿以大成爲名。帝幸國子監，謁文宣王殿，皆再拜，行酌獻禮，遣官分奠兗國公而下。國子司業蔣靜言：「先聖與門人通被冕服，無別。配享與從祀之人當從所封之爵，服周之服，公之衮冕九章，侯伯之鷩冕七章。衮，公服也，達於上。鄭氏謂公衮無升龍，誤矣。考周官司服所掌，則公之冕與王同；弁師所掌，則公之冕與王異。今既考正配享從祀之服，則宜考正先聖之冕服。」於是增文宣王冕爲十有二旒。

崇寧儀禮局言：「太學獻官，太祝奉禮，皆以法服，至於郡邑，則用常服，望命有司降祭服於州縣，凡獻官祝禮各服其服，以盡事師之儀。」詔以衣服制度頒賜州縣自造焉。

丘氏濬曰：案此宣聖用天子冕旒之始。

大觀初，大司成强淵明言：考之禮經，士始入學，有釋菜之儀，請自今每歲貢士始入辟雍，並以元日釋菜於先聖。其儀，獻官一員以丞或博士，分奠官八員以博士正録，大祝一員以正録。應祀官前釋菜一日赴學，各宿其次。至日詣文宣王殿，常服行禮，貢士初入學者陪位於庭，他亦略倣釋奠之儀。

大觀二年，從通侍郎侯孟請繪子思像從祀於左丘明二十四賢之間。

徽宗本紀：大觀三年十一月丁未，詔算學以黃帝爲先師，風后等八人配享，巫咸等七十人從祀。

禮志：時又有算學。大觀三年，禮部太常寺請以文宣王爲先師，兗、鄒、荆三國公配享，十哲從祀。自昔著名算數者，畫像兩廡，請加賜五等爵，隨所封以定其服。於是中書舍人張邦昌定算學：封風后上谷公，箕子遼東公，周大夫商高郁夷公，大撓涿鹿公，商巫咸河東公，隸首陽周公〔一〕，容成平都公，常儀原都公，鬼俞區宣都公，晉史蘇晉陽伯，秦卜徒父潁陽伯，晉卜偃平陽伯，魯梓慎汝陽伯，晉史趙高都伯，魯卜楚丘昌衍伯，鄭裨竈滎陽伯，趙史墨易陽伯，周榮方美陽伯，齊甘德菑川伯，魏石申隆慮伯，漢鮮于妄人清泉伯，耿壽昌安定伯，夏侯勝任城伯，京房樂平伯，翼奉良城伯，李尋平陵伯，張衡西鄂伯，周興慎陽伯，單颺湖陸伯，樊英魯陽伯，晉郭璞聞喜伯，宋何

〔一〕「陽周公」，原作「陽城公」，據光緒本、宋史禮志八改。

承天昌盧伯，北齊宋景業廣宗伯，隋蕭吉臨湘伯，臨孝恭新豐伯，張胄玄東光伯，周王朴東平伯，漢鄧平新野子，劉洪蒙陰子，魏管輅平原子，吴趙達穀城子〔一〕，宋祖沖之范陽子，後魏商紹長樂子，北齊信都芳樂城子，許遵高陽子，隋耿詢湖孰子，劉焯昌亭子，劉炫景城子，唐傅仁均博平子，王孝通介休子，瞿曇羅居延子，李淳風昌樂子，王希明瑯琊子，李鼎祚贊皇子，邊岡成安子，漢郎顗觀陽子，襄楷隰陰子，司馬季主夏陽男，落下閎閬中男，嚴君平廣都男，魏劉徽淄鄉男，晉姜岌成紀男，張丘建信成男，夏侯陽平陸男，後周甄鸞無極男，隋盧大翼成平男。尋詔以黄帝爲先師。禮部員外郎吴時言：「書畫之學，教養生徒，使知以孔子爲先師，此道德之所以一也。若每學建立殿宇，則配享、從祀，難於其人。請春秋釋奠，止令書畫博士量率執事生員，陪預執事，庶使知所宗師。醫學亦準此。」詔皆從之。

蕙田案：算學小道，乃以歸功黄帝而報之，又廣羅星卜藝術之人以爲從祀，而又濫加封爵，濫矣。

〔一〕「趙達」，諸本作「趙逵」，據宋史禮志八改。

樂志：大觀三年釋奠六首：

迎神，凝安　仰之彌高，鑽之彌堅。於昭斯文，被于萬年。峨峨膠庠，神其來止。思報無窮，敢忘于始。

升降，同安　生民以來，道莫與京。温良恭儉，惟神惟明。我潔尊罍，陳兹芹藻。言升言旋，式崇斯教。

奠幣，明安　於論鼓鐘，于兹西雍。粢盛肥碩，有顯其容。其容洋洋，咸瞻像設。幣以達誠，歆我明潔。

酌獻，成安　道德淵源，斯文之宗。功名糠粃，素王之風。碩兮斯牲，芬兮斯酒。綏我無疆，與天爲久。

配位酌獻，成安　儼然冠纓，崇然廟庭。百王承祀，涓辰惟丁。于牲于醑，其從予享。與聖爲徒，其德不爽。

送神，凝安　肅莊紳緌，吉蠲牲犧。於皇明祀，薦登惟時。神之來兮，肹蠁之隨。神之去兮，休嘉之貽。

大晟府擬撰釋奠十四首：

迎神，凝安，黄鐘爲宫　大哉宣聖，道德尊崇。維持王化，斯民是宗。典祀有常，精純並隆。神其來格，於昭盛容。

大吕爲角　生而知之，有教無私。成均之祀，威儀孔時。維兹初丁，潔我盛粢。永適其道，萬世之師。

太簇爲徵　巍巍堂堂，其道如天。清明之象，應物而然。時維上丁，備物薦誠。維新禮典，樂諧中聲。

應鐘爲羽　聖王生知，闡迺儒規。詩書文教，萬世昭垂。良日維丁，靈承不爽。揭此精虔，神其來享。

初獻盥洗，同安　右文興化，憲古師今。明祀有典，吉日惟丁。豐犧在俎，雅奏在庭。周旋陟降，福祉是膺。

升殿，同安　誕興斯文，經天緯地。功加於民，實千萬世。笙鏞和鳴，粢盛豐備。肅肅降登，歆兹秩祀。

奠幣，明安　自生民來，誰底其盛？惟王神明，度越前聖。粢幣具成，禮容斯稱。黍稷非馨，惟神之聽。

奉俎，豐安　道同乎天，人倫之至。有享無窮，其興萬世。既潔斯牲，粢明醑旨。不懈以忱，神之來暨。

文宣王位酌獻，成安　大哉聖王，實天生德。作樂以崇，時祀無斁。清酤惟馨，嘉牲孔碩。薦羞神明，庶幾昭格。

兖國公位酌獻，成安　庶幾屢空，淵源深矣。亞聖宣猷，百世宜祀。吉蠲斯辰，昭陳尊簋。旨酒欣欣，神其來止。

鄒國公位酌獻，成安　道之由興，於皇宣聖。惟公之傳，人知趨正。與享在堂，情文實稱。萬年承休，假哉天命。

亞、終獻，用文安　百王宗師，生民物軌。瞻之洋洋，神其寧止。酌彼金罍，惟清且旨。登獻惟三，於嘻成禮〔一〕。

徹豆，娛安　犧象在前，豆籩在列。以饗以薦，既芬既潔。禮成樂備，人和神悦。祭則受福，率遵無越。

〔一〕「嘻」，諸本作「噫」，據宋史樂志十二改。

送神，凝安 有嚴學宮，四方來宗。恪恭祀事，威儀雍雍。歆兹惟馨，飈馭旋復。明禋斯畢，咸膺百福。

文獻通考：大觀四年，詔先聖廟用戟二十四，文宣王執鎮圭，並如王者之制。議禮局言：「文宣王自開元追謚之初，則内出王者衮冕之服以衣之，樂用宮架，其禮制蓋嘗增崇矣。國朝會要國子監神像，舊用冕九旒，服九章，而不載其更易之端。崇寧四年八月，詔從國子監司業蔣靜之請，改用冕十二旒，服九章，而又圖繪頒之天下郡邑。其執圭立戟，乞並從王者制度。」從之。

宋史禮志：議禮局言：「建隆三年，詔國子監廟門立戟十六，用正一品禮。大中祥符二年，賜曲阜廟桓圭，從上公之制。又史記弟子傳曰：受業身通六藝者七十有七人，自顔回至公孫龍三十五人頗有年名及受業見於書傳，四十二人姓名僅存。家語曰：七十二弟子皆升堂入室者。案唐會要七十七人，而開元禮止七十二人，又復去取不一。本朝議臣斷以七十二子之説，取琴張等五人，而去公夏首等十人。今以家語、史記參定，公夏首、后處、公肩定、顔祖、鄡單、罕父黑、秦商、原抗、樂欬、廉潔，唐會要、開元禮亦互見之，皆有伯爵，載於祀典。請追贈侯爵，使預祭享。」詔封公夏首鉅平侯，后處膠東侯，公肩定梁父侯，顔祖富陽侯，鄡單聊城侯〔一〕，罕父黑祈鄉侯，秦商馮翊侯，原抗樂平侯，樂欬建成侯，廉潔胙城侯。又詔改封曾參武城侯，顓孫師潁川侯，南宫縚汶陽侯，司馬耕睢陽侯，琴張陽平侯，左丘明中都伯，穀梁赤睢陵伯，戴聖考城伯，以所封犯先聖諱也。

徽宗本紀：政和三年春正月癸酉，追封王安石爲舒王，子雱爲臨川伯，配享於文宣王廟。

禮志：政和三年，詔封王安石爲舒王，配享；安石子雱臨川伯，從祀。新儀成，以孟春元日釋菜，仲春、仲秋上丁日釋奠，以兖國公顔回、鄒國公孟軻、舒王王安石配饗殿上；瑯琊公閔損、東平公冉耕、下邳公冉雍、臨淄公宰予、黎陽公端木賜並西向，彭城公冉求、河内公仲由、丹陽公言偃、河東公卜商、武城侯曾參並東向；東廡，潁川侯顓孫師以下至成都伯揚雄四十九人並西向；西廡，長山侯林放以下至臨川伯王雱四十八人並東向。頒辟雍大成殿名於諸路州學。

〔一〕「聊城侯」，原作「柳城侯」，據光緒本、宋史禮志八改。

五年，太常寺言〔一〕：「兖州鄒縣孟子廟，詔以樂正子配享，公孫丑以下從祀，皆擬定其封爵：樂正子克利國侯，公孫丑壽光伯，萬章博興伯，告子不害東阿伯〔二〕，孟仲子新泰伯，陳臻蓬萊伯，充虞昌樂伯，屋廬連奉符伯〔三〕，徐辟仙源伯，陳代沂水伯，彭更雷澤伯，公都子平陰伯，咸丘蒙須城伯，高子泗水伯，桃應膠水伯，盆成括萊陽伯，季孫豐城伯，子叔承陽伯。」大晟樂成，詔下國子學選諸生肄習，上丁釋奠，奏於堂上〔四〕，以祠先聖。

輟耕録：宋黄震云：「往歲顔、孟配享，並列先聖左，近升曾子、子思，又並列先聖左，而虚其右，不以相向。震聞太學博士陸鵬舉云：初制，顔、孟配享，左顔而右孟。熙、豐新經盛行，以王安石爲聖人，没而躋之配享，位顔子下，故左則顔子及安石，右則孟子。未幾，安石女婿蔡卞當國，謂安石不當在孟子下，遷安石於右，與顔

〔一〕「寺」，諸本作「等」，據宋史禮志八改。
〔二〕「告子不害」，原作「浩生不害」，據味經窩本、乾隆本、光緒本、宋史禮志八改。
〔三〕「屋廬連」，原脱「連」字，據光緒本、宋史禮志八補。
〔四〕「上」，原作「下」，據光緒本、宋史禮志八改。

子對，而移孟子位第三，次顏子之下，遂左列顏、孟而右列安石。又未幾，蔡卞再欲升安石厭顏子，漸次而升，爲代先聖張本。」

玉海：政和六年閏正月二日，詔高麗受學者元日隨貢士釋菜。

宋史徽宗本紀：宣和四年三月辛酉，幸秘書省，遂幸太學，賜秘書少監翁彥深、王時雍，國子祭酒韋壽隆，司業權邦彥章服館職，學官諸生恩錫有差。

闕里志：宣和四年，車駕幸太學，奠謁先聖。

宋史欽宗本紀：靖康元年五月戊辰，罷王安石配饗孔子廟庭。

禮志：靖康元年，右諫議大夫楊時言：「王安石學術之謬，請追奪王爵，明詔中外，毀去配享之像，使邪説淫辭不爲學者之惑。」詔降安石從祀廟庭。尚書傅墨卿言：「釋奠禮饌宜依元豐祀儀陳設，其五禮新儀，勿復遵用。」

楊時傳：時以諫議大夫兼國子祭酒，上言：「蔡京用事二十餘年，蠹國害民，幾危宗社，人所切齒，而論其罪者，莫知其所本也。蓋京以繼述神宗爲名，實挾王安石以圖身利，故推尊安石，加以王爵配饗孔子廟庭。今日之禍，實安石有以啓之。伏望追奪王爵，明詔中外，毀去配享之像，使邪説淫辭不爲學者之惑。」疏上，安石遂降從祀之列。

揮麈前録：崇寧中，以王荆公配宣聖，亞兖公而居鄒公之上，故遷鄒於兖之次。靖康初，詔黜荆公，但舁塑像，不復移鄒公於舊位。至今天下庠序，悉兖、鄒並列而虚右，雖後來重建者舉皆沿襲，而竟不能革也。

容齋隨筆：自唐以來，相傳以孔門高弟顔淵至子夏爲十哲，故坐祀於廟堂上。其後升顔子配享，則進曾子於堂，居子夏之次，以補其闕。然顔子之父路、曾子之父點，乃在廡下從祀之列，子處父上，神靈有知，何以自安？所謂子雖齊聖，不先父食，正謂是也。又孟子配食，與顔子並，而其師子思、子思之師曾子亦在下。此兩者於禮於義，實爲未然，特相承既久，莫之敢議耳。

高宗本紀：紹興十年秋七月甲子，以釋奠文宣王爲大祀。

玉海：紹興十年七月甲子，復釋奠文宣王爲大祀，用王普請也。祀前受誓戒，加籩豆十二，其禮如社稷。又在京爲大祀，州縣爲中祀。

宋史高宗本紀：紹興十四年三月己巳，幸太學。

禮志：紹興十三年七月，國學大成殿告成，奉安廟像。明年二月，國子司業高閌請幸學，上從之。詔略曰：「偃革息民，恢儒建學。聲明丕闡，輪奐一新。請既方堅〔一〕，理宜從欲。將款謁於先聖，仍備舉於舊章。」三月，上服鞾袍，乘輦入監，止輦於大成殿門外。入幄，群臣列班於庭〔二〕。帝出幄，升東階，跪上香，執爵三祭酒，再拜，群臣皆再拜，上降入幄。分奠從祀如常儀。尚舍先設次於崇化堂之後，及堂上之中南向設御坐〔三〕。閤門設群臣班於堂下，如月朔視朝之儀。宰輔、從臣次於中門之外。上乘輦幸太學，降輦於堂，入次更衣。講官入就堂下講位，北向；執經官、學生皆立於堂下，東西相向。帝出次，升御座，群臣起居如儀。乃命三公、宰輔以下升堂，皆就位，左右史侍立。講書及執經官北面起居再拜，皆命之升立於御坐左右。學生北面再拜，分立兩廡北上。内侍進書案牙籤，以經授執經官，賜三公、宰輔以下坐。講畢，群臣皆起，降階，東西相向立。執經官降，講官進前致詞，乃降，北面再拜，左右史降。乃賜茶，三公以下北面再拜，升，各立於位後。學生北面再拜，分立兩廡，上下就坐。

〔一〕「既」，諸本作「幸」，據宋史禮志十七改。
〔二〕「列」，原作「立」，據光緒本、宋史禮志十七改。
〔三〕「中」，原作「東」，據光緒本、宋史禮志十七改。

賜茶畢，三公以下降階，學生自兩廡降，皆北面再拜〔一〕，群臣以次出。上降坐還次，乘輦還宮。時命禮部侍郎秦熺執經〔二〕、司業高閌講易之泰，遂幸養正、持志二齋，賜閌三品服，學官遷秩，諸生授官免舉，賜帛有差。上既奠拜，注視貌象，翼翼欽慕，覽唐明皇及太祖、真宗、徽宗所製贊文，命有司悉取從祀諸贊，皆録以進。帝遂作先聖及七十二子贊，冠以序文，親洒翰墨，以方載之，五月丙辰，登之綵殿，備儀衛作樂，命監學之臣，自行宮北門迎置學宮，揭之大成殿上及二廡。序曰：「朕自睦鄰息兵，首開學校，教養多士，以遂忠良。繼幸太學，延見諸生。濟濟在庭，意甚嘉之。因作文宣王贊。機政餘閒，歷取顔回而下七十二人，亦爲製贊。用廣列聖崇儒右文之聲，復知『師弟之間纓弁森森、覃精繹思』之訓，其於世道人心庶幾焉。」

蕙田案：禮志云：「紹興十三年七月，國學大成殿告成，明年二月國子司業高閌請幸學，從之。」高宗紀亦云：「十四年三月己巳，幸太學。」而通考乃云「十三

〔一〕「皆」，諸本作「階」，據宋史禮志十七改。
〔二〕「時」，諸本作「特」，據宋史禮志十七改。

年」，恐傳寫之誤也。

王圻續通考：乾道八年正月丙戌，宰輔請討論上丁釋奠及太子入學之儀。上曰：「文王世子篇載此甚詳。」梁克家奏：「入學以齒，則知父子君臣長幼之道。」虞允文奏：「事備於禮經。」上曰：「可令有司討論以聞。」

玉海：淳熙三年，趙粹中請削去安石從祀。

宋史孝宗本紀：淳熙四年二月乙亥，幸太學，祇謁先聖，退御敦化堂，命國子祭酒林光朝講中庸。

秋七月乙酉，罷臨川伯王雱從祀。

李燾傳：燾論兩學釋奠，從祀孔子，當升范仲淹、歐陽修、司馬光、蘇軾，黜王安石父子，從祀武成王，當黜李勣。衆議不叶，止黜王雱而已。

王圻續通考：淳熙七年二月十七日，禮官言：「祥符間，頒下州縣祭器，止有散尊，與新儀不同，乞除去。兼政和之後配位從祀、神位升降及封爵不同，慮州縣塑繪不一，乞依國子監大成殿並兩廡從祀位數、爵號、姓名并尊器制度頒降。」從之。

宋史胡安國傳：安國除提舉萬壽觀兼侍讀，未行，諫官陳公輔上疏，詆假托程頤之學者。安國奏曰：「孔孟之道，不傳久矣。自頤兄弟始發明之，然後知其可學，而至今使學者師孔孟而竟不得從頤學，是入室而不由户。本朝自嘉祐以來，西都有邵雍、程顥及其弟頤，關中有張載，皆以道德名世，公卿大夫所欽慕而師尊之，會王安石、蔡京等曲加排抑，故其道不行。望下禮官討論故事，加之封爵，載在祀典，比於荀、揚、韓氏。」

玉海：紹熙元年十月，知漳州朱熹條上釋奠禮儀數事，後不果行。

朱子乞增修禮書狀：伏見本軍昨準尚書禮部符下政和五禮祭祀儀式，竊嘗參考，其間頗有未詳備處。方欲具狀申審，今覩進奏官報，近者判部、侍講、侍郎奏請編類州縣臣民禮儀，鏤版頒降，已奉聖旨依奏。此誠化民善俗之本，天下幸甚。然熹竊慮其間未詳備處，將來奉行，或致牴牾。今具如後，須至申聞者。

一，所準行下釋奠禮儀。熹案：其神位，除正配三位外，有殿上兩廊從祀，未見位號名數，不委新儀全書有無具載，欲乞討論，并賜行下。然案祀令，二月八月上丁釋奠文宣王，以兖國公、鄒國公配，牲共用羊一、豕一，白幣三而已。今其所祀，乃近一百餘位，一羊一豕，無緣可以遍及。又州縣廟學窄狹，祭器獻官多不及數，往往不能一一分獻，其爲欺慢，莫甚於斯。竊欲更乞相度申明，許令州學免祭兩廊諸位，縣學并免殿上十位，庶幾事力相稱，儀物周備，可以盡其誠敬。

熹又案：行下釋奠行事儀，引三獻官詣舒王神位前一節，係政和間所定，後來靖康年中，已有指揮追貶王安石爵秩，停罷配享，訖今來上件儀注，尚仍舊文，竊慮州縣奉行，反至疑惑，亦合申明改正，并乞台照。

一，所準行下釋奠陳設儀云：設著尊四犧尊四，爲二重，在殿之東南隅，北向，西上，配位即於正位酌尊之東。著尊在前，有坫，加勺冪，爲酌尊。著尊一，實明水，爲上尊，餘實泛齊，初獻酌之。犧尊一，實明水，爲上尊，餘實醴齊，亞、終獻酌之。熹案：後章行事儀云「初獻酌犧尊之泛齊，亞、終獻酌象尊之醴齊」，與此不協，竊疑兩處必有一誤。尋考祭社稷、祀風雨雷師陳設儀〔一〕，皆設犧尊象尊爲酌尊，乃知正是此章之誤，其「著」字當作「犧」字，「犧」字當作「象」字。又既云北向，則是犧尊在北，象尊在南，所云在前，亦是重複倒置。欲乞申明，改正行下。

〔一〕「儀」，原脱，據光緒本、晦庵先生朱文公文集卷二〇補。

一，所準行下釋奠祭祀陳設章，皆云又設太尊二，山尊二，在神位前；太尊一實泛齊，山尊一實醴齊，各以一尊實明水。著尊二，犧尊二，象尊二，壺尊六，著尊一實盎齊，犧尊一實醍齊，象尊一實沈齊，各以一尊實明水。壺尊三實玄酒，三實三酒。明水玄酒皆在上，五齊三酒皆以本處酒充。在殿下，皆北向西上，加冪。五齊三酒，皆設而不酌。熹按：此太尊山尊乃是都共設於殿之前楹，壇之南面，其北更容獻官拜跪酌獻，非是逐位之前各設四尊。所謂北向者，恐是太尊二爲一行，其南山尊二爲一行，又次南階下著尊二爲一行，又次南犧尊二爲一行，又次南象尊二爲一行，又次南壺尊六爲三行。其南向者反此。所謂西上者，爲西實玄酒，東實五齊三酒。其東上者反此。未委是否，乞討論并賜行下。

朱子語類：古人神位皆西坐東向，故獻官皆西向拜。而今皆南向了，釋奠時獻官猶西向拜，不知是如何？若宣聖廟室，則先聖東向，先師南向，今既一列皆南向，到拜時亦向望西拜，都是相背。古人用籩豆簠簋等陳於地，當時只席地而坐，故如此飲食爲便。今塑像高高在上而祭饌反陳於地，情文全不相稱。夫子像設置於椅上，已不是，又復置在臺座上，到春秋釋奠，却乃陳簠簋籩豆於地，是甚義理？

釋奠據開元禮，只是臨時設位，後來方有塑像。顏、孟配享，始亦分位於先聖左右，後來方並坐於先聖之東西向。孔子居中，顏、孟當列東坐西向，七十二人先是排東廡三十六人了却，方自西頭排起〔一〕，當初如此，自升曾子於殿上，下面趲一位，次序都亂了。又云：某經歷諸處州縣學，都無一箇合禮序。開寶禮只是全録開元禮，易去帝號耳。若政和五禮則甚錯。今釋奠有伯魚而無子思，又十哲亦皆差互，且仲弓反在上。且如紹興中作七十二子贊，只據唐爵號，不知後來已經加封矣。近嘗申明之。孟子配享，乃荆公請之，配享只當論傳道，合以顏子、曾子、子思、孟子配。

蕙田案：配享之位，得朱子此論始定。

文獻通考：紹熙間，項安世爲越州教授，告先師文曰：「常平使者朱熹爲安世言：『開元禮先聖東向，先師南向，故三獻官皆西向，則稽古尚右也。今祀典正位南向，配位西向，三獻官猶西向，則兼而用之也。獨此府廟學，有司以私意復古，使配

〔一〕「自」，原作「是」，據味經窩本、光緒本、朱子語類卷九〇改。

位皆東向，此古者先聖之位也。拂今之法，戾古之意，先師其不妥於此也。』安世用惕然不敢寧處，謹擇日奉安先師於西向故位，不敢不告，惟先師鑒之。」

朱子乞以泗水侯從祀先聖狀：熹恭覩崇寧元年二月二十五日詔，封孔鯉爲泗水侯，孔伋爲沂水侯。今案本部降到神位名號，其泗水侯獨未得在從祀之列。蓋嘗考之論語，伯魚過庭，親承詩禮之訓，先聖又嘗使爲周南、召南之學，其才雖曰不及顔淵，然亦不應盡出七十子之下。竊意當世禮官，一時討論，偶失編載，非故有所取舍，升黜於其間也。熹愚欲望朝廷特賜詳酌，將泗水侯列於從祀，位在七十子之後，沂水侯之前，庶幾孔門之賢，悉登祀典，有以仰稱崇寧聖詔褒崇之意。須至申聞者。

王圻續通考：嘉定六年，全州教授黄學行進歷代尊師本末二卷，載尊崇孔氏祭祀儀注，配享從祀、沿革升降之因。

宋史理宗本紀：端平二年正月甲寅，詔議胡瑗、孫明復、邵雍、歐陽修、周惇頤、司馬光、蘇軾、張載、程顥、程頤等十人從祀孔子廟庭，升孔伋於十哲。

玉海：禮部尚書李埴請，子思升祀於堂，列於十哲之間。

宋史理宗本紀：淳祐元年春正月甲辰，詔：「朕惟孔子之道，自孟軻以後不得其傳，至我朝周惇頤、張載、程顥、程頤真見實踐，深探聖域，千載絶學，始有指歸。中興以來，又得朱熹精思明辨，表裏渾融，使大學、論、孟、中庸之書，本末洞徹，孔子之道益以大明於世。朕每觀五臣論著，啓沃良多。今視學有日，其令學官列諸從祀，以示崇奬之意。」尋以王安石謂天命不足畏，祖宗不足法，人言不足恤，爲萬世罪人，豈宜從祀孔子廟庭？黜之。丙午，封周惇頤爲汝南伯，張載郿伯，程顥河南伯，程頤伊陽伯。戊申，幸太學，謁孔子，遂御崇化堂，命祭酒曹觱講禮記大學篇。監學官各進一秩，諸生推恩錫帛有差。制道統十三贊，就賜國子監，宣示諸生。

禮志：淳祐元年正月，理宗幸太學，詔以周惇頤、張載、程顥、程頤、朱熹從祀。

丘氏濬曰：案此周、程、張、朱從祀之始。

理宗本紀：景定二年春正月丁丑，命皇太子謁拜孔子於太學。乙酉，詔封張栻爲華陽伯，吕祖謙開封伯，從祀孔子廟庭。

禮志：景定二年，皇太子詣學，請以張栻、吕祖謙從祀。從之。

王圻續通考：景定二年，詔皇太子謁孔子於太學，手詔略曰：「虎闈齒胄，太子事也，此禮廢久矣。如釋奠舍菜之事，我朝未嘗廢也。然尊師敬道，又不可拘舊制，可令太子謁拜焉。」太子既謁孔子還，即上奏曰：「臣恭逢聖旨，擇用正月十五日，令臣謁拜先聖文宣王於太學。臣仰體聖心，祗承嚴訓，區區愚衷，因而感發焉。蓋先聖之道，至我朝盛時，運際文明，真儒迭起，而後有以續夫孟氏之傳。然其時諸説並駕，未知統一。迨乾、淳間，文公臣朱熹與宣公臣張栻、成公臣吕祖謙志同道合，切偲講磨，如義利之辨，如近思録之書，擇精語詳，開牖後學，誠有功於聖門。中間邪説，又幾晦蝕。陛下聖德奮興，罷斥詖邪，表章正學，然後人心一正，聖道大明，天下學士得沿淵源而遡洙泗，實萬世無疆之休。今熹已秩從祀，而栻、祖謙尚未奉明詔，臣竊望焉。」從之。

宋史度宗本紀：咸淳三年春正月戊申，帝詣太學謁孔子，行舍菜禮，以顔淵、曾參、孔伋、孟軻配享，顓孫師升十哲，邵雍、司馬光升列從祀。雍封新安伯。禮部尚書陳宗禮、國子祭酒陳宜中進讀中庸。己酉，執經官宗禮、講經官宜中各進一秩，宜中賜紫章服，諸齋長諭及起居學生推恩有差。

禮志：咸淳三年，詔封曾參郕國公，孔伋沂國公，配享先聖；封顓孫師陳國公，升十哲位；復以邵雍、司馬光列從祀。其序：兗國公、郕國公、沂國公、鄒國公居正位之東面，西向北上，爲配位；費公閔損、薛公冉雍、黎公端木賜、衛公仲由、魏公卜商居殿上東面，西向北上；鄆公冉耕、齊公宰予、徐公冉求、吴公言偃、陳公顓孫師居殿上西面，東向北上，爲從祀；東廡，金鄉侯澹臺滅明、任城侯原憲、汝陽侯南宫适、萊蕪侯曾點、須昌侯商瞿、平輿侯漆雕開、睢陽侯司馬耕、平陰侯有若、東阿侯巫馬施、陽穀侯顔辛、上蔡侯曹恤、枝江侯公孫龍、馮翊侯秦祖、雷澤侯顔高、上邽侯壤駟赤、成邑侯石作蜀一作紀、鉅平侯公夏首、膠東侯后處、濟陽侯奚容蒧、富陽侯顔祖、滏陽侯句井疆、鄄城侯秦商、即墨侯公祖句兹、武城侯縣成、汧源侯燕伋、宛句侯顔之僕、建成侯樂欬、堂邑侯顔何、林慮侯狄黑、鄆城侯孔忠、徐城侯公西點、臨濮侯施之常、華亭侯秦非、文登侯申棖、濟陰侯顔噲、泗水侯孔鯉、蘭陵伯荀況、睢陵伯穀梁赤〔一〕、萊蕪伯高堂生、樂壽伯毛萇、彭城伯劉向、中牟伯鄭衆、緱氏伯杜子春、良鄉伯盧植、滎陽伯服虔、司空王肅、司徒杜預、昌黎伯韓愈、河南伯程顥、新安伯邵雍、温國公司馬光、

〔一〕「睢陵伯」，諸本作「睢陽伯」，據宋史禮志八改。

華陽伯張栻，凡五十二人，並西向；西廡，單父侯宓不齊、高密侯公冶長、北海侯公晢哀、曲阜侯顔無繇、共城侯高柴、壽張侯公伯寮、益都侯樊須、鉅野侯公西赤、千乘侯梁鱣、臨沂侯冉孺、沭陽侯伯虔、諸城侯冉季、濮陽侯漆雕哆、高苑侯漆雕徒父、鄒平侯商澤、當陽侯任不齊、牟平侯公良孺、新息侯秦冉、梁父侯公肩定、聊城侯鄡單、祁鄉侯罕父黑、淄川侯申黨、厭次侯榮旂、南華侯左人郢、朐山侯鄭國、樂平侯原亢、胙城侯廉潔、博平侯叔仲會、高堂侯邽巽、臨朐侯公西輿如、内黄侯蘧瑗、長山侯林放、南頓侯陳亢、陽平侯琴張、博昌侯步叔乘、中都伯左丘明、臨淄伯公羊高、乘氏伯伏勝、考城伯戴聖、曲阜伯孔安國、成都伯揚雄、岐陽伯賈逵、扶風伯馬融、高密伯鄭玄、任城伯何休、偃師伯王弼、新野伯范甯、汝南伯周敦頤、伊陽伯程頤、郿伯張載、徽國公朱熹、開封伯吕祖謙，凡五十二人，並東向。

丘氏濬曰：此顔、曾、思、孟配享之始。

日知録顧氏炎武曰：周、程、張、朱四子之從祀，定於理宗淳祐元年；顔、曾、思、孟四子之配享，定於度宗咸淳三年。自此之後，國無異論，俗無異習。歷元至明，先王之統亡，而先王之道存，理宗之功大矣。又曰：孟子言：「他日，子夏、子張、子游以有若似聖人，欲以所事孔子事之，彊曾子，曾子曰：『不可。江、漢以濯之，秋陽以暴之，皜皜乎不可尚已。』」慈谿黄氏曰：「門人以有若之言行氣象類孔子，而欲以所事孔子之禮事之，有若之所學何如也？曾子以孔子自生民以來未有，非有若之所可繼而止之，亦非貶有若也。有若雖不足以比孔子，而孔門之所推重，一時無及有若可知。咸淳三年升從祀，以補十哲，衆議必有若也。祭酒爲書，力詆有若不當升，而升子張，不知論語一書，孔子未嘗深許子張。據孟子此章，則子張正欲事有若者也。陸象山天資高明，指心頓悟，不欲人從事學問，故嘗斥有子孝弟之説爲支離，柰何習其説者不察，而創攻之於千載之下耶？當時之論如此。」愚案論語首篇即録有子之言者三，而與曾子並稱曰子，門人實欲以二子接孔子之傳者。傳記言孔子之卒，哀公誄之；有若之喪，悼公弔焉。其爲魯人所重，又可知矣。十哲之祀，允宜釐正。

觀承案：咸淳之議，十哲不補有子而升子張，顧氏此論可備參考。

岳氏愧郯録：蘇文忠公集私試策問曰：「古者坐於席，故籩豆之長短，簠簋之高下，適與人均。今土木之像既已巍然於上，而列器皿於地，使鬼神不享，則不可知。若其享之，則是俯伏匍匐而就食也。」珂案：今世國學郡縣學禮殿坐像，皆正席南向，顔、孟而下列侍，所措設與前不殊，私竊疑之。慶元己未，朱子熹始作白鹿禮殿塑像説，其文曰：「古人之坐者，兩膝著地，因反其蹠而坐於其上，正如今之跪者。其爲肅拜，則又拱兩手而下之至地也。其爲頓首，則又以頭頓手上也。其爲稽首，則又卻其手而以頭著地，亦如今之禮拜者，皆因跪而益致其恭也。故儀禮曰『坐取爵』，曰『坐奠爵』，禮記曰『坐而遷之』，曰『一坐再至』，曰『武坐致右軒左』，老子曰『坐進此道』之類。凡言坐者，皆謂跪也。漢文帝與賈生語，不覺膝之前於席；管寧坐不箕股，榻當膝處皆穿，皆其明驗。然記又云『授立不跪，授坐不立』，莊子又云『跪坐而進之』，則跪與坐，又自有少異處。疑跪有危義，故兩膝著地伸腰及股而勢危者爲跪，兩膝著地以尻著蹠而稍安者爲坐也。又詩云『不遑啓居』，而傳以啓爲跪，爾雅以妥爲安，而疏以爲安定之坐。夫以啓對居，而訓啓爲跪，則居之爲坐可見。以妥爲安定之坐，則跪之爲危坐，亦可知。蓋兩事相似，但一危一安，爲小不同耳。至於拜之爲禮，亦無所考，但杜子春説太祝九拜處，解奇拜皆當齊屈兩膝，如今之禮拜明矣。凡此三事，書傳皆無明文，亦不知其自何時而變，而今人有不察也。頃年，屬錢子言作白鹿禮殿，欲據開元禮，不爲塑像，而臨祭設位。子言不以爲然，而必以塑像爲問。予既略考禮，如前云云。又記少時聞之先人云，嘗至鄭州謁列子祠，見其塑像席地而坐，則亦并以告之，以爲必不得已而塑像，則當倣此，以免於蘇子俯伏匍匐之譏。子言又不謂然。會予亦辭浙東之節，遂不能强，然至今以爲恨也。其後乃聞成都府學有漢時禮殿，諸像皆席地跪坐，文翁猶是當時琢石所爲，尤足據信。不知蘇公蜀人，何以不見而云爾也？及楊方子直入蜀帥幕府，因使訪焉，則果如所聞者。且爲寫倣文翁石像爲土偶以來，而塑手不精，或者猶意其或加趺也。去年又屬蜀漕楊王休子美〔一〕，今乃并得先聖先師二像〔二〕，木刻精巧，視其坐後，兩蹠隱然見於帷裳之下，然後審其所以坐者，果爲跪而亡疑也。惜乎！白鹿塑像之時，不得此證以曉子言，使東南學者未得復見古人之像，以革千載之謬，爲之喟然太息。姑記本末，寫寄洞學諸生，使書而揭之廟門之左，以俟來考焉。又

〔一〕「楊王休」，諸本作「楊玉休」，據愧郯録卷九改。
〔二〕「二」，諸本作「三」，據愧郯録卷九改。

注其下曰：老子云『雖有拱璧以先駟馬，不如坐進此道』，蓋坐即跪也，進猶獻也，言以重寶厚禮與人，不如跪而告之以此道也。今説者乃以爲坐禪之意，誤也。然後古意遺像，粲然可考而知。」珂按：符子曰：「太公釣於隱溪，跽而隱崖，不餌而釣，仰咏俯吟，暮則釋竿，其膝所處，石皆若臼，其跗觸崖若路。」此尤足以驗前説。或謂國朝景靈宫設塑像之制，亦坐於椅，所不當輕議。珂竊以爲原廟用時王之禮，裀席器皿，皆與今同，則其爲像，反不當以泥古矣。珂在朝時，以攝奉常丞奉祠太廟，得立阼階，見室中之用，亦不以高几。蓋古今器服，各適其宜，以便於事，是亦求神之義也。

右宋

五禮通考卷一百十九

吉禮一百十九

祭先聖先師

遼

遼史太祖本紀：神册三年夏五月乙亥，詔建孔子廟。

宗室義宗傳：義宗名倍，太祖長子。神册元年立爲皇太子，時太祖問侍臣曰：「受命之君當事天敬神，有大功德者，朕欲祀之，何先？」皆以佛對。太祖曰：「佛非中國教。」倍曰：「孔子大聖，萬世所尊，宜先。」太祖大悦，即建孔子廟，詔皇太子春秋釋奠。

太祖本紀：神册四年秋八月丁酉，謁孔子廟。

王氏圻曰：史稱遼之義宗可謂盛矣。其始慕太伯之賢而爲讓國之謀，終疾陳恒之惡而爲請討之舉。李從珂弒主，倍請討之。志趣之卓，蓋已見於早歲。先祀孔子之言，終遼之世，賢聖繼統，皆其子孫至德之報昭然矣。

道宗本紀：清寧六年六月丙寅，中京置國子監，命以時祭先聖先師。

右遼

金

金史熙宗紀：皇統元年二月戊子〔一〕，上親祭孔子廟，北面再拜。退謂侍臣曰：「朕幼年游佚，不知志學，歲月逾邁，深以爲悔。孔子雖無位，其道可尊，使萬世景仰。大凡爲善，不可不勉。」自是頗讀尚書、論語及五代、遼史諸書，或以夜繼焉。

〔一〕「戊子」，諸本作「戊午」，據金史熙宗本紀改。

王氏圻曰：案金時即有遼史，惜其本逸不傳，薛居正舊五代史今亦無其書矣。

王圻續通考：世宗大定十四年，以顏歆從祀廟廷。

金史禮志：大定十四年，國子監言：「春秋仲月上丁日，釋奠於文宣王，本監造茶食等物，以大小楪排設，用留守司樂，以樂工爲禮生，率倉場等官陪位〔一〕，於古禮未合也。況京師爲首善之地，四方之所觀仰，擬釋奠器物〔二〕、行禮次序，合行下詳定〔三〕。夫兖國公親承教者也，鄒國公功扶聖教者也，當於宣聖像左右列之。今孟子以燕服在後堂，宣聖像側還虛一位，禮宜遷孟子像於宣聖右，與顏子相對，改塑冠冕，粧飾法服，一遵舊制。」禮官參酌唐開元禮，定擬釋奠儀數：文宣王、兖國公、鄒國公每位籩豆各十、犧尊一、象尊一、簠簋各二、俎二、祝版各一，皆設案。七十二賢、二十一先儒，每位各籩一、豆一、爵一，兩廡各設象尊二。總用籩、豆各二百二十三，簠簋各六，俎六，犧尊三，象尊七，爵九十四。其樽皆有坫。罍二，洗二，篚勺各二，冪六。正位并

〔一〕「位」，諸本作「禮」，據金史禮志八改。
〔二〕「擬」，諸本作「據」，據金史禮志八改。
〔三〕「下」，諸本脱，據金史禮志八補。

從祀籍尊、罍、俎、豆席，約用三十幅，尊席用葦，俎、豆席用莞。牲用羊、豕各三，酒二十瓶。禮行三獻，以祭酒、司業、博士充。分奠官二〔一〕，讀祝官一，太官令一，捧祝官二，罍洗官一，爵洗官一，巾篚官二，禮直官十一，學生以儒服陪位。樂用登歌，大樂令一員，本署官充，樂工三十九人。

迎神，三奏姑洗宫，來寧之曲　上都隆化，廟堂作新。神之來格，威儀具陳。穆穆凝旒，巍然聖真。斯文伊始，群方所視。

初獻盥洗，姑洗宫，静寧之曲　偉矣素王，風猷至粹。垂二千年，斯文不墜。涓辰維良，爰修祀事。沃盥于庭，嚴禋禮備。

升階，南吕宫，肅寧之曲　巍乎聖師，道全德隆。修明五常，垂教無窮。增崇儒宫，遹追遺風。嚴祀申虔，登降有容。

奠幣，姑洗宫，和寧之曲　天生聖人，賢於堯舜。仰之彌高，磨而不磷。新廟告成，宫墻數仞。遣使陳詞，斯文復振。

〔一〕「奠」，諸本作「獻」，據金史禮志八改。

降階，姑洗宫，安寧之曲　稟靈尼丘，垂芳闕里。生民以來，孰如夫子。新祠巋然，四方所視。酹觴告成，祇循典禮。

兖國公酌獻，姑洗宫，輯寧之曲　聖師之門，顔惟居上。其殆庶幾，是宜配享。桓圭衮衣，有嚴儀像。載之神祠，增光吾黨。

鄒國公酌獻，姑洗宫，泰寧之曲　有周之衰，王綱既墜。是生真儒，宏才命世。言而爲經，醇乎仁義。力扶聖功，同垂萬祀。

亞、終獻，姑洗宫，咸寧之曲　於昭聖能，與天立極。有承其流，皇仁帝德。豈伊立言，訓經王國。焕我文明，典祀千億。

送神，姑洗宫，來寧之曲　吉蠲爲饎，孔惠孔時。正辭嘉言，神之格思。是饗是宜，神保聿歸。惟時肇祀，太平極致。

闕里志：大定十四年，釋奠先聖，詔依禮官議，依開元禮合行祭器禮料，羊二、豕三、酒二十瓶，奏登歌雅奏。

春明夢餘録：是年，加宣聖像十二旒、十二章。

金史世宗本紀：大定二十三年二月戊申，以尚書右丞張汝弼攝太尉，致祭於至聖文宣王廟。

章宗本紀：明昌二年五月戊辰，詔諸郡邑文宣王廟隳廢者，復之。

三年四月壬寅朔，定宣聖廟春秋釋奠〔一〕，三獻官以祭酒、司業、博士充，祝詞稱「皇帝謹遣」，及登歌改用太常樂工。其獻官并執事與享者並法服，陪位學官公服，學生儒服。十月壬子，有司奏增修曲阜宣聖廟畢，敕「党懷英撰碑文；朕將親行釋奠之禮，其檢討故事以聞」。

明昌三年十一月丙子，詔周公、孔子之名令回避。

禮志：明昌四年八月，釋奠孔子廟，北面再拜。親王百官太學生陪位。

闕里志：明昌四年，親釋奠宣聖。諭旨宣徽院曰：「朕以宣聖萬世帝王之師，恐汝等未諭，可備拜裀，朕將拜焉。」

章宗本紀：明昌五年閏十月戊寅，上問輔臣：「孔子廟諸處何如？」平章政事守貞曰：「諸縣見議建立。」上因曰：「僧徒修飾廟宇像甚嚴，道流次之，惟儒者於孔子廟

〔一〕「宣聖廟」，諸本作「先聖廟」，據金史章宗本紀改。

最爲滅裂。」守貞曰：「儒者不能長居學校，非若僧道久處寺觀。」上曰：「僧道以佛、老營利，故務在莊嚴閎侈，起人施利自多，所以爲觀美也。」

蕙田案：章宗所見，曲盡後世之弊。

禮志：承安二年，春丁，章宗親祀，以親王攝亞、終獻，皇族陪祀，文武群臣助奠。上親爲贊文，舊封公者升爲國公，侯者爲國侯，郕伯以下皆封侯〔一〕。

章宗本紀：泰和四年二月癸丑，詔刺史，州郡無宣聖廟學者並增修之。五年三月甲戌，諭有司，進士名有犯孔子諱者避之，仍著爲令。

禮志：宣宗遷汴，建廟會朝門内，歲祀如儀，宣聖、顔、孟各羊一、豕一，餘同小祀，共用羊八，無豕。其諸州釋奠並遵唐儀。

哀宗本紀：天興元年八月丁巳，釋奠孔子。

右金

〔一〕「郕伯」，諸本作「郕國」，據金史禮志八改。

元

元史祭祀志：宣聖廟，太祖始置於燕京。

選舉志：國初，燕京始平，宣撫王檝請以金樞密院爲宣聖廟。

王圻續通考：内翰王文康公鶚，元初自保定應聘北行，時故人馬雲漢以宣聖畫像爲贈。既達北庭，值秋，公奏行釋奠禮，世祖悦，即命舉其事。公爲祝文，行三獻禮，禮畢進胙於上，上飲福，熟其胙，命左右均霑所賜。自是，春秋二仲歲以爲常。蓋元之所以尊師重道者，實公有以啓之。

世祖本紀：中統二年六月乙卯，詔：「宣聖廟及管内書院，有司歲時致祭，月朔釋奠，禁諸官員使臣軍馬，毋得侵擾褻瀆，違者加罪。」八月丁酉，命開平守臣釋奠於宣聖廟。

中統三年春正月癸亥，修宣聖廟成。閏九月辛卯，嚴忠範奏請補東平路學廟太常樂工，從之。

王圻續通考：至元元年，始行宣聖釋奠禮。

世祖本紀：至元四年五月丁亥，敕上都重建孔子之廟。

祭祀志：至元十年三月，中書省命春秋釋奠，執事官各公服如其品，陪位諸儒襴衫唐巾行禮。

闕里志：至元十年，中書省判送御史中丞：「至聖文宣王用王者禮樂，御王者衣冠，南面當坐。天子供祠其於萬世之絶尊，千載之通祀者，莫如吾夫子也。竊見外路官員、提學、教授每遇春秋二丁，不變常服，以供執事，於禮未宜。又照得漢、唐以來祭文廟及社稷，無非具公服，執手板，且鄉人儺。孔子猶朝服而立於阼階，先聖先師安得不備禮儀。」故詔。

王圻續通考：至元二十三年，命雲南諸路皆建學以祀先聖。

元史成宗本紀：至元三十一年秋七月壬戌，詔中外崇奉孔子。

祭祀志：成宗即位，詔曲阜林廟，上都、大都諸路府州縣邑廟學、書院，贍學土地及貢士莊，以供春秋二丁、朔望祭祀，修完廟宇。自是天下郡邑廟學，無不完葺，釋奠悉如舊儀。

丘氏濬曰：案寧獻王所著通鑑博論，於至元十八年有云：帝信桑門之惑，盡焚中國道藏，闢儒道二教爲外學，貶孔子爲中賢，尊桑門爲正道。又爲世祖斷云，聽妖僧祥逼之誘，作妖書以毁昊天上帝，貶孔子爲邪道，擬爲中賢，不足稱聖。及考元史，止於是年焚毁道書，而不見所謂貶孔子之實。惟成宗本紀世祖正月崩，成宗即位，是年秋七月，即詔中外崇奉孔子。夫孔子自唐、宋以來，天下學校通祀之已非一日，又何待今日始詔中外崇奉之哉？噫！當時必有所施行如博論所云者。元史臣爲世祖諱，故略去之耳。

闕里志：大德初，敕到任先謁先聖廟拜謁，方許以次詣神廟，著爲令。

蕙田案：此後世到任謁廟之始。

成宗本紀：大德六年六月甲子，建文宣王廟於京師。

哈喇哈遜傳：京師久闕孔子廟，而國學寓他署，乃奏建廟學，選名儒爲學官，采近臣子弟入學。

大德十年八月丁巳，京師文宣王廟成，行釋奠禮，牲用太牢，樂用登歌，製法服三襲。命翰林院定樂名、樂章。

樂志：宣聖樂章：

迎神，奏文明之曲　天縱之聖，集厥大成。立言垂教，萬世準程。廟庭孔碩，尊俎既盈。神之格思，景福來并。

盥洗，奏昭明之曲　神既寧止，有孚顒若。罍洗在庭，載盥載濯。匪惟潔修，亦新厥德。對越在兹，敬恭惟則。

升殿，奏景明之曲降同　大哉聖功，薄海内外。禮降秩宗，光垂昭代。陟降在庭，攝齊委佩。莫不肅雝，洋洋如在。

奠幣，奏德明之曲　圭衮尊崇，佩紳列侑。籩豆有楚，樂具和奏。式陳量幣，駿奔左右。天睠斯文，緊神之祐。

文宣王酌獻，奏誠明之曲　惟聖監格，享於克誠。有樂在縣，有碩斯牲。奉醴以告，嘉薦惟馨。綏以多福，永底隆平。

兖國公酌獻，奏誠明之曲　潛心好學，不違如愚。用舍行藏，乃與聖俱。千載景行，企厥步趨。廟食作配，祀典弗渝。

郕國公酌獻。闕。

沂國公酌獻。闕。

鄒國公酌獻，奏誠明之曲　洙泗之傳，學窮性命。力拒楊墨，以承三聖。遭時之季，孰識其正。高風仰止，莫不肅敬。

亞獻，奏靈明之曲終獻同　廟成奕奕，祭祀孔時。三爵具舉，是享是宜。於昭聖訓，示我民彝。紀德報功，配於兩儀。

送神，奏慶明之曲　禮成樂備，靈馭其旋。濟濟多士，不懈益虔。文教兹首，儒風是宣。佑我皇家，億載萬年〔一〕。

蕙田案：元史樂志所載祀宣聖樂章共二十有七，前十六章則釋奠所用者也，後十一章則當時擬譔而未及用者也。但十六章中内，十四章則全用宋時大晟樂府擬譔釋奠之詞，其郕國公、沂國公酌獻二章，係宋無而元增入者。後十一章中，九章存而二章亡，所亡即郕、沂二公酌獻之詞，何增於前而缺於後耶？蓋顔、曾、思、孟並配始於宋度宗咸淳三年，當大晟擬譔。時郕、沂二公尚未入配位，故無其樂章。元既襲而用之，則少此二配樂章，不得不增入以充其數，因於擬譔十一章之内取而用之。夫是以前之所增，即後之所缺也。今十四章詞，已見宋代，

〔一〕「皇家億載萬年」，原作「闕」，據光緒本補。

不重出。而郕國公、沂國公酌獻二章，則録之如左，以志其增入之由，又以見此詞之終未嘗闕云。

郕國宗聖公酌獻，奏成安之曲南吕宫　心傳忠恕，一以貫之。爰述大學，萬世訓彝。惠我光明，尊聞行知。繼聖迪後，是享是宜。

沂國述聖公酌獻，奏成安之曲南吕宫　公傳自曾，孟傳自公。有嫡緒承，允得其宗。提綱開藴，乃作中庸。侑於玄聖，億載是崇。

武宗本紀：大德十一年七月辛巳，加封至聖文宣王爲大成至聖文宣王。

王圻續通考：大德十一年，詔曰：蓋聞先孔子而聖者，非孔子無以明；後孔子而聖者，非孔子無以法。所謂祖述堯、舜，憲章文、武，儀範百王，師表萬世者也。朕纂承丕緒，敬仰休風，循治古之良規，舉追封之盛典，加號爲大成至聖文宣王。遣使闕里，祀以太牢。於戲！父子之親，君臣之義，永惟聖教之尊；天地之大，日月之明，奚罄名言之妙。尚資神化，祚我皇元。

丘氏濬曰：案自古謚號必加以實字，未有用譬喻之語者。「成」之言出於尚書，「大成」之言出於孟子。成者，樂之一終也。孟子以樂之始終兼聖智之全，譬喻孔子之聖兼伯夷、伊尹、柳下惠之清、任、和而時出之，蓋假設之辭，非真實之德也。加此二字於至聖文宣王之上，固於聖德無所增益也。

元史武宗本紀：至大二年春正月丙午，定制大成至聖文宣王春秋二丁釋奠用太牢。

虞集傳：集爲助教，除博士，監祭殿上。有劉生者，被酒失禮俎豆間，集言諸監，請削其籍。大臣有爲劉生謝者，集持不可，曰：「國學，禮義之所出也，此而不治，何以爲教！」仁宗在東宫，傳旨諭集，勿竟其事。集以劉生失禮狀上之，移詹事院，竟黜劉生，仁宗更以集爲賢。大成殿新賜登歌樂，其師世居江南，樂生皆河北田里之人，情性不相能，集親教之，然後成曲。復請設司樂一人掌之，以俟考正。仁宗即位，責成監學，拜臺臣爲祭酒，除吴澄司業，皆欲有所更張，以副帝意，集力贊其説。有爲異論以沮之者，澄投檄去，集亦以病免。

李邦寧傳：邦寧，宋故小黄門也。世祖命給事内庭，歷大司徒。仁宗即位，國學將釋奠，敕遣邦寧致祭於文宣王。點視畢，至位立，殿户方闢，忽大風起，殿上及兩廡燭盡滅，燭臺底鐵鐏入地尺餘，無敢拔者。邦寧悚息伏地，諸執事者皆伏。良久風定，乃成禮，邦寧因慚悔累日。

胡氏粹中曰：祭祀所以交神明。故將有事焉，必先射以觀德，及期，則齋以告虔，戒以告潔。刑罪喪疾之人，不敢以與執役，況敢主其祭乎？邦寧閹腐餘醜，其爲刑疾孰甚焉，而使之釋奠，曾謂仲尼不如林放乎？神不享，非禮。大風之變，吾先聖豈可誣哉？仁宗既不知此，李孟以平章兼領國學而致其以非禮事先聖，罪蓋不容揜矣。

仁宗本紀：皇慶二年六月，以宋儒周敦頤、程顥、顥弟頤、張載、邵雍、司馬光、朱熹、張栻、吕祖謙及故中書左丞許衡從祀孔子廟庭。

明沈氏佳辨大學衍義補元儒許魯齋不宜從祀議：魯齋先生有扶世教之大功，有衛道統之實學。涵養深邃，踐履篤實。其言明白純粹，光輝日新，真有合於孔、孟之學，得統於伊、洛之傳者，真西山之後一人而已。觀其仕元，勸世祖不宜伐宋，臨終惓惓，猶以不得行道爲歎。此其出處之正，志概之大，亦可想見矣。故明儒薛瑄屢極稱之，以之從祀孔廟，誰其有遺議焉？丘氏妄肆譏詆，謬矣。

延祐三年六月乙亥，制封孟軻父爲邾國公，母爲邾國宣獻夫人。

祭祀志：延祐三年秋七月，詔春秋釋奠於先聖，以顏子、曾子、子思、孟子配享。

仁宗本紀：延祐六年二月丁亥朔，日有食之。改釋奠於中丁。

祭祀志：又追封周惇頤、蘧瑗並從祀。

王圻續通考：延祐六年，追封周惇頤爲道國公，又封蘧瑗爲内黄侯，從祀孔子。

元史文宗本紀：天曆二年六月，賜鳳翔府岐陽書院額。書院祀周文憲王，仍命學官，春秋釋奠，如孔子廟儀。

祭祀志：周公廟在鳳翔府岐山之陽。春秋釋奠，凡有司致祭先代聖君名臣，皆有牲無樂。

文宗本紀：天曆二年秋七月，遣使以上尊、腊羊、鈔十錠至大都國子監，助仲秋上丁釋奠。

至順元年閏七月戊申〔一〕，加封孔子父齊國公叔梁紇爲啓聖王，母魯國太夫人顔氏爲啓聖王夫人，顔子兖國復聖公，曾子郕國宗聖公，子思沂國述聖公，孟子鄒國亞聖公，河南伯程顥豫國公，伊陽伯程頤洛國公。

〔一〕「閏」，原脱，據光緒本、元史文宗本紀補。

祭祀志〔一〕：至順三年，加封兗國復聖公。制曰：朕惟得孔氏之門，入聖人之域，顔子一人而已。觀其不遷怒，不貳過，已成復禮之功；無伐善，無施勞，益著爲仁之效。蓋將不日而化矣。惜乎，天不假之以年也。朕緬懷哲人，留心聖學，將大彰於風教，故特示於褒嘉。於戲！用之則行，舍之則藏，雖潛德一時之不顯，吾見其進，未見其止。顧聖言百世而彌彰，尚服寵光，丕隆文治，可加封兗國復聖公。沂國述聖公制曰：昔曾子得聖人之傳，而子思克承厥統。稽夫中庸之一書，實開聖學於千載。朕自臨御以來，每以嘉惠後學爲念。萬幾之暇，覽觀載籍，致中和而天地位，萬物育，雅留意焉。夫爵秩之榮既隆於升配，景行之懿可後於褒加。於戲！有仲尼作於前，孰儷世家之美；得孟氏紹其後，益昌斯道之傳。渥命言承，茂隆丕緒，可加封沂國述聖公。鄒國宗聖公制曰：朕惟孔子之道，曾氏獨得其宗，蓋本於誠身而已也。觀其始於三省之功，繼聞一貫之妙，是以友於顔淵而無愧，授之思、孟而不湮者與？朕仰慕休風，景行先哲，爰因舊爵，崇以新稱。於戲！聖神繼天立極以來，道統之傳遠矣。

〔一〕「祭祀志」，下文引自元文宗封孔廟碑，不見於元史祭祀志。

國家化民成俗之效，大學之書具焉。其相予之修齊，茲式彰於褒顯，可加封郕國宗聖公。

鄒國亞聖公制曰：孟子，百世之師也。方戰國之縱横，異端之充塞，不有君子，孰任斯文？觀夫七篇之書，惓惓乎致君澤民之心，凛凛乎拔本塞源之論。黜伯功而行王道，距詖行而放淫辭，可謂有功聖門追配神禹者矣。朕遠稽聖學，祗服格言，乃著新稱，益彰渥典。於戲！誦詩書而尚友，緬懷鄒魯之風，非仁義則不陳。期底唐虞之治，英風千載，蔚有耿光，可加封鄒國亞聖公。

殿左東哲五位爲費公閔損、薛公冉雍、黎公端木賜、衛公仲由、魏公卜商。殿右西哲五位爲鄆公冉耕、齊公宰予、徐公冉求、吴公言偃、陳公顓孫師。

蕙田案：四配復聖、宗聖、述聖、亞聖之號定於此，但志作「三年」，與紀互異，考危太樸記，又稱「二年」，未知孰是。

元史文宗本紀〔一〕：至順元年冬十二月己酉〔二〕，以董仲舒從祀孔子廟，位列七十子

〔一〕「元史文宗本紀」六字，原脱，據光緒本補。
〔二〕「十二月」，諸本作「十一月」，據元史文宗本紀改。

之下。

王禕孔子廟庭從祀議：孔子廟庭從祀者凡百有五人，自澹臺滅明至孔鯉七十一人，皆受業聖人之門，而承聖人之教者也。自左丘明至許衡三十四人，皆傳注聖經，尊崇聖學，而有功於聖人之道者也。蓋自唐貞觀二十一年，始以左丘明至范甯等二十一人從祀廟庭。及宋元豐七年，復增荀況、揚雄、韓愈，以世次先後，從祀左丘明二十一人之間。淳祐元年，乃以周敦頤、程顥、程頤、張載、朱熹列於從祀。景定二年，又增張栻、吕祖謙。咸淳三年，又增邵雍、司馬光。及元皇慶二年，乃以許衡繼宋九儒，居從祀之列，所謂三十四人者也。以今論之，漢儒之從祀者十四人，而猶闕者一人，董仲舒是也。唐之從祀者一人，而猶闕者一人，孔穎達是也。宋之從祀者九人，而猶闕者四人，范仲淹、歐陽修、真德秀、魏了翁是也。元之從祀者一人，而猶闕者一人，吴澄是也。自夫孟軻既往，聖學不明，邪説盛行，異端並起。歷秦至漢，諸儒繼作，然完經翌傳，局於顓門之學，而於聖人之道，莫或有聞。唯董仲舒於其間，號稱醇儒，其學博通諸經，於春秋之義尤精，所以告其君者如天人、性命、仁義、禮樂，以及勉强遵行正誼明道之論，皆他儒之所不能道。至其告時君罷黜百家，表章六經，以隆孔子之教，使道術有統，異端息滅，民到於今賴之，則所以尊崇聖學者，其功殆不在孟子下。以荀況之言性惡，揚雄之事新莽，猶獲從祀，而仲舒顧在所不取，何也？秦火之後，聖經缺逸，漢儒收拾散亡，各爲箋傳，而偏學異説，各自名家。晉、宋以來，爲説滋蔓，去聖既遠，莫可考證，學者茫昧，不知所歸。唐初，孔穎達受詔，撰定諸經之疏，號曰「正義」。自是以來，著爲定論，凡不本於正義者，謂之異端，誠學者之宗師，百世之取信也。是其所以傳注聖經者，較之馬融、鄭康成輩，功無所與遜。且何休注公羊而黜周王魯，王弼注易而專尚清虛，害道已甚，然在祀列，胡獨至於穎達而遺之也？聖人之道，或著之事功，或載之文章，用雖不同，而實則一致。三代以下人才，莫盛於宋東都。其間慨然以聖人之道爲己任而著之行事者，范仲淹而已。其言以爲士當先天下之憂而憂，後天下之樂而樂，雖伊尹之任，無以尚之。況當其時，天下學術，未知所宗尚，而仲淹首以中庸授張載，以爲道學之倡，蓋其爲學，本乎六經，而其議論，無不主於仁義，雖勳業之就，未究其志，而事功所及，光明正大，實與司馬光相上下。自聖道不行，世儒徒知章句以爲事，而孰知聖人經世之志，固不專在是也。歐陽修與仲淹同時，實倡明聖賢之學而著之文章。其易、春秋諸説，詩本義等書，發揮經學爲精，至其欲删諸經正義讖緯之説，一歸於正，尤有功於聖道。其爲言根乎仁義，而達之政理，所以羽翼六經而載之於萬世，至於本論等篇，比之韓愈之原道，夫復何愧？而世之淺者，每目之爲文人，夫文以載道，道因文而乃著，雖經天緯地者亦謂之文，而顧可少之哉！然則如范仲淹之立功，歐陽修之立名，皆可謂有功於聖人之道者。韓愈、司馬光既列從祀，則此二人固決在所當取者也。自周敦頤接聖賢千載不傳之緒，而程頤兄弟承之，道統於是有所傳。迨朱熹有作，五經、四子，皆有傳注論述，統宗會元，集聖賢大成，紹程氏之傳。其中更學禁，其道不行，於是真德秀、魏了翁並作，力以尊崇朱學爲己任，而聖賢之學乃復明。真氏所著有大學衍義、讀書記，魏氏所著有九經要義，大抵皆黜異端，崇正理，質諸聖人而不謬，其於聖人之道，可謂有功，而足以纘朱氏所傳之緒矣。是則此二人者，固又當繼朱氏而列於從祀者也。及元興，許衡起於北方，尊用朱氏之學以教人，既有以任斯道之重；而其時吴澄起於南方，能有見於前儒之所未及。孝經、大學、中庸、易、詩、書、春秋、禮皆有傳注，隱括古今諸儒之説而折衷之，其於禮經，尤多所删正，凡以補朱氏之未備。而其真修實踐，蓋無非聖賢正大之學，則其人又可謂有功聖人之道，固宜與許衡同列於從祀，而不可以或遺也。案祀法，有功於聖道則祀之，是七人者，其有功於聖人之道如此，而從祀缺焉，此甚不可。蒐累代之曠典，昭萬世之公議，舉而明之，固於今日矣。又案聖孫孔伋故列孔鯉之下，而曾參亦在曾晳後。咸淳三年，始升配享於顔、孟爲四侑，東坐而西面。父以從祀立廡下，而子以配享坐堂上，尊卑舛逆，莫此爲甚。聖人之道，在於明人倫，而先自廢亂，何以詔後世？借曰曾子、子思以傳道爲重，然子必當爲父屈。昔魯祀僖公，躋之閔公之上，傳者謂子雖齊聖，不先父食，以爲逆祀。今孔氏、曾氏父子之失序，非逆祀乎？是故曾參、孔伋今當降居於曾晳、孔鯉之下。又司馬光於程顥、程頤爲先進，張載於二程爲表叔，而位次皆在下，其先後次序，亦不可不明。咸淳之定從祀，徒依朱子六贊，以周、二程、邵、張、司馬爲序，而不知朱子之贊，特以形容六君子道德之盛，初未嘗定其先後之次，胡可遂據以爲準乎？是故司馬光、張載，今當陞居於程顥、程頤之上。若夫荀況、揚雄、何休、王弼之徒，有不當與於從祀者，兹又未敢以遽數也。嗟乎！天下之禮，有似緩而實急，似輕而實重者，以其有關於名教也。公議所在，孰得而廢之？況乎禮文之事，自儒者出，則於有功聖道之人，禮所宜祀。與祀而未稱於禮者，固不得置之而不之議也。是用疏其爲名教所係，而公議之不可廢者，列之如右，庶幾議禮之君子，有所采擇云。

蕙田案：忠文此議，必在江都未從祀之先，今以無年代可考，姑列於此。而其所議，頗爲折衷有理。

許氏約曰：自唐祀夫子配以顔子，至宋升孟子，與顔子並配。然當時未知道統之傳也。自伊洛之學興，性理之説明，始以顔、曾、思、孟並列於夫子之左。蓋得夫子之傳者，顔、曾、子思也；得曾、思之傳者，孟子也。故江南諸路學廟，皆以四子並配，以子張居七十二子之首，自兩廡升於十哲，補曾子之闕。此當因而不當革者也。今京師學廟與河北諸路府學，並循亡金之舊，左顔右孟，與夫子並居南面，有是理哉？孟子學於子思，子思學於曾子，是知孟子乃曾子門人之弟子，曾子乃孟子師之師也。今屈曾子於從祀之中，降子思於廊廡之末。師之師不過一籩一豆，門人弟子牲牢幣帛，一與先聖等，又豈有是理哉？况今天下一家，豈容南北之禮各異？或謂學校所以明人倫，路、點皆父也，回、參皆子也，子先父食，於理安乎？竊以爲不然。廟學乃國家通祀，猶朝廷之禮也。父爲庶僚，子爲宰職，各以其德與勳也。如遇朝會殿廷班列，則父雖尊，安能超於子之上哉？蓋抑私親而昭公道，尊道統以崇正學，乃所以明人倫也。如今序傳道之配，使顔、曾、思、孟並列於夫子之左，虚其右隅，以避古者神位之方。自兩廡升子張於十哲，以補曾子之闕。不惟先儒師弟之禮不廢，使南北無二制，天下無異禮，亦可以見我朝明道統，得禮之中，足以垂世無窮矣。

丘氏濬曰：案熊禾謂宜别設一室，以齊國公叔梁紇居中，南面；顔路、曾晳、孔鯉、孟孫氏侑食，西嚮。春秋二祀，當先聖酌獻之時，以齒德之尊者爲分獻官，行禮於齊國公之前，其配位亦如此。如此則亦可以示有尊而教民孝矣。然臣以爲，今天下州縣皆有祭，處處皆設，恐至於煩瀆。説者謂泗水侯孔林自有廟，曲阜侯宜祀於其子顔子之廟，而以顔子配。萊蕪侯無後，今嘉祥有曾子墓，當有祠，宜於此祀萊蕪侯，而以曾子配。否則特立一廟於曲阜，特祀三子，而以顔子、曾子、子思配。熊禾謂有王者作，禮當損益，祀不可瀆也，姑誌於此。

蕙田案：孔鯉、曾點、顔路之祀，王氏、許氏所言皆有依據，然不如熊氏議爲是。

至順二年正月，敕建孔子廟於後衛。七月乙未，立閔子書院於濟南。八月，賜上都孔子廟碑。

三年春正月，封孔子妻鄆國夫人亓官氏爲大成至聖文宣王夫人。五月，追封顔子父無繇爲杞國公，謚文裕；母齊姜氏杞國夫人，謚端獻；妻宋戴氏兖國夫人，謚貞素。

祭祀志：至順元年冬十一月，曲阜兖國復聖公新廟落成。元統二年，改封顔子考妣，又割益都鄒縣牧地三十頃，徵其歲入，以給常祀。

王圻續通考〔一〕：至順三年，封先聖夫人制曰：我國家惇典禮以彌文，本閨門以成教，廼睠素王之廟，尚虚元媲之封，有其舉之，斯爲盛矣。大成至聖文宣王妻亓官氏，來嬪聖室，垂裕世家。籩豆出房，因流風於殷禮；琴瑟在御，存燕樂於魯堂。功言邈若於遺聞，儀範儼乎其合德。作爾褘衣之象，稱其命鼎之銘。噫！秩秩彝倫，吾欲廣關雎鵲巢之化；皇皇文治，天其興河圖鳳鳥之祥。可特封大成至聖文宣

〔一〕「王圻續通考」五字，原脱，據光緒本補。

王夫人。

危素尼山大成殿四公配享記略：案顔子之侑坐，肇於唐太宗貞觀二年冬，尚書左僕射房玄齡、國子博士朱子奢之所建議也。宋神宗元豐七年夏，復增孟子侑坐，禮部郎中林希之所奏議也。度宗咸淳三年春，增升曾子、子思。我朝延祐二年〔一〕，仁宗皇帝在位，崇學右文，御史中丞趙公世延始言南北祭禮，不宜有異，當升曾、思如典故。制曰可。先是，四公列坐兩旁，禮部以爲翼承道統，述明聖經，作則萬世，以立人極，論德定名，列次配侑，東坐西向，於禮爲稱。至順二年〔二〕，進封顔爲復聖公，曾爲宗聖公，思爲述聖公，孟爲亞聖公，仍命詞臣爲制書。一代之典，可謂備矣。

至正十九年十一月，江浙行省據杭州路申備本路經歷司呈，准提控案牘兼照磨承發架閣胡瑜牒：我朝崇儒重道，加封先聖大成之號，又追崇宋儒周敦頤等封爵。然

〔一〕「二年」，危學士全集卷六作「三年」。
〔二〕「二年」，危學士全集卷六作「三年」。

有司討論未盡，尚遺先儒楊時等五人，未列從祀。惟故宋龍圖閣直學士、謚文靖、龜山先生楊時，親得程門道統之傳，排王氏經義之謬，南渡後，朱、張、吕氏之學其原委脉絡，皆出於時者也。故宋處士延平先生李侗傳河洛之學，以授朱熹，凡集注所引師説，即其講論之旨也。故宋中書舍人、謚文定胡安國聞道伊、洛，志在春秋，纂爲集傳，羽翼正經，明天理而扶世教，有功於聖人之門者也。故宋處士贈太師榮國公、謚文正、九峰先生蔡沈，從學朱子，親承指授，著書集傳，發明先儒之所未及，深有功於聖經者也。故宋翰林學士、參知政事、謚文忠、西山先生真德秀，博學窮經，踐履篤實。當時立僞學之禁，以錮善類，德秀晚出，獨以斯文爲己任，講習躬行，黨禁解而正學明。此五人者，學問接道統之傳，著述發儒先之秘，其功甚大。況科舉取士，已將胡安國春秋、蔡沈尚書集傳表章而尊用之，真德秀大學衍義亦備經筵講讀，是皆有補於國家之治道者矣。各人出處，詳見宋史本傳，俱應追錫名爵，從祀先聖廟庭，可以敦厚儒風，激勸後學。如聞奏施行，以補闕典，吾道幸甚。

至正二十一年七月，行移翰林集賢太常三院會議，俱准所言。二十二年八月，奏准送禮部定擬五先生封爵謚號，俱贈太師。楊時追封吴國公，李侗追封越國公，胡安國追封楚國公，蔡沈追封建國公，真德秀追封福國公。各給詞頭宣命，遣官齎往福建行省訪問各人子孫給付，如無子孫者，於其故所居鄉里、郡縣學，或書院、祠堂内安置施行。二十二年十二月，追謚朱熹父爲獻靖，其制詞云：「考德而論時，灼見風儀之俊；觀子而知父，迨聞詩、禮之傳。久閟幽堂，丕昭公論。故宋左丞議郎、守尚書吏部員外郎、兼史館校勘、累贈通議大夫朱松，仕不躁進，德合中行。遡鄒魯之淵源，式開來學；開圖書之藴奥，妙契玄機。奏對雖忤於權姦，嗣續篤生於賢哲。化民成俗，著書滿家。既繼志述事之光前，何節惠易名之孔後。才高弗展，嗟沉滯於下僚；道大莫容，竟昌明於永世。神靈不昧，休命其承，可謚獻靖。」其改封熹爲齊國公制詞云：「聖賢之藴載諸經，義理實明於先正；風節之勵垂諸世，褒崇豈間於異時？不有鉅儒，孰膺寵數？故宋文華閣待制、累贈寶謨閣直學士、太師、追封徽國公、謚文朱熹，挺生異質，蚤擢科名。試用於郡縣，而善政孔多；迴翔於館閣，而直言無隱。權姦屢挫，志慮不回。著書立言，嘉乃簡編之富；愛君憂國，負其經濟之長。正學久達於中原，涣號申行於仁廟。詢諸僉議，宜易故封。國啓營丘，爰錫太公之境土；壤鄰洙、泗，尚觀尼父之宫墻。緬想英風，載欽新命。可追封齊國公，餘並如故。」

金賁亨請從祀羅豫章李延平疏：臣聞孔子纘述堯、舜、禹、湯、文、武、周公之道，以詔萬世，是以享有王祀，久而彌尊。當時從遊之士與夫後儒，推明其道，以傳示來學者，皆得從祀於其庭。後世膠於著述之説，而或不計其德之醇疵，則固有幸而入者。至於道足以續聖人之緒而不偏，言足以發聖人之藴而有助，功足以定後學之趨而不惑，如宋儒羅從彦、李侗者而不得入焉，此則盛典之有待，而公論之不容已者也。臣嘗溯其淵源，侗，宋儒朱熹之師也。侗學於從彦，從彦學於龜山楊時，時學於河南程顥兄弟。顥常送時南歸，謂人曰：「吾道南矣。」夫顥豈輕許可者？而獨以此稱時，是時所傳於顥而以授從彦者，即濂、洛諸儒所以繼孔門之緒者也。從彦聽時語三日，驚汗浹背，曰：「幾枉過了一生。」由是潛思力行，任重詣極。侗嘗稱其性明而修，行完而潔，擴之以廣大，體之以仁恕，精深微妙，各極其至。不言而飲人以和，與人並立而使人化，如春風發物，蓋亦莫知其所以然也。觀侗之言，則從彦所得於時者可知矣。侗親受從彦春秋、中庸、語、孟之説，從容潛玩，有會於心，盡得其所傳之奥。熹狀其行曰：「充養完粹，無復圭角，精純之氣，達於面目。色温言厲，神定氣和，語默動静，端詳閒泰。自然之中，若有成法。」又曰：「精明純一，觸處洞然。泛應曲酬，發必中節。」又述鄧迪之言曰：「愿中如冰壺秋月，瑩徹無瑕。」觀熹之言，則侗所得於從彦者可知矣。此其道足以續聖人之緒而不偏者也。從彦少著述，而熹所編録遺事，皆其平日傳授切要之言。熹所常尊信而服行者，則亦侗之著述也。熹又每引二家之言，以訓釋經傳，彰彰具存，其心得獨見，有非漢、唐以來諸儒所及者。此其言足以發聖人之藴而有助者也。從彦常令侗靜中觀喜怒哀樂未發時作何氣象，蓋謂程氏敬而無失，便是喜怒哀樂未發之中之語，互相發明，而深得子思中庸之旨，使學者有所主宰而不流於禪。侗深領而亟稱之，嘗謂熹曰：「學問之道，不在多言，但默坐澄心，沉潛體認，天理若見，雖一毫人欲之發，亦退聽矣。久用力於此，庶幾漸明講學，始有力耳。」與從彦之教，實出一轍。熹皆尊信發揚，以示學者，是其師弟子相傳之的，至正至明，至精至約，異世同符，愈久不變。是故從彦之功在於侗，侗之功在於熹，無從彦則無侗，無侗則無熹，而濂、洛之所傳者泯矣。雖有豪傑之士，亦何所從受而保其不謬也哉？此其功足以定後學之趨而不惑者也。今之學者，無不知熹之功，而不知從彦與侗之功，是猶人知有父，而不知其祖也。嘗觀漢儒若馬融、劉向、賈逵、戴聖之徒，考其素行，皆背吾聖人之道，止以著述微勞，皆得從祀，其所著述，又豈能得聖人之旨如二儒者哉？以二儒之賢而不得與融等並列，此誠公論之不容已者也。夫吾道之明晦有時，賢哲之遭逢豈偶，熹祀於宋，祀時之議，屢興屢寢，至我孝宗皇帝用儒臣之言，特敕從祀，而羅、李二儒，猶所未及，豈非有待於今日也哉！恭惟陛下潛心聖學，敦崇孔子之道，作敬一箴，及發明宋儒程頤四箴，范浚心箴，以頒賜學校。天下儒流，莫不感激興起，此正吾道大明而賢哲所由以表章之日。伏望陛下准臣所奏，敕下大臣，討論故事，錫與二儒封爵從祀孔子廟庭，則吾道幸甚。

蕙田案：此疏卓然不磨，不知上於何時，要在延平未從祀之前，故附於此。

蓋二十二年從祀五先生，未及豫章也。

其祝幣之式　祝版三，各一尺二寸，廣八寸，木用楸梓柏，文曰：「維年月日，皇帝敬遣某官等致祭於大成至聖文宣王。」先師曰：「維年月日，某官等致祭於某國公。」幣三，用絹，各長一丈八尺。

其牲齊器皿之數　牲用牛一、羊五、豕五。以犧尊實泛齊，象尊實醴齊，皆三，有上尊，加冪有杓，設堂上。太尊實泛齊，山罍實醴齊，有上尊。著尊實盎齊，犧尊實醴齊，象尊實沈齊，壺尊實三酒，皆有上尊，設堂下。盥洗位在阼階之東，以象尊實醴齊，有上尊，加冪有勺，設於兩廡近北。盥洗位在階下近南，籩十，豆十，簠二，簋二，登三，鉶三，俎三，有毛血豆，正配位同。籩豆皆二，簋一，簠一，俎一，從祀皆同。凡銅之器六百八十有一，宣和爵坫一，豆二百四十有八，簠簋各一百一十有五，登六，犧尊、象尊各六，山尊二，壺尊六，著尊、太尊各二，罍二，洗二，龍杓二十有七，坫二十有八，爵一百一十有八。竹木之器三百八十有四，籩二百四十有八，篚三，俎百三十有三。陶器三，瓶二，香爐一，籩巾二百四十有八，簠簋巾二百四十有八，俎巾百三十有三，黄巾蒙單十。其樂用登歌，其日用春秋二仲月上丁，有故改用仲丁。

其釋奠之儀　省牲。前期一日晡時，三獻官、監祭官各具公服，詣省牲所阼階，東西向立，以北爲上。少頃，引贊者引三獻官、監祭官巡牲一匝，北向立，以西爲上。待禮牲者折身曰「充」，贊者曰「告充」畢，禮牲者又折身曰「腯」，贊者曰「告腯」畢，贊者復引三獻官、監祭官詣神厨，視滌溉畢，還齋所，釋服。釋奠，是日丑前五刻，初獻官及兩廡分奠官二員，各具公服於幕次，諸執事者具儒服，先於神門外西序東向立，以北爲上。明贊、承傳贊先詣殿庭前再拜畢，明贊升露階東南隅，西向立；承傳贊立於神門階東南隅，西向立。掌儀先引諸執事者各司其事，引贊者引初獻官、兩廡分奠官點視陳設，引贊者進前曰「請點視陳設」。至階，曰「升階」，至殿簷下，曰「詣大成至聖文宣王神位前」，至位，曰「北向立」。點視畢，曰「詣兗國公神位前」。至位，曰「東向立」。點視畢，曰「詣鄒國公神位前」。至位，曰「西向立」。點視畢，曰「詣東從祀神位前」。至位，曰「東向立」。點視畢，曰「詣西從祀神位前」。至位，曰「西向立」。點視畢，曰「詣酒尊所」，曰「西向立」。點視畢，曰「詣三獻爵洗位」。至階，曰「降階」，至位，曰「北向立」。點視畢，曰「詣三獻官盥洗位」。至位，曰「北向立」。點視畢，曰「請就次」。方初獻點視時〔二〕，引贊二人各引東西廡分奠官曰「請詣東西廡神位前」，東曰東，西曰西向立。點視畢，曰「詣先儒神位前」。至位，曰「南向立」。點視畢，曰「退詣酒尊所」。至酒尊所，東西向立。點視畢，曰「退詣分奠官爵洗位」。至位，曰「南向立」。點視畢，曰「請就次」。兩廡分奠官點視畢，引贊曰「請詣望瘞位」。至位，曰「北向立」。點視畢，曰「請就次」。初獻官釋公服，司鐘者擊鐘，初獻已下各服其服，齊班於

〔二〕「初」，諸本作「所」，據元史祭祀志五改。

幕次。掌儀點視班齊，詣明贊報知，引禮者引監祭官、監禮官就位。進前曰「請就位」。至位，曰「就位，西向立」。明贊唱曰「典樂官以樂工進，就位」。承傳贊曰「典樂官以樂工進，就位」。明贊唱曰「諸執事者就位」，承傳贊曰「諸執事者就位」。明贊唱曰「諸生就位」，承傳贊曰「諸生就位」，引班者引諸生就位。明贊唱曰「陪位官就位」，承傳贊曰「陪位官就位」，引班者引陪位官就位。明贊唱曰「獻官就位」，承傳贊曰「獻官就位」，引贊者進前曰「請就位」，至位，曰「西向立」。明贊唱曰「闢户」，俟户闢，迎神之曲九奏。樂止，明贊唱曰「初獻官以下皆再拜」，承傳贊曰「鞠躬，拜，興，拜，興，平身」。明贊唱曰「諸執事者各司其事」。俟執事者立定，明贊唱曰「初獻官奠幣」。引贊者進前曰「請詣盥洗位」。盥洗之樂作，至位，曰「北向立」。搢笏，盥手，帨手，出笏，樂止。及階曰「升階」。升殿之樂作。樂止，入門，曰「詣大成至聖文宣王神位前」。至位，曰「就位，北向立，稍前」。奠幣之樂作。搢笏跪，三上香，奉幣者以幣授初獻，初獻受幣奠訖，出笏就拜，興，平身，少退，再拜，鞠躬，拜，興，拜，興，平身。曰「詣兖國公神位前」。至位，曰「就位，東向立」，奠幣如上儀。曰「詣鄒國公神位前」。曰至位，曰「就位，西向立」，奠幣如上儀。樂止，曰「退，復位」。及階，降殿之樂作。樂止，至位，曰「就位，西向立」。俟立定，明贊唱曰「禮饌官進俎」。奉俎之樂作，乃進俎，樂止。進俎畢，明贊唱曰「初獻官行禮」，引贊者進前曰「請詣盥洗位」。盥洗之樂作，至位，曰「北向立」。搢笏，盥手、帨手，出笏。請詣爵洗位，至位，曰「北向立」。搢笏，執爵，滌爵，拭爵，以爵授執事者，如是者三。出笏，樂止，曰「請詣酒尊所」。及階，升殿之樂作，曰「升階」，樂止。至酒尊所，曰「西向立」。搢笏，執爵，舉冪，司尊者酌犧尊之泛齊，以爵授執事者，如是者三。出笏，曰「詣大成至聖文宣王神位前」，至位，曰「就位，北向立」。酌獻之樂作，稍前，搢笏跪，三上香，執爵，三祭酒，奠爵，出笏，樂止。祝人東向跪讀祝，祝在獻官之左。讀畢，興，先詣左配位，南向立。引贊曰「就拜，興，平身，少退，再拜，鞠躬，拜，興，拜，興，平身」，曰「詣兖國公神位前」，至位，曰「就位，東向立」。酌獻之樂作，樂止。讀祝，如上儀。曰「詣鄒國公神位前」，至位，曰「就位，西向立」。酌獻之樂作，樂止。讀祝，如上儀。曰「退，復位」。至階，降殿之樂作。樂止，至位，曰「就位，西向立」。俟立定，明贊唱曰「亞獻官行禮」，引贊者進前曰「請詣盥洗位」。至位，曰「北向立」。搢笏，盥手，帨手，出笏。請詣爵洗位，至位，曰「北向立」。搢笏，執爵，滌爵，拭爵，以爵授執事者，如是者三。出笏，請詣酒尊所，曰「西向立」。搢笏，執爵，舉冪，司尊者酌象尊之醴齊，以爵授執事者，如是者三。出笏，曰「詣大成至聖文宣王神位前」，至位，曰「就拜，北向立」。酌獻之樂作。稍前，搢笏，跪，三上香，執爵，三祭酒，奠爵，出笏，就拜，興，平身，少退，鞠躬，拜，興，拜，興，平身。曰「詣兖國公神位前」，至位，曰「東向立」，酌獻如上儀。曰「詣鄒國公神位前」，至位，曰「西向立」，酌獻如上儀。樂止，曰「退，復位」。及階，曰「降階」，至位，曰「就位，西向立」。明贊唱曰「終獻官行禮」，引贊者進前曰「請詣盥洗位」，至位，曰「北向立」。搢笏，盥手，帨手，出笏，請詣爵洗位，至位，曰「北向立」。搢笏，執爵，滌爵，拭爵，以爵授執事者，如是者三。出笏，請詣酒尊所，至階，曰「升階」，至酒尊所，曰「西向立」。搢笏，執爵，舉冪，司尊者酌象尊之醴齊，以爵授執事者，如是者三。出笏，曰「詣大成至聖文宣王神位前」，至位，曰「就位，北向立」。稍前，酌獻之樂作。搢笏，跪，三上香，執爵，三祭酒，奠爵，出笏，就拜，興，平身，少退，鞠躬，拜，興，拜，興，平身。曰「詣兖國公神位前」，至位，曰「東向立」，酌獻如上儀。曰「詣鄒國公神位前」，至位，曰「西向立」，酌獻如上儀。樂止，曰「退復位」。及階，曰「降階」，至位，曰「就位，西向立」。俟終獻將升階，明贊唱曰「分獻官行禮」。引贊者分引東西從祀分獻官進前曰「詣盥洗位」。至位，曰「北向立」。搢笏，盥手，帨手，出笏，詣爵洗位，至位，曰「北向立」。搢笏，執爵，滌爵，拭爵，以爵授執事者。出笏，詣酒尊所。至階，曰「升階」，至酒尊所，曰「西向立」，搢笏，執爵，舉冪，司尊者酌象尊之醴齊，以爵授執事者。出笏，詣東從祀神位前，至位，曰「就位，東向立」。稍前，搢笏，跪，三上香，執爵，三祭酒，奠爵，出笏，就拜，興，平身，少退，鞠躬，拜，興，拜，興，平身，退，復位。至階，曰「降階」，至位，曰「就位，西向立」。引西廡分奠官同上儀，唯至神位前，東向立。作，西向立。俟終獻十哲，兩廡分奠官同時復位。明贊唱曰「禮饌徹籩豆」。徹饌之樂作，禮饌者跪，移先聖前籩豆，略離席，樂止。明贊唱曰「諸執事者退，復位」。俟諸執事者至板位立定，送神之樂作。明贊唱曰「初獻官以下皆再拜」，承傳贊曰「鞠躬，拜，興，拜，興，平身」。樂止，明贊唱曰「祝人取祝，幣人取幣，詣瘞次」。俟徹祝幣者出殿門，北向立。望瘞之樂作，明贊唱曰「三獻官詣望瘞位」，引贊者進前曰「請詣望瘞位」。至位，曰「就位，北向立」，曰「可瘞」。埋畢，曰「退，復位」。至殿庭前，候樂止，明贊唱曰「典樂官以樂工出就位」，明贊唱曰「闔户」，又唱曰「初獻官以下退詣圓揖位」，引贊者引獻官退詣圓揖位。至位，初獻在西，亞終獻及分獻以下在東，陪位官東班在東，西班在西。俟立定，明贊唱曰「圓揖」。禮畢，退復位，引贊者各引獻官詣幕次更衣。其飲福受胙，除國學外，諸處仍依常制。

元張顏釋奠儀注序：禮曰：「皮弁祭菜，示敬道也。」禮書殘缺，釋奠釋菜，名義徒存，儀文無考。唐開元禮，彷彿儀禮饋食篇，節文爲詳。朱文公謂政和新儀差錯，獨於開元禮有取，申明至於再三，竟格不下。身没之後，郡邑放而行之，能通其義者尠矣。中原文物，肇開四方，取則舍魯，奚適闕里。昔罹兵革，宫室荆榛，蓋二十年，牲殺器皿，衣服不備，勢使然也。而儀章度數，固多可議者。象設，非古也，開元禮猶云設席，是無象也。高臺巍坐，而席地之禮不可見。帶劍，秦漢冠服之飾也。開元禮朝會猶有解劍之席，冕服挾劍，未之有聞。二者之失，所從來久矣。神位西坐東向，尸位也；配位東坐西向，主人位也。自尸禮廢，禮家謂自内出者，無匹不行；自外至者，無主不止。故立神以配而爲主焉。開元以後，遷神位南面，配位猶故也。進顏、孟南向參列，如浮圖老子宫者，孔氏祖庭廣記謂金大定十四年所行，何所稽乎？楹間兩階，五齊三酒，以四代之器爲備，物之享也。列數瓦缶，果爲何説？尸尊不就洗，禮也。登罍爵於牀洗者，以尸尊。自居犧象，不錯諸地，主人遂不坐實爵，簡亦甚矣。幣之未薦，置諸神位之左，示不敢褻陳之階；起與主人俱升，則不嚴矣。蓋事由草創，未之備也。予典教於兹，思有以正之，顧不學雜服，不能安禮，而雖善無徵，無徵不信，乃取朱文公所考訂，自儀禮、開元禮而下，裒爲一編，命學徒肄習，且與講説義數，使之入耳著心。既知義理之安，將不期改而自改，併附社稷風雨雷之祀，庶幾好禮者有取焉。抑禮有本有文，是書所載，文也。習禮之士，因文而究其本，知交於神明者，不徒籩豆之事，徵之顯誠，不可揜也。如此，則可謂知禮矣。若夫器樂冠服之度，則有博採諸家之説，從其是者，訂其失者，與此編并藏孔氏，俾後來之文獻有足徵云。

蕙田案：禮文儀注，精意所存。凡屬薦享，不可不慎，況行於聖人之廟者乎？張顔宗朱子之意，集爲一書而序之，如此可謂知禮矣，惜其書不得而見也。

右元

五禮通考卷一百二十

吉禮一百二十

祭先聖先師

明

明史太祖本紀：洪武元年二月丁未，以太牢祀先師孔子於國學。

禮志：洪武定制，每歲仲春、秋上丁，皇帝降香，遣官祀於國學。以丞相初獻，翰林學士亞獻，國子祭酒終獻。先期，皇帝齋戒。獻官、陪祀、執事官皆散齋二日，致齋一日。前祀一日，皇帝服皮弁服，御奉天殿降香。至日，獻官行禮。

王圻續通考：洪武二年夏四月丙戌，詔天下通祀孔子，遂賜學糧，增師生廩膳。上諭禮部尚書劉仲質曰：「孔子明帝王之道，以教後世，使君君臣臣，父父子子，綱常以正，彝倫攸叙，其功參乎天地。今天下郡縣，廟學並建，而報祀之禮，止行京師，豈非闕典？卿與儒臣，其定釋奠禮儀，頒之天下學校，令每歲春秋仲月，通祀孔子。」乃有是詔。初定制以春秋上丁，皇帝御奉天殿，傳制遣大臣以太牢祭至聖先師孔子於太學，遣祭酒禮三獻，樂六奏，文舞六佾。司、府、州、縣、衛學各提調官，行事用少牢，禮樂如太學，樂不能備則已。京府及附府縣行釋菜禮。

明史禮志：洪武三年，詔革諸神封號，惟孔子封爵仍舊。且令曲阜廟廷，歲官給牲幣，俾衍聖公供祀事。

王圻續通考：洪武三年五月，上如江淮府，先謁文廟幸學，至南昌亦如之。

明史禮志：洪武四年，禮部奏定儀物。改初制籩豆之八爲十，籩用竹。其簠簋登鉶及豆初用木者，悉易以瓷。牲易以熟。樂生六十人，舞生四十八人，引舞二人，凡一百一十人。禮部請選京民之秀者充樂舞生。太祖曰：「樂舞乃學者事，况釋奠所以崇師，宜擇國子生及公卿子弟在學者，豫教肄之。」

明會典：洪武四年，令進士釋褐，詣國學行釋菜禮。

熊氏禾曰：道者，天下通行之道，其所以爲教者，自天子至於庶人一也。先王建學，必祀先聖先師，自古至今，未有以異。獨五學之説不同，禮家謂詩、書、禮、樂，各有其師，所以爲祀亦異，則疑出於漢儒專門之附會。三代以上，大道未分，必不至此。夫京師首善之地，莫先於天子之太學。天子太學祀典，宜自伏羲、神農、黄帝、堯、舜、禹、湯、文、武，其道德功言，載之六經，傳在萬世。若以伏羲爲道之祖，神農、黄帝、堯、舜、禹、湯、文、武各以其次而列焉，皋陶、伊尹、太公望皆見而知者。周公不惟爲法於天下，而易、詩、書所載，與夫周禮、儀禮之書，皆可傳於後世。至若稷之立極陳常，契之明倫敷教，夷之降典，益之贊德，傅説之論學，箕子之陳範，是皆可以與享於先王者。以此秩祀天子之學，禮亦宜之。若夫孔子兼祖述憲章之任，其爲天下，萬世通祀，則自天子下達矣。

四年，國子司業宋濂上孔子廟堂議曰：「世之言禮者，咸取法於孔子，不以古之禮祀孔子，褻祀也。褻祀不敬，不敬則無福。柰何今之人與古異也。古者主人西面，几筵在西也。漢章帝幸魯，祠孔子，帝西面再拜。開元禮，先聖東向，先師南向，三獻官西向，猶古意也。今襲開元二十七年之制，遷神南面，非神道尚右之義矣。古者木主棲神，天子諸侯廟皆有主，大夫束帛，士結茅爲菆，無像設之事。開元禮設先聖神座於堂上兩楹間，先聖東北皆莞席，尚掃地而祭也。今因開元八年之制，摶土而肖像焉，失神而明之之義矣。古者灌鬯，焫蕭，求神於陰陽也，今用熏薌代之，非簡乎？古者朝覲會同，郊廟祭饗，皆設庭燎，司烜共之，火師監之，示嚴敬也。今以秉炬當之，非瀆乎？古之有道有德者使教焉，死則以爲樂祖，祭於瞽宗，謂之先師，若漢禮有高堂生，樂有制氏，詩有毛公，書有伏生也。又凡始立學者，必釋奠於先聖先師。釋奠必有合，謂國無先聖先師，則所釋奠者當與鄰國合。若唐、虞有夔、伯夷，周有周公，魯有孔子則不合也。當是時，學者各祭其先師，非其師弗學，非其學弗祭。學校既廢，天下莫知所師。孔子集群聖之大成，顔、曾、思、孟實傳其道，尊之以爲先聖先師，而通祀於天下固宜。若七十二子止於國學設之，庶幾弗悖禮意。開元禮，國學祀先聖孔子，以顔子等七十二賢配，諸州惟配顔子。今以荀況之言性惡，揚雄之事王莽，王弼之宗莊老，賈逵之忽細行，杜預之建短喪，馬融之黨附勢家，亦厠其中，吾不知其何説也？古者立學，專以明倫，「子雖齊聖，不先父食久矣。故禹不先鯀，湯不先契，文王不先不窋，宋祖帝乙，鄭祖厲王，猶尚祖也」。今回、參、伋坐饗堂上，而其父列食於廡間，顛倒彝倫，莫此爲甚，吾不知其何説也？古者，士見師以菜爲贄，故始入學者，必釋菜以禮其先師，其學官時祭皆釋奠。今專用春秋，非矣。釋奠有樂，無尸，釋菜無樂，是二釋之重輕，以樂有無也。今襲用魏漢津所製大晟樂，乃先儒所謂亂世之音，可乎哉？古者釋奠、釋菜，名義雖存，而儀注皆不可考。開元禮彷佛儀禮饋食篇，節文爲詳，所謂三獻，獻後各飲福，即尸酢主人、主婦及賓之義也。今憚其煩，唯初獻得行之，可乎哉？他如廟制之非宜，冕服之無章，器用雜乎雅俗，升降昧乎左右，此類甚多，雖更僕不可盡。若乃建安熊氏欲以伏羲爲道統之宗，神農、黄帝、堯、舜、禹、湯、文、武次而列焉，臯陶、伊尹、太公、周公暨稷、契、夷、益、傅説、箕子皆天子公卿之師，式宜秩祀。天子之學，若孔子實兼祖述憲章之任，其爲通祀則自天子下達。苟如其言，則道統益尊，三皇不汩於醫師，太公不辱於武夫矣。昔周立四代之學，學有先聖。虞庠以舜，夏學以禹，殷學以湯，東膠以文王，復各取當時左右四聖成其德業者爲之先師以配享焉，此固天子立學之法也。」上不喜，謫濂安遠知縣。

蕙田案：潛溪此議，謂先聖不宜肖像，荀、揚、王、賈、杜、馬不宜從祀，顔、曾、思之父不當列於兩廡，及以古聖皇爲先聖，其臣爲先師，皆爲嘉靖時張孚敬等竊取，實先生之卓見也。至謂先聖宜東向，用薰薌爲簡，秉炬爲瀆，七十子當止於國學，大晟樂爲亂世之音，則泥古而失「禮時爲大」之義矣。

兖州府志：洪武五年，作文廟，成，上遂視學釋菜。

春明夢餘録：是年，罷孟子配享，雷震謹身殿。

王圻續通考：洪武六年，上曰：「我聞孟子辨異端，闢邪説，發明孔子之道，宜配享如故。」

明史錢唐傳：洪武二年，詔：「孔廟春秋釋奠止行於曲阜，天下不必通祀。」唐伏闕上疏言：「孔子垂教萬世，天下共尊其教，故天下得通祀孔子，報本之禮不可廢。」侍郎程徐亦疏言：「古今祀典，獨社稷、三皇與孔子通祀天下。民非社稷、三皇則無以生，非孔子之道則無以立。堯、舜、禹、湯、文、武、周公皆聖人也，然發揮三綱五常之道，載之於經，儀範百王，師表萬世，使世愈降而人極不墜者，孔子力也。孔子以道設教，天下祀之，非祀其人，祀其教也，祀其道也。今使天下之人讀其書，由其教，行其道，而不得舉其祀，非所以維人心，扶世教也。」皆不聽。久之，乃用其言。帝嘗讀孟子，至「草芥」「寇讎」語，謂非臣子所宜言。議罷其配享，詔有諫者以大不敬論。唐抗疏入諫曰：「臣爲孟軻死，死有餘榮。」時廷臣無不爲唐危，帝鑒其誠愨不之罪。孟子配享亦旋復。然卒命儒臣修孟子節文云。

明史樂志：洪武六年，定祀先師孔子樂章：迎神咸和之曲、奠帛寧和之曲、初獻安和之曲、亞終獻景和之曲、徹饌咸和之曲、送神咸和之曲。

蕙田案：六章皆襲宋大晟樂府之詞，已見前。

明會典：洪武七年仲春上丁日食，改用仲丁。

明史太祖本紀：洪武十五年四月丙戌，詔天下通祀孔子。五月乙丑，太學成，釋奠於先師孔子。

禮志：洪武十五年，新建太學成。廟在學東，中大成殿，左右兩廡，前大成門，門左右列戟二十四，門外東爲犧牲厨，西爲祭器庫，又前爲靈星門。自經始以來，駕數臨視。至是落成，遣官致祭。帝既親詣釋奠，又詔天下通祀孔子，并頒釋奠儀注。凡府州縣學，籩豆以八，器物牲牢，皆殺於國學。三獻禮同，十哲兩廡一獻。其祭，各以正官行之，有布政司則以布政司官，分獻則以本學儒職及老成儒士充之。每歲春、秋仲月上丁日行事。初，國學主祭遣祭酒，後遣翰林院官，然祭酒初到官，必遣一祭。

圖書編：天下各布政司府州縣學釋奠儀注。各布政司及府州縣長官一員，行三獻禮，或提調官及儒學教授等官行一獻禮。齋戒。正祭前三日，獻官并陪祭官、執事人等沐浴更衣，散齋二日，致齋一日。省牲。正祭前一日，執事者設香案於宰牲房外，贊引引獻官常服，詣省牲所。贊省牲，執事者牽牲從香案前過，入宰牲房宰之，遂以毛血少許盛於盤。贊引唱「省牲畢」，其餘毛血以淨器盛貯，待祭畢埋之。正祭。每歲春秋二仲月上丁日，將行禮。起鼓初嚴，遍燃庭燎香燭。鼓再嚴，樂舞生、執事者各序立於丹墀兩旁。鼓三嚴，贊引引各獻官至廟門下立，通贊唱「樂舞生各就位」，樂舞生各以序立於廟庭奏樂之所。司節者分引至丹墀陛東西兩旁，各序立於舞佾之位。司節在東，則退至東。三班舞生之首相向在西〔一〕，則退至西。三班舞生之首相向〔二〕，通贊唱「執事者各司其事」〔三〕，各執事亦各以序進。就位訖，通贊唱「分獻官各就位」，各贊引引各分獻官至拜位。各贊引退立於東西。訖，通贊唱「獻官就位」，贊引引獻官至拜位，贊引退立於獻官東西兩傍，相向立。訖，通贊唱「瘞毛血」，執事者

〔一〕「相向」，圖書編卷一〇四無。
〔二〕「相向」下，圖書編卷一〇四有「立」字。
〔三〕「贊唱」，原脱，據光緒本、圖書編卷一〇四補。

奉毛血，由廟中門出，四配東西哲，由左右門出，兩廡隨之，瘞於坎，遂啓俎蓋。通贊唱「迎神」，舞生横執其籥，麾生舉麾，唱迎神，樂奏咸和之曲，擊柷作樂，通贊唱「鞠躬，拜，興，拜，興，拜，興，拜，興，平身」。獻官以下俱拜訖，麾生偃麾，樂止，櫟敔。通贊唱「奠帛，行初獻禮」，奉帛者各奉帛，執爵者各執爵。贊引詣獻官前，唱「詣盥洗所」，引獻官至盥洗所，司盥者酌水，贊引唱「搢笏」。獻官搢笏，盥畢，進巾。贊引唱「出笏」，獻官出笏。贊引唱「詣酒罇所」，引獻官至酒罇所。贊引唱「司罇者舉冪，酌酒」。執爵者以爵受酒，同捧帛者在獻官前行，先師帛爵由中門入，四配帛爵由左門進，各於神案之側朝上立。贊引隨引獻官亦由左門入，唱「詣至聖先師孔子神位前」，麾生舉麾，唱「初獻」，樂奏寧和之曲，擊柷作樂。贊引引獻官至神位前，唱「跪」，獻官跪；唱「搢笏」，獻官搢笏。捧帛者轉身西向，跪進帛於獻官右，獻官接帛。贊引唱「奠帛」，獻官奠帛，以帛授接帛者，奠於神位前案上。執爵者轉身西向跪，進爵於獻官右。獻官接爵，贊引唱「獻爵」，獻官獻爵，以爵授接爵者，奠於神位前。贊引唱「出笏」，獻官出笏。贊引唱「俯伏，興，平身，詣讀祝位」。讀祝者位設於堂中香案前，贊引引獻官至祝位，麾生偃麾，樂暫止。讀祝者跪取祝文，退立於獻官之左。贊引唱

「獻官并讀祝者皆跪」，通贊隨唱，衆官皆跪，陪祭者皆跪。訖，贊引唱「讀祝」，讀祝者讀畢，仍將祝文跪置於祝案上，退堂西朝上立。贊引與通贊同唱「俯伏，興，平身」。麾生舉麾，不唱，樂生接奏在先未終之樂。贊引唱「詣復聖顏子神位前」，引獻官至神位前，唱「跪，搢笏」。獻官搢笏。捧帛者跪於獻官右，進帛於獻官。獻官接帛。贊引唱「奠帛」，獻官奠帛，以帛授接帛者，奠於神位案上。執爵者跪於獻官右，進爵於獻官，獻官接爵。贊引唱「獻爵」，獻官獻爵，以爵授接爵者，奠於神位前。贊引唱「出笏」，獻官出笏。贊引唱「俯伏，興，平身」，贊引唱「詣宗聖曾子神位前」，儀同復聖位。通贊隨唱「行分獻禮」，各贊引詣各分獻官前，同唱「詣盥洗所」。各贊引引各分獻官至洗所，司盥者酌水。贊引同唱「搢笏」。各分獻官搢笏，盥洗畢，進巾。贊引同唱「出笏」，各分獻官出笏。贊引同唱「詣酒罇所」，引各分獻官詣罇所，同唱「司罇者舉羃，酌酒」，各執爵者以虚爵受酒，與捧帛者俱在分獻官前行，至堂及兩廡神案之側朝位立俟。正廟。贊引唱「詣述聖子思子神位前」，各贊引隨唱「詣東哲神位前」，各贊引引分獻官，東哲由左門進，詣神位前，同唱「跪」，同唱「搢笏」〔二〕，獻官并分獻官搢笏。東哲捧帛者轉跪於分獻右，進帛。獻官、分獻官俱接帛。贊引同唱「奠帛」，獻官、分獻官獻帛，以帛授接帛者，奠於神位前案上。捧爵者轉身進爵，如進帛儀，餘儀俱同前。贊引唱「詣亞聖孟子神位前」，各贊引隨唱「詣西哲東廡、西廡神位前」，各贊引引各分獻官西哲東廡、西廡各詣神位前，同唱「跪」，同唱「搢笏」，獻官并各分獻官搢笏。東廡捧帛者轉身跪於分獻官右，亞聖十哲兩廡捧帛者跪於獻官、分獻官左，進帛，獻官、分獻官接帛。贊引同唱「奠帛」，獻官、分獻官奠帛，以帛授接帛者，奠於神位前案上。捧爵者轉身進爵，如進帛儀。獻官、分獻官接爵，贊引同唱「獻爵」，獻官、分獻官獻爵，以爵授接爵者，奠於各神位前。贊引同唱「出笏」，各分獻官出笏。贊引同唱「俯伏，興，平身」。贊引同唱「復位」。麾生偃麾，櫟敔，樂止。各贊引引各獻官至原拜位立，執事者亦隨至罇所立俟。通贊唱「行亞獻禮」，贊引詣獻官前，唱「詣酒罇所」，引獻官至酒罇所。贊引唱「司罇者舉冪，酌酒」，各執爵，以虛爵受酒，前行至廟門，如初獻儀。贊引引獻官由左門入，唱「詣至聖先師孔子神

〔二〕「跪同」，原誤倒，據味經窩本、乾隆本、光緒本、圖書編卷一〇四乙正。

位前」。麾生舉麾，唱「亞獻」，樂奏安和之曲，擊柷作樂，贊引引獻官至神位前，如初獻爵之儀。行禮訖，贊引引獻官如前出，至原位。麾生偃麾，櫟敔，樂止。通贊唱「行終獻禮」，贊引引獻官并執事者，儀同亞獻。麾生舉麾，唱「終獻」，樂奏景和之曲，擊柷作樂，行禮復位，俱如初，惟執爵者不必出廟外，俱在廟兩旁立候。徹饌。麾生偃麾，櫟敔，樂止。通贊唱「飲福受胙」。進福酒者捧爵，進福胙者捧盤，立於神位之東。又令一執事取正壇羊肩胙置於盤。贊引唱「詣飲福位」，飲福乃讀祝位也，又令二執事先立於廟内西旁。贊引引獻官至飲福位，捧福酒，捧福胙，轉身向西立於獻官旁。前廟内二執事行於獻官西，與捧爵者、捧胙者相對立。贊引唱「跪，搢笏」，獻官跪，搢笏。進福酒者跪於獻官右，進爵於獻官。贊引唱「飲福酒」，獻官接酒，飲訖，西旁接福酒者跪於獻官左接爵，捧福胙者跪於獻官右進胙於獻官。贊引唱「受胙」，獻官接胙。訖，兩旁接福胙者跪於獻官之左，接胙，由中門出。贊引唱「出笏」，獻官出笏。贊引唱「俯伏，興，平身，復位」，贊引引獻官至原拜位。訖，通贊唱「鞠躬，拜，興，拜，興，平身」，各官拜。訖，通贊唱「徹饌」。麾生舉麾，唱「徹饌」，樂奏咸和之曲，擊柷作樂。執事各於神位前將籩豆稍移動，復立於原位。舞生直執其籥與翟，同司節在東者進立於東。一班舞生之首舉節朝上，分引舞生於甬道東西，序立相向，樂止。麾生偃麾，櫟敔，舞止。通贊唱「送神」，麾生舉麾，唱「送神」，奏咸和之曲，擊柷作樂。通贊唱「鞠躬，拜，興，拜，興，拜，興，拜，興，平身」，各官拜。訖，通贊唱「讀祝者捧祝，進帛者捧帛」。執事各詣神位前，待讀祝者先跪取祝文，捧帛者跪取帛，轉身向外立。通贊唱「各詣瘞所」，捧帛祝者過訖，贊引唱「詣望瘞位」，各贊引引獻官、陪祭官至瘞所。贊引唱「祝版一帛一段」，數至九段，待焚訖，樂盡，麾生偃麾，櫟敔，樂止。贊引、通贊同唱「禮畢」。

月朔釋菜儀：其日清晨，執事者各司其事，分獻官各官分列於大成門內。監生排班俟獻官至，通贊唱「排班、獻官以下各就位」，通贊唱「班齊，鞠躬，拜，興，拜，興，平身」。引贊詣獻官前，唱「詣盥洗所」，獻官盥手，帨手。訖，引贊唱「詣酒罇所，司罇者舉冪，酌酒」。訖，引贊唱「詣至聖先師孔子神位前」，跪獻爵，俯伏，興，平身。執事者行事並同。引贊唱「詣復聖顏子神位前」，宗聖曾子神位前，述聖子思子神位前，亞聖孟子神位前，儀並同。十哲兩廡，分獻官一同行禮畢，引贊同唱「復位」。引贊導獻官、分獻官至原拜位立。通贊唱「鞠躬，拜，興，拜，興，平身」，禮畢。

王圻續通考：是年十二月，復幸學。先是，五月丁巳，上謂禮部尚書劉仲質曰：「國學新成，朕將釋菜，令諸儒議禮。議者曰，孔子雖聖人，臣也，禮宜一奠而再拜。朕以爲孔子明道德以教後世，豈可以職位論哉？昔周太祖入孔子祠，將拜，左右曰：『孔子陪臣，不宜拜。』周太祖曰：『百世帝王之師，敢不拜乎？』遂再拜。朕深嘉其明斷，不惑於左右之言。今朕有天下，敬禮百神，於先師之禮，宜加尊重。」仲質乃與儒臣定議：上服皮弁服，執圭詣先師，再拜獻爵，後又再拜，退易服，詣彝倫堂。祭酒、司業、博士、助教進講賜坐。侍臣以次坐於東西。講畢，宣諭學官諸生而還。明日，祭酒率學官上表謝恩。己未，遣官祭先師孔子以太牢。禮畢，祭酒吴顒等升堂，諸生受業。乙丑，上幸國子監，謁先師孔子，釋菜禮成，退御講筵。祭酒吴顒等以次講畢，上謂之曰：「中正之道，無踰於儒，上古聖人，不以儒名，而德行實儒。後世儒之名立，雖有儒名，或無其實。孔子生於周末，身儒道，行儒行，立儒教，率天下後世之人，皆欲其中正。惜乎魯國君臣無能用之者，當時獨一公父文伯之母知其賢，責其子之不能從。則一國君臣可愧矣！卿等爲師表，正當以孔子之道爲教，使諸生咸趨乎正，則朝廷得人矣！」復命取尚書大禹、皋陶謨、洪範，親爲講説，反覆開諭。群臣聞者，莫不悚悦。遂賜宴，竟日而還。丙寅，祭酒吴顒率博士龔斆上表謝，各賜羅衣二襲。官民生許恒等四百三十人，各賜春夏布衣。

闕里志：洪武十五年，太學成，孔子以下去塑像，設木主。

蕙田案：此國學去塑像尚未行之天下也，故嘉靖間復行之。

明史禮志：洪武十七年，敕每月朔望，祭酒以下行釋菜禮，郡縣長以下詣學行香。

王圻續通考：洪武十七年，議大成樂。

春明夢餘録：洪武二十年，罷武成廟〔一〕，獨尊孔子。

蕙田案：太公之功，焉得與孔子並？太祖此舉，可破千年黷祀之典。

明史禮志：洪武二十六年，頒大成樂於天下。

明會典：洪武二十六年，頒大成樂器於天下府學，令州縣如式製造。

釋奠儀：一齋戒。與祀帝王同。一省牲。牛一，山羊五，豕九，鹿一，兔五。一陳設。正壇：犢一，羊一，豕一，登一，鉶二，籩豆各十，簠簋各二，帛一，白色，禮神制帛。

〔一〕「武成廟」，原脱「成」字，據光緒本、春明夢餘録卷二〇補。

共設酒尊三，爵三，篚一於壇東南，西向；祝文案於壇西。四配位：每位羊一，豕一，登一，鉶二，籩豆各十，簠簋各一，爵三，帛一，篚一。十哲位：東五壇豕一分五，帛一，篚一，爵三。每位鉶一，籩豆各四，簠簋各一，酒盞一。西五壇陳設同。東廡：五十三位，共十三壇，共豕一，帛一，篚一，爵一。每壇籩豆各四，簠簋各一，酒盞四。西廡：五十二位，共十三壇，陳設同。

一正祭。典儀唱「舞生就位，執事官各司其事，分獻官、陪祀官各就位」，贊引引獻官至盥洗所，贊詣盥洗位，搢笏，出笏，引至拜位，贊就位。典儀唱「迎神」，奏樂。樂止，贊四拜，通贊、陪祭官同。典儀唱「行初獻禮」，奏樂。執事官捧帛爵詣各神位前。贊引導遣官，贊詣大成至聖文宣王神位前，贊搢笏，贊獻帛，執事以帛進，奠訖，執事以爵進，贊引贊獻爵，出笏。贊詣讀祝位，樂暫止，跪，傳贊衆官皆跪，贊讀祝，讀祝官取祝跪於獻官左。讀訖，贊俯伏，興，平身。贊詣究國復聖公神位前，搢笏，獻爵，出笏。詣郕國宗聖公神位前、沂國述聖公神位前、鄒國亞聖公神位前，儀並同前。贊復位，樂止，典儀唱「行亞獻禮」，奏樂，執事以爵獻於神位前，樂止。典儀唱「行終獻禮」，奏樂，儀同亞獻。樂止，典儀唱「飲福，受胙」。贊詣飲福位，跪，搢笏。執事以爵進，贊飲福酒。執事以胙進，贊受胙，出笏，俯伏，興，平身，復位。贊兩拜，傳贊、陪祀官同。典儀唱「徹饌」，奏樂，執事各詣神位前，徹饌，樂止。典儀唱「送神」，奏樂，贊引贊四拜，傳贊陪祀官同〔一〕。典儀唱「讀祝官捧祝，掌祭官捧帛饌，各詣瘞位」，典儀唱「望瘞」，奏樂，贊引官贊詣望瘞位，樂止。贊禮畢。

一分獻官儀注。分獻以翰林院修撰等官二員、國子博士等官二員。典儀唱「分獻官、陪祭官各就位」，各二拜。候讀祝訖，唱「分獻官行禮」，贊引贊詣盥洗所，贊搢笏，贊出笏，贊升壇，贊詣神位前，贊搢笏。執事以帛進於分獻官，執事以爵進於分獻官，獻官，獻訖，贊出笏，贊復位。亞獻、終獻同。典儀唱「望瘞，各詣瘞位」，樂止，贊禮畢。

一祝文。維洪武某年歲次某月朔越某日，皇帝遣具官某致祭於大成至聖文宣王，惟王德配天地，道冠古今，删述六經，垂憲萬世。謹以牲帛醴齊，粢盛庶品，祗奉舊章，式陳明薦，以兖國復聖公、郕國宗聖公、沂國述聖公、鄒國亞聖公配，尚享。

明會典：洪武二十九年，駕幸太學，行釋菜禮。黜揚雄從祀，進漢董仲舒。

明史禮志：洪武二十八年，以行人司副楊砥言，罷漢揚雄從祀，益以董仲舒。

〔一〕「典儀唱徹饌」至「傳贊陪祀官同」三十六字，原脱，據光緒本、明會典卷九一補。

蕙田案：會典及禮志年月不符，存以俟考。

明史太祖本紀：洪武三十年十月乙未，重建國子監先師廟成。

禮志：三十年，以國學孔子廟隘，命工部改作，其制皆帝所規畫。大成殿門各六楹，靈星門三，東西廡七十六楹，神厨庫皆八楹，宰牲所六楹。

春明夢餘録：京師文廟在城北國學之左。元太祖置先聖廟於燕京，以舊樞密院爲之。成宗大德十年，京師廟成，明太祖改爲北平府學，廟如故。

明史禮志：永樂初，建廟於太學之東。

春明夢餘録：永樂元年八月，遣官釋奠，仍改稱國子監。孔子廟尋建新廟於故址中。爲廟南向，東西兩廡，丹墀西爲瘞所，正南爲廟門，門東爲宰牲亭，神厨西爲神庫、持敬門，門正南爲外門。正殿初名大成殿。

明史成祖本紀：永樂四年三月辛卯朔，釋奠於先師孔子。

王圻續通考：永樂四年，幸學。禮部尚書鄭賜言：「宋制，謁孔子服靴袍再拜。」上曰：「見先師禮不可簡，必服皮弁行四拜禮。」於是進視學儀注，即洪武中所定也。

明會典：永樂八年，正文廟聖賢繪塑衣冠，令合古制。

蕙田案：闕里志稱洪武五年，去南京塑像，此仍舊未毁故也。

十九年，北京國子監既定，其南監春祭命祭酒行禮，稱皇帝謹遣。

明史禮志：宣德三年，以萬縣訓導李譯請，命禮部考正從祀先賢名位，頒示天下。

明會典：正統元年，刊定從祀名爵位次，頒行天下。

明史英宗前紀：正統二年六月乙亥，以宋胡安國、蔡沈、真德秀從祀孔子廟庭。

禮志：正統二年，禁天下祀孔子於釋、老宫。

明史禮志：孔、顔、孟三氏子孫教授裴侃言：「天下文廟惟論傳道，以列位次。闕里家廟，宜正父子，以叙彝倫。顔子、曾子、子思，子也，配享殿庭；無繇、子晳、伯魚，父也，從祀廊廡。非惟名分不正，抑恐神不自安，況叔梁紇元已追封啓聖王，創殿於大成西崇祀，而顔、孟之父俱封公，惟伯魚、子晳仍侯，乞追封公爵，偕顔、孟父俱配啓聖王殿。」帝命禮部行之。仍議加伯魚、子晳封號。

蕙田案：此止行之家廟，未及國學及府州縣也。

明會典：正統八年，追封元吴澄爲臨川郡公，從祀。

明史禮志：正統八年，慈利教諭蔣明請祀元儒吴澄。大學士楊士奇等言當從祀，從之。

蕙田案：吴澄之祀，罷於嘉靖九年。

英宗前紀：正統九年三月辛亥朔，新建太學成，釋奠於先師孔子。

景帝本紀：景泰二年二月辛未，釋奠於先師孔子。

明會典：景泰六年，奏准以兩廡祭品儉薄，增豕四、棗栗各五十斤、黍稷各一斗、形鹽五十斤，南京國子監一體增設。

成化二年，封董仲舒爲廣川伯、胡安國建寧伯、蔡沈崇安伯、真德秀浦城伯。

王圻續通考：成化四年，彭時奏謂：「漢晉之時，道統無傳，所幸有專門之師講誦聖經，以詔學者，斯文賴以不墜。此馬融、范甯諸人雖學行未純，亦不得而廢。」

明史禮志：成化十二年，從祭酒周洪謨言，增樂舞爲八佾，籩豆各十二。

祭酒周洪謨於成化十二年七月，奏請加孔子封號：「先儒羅從彦嘗曰：『唐既封先聖爲王，襲其舊號可也，加之帝號而褒崇之亦可也。』所封乃當時天王之王，既正南面之位，宜服冕十二旒，衣十二章，十籩十豆各增爲十二，六佾之舞增爲八佾之舞。且古者鳴球琴瑟堂上之樂，笙鏞柷敔堂下之樂，而干羽舞於兩階。今舞羽居上而樂器居下，非古制也，宜令典樂者改正。」上命禮官議之，於是尚書鄒榦言：「洪武中，新建南京太學，止用神主不設塑像，故當時祭酒宋訥奉敕撰文有『像不土繪，祀以神主，百年夷習乃革』之語。今北監所有塑像，皆因元舊不忍撤毀耳。以此觀之，冕旒蓋因塑像之舊，而籩豆、佾舞之數，則祖宗斟酌已有定式，俱當仍舊。惟佾舞居下，則行太常寺考正之。」九月，周洪謨又言孔子封號、冕服、籩豆、佾舞等事。禮部稱：「洪武年間，太學止用神主，塑像非聖朝之制。臣以爲孔子之道不外禮樂，今欲體孔子之道亦莫先乎禮樂。唐開元中，封孔子爲文宣王，被以衮冕，樂用宮縣。樂既用天子之宮縣，服必用天子之衮冕，是唐之奉孔子者，已用天子之禮樂矣。今冕服既用天子禮，而佾舞則用諸侯之樂，以禮論樂則樂不備，以樂論禮則禮爲僭。孔子周人，當用周制，其所封乃當時天王之王，非後世國王之王。合無將十籩、十豆增爲十二籩、十二豆，六佾之舞增爲八佾之舞。器數既加，則佾舞與冕服相稱，而樂不爲缺矣。」准奏。籩豆增爲十二，六佾增爲八佾，通行天下。

春明夢餘録：成化十三年閏二月丁丑，釋奠，初用八佾，籩豆各十二。

明會典：成化二十二年二月朔，當釋菜值上丁，令以次日釋菜。

闕里志：弘治元年，孝宗皇帝登極，駕幸太學，釋奠孔子，以吏部尚書王恕言，詔先師位加幣用太牢，改分獻爲分奠。

學士程敏政於弘治元年考正祀典疏略：先師孔子有功德於天下萬世，其廟庭之間侑食之人，必得文與行兼、名與實副，有功於聖門而無疵於公議者，庶足以稱崇德報功之意。若侑食者非其人，則豈惟先師臨之，神不顧歆，將使典模範者莫知所教，爲弟子者莫知所學。世教不明，人心不淑，通於天下而施及後世，其爲關繫，豈特一時一方之可比哉？謹畫一條，陳上瀆聖覽。一唐貞觀二十一年，始以左丘明等二十二人從祀孔子廟庭。當時聖學不明，議者無識，拘於注疏，謂釋奠先師，如詩有毛公，禮有高堂生，書有伏生之類。遂以專門訓詁之學爲得聖道之傳，而并及馬融等。臣考歷代正史，馬融初應鄧騭之召爲秘書，歷官南郡太守，以貪濁免官。髡徙朔方，自刺不殊，又不拘儒者之節，前授生徒，後列女樂。爲梁冀草奏，殺忠臣李固，作西第頌以美冀，爲正直所羞。即是觀之，則衆醜備於一身，五經爲之掃地。後世乃以其空言，目爲經師，使侑坐於孔子之庭，臣不知其何説也！劉向初以獻賦進，喜誦神仙方術，嘗上言黄金可成，鑄作不驗，下吏當死，其兄陽城侯救之，獲免。所著洪範五行傳，最爲舛駁，使箕子經世之微言流爲陰陽術家之小技。賈逵以獻頌爲郎，不修小節，專以附會圖讖以至貴顯，蓋左道亂政之人也。王弼與何晏倡爲清談，所注易傳祖老、莊。而范甯追究晉室之亂，以爲王、何之罪深於桀、紂。何休則止有春秋解詁一書，黜周王魯，又注風角等書，班之於孝經、論語，蓋異端邪説之流也。戴聖爲九江太守，治行多不法，懼何武劾之而自免。後爲博士，毁武於朝。及子賓客爲盜繫獄，而武平心決之得不死，則又造謝不慙。先儒謂聖禮家之宗，而身爲贓吏，子爲賊徒，可爲世鑒？王肅在魏，以女適司馬昭。當是時，昭篡魏之勢已成。肅爲世臣，封蘭陵侯，官至中領軍，乃坐觀成敗。及毌丘儉、文欽起兵討賊，肅又爲司馬師畫策以濟其惡，若好人佞己，乃其過之小者。杜預所著亦止有左氏經傳集解，其大節蓋無可稱。如守襄陽則數饋遺洛中要人，曰懼其爲害耳，非以求益也。伐吴之際，因斫癭之譏，盡殺江陵之人。以吏則不廉，以將則不義。凡此諸人，其於名教，得罪非小，而議者爲能守其遺經，轉相授受，以待後之學者，不爲無功。臣竊以爲不然。夫守其遺經，若左丘明、公羊高、穀梁赤之於春秋，伏勝、孔安國之於書，毛萇之於詩，高堂生之於儀禮，后蒼之於禮記，杜子春之於周禮，可以當之。蓋秦火之後，惟易以卜筮僅存，而餘經非此九人，則幾乎熄矣！此其功之不可泯者，以之從祀可也。若融等又不過訓詁此九人所傳者耳，況其書行於唐，故唐得以備經師之數祀之。今當理學大明之後，易用程、朱，詩用朱子，書用蔡氏，春秋用胡氏，又何取於漢魏以來駁而不正之人，使安享天下之祀哉？夫所以祀之者，非徒使學者誦其詩、讀其書，亦將識其人而使之尚友也。臣恐學者習其訓詁之文，於身心未必有補，而考其奸諂、淫邪、貪墨、怪妄之迹，將自甘於效尤之地，曰先賢亦若此哉！其禍儒害道，將有不可勝言者。至於鄭衆、盧植、鄭玄、服虔、范甯五人，雖若無過，然其所行亦未能以窺聖門，所著亦未能以發聖學。若五人者得預從祀，則漢唐以來，當預者尚多。臣愚乞將戴聖、劉向、賈逵、馬融、何休、王肅、王弼、杜預八人褫爵罷祀，鄭衆、盧植、鄭玄、服虔、范甯各祀於其鄉。后蒼在漢初説禮數萬言，號后氏曲臺記，戴聖等皆受其業，蓋今禮記之書，非后氏則不復傳於後矣。乞加封爵，與左丘明等一體從祀，則僞儒免欺世之名，賢者受專門之祀，而情文兩得矣。一孔子弟子見於家語，自顏回而下七十六人。家語之書出於孔氏，當得其實。而司馬遷史記所載，多公伯寮、秦冉、顏何三人。文翁成都廟壁所晝又多籧瑗、林放、申棖三人，先儒謂後人以所見增益，殆未可據。臣考宋邢昺論語注疏，申棖，孔子弟子，在家語作「申續」，史記作「申黨」，其實一人也。今廟庭從祀，申棖封文登侯，在東廡；申黨封淄川侯，在西廡，重復無稽，一至於此。且公伯寮愬子路，以阻孔子，乃聖門之蟊螣。而孔子稱瑗爲夫子，決非及門之士。林放雖嘗問禮，然家語、史記、邢昺注疏、朱子集注俱不載諸弟子之列。秦冉、顔何，疑亦爲字畫相近之誤，如申棖、申黨者，但不可考耳。臣愚以爲申棖、申黨位號宜存其一，公伯寮、秦冉、顔何、籧瑗、林放五人，既不載於家語七十子之數，宜罷其祀。若瑗、放二人，不可無祀，則乞祀瑗於衛，祀放於魯，或附祭於本處鄉賢祠，仍其舊爵，以見優崇賢者之意，亦庶乎名實相符而不舛於禮也。洪武二十九年，行人司副楊砥建議請黜揚雄，進董仲舒。太祖高皇帝嘉納其言而行之，主張斯道，以淑人心，可謂大矣。然荀況、揚雄實相伯仲，而況以性爲惡，以禮爲僞，以子思、孟子爲亂天下，以子張、子夏、子游爲賤儒，故程子有荀卿過多揚雄過少之説。今言者欲并黜況之祀，宜也。然臣竊以爲漢儒莫若董仲舒，唐儒莫若韓愈，而尚有可議者一人，文中子王通是也。通之言行，先儒之語已多，大約以爲僭經，而不得比於董、韓云爾。臣請斷之以程、朱之説。程子曰：「王通，隱德君子也。論其粹處，殆非荀、揚所及。」若續經之類皆非其作，然則程子豈私於通哉？正因其言之粹者，而知其非僭經之人耳。朱子曰：「文中子論治體處，高似仲舒，而本領不及；爽似仲舒，而純不及。」又曰：「韓子原道諸篇，若非通所及者，然終不免文士之習，利達之求。若覽古今之變，措諸事業，恐未若通之致懇惻而有條理也。」至於河、汾師道之立，出於魏、晉佛老之餘，迨今人以爲盛，則通固豪傑之士也。今董、韓並列從祀，而通不預，疑爲闕典。臣又案，宋儒自周子以下九人，同列從祀，而尚有可議者一人，安定胡瑗是也。瑗之言行，先儒之論已詳，大約以爲少著述，而不得比於濂、洛云爾。臣亦請斷之以程、朱之説。程子看詳學制曰：「宜建尊賢堂，以延天下道德之士，如胡瑗、張載、邵雍，使學者得以矜式。」朱子小學書亦備載瑗事，以爲百世之法。臣以爲自秦、漢以來，師道之立，未有過瑗者。矧程子於瑗之生也，欲致其與張、邵並居於尊賢之堂；其没也，乃不得與張、邵並侑於宣聖之廟，其爲闕典，或又甚矣。況宋端平二年，議增十賢從祀，以瑗爲首。若以爲瑗無著述之功，則元之許衡亦無著述，但其身教之懿，與瑗相望，誠有不可偏廢者。臣考之禮，有道有德，教於學者，死則爲樂祖，祭於瞽宗，鄉老先生殁，則祭於社。若通、瑗兩人之師道，百世如新，得加封爵，使與衡得並列祀於學官，最爲得意。是年，禮科右給事中張九功奏言：「孔子之道，大同天地，從祀諸賢，豈容或苟。如荀況、馬融、王弼、揚雄，皆在所當黜。今之儒臣，禮部侍郎兼翰林學士薛瑄在所當入。」命禮部會議。於是，尚書周經等僉言揚雄已黜於洪武時，而薛瑄嘗與元儒劉因並欲從祀，以大學士楊廷和謂其無所著述而止。自餘皆有羽翼聖經之功，宜仍舊從祀。

蕙田案：此疏當時雖未允行，嘉靖九年所定，實本於此。

四年，南京國子監祭酒謝鐸奏：十哲、七十二子，以及左氏以下二十二人，其所當黜陟者，先儒程子與熊去非已有定論，但此外猶有不能無疑者。有若龜山先生楊時，程門高弟，伊洛正傳，息邪放淫，以承孟氏，不愧南軒所稱「繼往開來，吾道南矣」，實演晦翁之派。雖其晚節一出，不克盡從其言，而新經之闢，誠足以衛吾道。如是而不預從祀之列，臣竊惑焉。又若臨川郡公吴澄，著述雖不爲不多，行檢則不無可議。生長於淳祐，貢舉於咸淳，受宋之恩者已如此，其久爲國子司業，爲翰林學士，歷元之官者乃如彼，其榮迹、其所爲曾不及洛邑之頑民，何敢望首陽之高士？昔人謂其專務聖賢之學，卓然進退之際，不識聖賢之於進退，果如是否乎？如是而猶在從祀之列，臣固不能以無惑。乞勑陸時以上祔宋諸賢之位，斥澄以下從莽大夫之列。不惟天下之公論允愜，而於世道教化，亦不爲無補矣。

明史孝宗本紀：弘治八年七月丁亥，封宋儒楊時爲將樂伯，從祀孔子廟庭。

禮志：八年，楊時從祀，位司馬光之次。

大學士徐溥等言：「諸儒從祀孔門，非有功斯道不可，然必取證於大儒之說，斯可以合人心之公。考程氏遺書及諸子伊洛淵源録所載龜山楊氏行狀、墓誌等文，俱稱其造養深遠，踐履純固，温然無疾言遽色，與明道程子相似。方其學成而歸，程子目送之曰：『吾道南矣。』然則是道也，豈易言哉？自兩程子嗣孔、孟不傳之統，及門之士得以道見許者，龜山一人而已。蓋龜山一傳爲豫章羅氏，再傳爲延平李氏，以授朱子，號爲正宗。文定胡氏親承指授，而春秋之傳作。南軒張氏上遡淵源，而太極之義闡。心學所漸，悉本伊洛，使天下之人，曉然知虚寂之非道，訓詁之非學，詞華之非藝，則龜山傳道之功，不可誣矣！崇、宣之世，京、黼柄國，躋王安石於配享，位次孟子，而頌其新經以取士，僭聖叛經，凡數十年。龜山入朝，首請黜其配享，不令厠宣聖之廟庭；廢其新經，不令蠹學者之心術。使天下之人，知邪説之當息，詖行之當距，淫詞之當放，則龜山衛道之功，亦不可掩。或有疑其出處之際，而少其著述之功，則朱子謂龜山之出，惟文定公之言最公，曰：『當時若能聽用，決須救得一半。』胡文定亦曰：『蔡氏焉能浼之？』然則以出處見疑者，未考之過也。龜山值洛學黨禁之餘，指示學者以大本所在，體驗之功，轉相授受，而朱子得聞其指訣，則見於何鎬之書。朱子於理一分殊之論，稱其年高德盛，而所見益精，則見於西銘之跋。要之，無龜山則無朱子，而龜山之道，非知德者，殆未可輕議，然則以著述見少者，亦未考之過也。又案元史至正二十一年，因杭州路照磨胡瑜建言，已將龜山與延平李氏、文定胡氏、九峰蔡氏、西山真氏俱加封爵，列於從祀，以世變不及徧行天下。此殆近於禮所謂『有其舉之，莫敢廢者』。然則親講於龜山，若文定，私淑於龜山，若朱、張，咸在侑食；近私淑於朱子，若蔡、真，遠私淑於朱子，若許、吴，亦在侑食。獨其師有傳道衛道之功，可以繼往開來，抑邪與正者，反不預焉？揆之人心，誠爲闕典。考大儒之定論，參前代之故實，伸弟子從師之義，慰後學向道之心，以龜山躋於從祀，宜合公論。」奉旨允行。

蕙田案：此議最爲允協。

弘治九年，增樂舞爲七十二人，如天子之制。

王圻續通考：弘治十四年，國子監管祭酒事、禮部右侍郎謝鐸言：「學校之設，皆所以明人倫也。顏、曾、思三子配享堂上，而其父則皆列祀廡下，冠履倒置，有是理哉？爲今之計，莫若於闕里立廟，祀叔梁紇，以顏路、曾皙、孔鯉諸賢配享。如先儒熊去非之論，庶幾各全其尊而神靈安妥也。吴澄親爲有宋之遺臣，靦顔食元之官禄，名節掃地，正宜律以春秋大義，罷黜從祀。此前一事，人雖屢言而未見施行；此後一事，臣亦嘗言而未蒙俞允。每當奉祀對越之際，輒起嚬顣不安之心，心所不安，又不得不發之言耳。」

蕙田案：兩議俱至嘉靖時行。

武宗本紀：正德元年三月甲申，釋奠於先師孔子。

闕里志：嘉靖元年，世宗登極，駕幸太學。

世宗本紀：嘉靖九年六月癸亥，立曲阜孔、顏、孟三氏學。冬十一月辛丑，更正孔廟祀典，定孔子謚號曰至聖先師孔子。

禮志：嘉靖九年，大學士張璁言：「先師祀典，有當更正者。叔梁紇乃孔子之父，顔路、曾晳、孔鯉乃顔、曾、子思之父，三子配享廟庭，紇及諸父從祀兩廡，原聖賢之心豈安？請於大成殿後，别立室祀叔梁紇，而顔路、曾晳、孔鯉配之。」帝以爲然。因言：「聖人尊天與尊親同。今籩豆十二，牲用犢，全用祀天儀，亦非正禮。其謚號、章服悉宜改正。」璁緣帝意，言：「孔子宜稱先聖先師，不宜稱王。祀宇宜稱廟，不稱殿。祀宜用木主，其塑像宜毁。籩豆用十，樂用六佾。配位公侯伯之號宜削，止稱先賢先儒。其從祀申黨、公伯寮、秦冉等十二人宜罷，林放、蘧瑗等六人宜各祀於其鄉，后蒼、王通、歐陽修、胡瑗、蔡元定宜從祀。」帝命禮部會翰林諸臣議。編修徐階疏陳易號毁像之不可。帝怒，謫階官，乃御製正孔子祀典説，大略謂孔子以魯僭王爲非，寧肯自僭天子之禮。復爲正孔子祀典申記，俱付史館。璁因作正孔子廟祀典或問奏之。帝以爲議論詳正，并令禮部集議。於是御史黎貫等言：「聖祖初正祀典，天下嶽瀆諸神皆去其號，惟先師孔子如故，良有深意。陛下疑孔子之祀，上擬祀天之禮。夫子之不可及也，猶天之不可階而升，雖擬諸天，亦不爲過。自唐尊孔子爲文宣王，已用天子禮樂。宋真宗嘗欲封孔子爲帝，或謂周止稱王，不當加帝號，而羅從彦之論，則謂加帝號亦可。至周敦頤則以爲萬世無窮，王祀孔子，邵雍則以爲仲尼以萬世爲王。其辨孔子不當稱王者，止吴澄一人而已。伏望博考群言，務求至當。」時貫疏中言：「莫尊於天地，亦莫尊於父師，陛下敬天尊親，不應獨疑孔子王號爲僭。」帝因大怒，疑貫借此以斥其追尊皇考之非，詆爲奸惡，下法司會訊，褫其職。給事中王汝梅等亦極言不宜去王號，帝皆斥爲謬論。於是禮部會諸臣議：「人以聖人爲至，聖人以孔子爲至。宋真宗稱孔子爲至聖，其意已備。今宜於孔子神位題至聖先師孔子，去其王號及大成、文宣之稱。改大成殿爲先師廟，大成門爲廟門。其四配稱復聖顏子、宗聖曾子、述聖子思子、亞聖孟子。十哲以下凡及門弟子，皆稱先賢某子。左丘明以下，皆稱先儒某子。不復稱公侯伯。遵聖祖首定南京國子監規制，製木爲神主。仍擬大小尺寸，著爲定式。其塑像，即令屏撤。春秋祭祀，遵國初舊制，十籩十豆，天下各學，八籩八豆。樂舞止六佾。凡學別立一祠，中叔梁紇題啓聖公孔氏神位，以顔無繇、曾點、孔鯉、孟孫氏配，俱稱先賢某氏。至從祀之賢，不可不考其得失。申黨即申棖，釐去其一。公伯寮、秦冉、顏何、荀況、戴聖、劉向、賈逵、馬融、何休、王肅、王弼、杜預、吴澄罷祀。林放、蘧瑗、盧植、鄭衆、鄭玄、服虔、范甯各祀於其鄉。后蒼、王通、歐陽修、胡瑗宜增入。」命悉如議行。又以行人薛侃議，進陸九淵從祀。初，洪武時司業宋濂請去像設主，禮儀樂章多所更定，太祖不允。成、弘間，少詹程敏政嘗謂馬融等八人當斥。給事中張九功推言之，并請罷荀況、公伯寮、蘧瑗等，而進后蒼、王通、胡瑗。爲禮官周洪謨所却而止。至是以璁力主，衆不敢違。毁像蓋用濂説，先賢去留，略如九功言。其進歐陽修，則以濮議故也。明年，國子監建啓聖公祠成，從尚書李時言，春秋祭祀，與文廟同日。籩豆牲帛視四配，東西配位視十哲，從祀先儒程晌、朱松、蔡元定視兩廡。輔臣代祭文廟，則祭酒祭啓聖祠。南京，祭酒於文廟，司業於啓聖祠。遂定制，殿中先師南向，四配東西向。稍後十哲：閔子損、冉子雍、端木子賜、仲子由、卜子商、冉子耕、宰子予、冉子求、言子偃、顓孫子師皆東西向。兩廡從祀：先賢澹臺滅明、宓不齊、原憲、公冶長、南宫适、高柴、漆雕開、樊須、司馬耕、公西赤、有若、琴張、申棖、陳亢、巫馬施、梁鱣、公晳哀、商瞿、冉孺、顏辛、伯虔、曹恤、冉季、公孫龍、漆雕哆、秦商、漆雕徒父、顏高、商澤、壤駟赤、任不齊、石作蜀、公良孺、公夏首、公肩定、后處、鄡單、奚容蒧、罕父黑、顏祖、榮旂、秦祖、左人郢、句井疆、鄭國、公祖句兹、原亢、縣成、廉潔、燕伋、叔仲噲、顏之僕、邽巽、樂欬、公西輿如、狄黑、孔忠、公西蒧、步叔乘、施之常、秦非、顔噲，先儒左丘明、公羊高、穀梁赤、伏勝、高堂生、孔安國、毛萇、董仲舒、后蒼、杜子春、王通、韓愈、胡瑗、周敦頤、程顥、歐陽修、邵雍、張載、司馬光、程頤、楊時、胡安國、朱熹、張栻、陸九淵、吕祖謙、蔡沈、真德秀、許衡凡九十一人。

王圻續通考：嘉靖九年，釐正祀典，撤去塑像，至聖先師孔子神位木主高二尺三寸七分，闊四寸，厚七分；座高四寸，長七寸，厚三寸四分，朱地金書。四配神位木主各高一尺五寸，闊三寸二分，厚五分；座高四寸，長六寸，厚二寸八分。十哲以下凡及門弟子，皆止稱先賢某子，神位木主各高一尺四寸，闊二寸六分，厚五分；座高二寸六分，長四寸，厚二寸。左丘明以下稱先儒某子，神位木主各高一尺三寸四分，闊二寸三分，厚四分；座高二寸六分，長四寸，厚二寸，俱赤地黑書。

明會典：嘉靖九年，令南京國子監祭用十籩、十豆，樂舞各止六佾。凡六品以下官不陪祭者，先一日赴廟瞻拜，其内臣降香亦罷。

明世宗正孔子祀典説：朕惟孔子之道，王者之道也；德，王者之德也；功，王者之功也；事，王者之事也。特其位非王者之位焉。昨輔臣少傅張璁再疏，請正其號稱、服章等事，已命禮部集翰林諸臣議正外，惟號與服章二事，所關者重，不得不爲言之。孔子當周家衰時，知其不能行王者之道，乃切切以王道望於魯、衛二國，二國之君竟不能明孔子之道。孔子既逝，後世至唐玄宗，乃薦謚曰「文宣」，加以王號，至元又益其謚爲「大成」。夫孔子之於當時，諸侯有僭王者，皆筆削而心誅之，故曰：「孔子作春秋，而亂臣賊子懼。」孔子生如是，其死乃不體聖人之心，漫加其號，雖曰尊崇，其實自爲亂賊之徒，是何心哉？又我聖祖，當首定天下之時，命天下從祀孔子於學，不許祀於釋老之宮，又除去塑像，止令設主，樂舞用六佾，籩豆以十，可謂尊崇孔子，極其至矣，無以加矣。特存其號，豈無望於後人哉？亦或當時創制未暇歟？至我皇祖文皇帝，始建北京國學，因元人之舊，塑像猶存，蓋不忍毁之也。又至我皇祖考，用禮官之議，增樂舞用八佾，籩豆用十二，牲用熟，而上擬乎祀天之禮也。夫孔子設或在今，肯安享之？昔不觀魯僭王之禮，寧肯自僭祀天之禮乎？果能體聖人之心，决當正之也。至於稱王，賊害聖人之甚。孔子昔曰：「名不正則言不順，言不順則事不成。」何其不幸，身遭之哉！夫既以王者之名而横加於孔子，故使顔回、曾參、孔伋以子而並配於堂上，顔路、曾晳、孔鯉以父而從列於下，安有子坐堂上，而父食於下乎？此所謂名不正者焉。皆由綱領一紊，而百目因之以隳耳。今也不正，滋來世之非道，將見子不父其父，臣不君其君，内離外叛，可勝言哉！

正祀典申説：朕惟爲人臣，盡臣道。盡之云者，終始生死以之，非有所私也。孔子曰：「三年無改於父之道。」朱子釋之曰：「祖父所行之事，不但三年，雖萬世亦不可改也。」少有可變，豈可待之三年？大抵成法，固不可改。其於一切事務，不可不急於正之也。朕又惟天子不可與匹夫相爭辨，斯世斯時，却不得不辨也。昨所命議正孔子之祀典，朕不知典籍，且以易明者言之。孔子之謚號，自唐玄宗、李林甫之君臣始。夫孔子已逝，在秦漢之前，此間豈無賢明之君？如漢高祖、唐太宗皆創業垂統者，何不加王號於孔子？則不敢擁虚名以示尊崇之意可知矣。林甫之請，玄宗之加，意必有爲。林甫之爲臣，何等臣也？其意或假尊崇師道以欺玄宗歟？玄宗之所加也，何其巧乎！自秦而後，王天下者稱皇帝。漢方以王號封臣下，玄宗之封謚孔子，何不以皇帝加之？是不欲與之齊也。特一王號，猶封拜臣下耳，尊崇之意何在哉？蓋此王字，非王天下之王，實後世王公之王也。由是，武宗假托之而加謚，宋徽宗薦十二章服。徽宗之加，欲掩其好道教而設此以尊崇耳。況以諸侯王而薦天子之服章，誣之甚也。至於雕塑之像，不知孔門弟子，即孔子死時而造之，且如一人，自是一人貌色，不知可增損乎，抑不可乎？以一聖人，而信工肆意雕塑，曰：「此是孔子像也。」殊不知其實是土木之靈耳，孔子肯依之享之？推己之心，則知孔子之心也。又至於八佾之舞、十二俎豆，又僭禮之甚也，決所當正。

日知録顧氏炎武曰：理宗寶慶三年，進朱熹。淳祐元年，進周敦頤、張載、程顥、程頤。景定二年，進張栻、呂祖謙。度宗咸淳三年，進邵雍、司馬光。以今論之，惟程子之易傳、朱子之四書章句集注、易本義、詩傳及蔡氏之尚書集傳、胡氏之春秋傳、陳氏之禮記集説，是所謂代用其書，垂於國冑者爾。南軒之論語解，東萊之讀詩記〔一〕，抑又次之，而太極圖、通書、西銘、正蒙，亦羽翼六經之作也。至有明嘉靖九年，欲以制禮之功，蓋其豐昵之失，而逞私妄議，輒爲出入，殊乖古人之旨。夫以一事之瑕，而廢傳經之祀，則宰我之短喪，冉有之聚斂，亦不當列於十哲乎？棄漢儒保殘守缺之功，而奬末流論性談天之學。於是語録之書日增月益，而五經之義委之榛蕪，自明人之議從祀始也。有王者作，必遵貞觀之制乎？

又云：嘉靖之從祀，進歐陽修者，爲大禮也，出於在上之私意也。進陸九淵者，爲王守仁也，出於在下之私意也。與宋人之進荀、揚、韓三子，而安石封舒王配享，同一道也。

〔一〕「讀詩記」，諸本作「讀書記」，據日知録集釋卷一四改。

明會典：啓聖祠。嘉靖九年，令兩京國子監并天下學校，各建啓聖公祠。中祀叔梁紇，題稱啓聖公孔氏之位，以顔無繇、曾點、孔鯉、孟孫氏配，俱稱先賢某氏之位。程珦、朱松、蔡元定從祀，俱稱先儒某氏之位。每歲仲春秋上丁日，遣國子監祭酒行禮，南監司業行禮。

劉蒞四賢從祀奏：浙江布政使司、金華府知府等官劉蒞等奏：「昔孟軻氏殁，吾道絶學，周、程、張、朱，始續其傳。朱熹之門，黄榦乃其巨擘也。熹臨終，悉以深衣、幅巾及平生遺書付之曰：『吾道之托，盡在子矣。』若然，則繼朱熹者，非黄榦乎？榦爲臨川令，婺州金華人。何伯慧適爲縣丞，因命其子何基師事焉。告以聖賢之學，悚惕受命，於是因黄榦之言，明朱熹之旨。精義新意，愈出不窮。然則繼黄榦者，非何基乎？一傳而得同郡王柏，盡探何基之祕，而師道爲之再盛。然則，繼何基者，非王柏乎？再傳而得同郡金履祥，造詣益邃，盎然春融，怡然冰釋，訓迪後學，誨切無倦。觀其所充拓，所論著，蓋親得何、王之傳，而並擴之。然則繼王柏者，金履祥也。又傳而得同郡許謙，致遠鉤深，以聖人爲準的；旁搜博採，以義理爲折衷。蓋盡得何、王、金之藴而益充之。然則，繼履祥者，許謙也。是四子者，皆親接黄榦之傳，以上續朱熹之統，寥寥三百年餘，未從孔門之祀。成化間，按察司僉事辛訪亦嘗具奏，未蒙准行。議者曰：『羽翼斯道，莫如著述。』何基所著大學中庸發揮、大傳易啓蒙發揮、通書近思録發揮。王柏所著讀易記涵、古易説、大象衍義、涵古圖書、書疑、詩解説、讀春秋記、論語衍義、太極衍義、伊洛精義、研几圖、魯經章句、論語孟子通旨、朱子指要、詩可言、天文地理考、墨林考、帝王歷數等書。金履祥所著有論孟考證，補集注之所未備，通鑑前編，多先儒之所未發。其他如天文、地理、典章、制度、食貨、刑法、字學、音韻等書，皆發明聖道，裨益程、朱不少。臣又嘗聞之，朱子翼道之功，李侗實啓之，從彦實傳之。今楊時既列從祀，而從彦、李侗不與，則是曾玄享祀，而祖禰不與也。臣望陛下隆重儒先，紹續道統。乞敕多官會議，將羅從彦、李侗、黄榦、何基等七人加其封爵，俾之從祀，使其不至淪没，則聖道有光，治道增重。」

蕙田案：此疏上而不行，故無年月可稽。考蓰傳，知金華時，適當劉瑾敗，後則亦嘉靖初年也。而九年，釐正祀典，竟未之及。觀其所議，於朱子之後學脉源流，最有關係，附見於此，以俟論定。

明史禮志：聖師之祭，始於世宗。奉皇師伏羲氏、神農氏、軒轅氏，帝師陶唐氏、有虞氏，王師夏禹王、商湯王、周文王武王九聖南向。左先聖周公，右先師孔子，東西向。每歲春秋開講前一日，皇帝服皮弁，拜跪，行釋奠禮。用羹酒果脯帛祭於文華殿東室。初，東室有釋像，帝以其不經，撤之，乃祀先聖先師。自爲祭文，行奉安神位禮。輔臣禮卿及講官俟行禮訖，入拜。先是洪武初，司業宋濂建議欲如建安熊氏之説，以伏羲爲道統之宗，神農、黄帝、堯、舜、禹、湯、文、武以次列焉。秩祀天子之學，則道統益尊。太祖不從。至是，世宗倣其意行之。十六年移祀於永明殿後，行禮如初。其後常遣官代祭。隆慶初，仍於文華殿東室行禮。

明會典：嘉靖九年初，祀伏羲、神農、黄帝、堯、舜、禹、湯、文、武、周公、孔子凡十一位。一前期一日，太常博士捧祝版於文華殿，上填御名訖，捧出。一正祭日早，太常寺進籩豆、祝帛，陳設畢，候上至行禮。一陳設。每位鉶一、籩豆各二、禮神制帛一白色。一正祭。是日，上具皮弁服，由文華殿出。内贊對引官導上至拜位，奏「就位」，上就御拜位。内贊導上至伏羲氏前，奏「搢圭」，奏「上香」，訖，詣各神位前，俱奏「上香」，訖，奏「出圭」，奏「復位」，上復位。奏「再拜」，訖，讀祝官啓祝跪，内贊奏「跪」，上跪。贊讀祝訖，奏「俯伏，興，平身」。讀祝官安祝，退，奏「再拜」，訖。贊焚祝帛，上退拜位之東立。捧祝帛官出門，奏「禮畢」。内贊對引導上出還宫。一祝文。維年月朔日皇帝御名，謹告於先聖、先師暨周公、孔子曰：「予惟後學之資，必賴先聖遺集，以爲進修，兹於明日春秋開講學，伏惟默運神機，覺我後學，俾誠正之功不替，庶治平之至可臻，而聖道永有沾民之惠矣。特用奠告，惟聖師鑒焉。」

春明夢餘録：嘉靖十年，以釐正祀典。服皮弁謁廟，用特奠帛行釋奠禮。迎神、送神各再拜。樂三奏，文舞六佾。配享從祀及啓聖祠分奠用酒脯，亦遣官致祭於南監及闕里，從大學士張璁議也。

明史世宗本紀：嘉靖十二年三月丙辰，釋奠於先師孔子。

世宗實録：嘉靖十九年，禮部覆薛瑄從祀議：「從祀之典，崇德報功。自漢以來，大儒從祀，代不乏人。正統間，以宋胡安國、蔡沈、真德秀、元吴澄從祀。弘治間，以宋楊時從祀。嘉靖九年，又以宋陸九淵從祀。而累朝諸臣，俱嘗請以本朝禮部侍郎薛瑄從祀。案：瑄，山西河津縣人。年甫幼學，一見濂洛之書，歎曰：『此學道之正脉也。』即焚棄詞賦，以程門居，敬窮理爲學之法，以孟子復性爲學之功，由壯至老，造詣純篤。蓋見於大學士李賢、尚書彭韶、國子監丞閻禹錫等所撰行狀碑文者。如此，瑄所著有讀書録十卷，今觀其書，格言要論，發明理道，每有新得，非體認密切、踐履真實者不能。至於立朝行己，風概卓絶，有功名教，可謂豪傑之崛興，聖門之宗裔矣。若朝廷特加褒顯，進之從祀，誠足以慰衆論之公，彰聖朝之美也。然或者之論，以爲前代所定從祀，必求傳釋六經之人。先年亦嘗下儒臣議薛瑄從祀，然卒鮮有成議者，以罕所著述疑之也。臣等切惟求士於漢、唐之世，聖學榛塞，固當專録其釋經之功。自有宋諸儒繼出，理學大明之後，世之儒者，雖論述罕傳，似當特取其履行之實。惟是侑坐孔庭，受職嘉享，事重禮殷，其選不得不慎。臣等謹案漢法，有大事，中朝逮文學掌故皆以其議上，號爲近古。今祀典重事，必下廷議集衆思，斯於事體爲得。奉旨，著翰林院詹事府、左右春坊、司經局、國子監堂官人各上議。諸臣議上，謂當祀者二十三人，謂姑緩者二人，謂不必祀者，郭希賢一人。禮部覆議薛瑄從祀，始見請於臺章，繼詳延於廷議，集衆之詞，無或疵議。而庶子童承叙謂：『程、朱高弟，如羅從彦、李侗、尹焞、黄榦尚未得祀，近時儒者，如吴與弼、胡居仁、陳獻章亦應從祀，舍彼取此，似爲未徧。』贊善浦應麒亦曰『俟之後世』。二臣之言，無非以論必久而後定，故聚訟之議，不嫌異同，此慎重祀典之意也。臣等惟薛瑄之造詣，其視宋儒，雖若有間，然實爲本朝理學之倡，必若從祀，無以踰瑄。若與弼諸人，亦皆爲一時士論之所推許，但時同地近，臣等難以軒輊決擇於其間矣。夫衆言折諸聖人，議禮本諸天子，伏乞特賜睿斷，以垂式萬世。又看得尚書霍韜奏内，欲將宋臣司馬光、陸九淵議黜從祀。夫司馬光平生所學，惟是濮王之議，失父子之倫，委爲昧禮。若其公忠鯁亮，勳業偉俊，爲宋一代名臣，無問賢不肖，皆知尊信，似未可以一眚病之。陸九淵資禀高明，見道超悟，據其學術論議，當在薛瑄之右，今議進瑄則九淵似難遽罷。臣等又看得司直吕懷奏内，欲將道統正傳，皆欲進廟堂，系四配之下。夫十哲四科之賢，親受聖教者也。濂洛諸儒，似難越居其上，合照舊祀。」嘉靖十九年三月初五日，奉旨：「聖賢道學不明，士習趨流俗，朕深有感焉。薛瑄能自振起，誠可嘉尚，但公論久而後定，宜俟將來。司馬光、陸九淵從祀，與四配等位次，具歷代秩祀，又經太祖欽定，照舊不許妄議。」

蕙田案：霍韜議黜温公，爲大禮也。其心術無往而非私矣。

穆宗本紀：隆慶元年三月癸未，朔，釋奠於先師孔子。

禮志：隆慶五年，以薛瑄從祀。

王圻續通考：先是，户科給事中魏時亮，於隆慶元年十月，請録真儒，以彰道化。薛瑄、陳獻章、王守仁均得聖學真傳，宜從祀孔廟。先是給事中趙軏、御史周弘祖，請以故禮部侍郎薛瑄從祀。御史耿定向亦請以故新建伯、兵部尚書王守仁從祀，下禮部議覆。五年，十三道御史馬三樂等交章，請以薛瑄從祀。於是，命瑄從祀，神主序於先儒吕祖謙之下。祭酒馬自强以從祀告於先師孔子，行釋菜禮，通行天下學校。

神宗本紀：萬曆四年八月壬戌，釋奠於先師孔子。

禮志：萬曆中以羅從彦、李侗從祀。十二年，又以陳獻章、胡居仁、王守仁從祀。

沈鯉議從祀疏：臣等裒集衆論，較量其間，預廷議者共四十一人，除注有原疏外，内注胡居仁從祀者二十五人，注王守仁、陳獻章者俱十五，蔡清五人，羅倫二人，吕柟一人〔一〕。居仁則仍有專舉，且無疵議，及臣等考其生平與其論著，亦大都

〔一〕「羅倫二人吕柟一人」，原作「羅倫二吕人」，據光緒本、亦玉堂稿卷一改。

淵源孔、孟，純粹篤實，一時名士皆極口稱上。比於薛瑄而次，其論著與瑄之讀書録並傳焉。斯其爲孔子之徒，已彰明較著，有歸一之論矣。至如守仁之學，在致良知；獻章之學，在於主靜，皆所謂豪傑之士。但預議諸臣與之者僅十三四，不與者已十六七。甲可乙否，殊未有歸一之論，以稱上意指。臣等請暫緩之，以少俟公論之定，而徐議於後，是亦未晚。至如蔡清、羅倫、章懋、黄仲昭、陳真晟、吕柟、羅欽順、鄒守益中間，或未有專祀者，亦望推廣德意，專祀於鄉，通候論定之日，另議從祀。

萬曆二十三年，以宋周敦頤父輔成從祀啓聖祠。又定每歲仲春秋上丁日御殿傳制，遣大臣祭先師及配位。其十哲以翰林官，兩廡以國子監官各二員分獻。每月朔，及每科進士行釋菜禮。司府州縣衛學各提調官行禮，牲用少牢，樂如太學。京府及附府縣學，止行釋菜禮。

明會典：配哲從祀牌位　四配：復聖顔子、宗聖曾子、述聖子思子、亞聖孟子。十哲：先賢閔子、先賢冉子、先賢端木子、先賢仲子、先賢卜子、先賢冉子、先賢宰子、先賢冉子、先賢言子、先賢顓孫子。東廡：先賢澹臺滅明、原憲、南宫适、商瞿、漆雕開、司馬耕、有若、巫馬施、顔辛、曹卹、公孫龍、秦商、顔高、壤駟赤、石作蜀、公夏首、后處、奚容蒧、顔祖、句井疆、秦祖、縣成、公祖句茲、燕伋、樂欬、狄黑、孔忠、公西蒧、顔之僕、施之常、秦非、申棖、顔噲，先儒穀梁赤、高堂生、毛萇、后蒼、杜子春、韓愈、程顥、邵雍、司馬光、胡安國、楊時、張栻、陸九淵、許衡。舊有堂邑侯顔何、蘭陵伯荀況、彭城伯劉向、司空王肅、司徒杜預，今黜。中牟伯鄭衆、良鄉伯盧植、滎陽伯服虔，今改祀於鄉。萊蕪侯曾點、泗水侯孔鯉，改入啓聖祠從祀。西廡：先賢宓不齊、公冶長、公晳哀、高柴、樊須、公西赤、梁鱣、冉孺、伯虔、冉季、漆雕徒父、漆雕哆、商澤、任不齊、公良孺、公肩定、鄡單、罕父黑、榮旂、左人郢、鄭國、原亢、廉潔、叔仲會、公西輿如、邽巽、陳亢、琴張、步叔乘，先儒左丘明、公羊高、伏勝、孔安國、董仲舒、王通、周敦頤、歐陽修、張載、程頤、胡瑗、朱熹、吕祖謙、蔡沈、真德秀、薛瑄、王守仁、陳獻章、胡居仁。舊有壽張侯公伯寮、新息侯秦冉、考城伯戴聖、岐陽伯賈逵、扶風伯馬融、任城伯何休、偃師伯王弼，今黜。内黄侯蘧伯玉、長山侯林放、高密侯鄭玄、新野伯范甯、臨川郡公吴澄，今改祀於鄉。曲阜侯顔無繇改入啓聖祠從祀。淄川侯申黨即申棖，今革，存棖。

蕙田案：配享從祀，代有損益，必各隨時世編輯，乃便稽考。此會典所載神位，蓋嘉靖釐正。以後，隆慶復增薛文清，萬曆復增陽明、白沙、康齋。會典綜其全局，載於洪武二十六年釋奠儀之下，而王圻續通考承用之，於是有先得列名，後復議祀者；有前本無名，後復議黜者；四配之父，先列之啓聖祠，而後復有以明倫爲言者；甚則薛、王、陳、胡俱見諸洪武祀典，不已舛乎？

王圻續通考：萬曆四十一年，提學僉事熊尚文，請祀宋儒羅從彦、李侗。禮部覆以程、朱擬孔、孟，謂孔有曾、思，而後孟子接其傳；程得羅、李，而後朱子衍其緒。羅、李之功與曾、思等，宜將二賢列宋儒楊時之下，入廟從祀。詔從之。

明史熹宗本紀：天啓五年，三月甲寅，釋奠於先師孔子。

莊烈帝紀：崇禎二年春，正月丙子，釋奠於先師孔子。

春明夢餘録：崇禎六年，辛巳八月，復行釋奠禮。

十四年八月諭：朕覽我聖祖，命儒臣纂輯五經四書大全，其中作述傳注引證等項，惟宋儒周子、兩程子、朱子、張子、邵子爲多可見。理學大明於宋，而周、程諸子，大有功於聖門。然與周、秦、漢、唐諸儒，並稱先儒，竊爲不安。部議周、程六子，宜稱先賢，並請漢儒董仲舒、隋儒王通俱稱先賢。且宋從祀至十八人，今止四人，爲大少。

宜以吴與弼、羅倫、蔡清、陳真晟、陳琛、吕柟、王艮、章懋、羅洪先、鄧元錫、顧憲成等令候旨行。

明史莊烈帝紀：崇禎十四年八月辛酉，重建太學成，釋奠於先師孔子。

表忠記：十四年，國學新修，帝再臨視。時真人張應京從，請坐。大學士蔣德璟議斥不許。

禮志：崇禎十五年，以左丘明親授經於聖人，改稱先賢。并改宋儒周、二程、張、朱、邵六子，亦稱先賢，位七十子下，漢、唐諸儒之上。然僅國學更置之，闕里、廟廷及天下學宫，未遑頒行也。

右明

蕙田案：孔廟配享之典，顔子定於三國魏正始二年，曾子定於唐睿宗太極元年，子思定於宋度宗咸淳三年，孟子定於宋神宗元豐七年。其從祀七十子，定於後漢明帝永平五年。左、公、穀及漢魏以後釋經諸人，定於唐太宗貞觀二年，周、程、張先賢定於宋理宗端平二年。其間進退升降，遞有遷改。求其義旨，大約有二：一曰傳道，一曰傳經。然有經與道合者，有經與道分者。夫由堯、舜、禹、湯、文、武、周公至於我孔子。孔子删定纂修，集群聖之大成。聖人之門，若曾子之大學、子思之中庸、孟子之七篇，皆經與道合者也。自七十子没而微言絶，大義乖，先王之道，幾於墜地。賴有伏生、高堂、毛、鄭、孔、賈諸儒，抱殘守缺，以全於後，其功不可泯没。而其間如董江都、文中子、韓昌黎，則又能稍窺大道之要，皆得並列祀典，此則經與道分矣。夫道與經無可分之理，然當時會遷流，亦出於勢之不得不然。逮乎前朝，或以真儒碩學不見著作爲疑，或以注疏專家不修實行被黜。其意似欲强而合之，然不如明嘉靖時禮臣之議，謂求士於漢、唐之世，聖學榛蕪，固當專録其釋經之功；自有宋諸儒出，理學大明，雖議論罕傳，自當特取其履行之實。爲篤論也。今據其説，而詳考宋、元、明諸儒，其不愧傳道之列者：宋則周元公，崛興數千載之後，上接鄒、魯，而二程、張、邵、朱子相繼而興。其淵源所在，程子之門，則由楊龜山時、羅仲素從彦、李延平侗而遞傳於朱子。朱子之門，由黄勉齋榦、何文定基、王文憲柏、金文安履祥、許文懿謙，而遞傳於方正學孝孺，皆一綫之宗派。若夫薛文清瑄振起於河、汾，王文成守仁倡道於姚江，顧端文憲成、高忠憲攀龍集成於東林，皆真修實悟，以道統爲己任，而詣極最高。其他宋之胡安定瑗、陸文安九淵、張南軒栻、呂成公祖謙、真西山德秀、蔡元定仲默沈，元之許魯齋衡，明之曹靖修端、吴康齋與弼、胡敬齋居仁、陳白沙獻章、羅文恭洪先、劉念臺宗周，皆一代真儒，潛心正學。今觀祀典所載，精求博議，蓋亦極其矜慎。然或以代近而公議未孚，或以後起而推崇未及，蓋有之矣。若夫名臣，如司馬、歐陽，固當酹祀於帝王之廟，而不必以頖宮之俎豆爲定論也。

五禮通考卷一百二十一

吉禮一百二十一

祀孔子

周

春秋哀公十六年左氏傳：夏四月己丑，孔丘卒。注：仲尼既告老去位，猶書卒者，魯之君臣崇其聖德，殊而異之。四月十八日乙丑，無己丑，己丑五月十二日，日月必有誤。公誄之曰：「旻天不弔，不憖遺一老，俾屏余一人以在位〔二〕，煢煢余在疚。嗚呼哀哉，尼父！無自

〔二〕「以」，諸本脱，據春秋左傳正義卷六〇補。

律。」注：憖，且也。屏，蔽也。律，法也。言喪尼父，無以自爲法。　疏：鄭衆曰：「誄，謂積累生時德行以賜之，命主爲其辭。」鄭玄禮記注云：「誄，累也。誄列生時行迹，讀之以作謚。」此傳惟説誄辭，不言作謚，傳記群書皆不言孔子之謚，蓋惟誄其美行，示己傷悼之情，而賜之命耳，不爲之謚，故書傳無稱焉。至漢王莽輔政，尊尚儒術，封孔子後爲褒成侯，追謚孔子爲褒成宣尼君。明是舊無謚也。鄭玄禮注云：「尼父，因且字以爲之謚〔一〕。」謂謚孔父爲尼父。鄭玄錯讀左傳，云「以字爲謚」，遂復妄爲此解。

禮記檀弓：魯哀公誄孔丘曰：「天不遺耆老，莫相予位焉。嗚呼哀哉，尼父！」

注：誄其行以爲謚也。言孔子死，無佐助我處位者。尼父，因其字以爲之謚。

吴氏澄曰：誄者，述其功行以哀之之詞，如後世祭文之類，非謚也。

欽定義疏：有誄而不謚者，如哀公之誄尼父是也。有誄而謚者，如衛之謚貞惠文子是也。謚必兼誄，而誄不必兼謚。鄭謂誄其行以爲謚，似未必然。

史記孔子世家：孔子葬魯城北泗上，皇覽曰：「孔子冢去城一里，冢塋百畝，冢南北廣十步，東西十三步，高一丈二尺。冢前以瓴甓爲祠壇，方六尺，與地平。本無祠堂。冢塋中樹以百數，皆異種。

〔一〕「且」，原作「自」，據光緒本、春秋左傳正義卷六〇改。

魯人世世無能名其樹者。民傳言『孔子弟子異國人，各持其方樹來種之』。其樹柞〔一〕、枌、雒離〔二〕、女貞、五味、毚檀之類。孔子塋中不生荆棘及刺人草。」弟子及魯人往從冢而家者百有餘室，因命曰孔里。魯世世相傳以歲時奉祀孔子冢，而諸儒亦講禮鄉飲大射于孔子冢。孔子冢大一頃。故所居堂、弟子內，後世因廟，藏孔子衣冠、琴、車、書。索隱曰：謂孔子所居之室，其弟子之中，孔子没後，後代因廟藏夫子平生衣冠、琴、書於壽堂中。至於漢二百餘年不絶。高皇帝過魯，以太牢祀焉。諸侯卿相至，常先謁，然後從政。

太史公曰：詩有之：「高山仰止，景行行止。」雖不能至，然心鄉往之。余讀孔氏書，想見其爲人。適魯，觀仲尼廟堂車服禮器，諸生以時習禮其家，余低回留之，不能去云。天下君王至於賢人衆矣，當時則榮，没則已焉。孔子布衣傳十餘世，學者宗之，自天子王侯，中國言六藝者，折中於夫子，可謂至聖矣。

右周

〔一〕「柞」，諸本作「作」，據史記孔子世家改。
〔二〕「離」，原脱，據光緒本、史記孔子世家補。

漢

漢書高祖本紀：十二年十一月，行自淮南，還過魯，以太牢祀孔子。

丘氏濬曰：此漢以來祀孔子之始。

晉書禮志：昔武王入殷，未及下車而封先代之後，蓋追思其德也。孔子以大聖而終於陪臣，未有封爵。至漢元帝，孔霸以帝師賜爵，號褒成君，奉孔子後。

漢書儒林傳：元帝即位，徵霸以帝師，賜爵關内侯，食邑八百户，號褒成君。

史記孔子世家正義：括地志云：「漢封夫子十二代孫忠爲褒成侯。生光爲丞相，封侯。平帝封孔霸孫莽二千户爲褒成侯，後漢封十七代孫志爲褒成侯，魏封二十二代孫羡爲崇聖侯，晉封二十三代孫震爲奉聖亭侯，後魏封二十七代孫爲崇聖大夫。孝文帝又封三十一代孫珍爲崇聖侯，高齊改封珍爲恭聖侯，周武帝改封鄒國公。隋文帝仍舊封鄒國公，煬帝改爲紹聖侯。皇唐給復二千户，封孔子裔孫孔德倫爲褒聖侯也。」

成帝本紀：綏和元年二月癸丑，詔曰：「蓋聞王者必存二王之後，所以通三統也。昔成湯受命，列爲三代，而祭祀廢絶。考求其後，莫正孔吉，其封吉爲殷紹嘉侯。」三月，進爵爲公。及周承休侯皆爲公地，各百里。

文獻通考：梅福上書曰：「武王克殷，未及下車，存五帝之後，封殷於宋，紹夏於杞，明著三統，示不獨有也。是以姬姓半天下，遷廟之主，流出於户，所謂存人以自立者也。今成湯不祀，殷人無後，陛下繼嗣久微，殆爲此也。春秋經曰：『宋殺其大夫。』穀梁傳曰：『其不稱名姓，以其在祖位，尊之也。』此言孔子故殷後也，雖不正統，封其子孫以爲殷後，禮亦宜之。何者？諸侯奪宗，聖庶奪適。傳曰：『賢者子孫宜有土。』而況聖人又殷之後哉？昔成王以諸侯禮葬周公，而皇天動威，雷風著災。今仲尼之廟不出闕里，孔氏子孫不免編户，以聖人而歆匹夫之祀，非皇天之意也。今陛下誠能據仲尼之素功，以封其子孫，則國家必獲其福。又陛下之名，與天亡極，何者？追聖人素功，封其子孫，未有法也。後聖必以爲則，不滅之名，可不勉哉！」福孤遠，又譏切王氏，故終不見納。初，武帝時，封周後姬嘉爲周子南君。至元帝時，尊周子南君爲周承休侯，位次諸侯王。使諸大夫、博士求殷後，分散爲十餘姓。郡國往往得其大家，推求子孫，絶不能紀。時匡衡議，以爲：「王者存二王後，所以尊其先王而通三統也。其犯誅絶之罪者，絶而更封他親爲始封君，上承其王者之始祖。春秋之義，諸侯不能守其社稷者絶。今宋國已不守其統而失國矣，則宜更立殷後爲始封君，而上承湯統，非當繼宋之絶侯也，宜明得殷後而已。今之故宋，推求其嫡久遠不可得，雖得其嫡，嫡之先已絶，不當得立。禮記孔子曰：『丘，殷人也。』先師所共傳，宜以孔子世爲湯後。」上以其語不經，遂見寢。至成帝時，梅福復言，宜封孔子後，以奉湯祀。綏和元年，立二王後，推迹古文，以左氏、穀梁、世本、禮記相明，遂下詔封孔子世爲殷紹嘉公。

蕙田案：紹嘉侯之封，雖曰繼殷之後，其實亦是奉孔子也。觀梅福之言曰：「今陛下誠能據仲尼之素功，以封其子孫，則國家必獲其福。」匡衡之言曰：「禮記孔子曰：『某，殷人也。』先師所共傳，宜以孔子世爲湯後。」意可知矣。故文獻通考載之於「褒贈先聖先師」門内，而愚於是編亦附其内云。

平帝本紀：元始元年，封孔子後孔均爲褒成侯，奉其祀，追謚孔子曰褒成宣尼公。

丘氏濬曰：案此後世尊崇孔子之始。夫平帝之世，政出王莽，姦僞之徒，假崇儒之名，以收譽望，文姦謀。聖人在天之靈，其不之受也必矣！有若曰：「自生民以來，未有盛於夫子者也。」豈一言一行之美，而可以節惠立謚者哉！然則不加以謚號，將何以稱？曰千萬世之下，惟曰先師孔子，以見聖人所以爲萬世尊崇者在道，不在爵位名稱也。

後漢書鍾離意傳注：意别傳曰：「意爲魯相，到官，出私錢萬叁千文，付户曹孔訢修夫子車。身入廟，拭几、席、劍、履。男子張伯除堂下草，土中得玉璧七枚，伯懷其一，以六枚白意，意令主簿安置几前。孔子教授堂下牀首有懸甕，意召孔訢問：『此何甕也？』對曰：『夫子甕也，背有丹書，人莫敢發也。』意曰：『夫子聖人，所以遺甕，欲以懸示後賢。』因發之，得素書，文曰：『後世修吾書，董仲舒。護吾車，拭吾履，發吾笥，會稽鍾離意。璧有七，張伯藏其一。』意即召伯問，果服焉。」

右漢

東漢

後漢書世祖本紀：建武五年二月壬申，封殷後孔安爲殷紹嘉公。注：成帝封孔吉爲紹嘉公。安即吉之裔也。

冬十月，還，幸魯，使大司空祠孔子。

蕙田案：此遣官祀闕里之始。

十三年二月庚午，以殷紹嘉公孔安爲宋公。

十四年夏四月辛巳，封孔子後志爲褒成侯。注：平帝封孔均爲褒成侯。志，均子也。

馬氏端臨曰：西漢時，孔氏之裔侯者二人，紹嘉侯，奉殷後也；褒成侯，奉孔子之後也。建武中興，襲爵如故，紹嘉之後，不知所終。褒成之後則志，卒，子損嗣。至和帝永元四年，徙封褒尊侯。損卒，子曜嗣。曜卒，子元嗣。相傳至獻帝初國絶。魏時再襲封，世世不絶。

明帝本紀：永平十五年三月，幸孔子宅，祠仲尼及七十二弟子。親御講堂，命皇太子、諸王説經。

注：漢春秋曰：「帝時升廟立，群臣中庭北面，皆再拜。帝進爵而後坐。」

册府元龜：永平十五年，帝東巡過魯，幸孔子宅。祠仲尼及七十二弟子，親御講堂，命皇太子、諸王説經。帝自製五家要説章句〔一〕，令桓郁較定於宣明殿。其

〔一〕「五家要説章句」，諸本作「五經要説章句」，據册府元龜卷四九改。

後，帝親於辟雍，自講所著五行章句〔一〕，已，復令郁說一篇。帝謂郁曰：「我爲孔子，卿爲子夏，起予者商也。」又問郁曰：「子幾人能傳學？」郁曰：「臣子皆未能傳學，孤兄子一人學方起。」帝曰：「努力教之，有起者即白之。」

丘氏濬曰：此後世祀孔子弟子之始。

章帝本紀：元和二年二月丙辰，東巡狩。三月己丑，進幸魯。庚寅，祀孔子於闕里，及七十二弟子，賜褒成侯及諸孔男女帛。

東漢書曰：祠禮畢，命儒者論難。

孔僖傳：元和二年二月，帝東巡狩，還過魯，幸闕里，以太牢祀孔子及七十二人，作六代之樂，大會孔氏男子二十以上者六十三人，命儒者講論語。僖自陳謝。帝曰：「今日之會，於卿宗有光榮乎？」對曰：「臣聞明王聖主，莫不尊師貴道。今陛下親屈萬乘，辱臨敝里，此乃崇禮先師，增輝聖德。至於光榮，非所敢承。」帝笑曰：「非聖者子孫，焉有斯言乎？」遂拜僖郎中，賜褒成侯損及孔氏男女錢帛。

〔一〕「五行章句」，原作「五經章」，據光緒本、册府元龜卷四九改、補。

安帝本紀：延光三年春二月，東巡狩。三月戊戌，祀孔子及七十二弟子於闕里。自魯相、令、丞、尉及孔氏親屬、婦女、諸生悉會，賜褒成侯以下帛各有差。

闕里志：元嘉二年，詔：孔子廟置百石卒史一人，掌領禮器。春秋享禮，出王家錢給大酒值，河南尹給牛羊豕各一，大司農給米。

後漢置百石卒史詔碑：司徒臣雄、司空臣戒稽首言：「魯前相瑛書言：『詔書崇聖道，勉六藝，孔子作春秋，制孝經，删述五經，演易繫辭，經緯天地，幽贊神明，故特立廟，褒成侯四時來祠。事已即去，廟有禮器，無常人掌領。請置百石卒史一人，典主守廟。春秋饗禮，財出王家錢，給大酒直，須報。』謹問太常祠曹掾馮牟、史郭玄，辭對：『故事，辟雍禮未行，祠先聖師，侍祠者孔子子孫、太宰、太祝令各一人，皆備爵。太常丞監祠。河南尹給牛羊豕雞各一，大司農給米祠。』臣愚以爲宜如瑛言。夫子大聖，則象乾坤，爲漢制作，先世所尊，祠用衆牲，長吏備爵。今欲加寵子孫，敬恭明祀，傳於罔極，可許。臣請魯相爲孔子廟置百石卒史一人，掌領禮器，出王家錢，給大酒直，他如故事。臣雄、臣戒愚戇，誠惶誠恐，頓首頓首，死罪死罪，臣稽首以聞。」制曰「可」。元嘉三年三月二十七日壬寅，司徒雄、司空戒下魯相承書，從事下當用者，選年四十以上，經通一藝，雜試通利，能弘先聖之禮，爲宗所歸者，如詔書到言。永興元年六月甲辰朔，十八日辛酉〔一〕，魯相平行長史事、卞守長擅叩頭死罪〔二〕，敢言之司徒、司空府。壬寅，詔書爲孔子廟置百石卒史一人，掌領禮器，選年四十以上，經通一藝，雜試通利，能奉弘先聖之禮，爲宗所歸者。平叩頭叩頭，死罪死罪。謹案文書，守文學掾魯孔龢、師孔憲、户曹史孔覽等雜試。龢修春秋嚴氏，通經高第，事親至孝，能奉先聖之禮，爲宗所歸。一除龢補名狀如牒。平惶恐叩頭，死罪，上司空府。讚曰：「巍巍大聖，赫赫彌章，相乙瑛字少卿，平原高唐人。令鮑疊字文公，上黨屯留人。政教稽古，名重規矩。乙君察舉守宅除吏，孔子十九世孫麟廉請置百石卒史一人，鮑君造作百石史舍，功垂無窮，于是始。闕。」

靈帝建寧二年，詔祀孔子。依社稷出王家穀，春秋行禮。

〔一〕「十八日」，原作「十六日」，據光緒本、金石録卷一五改。
〔二〕「卞」，原作「下」，據光緒本、金石録卷一五改。

魯相史晨奏出王家穀祀夫子碑：建寧二年三月癸卯朔七日己酉，魯相臣晨、長史臣謙，頓首死罪上言，臣蒙厚恩，受任符守，得在奎婁。周孔舊寓，不能闡弘德政，恢崇一變，夙夜憂怖，累息屏營，臣晨頓首頓首，死罪死罪。臣以建寧元年到官，行秋享，飲酒泮宫畢，復禮孔子宅，拜謁神座，仰瞻榱桷，俯視几筵。靈所憑依，肅肅猶存，而無公出酒脯之祠。臣即自以俸錢修上案食醊具，以叙小節，不敢空謁。臣伏念孔子乾坤所挺，西狩獲麟，爲漢制作。故孝經援神契曰：「玄丘制命帝卯行。」又尚書考靈曜曰：「丘生倉際，觸期稽度，爲赤立制，故作春秋，以明文命，綴紀撰書，修定禮儀。」臣以爲素王稽古，德亞皇代，雖有褒成世享之封，四時來祭，畢即歸國。臣伏見臨辟雍日，祠夫子以太牢，長吏備爵，所以尊先師，重教化。夫封土爲社，立稷而祀，皆爲百姓興利除害，以祈豐穰。月令祀百辟卿士有益於民，矧乃孔子玄德焕炳，光於上下，而本國舊居復禮之日，闕而不祀，誠朝廷聖恩所宜特加。臣寢息耿耿，情所思維，臣輒依社稷出王家穀，春秋行禮，以供禋祀。餘胙賜先生、執事。臣晨誠惶誠恐，頓首頓首，死罪死罪，上言太尉、司徒、司空、大司農府治所部從事府。昔在仲尼，汁光之精，大帝所挺，顔母毓靈，承弊遭衰，黑不代倉，轍環歷聘，歎鳳不臻。自衛反魯，養徒三千，獲麟輟作，端門見徵，血書著紀，黄玉韻應，主爲漢制，道審可行，乃作春秋，復演孝經，删定六藝，象與天談，鈎河適洛，郤揆未然，巍巍蕩蕩，與乾比崇。

右東漢

三國魏

三國魏志文帝本紀：黄初二年春正月，詔曰：「昔仲尼資大聖之才，懷帝王之器，當衰周之末，無受命之運。在魯、衛之朝，教化乎洙、泗之上，悽悽焉，遑遑焉。欲屈己以存道，貶身以救世。於時王公終莫能用之，乃退考五代之禮，修素王之事，因魯史而制春秋，就太師而正雅、頌，俾千載之後，莫不宗其文以述作，仰其聖以成謀。兹可謂命世之大聖，億載之師長者也。以遭天下大亂，百祀隳廢，舊居之廟，隳而不修。褒成之後，絶而莫繼。闕里不聞講頌之聲，四時不覩烝嘗之位，斯豈所謂崇化報功，盛德百代必祀者哉？其以議郎孔羡爲宗聖侯，邑百户，奉孔子祀。」命魯郡修起舊廟，置百户吏卒〔一〕，以守衛之。又於其外廣爲室屋，以居學者。

晉書禮志：魏文帝黄初二年正月，詔以議郎孔羨爲宗聖侯，邑百户，奉孔子祀。令魯郡修舊廟，置百户吏卒以守衛之。

魏志崔林傳：林爲司空，魯相上言：「漢舊立孔子廟，褒成侯歲時奉祀，辟雍行禮，必祭先師，王家出穀，春秋祭祀。今宗聖侯奉嗣，未有命祭之禮，宜給牲牢，長吏奉祀，尊爲貴神。」制三府議，博士傅祗以春秋傳言立在祀典，則孔子是也。宗聖適足繼絶世，章盛德耳。至於顯立言，崇明德，則宜如魯相所上。林議以爲「宗聖侯亦以王命祀，不爲未有命也。周武王封黄帝、堯、舜之後，及立三恪，禹、湯之世，不列於時，復特命他官祭也。今周公以上，達於三皇，忽焉不祀，而禮經亦存其言。今獨祀孔子者，以世近故也。以大夫之後，特受無疆之祀，禮過古帝，義踰湯、武，可謂崇明報德矣，無復重祀於非族也。」

右三國魏

〔一〕「百户」，原作「百石」，據三國志魏書文帝本紀改。

晉書武帝本紀：泰始三年十二月，徙宗聖侯孔震爲奉聖亭侯。

禮志：武帝泰始三年十一月，改宗聖侯孔震爲奉聖亭侯。又詔太學及魯國，四時備三牲以祀孔子。

宋書禮志：晉明帝大寧三年，詔給事奉聖亭侯孔亭，四時祀孔子，祭如泰始故事。

晉書孝武帝紀：太元十一年秋八月庚午，封孔靖之爲奉聖亭侯，奉宣尼祀。

宋書文帝本紀：元嘉十九年十二月丙申，詔曰：「胄子始集，學業方興。自微言泯絶，逝將千祀，感事思人，意有慨然。奉聖之後，可速議繼襲。於先廟地，特爲營造，依舊給祠直令，四時享祀。闕里往經寇亂，黌校殘毁，并下魯郡修學舍，採召生徒。昔之賢哲及一介之善，猶或衛其丘壠，禁其芻牧，況尼父德表生民，功被百代，而墳塋荒蕪，荆棘弗剪。可蠲墓側數户，以掌灑掃。」魯郡上民孔景等五户居近孔子墓側，蠲其課役，供給灑掃，并種松柏六百株。

孝武帝本紀：孝建元年十月戊寅，詔曰：「仲尼體天降德，維周興漢，經緯三極，冠冕百王。爰自前代，咸加褒述。典司失人，用闕宗祀。先朝遠存遺範，有詔繕立，世故妨道，事未克就。國難頻深，忠勇奮勵，實憑聖義，大教所敦。永惟兼懷，無忘待旦。可開建廟制，同諸侯之禮。詳擇爽塏[一]，厚給祭秩。」

禮志：文帝元嘉八年，奉聖侯有罪奪爵。至十九年，又授孔隱之。隱之兄子熙先謀逆，又失爵。二十八年，更以孔惠雲爲奉聖侯，後有重疾失爵。孝武大明二年，又以孔邁爲奉聖侯。邁卒，子莽嗣，有罪失爵。

齊書武帝本紀：永明七年二月，詔曰：「宣尼誕敷文德，峻極自天，發輝七代，陶鈞萬品，英風獨舉，素王誰匹？功隱於當年，道深於日月，感麟厭世，緬邈千祀，川竭谷虛，丘夷淵塞，非但洙、泗湮淪，至乃饗嘗乏主。前王敬仰，崇修寢廟，歲月亟流，鞠爲茂草。今學斅興立，實稟洪規，撫事懷人，彌增欽屬。可改築宗祊，務在爽塏。量給祭秩，禮同諸侯，奉聖之爵，以時紹繼。」

明帝本紀：永泰元年三月，詔曰：「仲尼明聖在躬，允光上哲，弘厥雅道，大訓生民，師範百王，軌儀千載，立人斯仰，忠孝攸出，元功潛被，至德彌闡。雖反袂遐曠，而

〔一〕「詳」，原脱，據宋書孝武帝本紀補。

祧薦靡闕，時祭舊品，秩比諸侯。頃歲以來，祀典淩替，俎豆寂寥，牲奠莫舉，豈所以克昭盛烈，永隆風教者哉？可式循舊典，詳復祭秩，使牢餼備禮，欽饗兼申。」

梁書武帝本紀：天監四年六月庚戌，立孔子廟。

敬帝本紀：太平二年春正月壬寅，詔曰：「夫子降靈體喆，經仁緯義，允光素王，載闡元功，仰之者彌高，誨之者不倦。立忠立孝，德被蒸民，制禮作樂，道冠群后。雖泰山頹峻，一老不遺〔一〕。而泗水餘瀾，千載猶在。自皇圖屯阻，祧薦不修〔二〕，奉聖之門，胤嗣殲滅，敬神之寢，簠簋寂寥。永言聲烈，實兼欽愴。可搜舉魯國之族，以爲奉聖後；并繕廟堂，供備祀典，四時薦秩，一皆遵舊。」

陳書廢帝本紀：光大元年十二月庚寅，以兼從祀中郎孔英哲爲奉聖亭侯，奉孔子祀。

北魏書世祖本紀：太平真君十一年八月，輿駕南伐。十有一月，至於鄒山，使使

〔一〕「老」，諸本作「簣」，據梁書敬帝本紀改。
〔二〕「祧」，梁書敬帝本紀作「祀」。

者以太牢祀孔子。

禮志：世祖南征至魯，以太牢祭孔子。

顯祖皇興二年，以青、徐既平，遣中書令兼太常高允以太牢祀孔子。

册府元龜：皇興二年，以青、徐平，詔中書令高允兼太常，至兖州以太牢祭孔子廟。帝謂允曰：「此簡德而行，勿有辭也。」

北魏書高祖本紀：延興二年二月乙巳，詔曰：「尼父稟達聖之姿，體生知之量，窮理盡性，道光四海。頃者淮、徐未賓，廟隔非所，致令祀典寖頓，禮章殄滅，遂使女巫妖覡，淫進非禮，殺牲鼓舞，倡優媟狎，豈所以尊明神敬聖道者也？自今以後，有祭孔子廟，制用酒脯而已，不聽婦女合雜，以祈非望之福。犯者以違制論。其公家有事，自如常禮。犧牲粢盛，務盡豐潔。臨事致敬〔一〕，令肅如也。牧司之官，明糾不法，使禁令必行。」

太和十三年七月，立孔子廟於京師。

〔一〕「事」，諸本作「時」，據魏書高祖本紀改。

蕙田案：此京師立孔廟之始。

十六年二月丁未，改謚宣尼曰文聖尼父，告謚孔廟。癸丑，帝臨宣文堂，引儀曹尚書劉昶、鴻臚卿游明根、行儀曹事李韶，授策孔子，崇文聖之謚，於是昶等就廟行事。既而，帝齋中書省，親拜祭於廟。

丘氏濬曰：案有司薦享始于此。前此但云釋奠，而未嘗言廟，至是始有宣尼廟之文。

蕙田案：此即十三年所立京師之廟。丘氏不深考，遂以爲至是始有宣尼廟之文耳。

高祖本紀〔一〕：十九年四月庚申，行幸魯城，親祠孔子廟。辛酉，詔拜孔氏四人、顔氏二人，爲官如徐州。又詔選諸孔宗子一人，封崇聖侯，邑一百户，以奉孔子之祠。又詔兖州爲孔子起園柏，修飾墳壠，更建碑銘，褒揚聖德。

文獻通考：後魏封孔子二十七葉孫乘爲崇聖大夫。孝文太和十九年，改封二十八葉孫珍爲崇聖侯。

〔一〕「高祖本紀」四字，原脱，據光緒本補。

北齊書文宣帝本紀：天保元年，六月。詔封崇聖侯邑一百户，以奉孔子之祀，并下魯郡以時修治廟宇，務盡褒崇之至，遣使人致祭孔父。

文獻通考：北齊改封三十一代孫爲恭聖侯。

後周武帝平齊，改封孔子後爲鄒國公。

北周書宣帝本紀：大象二年三月丁亥，詔曰：「盛德之後，是稱不絶。功施於民，義昭祀典。孔子德惟藏往，道實生知，以大聖之才，屬千古之運，載弘儒業，式叙彝倫。至如幽贊天人之理，裁成禮樂之務，故以作範百王，垂風萬葉。朕欽承寶曆，服膺教義，眷言洙、泗，懷道兹深。且褒成啓號，雖彰故實，旌崇聖績，猶有闕如。可追封爲鄒國公，邑數准舊。并立後承襲，别於京師置廟，以時祭享。」

右南北朝

隋

文獻通考：隋文帝仍舊封孔子後爲鄒國公。煬帝改封爲紹聖侯。

右隋

唐

唐書禮樂志：高祖武德九年，封孔子之後爲褒聖侯。

闕里志：武德九年十二月二十九日，詔曰：宣尼以大聖之德，天縱多能，王道藉以裁成，人倫資其教義，故孟軻稱生民以來一人而已。自漢氏馭歷，魏室分區，爰及晉朝，曁於隋氏，咸相尊尚，用存享祀。朕欽若前王憲章，故實親師宗聖，是所庶幾存亡繼絶，仰推通典，可立孔子後爲褒聖侯。以隋故紹聖侯孔嗣衍嫡子德倫爲嗣。

唐書太宗本紀：貞觀十一年七月丙午，給兖州孔子廟户二十以奉享。

禮樂志：貞觀十一年，尊孔子爲宣父，作廟於兖州，給户二十以奉之。

文獻通考：貞觀十一年，封孔子裔德倫爲褒聖侯。

舊唐書高宗本紀：乾封元年正月甲午，次曲阜縣，幸孔子廟。追贈太師，增修祠宇，以少牢致祭。

闕里志：乾封元年正月，車駕發泰山，至曲阜，親幸祠廟。詔曰：「朕聞德契機神，盛烈光於後代；化成天下，元功被於庶物。魯大司寇宣尼父孔某資大聖之材，屬衰周之末，思欲屈己濟俗，弘道佐時，歷聘周流，莫能見用。想乘桴而永歎，因獲麟而興感。於是垂素王之雅則，正魯史之繁文，播鴻業於一時，昭景化於千祀。朕嗣膺寶曆，祗奉璿圖，憲章前王，規矩先聖。崇至公於海内，行大道於天下，遂得八表乂安，兩儀交泰，功成化洽，禮備樂和。展采東巡，回輿西土，途經兹境，撫事興懷，駐蹕荒區，願爲師友。瞻望幽墓，思承格言，雖殿寢荒蕪，舊基尚在，靈廟空寂，徽烈猶存。孟軻曰：『自生民以來，未若孔子者也。』微禹之歎既深，褒崇之道宜峻，可追贈太師。庶年代雖遠，式範令圖，景業維新，儀刑茂實。其廟宇傾頽者，宜更加修造，仍令三品一人，以少牢致祭。褒聖侯德倫，既承允嗣，有異常流，其子孫，並宜免賦役。」

册府元龜：咸亨元年五月，詔曰：「諸州縣孔子廟堂有破壞并先來未造者，遂使先師闕奠祭之儀，久致飄零，深非敬本。宜令有司速事營造。」

唐書禮樂志：武后天授元年，封周公爲褒德王，孔子爲隆道公。神龍元年，以鄒魯百户爲隆道公采邑，以奉歲祀子孫，世襲褒聖侯。

舊唐書禮儀志：神龍元年，以鄒魯百户封隆道公，謚曰文宣。

太極元年正月，詔：「孔宣父祠廟，令本州修飾，取側近三十户以供灑掃。」

玄宗本紀：開元十三年十一月丙申，幸孔子宅，遣使以太牢祭其墓，給復近墓五户。

册府元龜：十三年，親設奠祭。詔曰：「孔宣父誕聖自天，垂範百代，作王者之師表，開生民之耳目。朕增封岱嶽，迴鑾泗濱，思闕里之風，想雩壇之詠，邈矣遺烈，慨然永懷，式遵祀典，用申誠敬。宜令禮部尚書蘇頲以太牢致祭，仍令州縣以時祀享，復近墓五户長供掃除。」

玉海：古者惟功臣與祭大烝，未聞弟子從祀於師也。自建武祠七十二子於孔廟，然亦不出闕里也。貞觀末，加以左卜諸儒從祀太學，而武成王之祠，亦倣而爲之。總章、開元以來，又加諸儒以三等之爵，而州縣學宫，咸有從祀矣。

文獻通考：德宗建中三年，以文宣王三十七代孫齊卿爲兖州司馬，襲文宣王。

憲宗元和四年，以文宣王三十八代孫惟昉爲兖州參軍。

十三年，以文宣王三十八代孫惟晊襲文宣王。

武宗會昌二年，以文宣王三十九代孫榮爲國子監，丞襲文宣王。

右唐

五代

五代史周本紀：太祖廣順二年六月乙酉朔，幸曲阜，祀孔子。

册府元龜：廣順二年五月，親往兖州。辛未，遣端明殿學士顔衎往曲阜祀文宣王廟。六月己酉，幸曲阜，謁孔子廟既畢，其所奠金花銀爐十數事留於祠，所以備享。遂幸孔林，拜孔子墓。墳側有石壇，是唐朝封禪迴謁孔子之壇，二百餘年間，絶東封之禮，洙、泗之上，無復鑾和之音。帝以武功之餘，枉車致敬，尊師重道，不亦優乎？

文獻通考：廣順二年六月，以文宣王四十三代孫、前曲阜縣令孔仁玉復爲曲阜縣令，仍賜緋魚袋。以亞聖顔淵裔孫顔涉爲曲阜縣主簿。仍敕兖州修葺祠宇，墓側禁樵採。時車駕親征，兖州初平，遂幸曲阜，謁孔子祠。既奠，將致敬，左右曰：「仲尼，人臣。無致敬之禮。」上曰：「文宣百代帝王師，得無拜之？」即拜奠於祠前。

胡氏寅曰：人爲諂諛趨利而不顧義者也。孔子大聖，途之人猶知之，豈以位云乎？如以位，固異代之陪臣也；如以道，則配乎天地；如以功，則賢乎堯、舜。卒伍一旦爲帝王，而以異代陪臣臨天下之大聖，豈特趨利導諛，又無是非之心矣。斯臣也，當周太祖時，以拜孔子爲不可，則當石高祖時，必以拜契丹爲可者。是故君子有言：天下國家所患，莫甚于在位者不知學。在位者不知學，則其君不得聞大道，則淺俗之論易入，理義之言難進。人主功德高下，一係於此。然則學乎學乎，豈非君臣之急務哉？

右五代

祖庭廣記：周高祖親征慕容彦超，至兖州，城將破，夜夢一人，狀甚魁異，被王者服。城陷，取委巷入，適夫子廟在。帝豁然曰：「昨夢殆夫子乎？不然，何路與廟會？」因駐蹕升堂瞻像，一如夢中所見，感喜下拜。

宋

闕里志：宋建隆三年，詔祭文宣王。用一品禮，立十六戟於廟門，仍詔用永安之曲。

文獻通考：太祖乾德四年，以文宣王四十四代陵廟主、進士孔宜爲兖州曲阜縣主簿。

太宗太平興國三年，詔孔宜可授太子右贊善大夫，襲封文宣公。十月，詔免兖州曲阜縣襲封文宣公家租税。先是歷代以聖人之後不預庸調。周顯德中遣使均田，遂抑爲編户。至是，孔氏訴於州以聞，帝特免之。

宋史真宗本紀：景德四年五月，兖州增二十户守孔子墳〔一〕。八月辛亥，賜文宣王四十六世孫聖佑，同學究出身。大中祥符元年十一月戊午，幸曲阜縣，謁文宣王廟，服鞾袍再拜。幸叔梁紇堂，近臣分奠七十二弟子。遂幸孔林，加謚孔子曰玄聖文宣王，遣官祭以太牢，給近便十户奉塋廟，賜其家錢三十萬、帛三百匹。以四十六世孫聖佑爲奉禮郎，近屬授官賜出身者六人。

禮志：大中祥符元年，封泰山。詔以十一月一日幸曲阜，備禮謁文宣王廟。内外設黄麾仗，孔氏宗屬並陪位。帝服鞾袍，行酌獻禮。又幸叔梁紇堂，命官奠七十二弟子。先儒泊叔梁紇、顔氏。初有司定儀，肅揖，帝特展拜，以表嚴師崇儒之意，親製贊，刻石廟中。復幸孔林，以樹擁道，降輿乘馬，至文宣王墓，設奠再拜。詔追謚曰玄聖文宣王。祝文進署，祭以太牢，修飾祠宇，給便近十户奉塋廟。仍追封叔梁紇爲齊

〔一〕「二十」，宋史真宗本紀作「二千」。

國公，顏氏魯國夫人，伯魚母亓官氏鄆國夫人。

王圻續通考：大中祥符元年十一月，制曰：王者順考古道，懋建大猷。崇四術以化民，昭宣教本；總百王而致治，丕變人文。方啓迪於素風，思丕揚於鴻烈。先聖文宣王道膺上聖，體自生知，以天縱之多能，實人倫之先覺。元功侔乎簡易，景鑠配乎貞明，惟列辟以尊崇，爲億載之師表。朕以寡昧，欽承命歷，曷嘗不遵守彝訓，保乂中區，屬以祇若元符，告成喬嶽，覿風廣魯之地，飭駕數仞之牆，躬詣遠祠，緬懷遐躅。仰明靈之如在，肅奠獻以惟寅。是用稽簡册之文，昭聰叡之德。聿舉追崇之禮，庶申嚴奉之心。備物典章，垂之不朽，誕告多士，昭示朕意。宜追謚曰玄聖文宣王。

曲阜縣志：大中祥符元年，封聖考叔梁紇爲齊國公，聖母顏氏爲魯國太夫人。制曰：「朕以祇陟岱宗，新巡魯甸，永懷先聖之德，躬造闕里之庭，奠獻周旋，欽崇備至。惟降靈之所自，亦錫美之有初，像設具存，名稱斯闕，宜加追命，以焕典章。叔梁紇宜追封齊國公，顏氏宜追封魯國太夫人。」遣部官員外郎王勵，精虔祭告，追封聖配亓官氏爲鄆國夫人。制曰：「朕巡行魯郡，躬詣聖堂，顧風教之所尊，舉典章而既渥。眷惟令淑，作合聖靈，載稽簡册之文，尚闕追崇之數，屬茲咸秩，特示追崇，垂厥方來，式昭遺範。亓官氏宜追封鄆國夫人，仍令兖州遣官詣曲阜祭告。」

宋史真宗本紀：大中祥符五年十二月壬申，改謚玄聖文宣王曰至聖文宣王。

禮志：以國諱改謚至聖文宣王，賜孔氏錢帛，録親屬五人並賜出身，又賜太宗御製御書一百五十卷，銀器八百兩。

丘氏濬曰：案真宗先詔有司檢討漢、唐褒崇先聖故事，初欲追謚爲帝，或言宣父周之陪臣，周止稱王，不當加帝號，故第增美名曰玄聖。蓋以春秋演孔圖曰「孔子母感黑帝而生」，故曰玄。莊子曰「恬澹玄聖，素王之道」，遂取以爲稱。嗚呼！孔子之道，非一言一義所可盡者，謚之有無，固不爲之輕重，况加之非聖之言。既加之矣，而又以犯其誕妄之祖之諱而改之哉？

闕里志：宋真宗東封，王欽若言祭尼丘山，上有紫雲氣長八九丈，詔遣入内殿頭楊懷玉祭謝。

天禧二年賜文宣公家祭冕服，又賜行宫材修葺廟宇，又敕兖州差兵士四十人、員寮一人，於本廟巡宿守護。官物仍委轉運司於轄下有衣甲軍器處約度支於本廟。

文獻通考：天禧元年以文宣王四十六代孫、光禄寺丞聖佑襲封文宣公。

皇祐三年，詔：兖州仙源縣自國朝以來，世以孔氏子孫知縣事，使奉承廟祀。近歲廢而不行，非所以尊先聖也。今後宜復以孔氏子弟充選。

宋史仁宗本紀：至和二年三月丙子，封孔子後爲衍聖公。

文獻通考：集賢殿學士劉敞言：「據禮部員外郎、直集賢院祖無擇奏：『伏見至聖文宣王四十七代孫孔宗愿襲封文宣公，乃是其人未死已賜謚矣。臣切觀前史，孔子之後襲封者衆，在漢、魏則曰褒成、褒聖、宗聖，在晉、宋亦曰奉聖，後魏曰崇聖，北齊曰恭聖，後周及隋封以鄒國，唐初曰褒聖，或爲君，或爲侯爲公爲大夫，使奉祭祀。惟漢平帝追謚孔子爲褒成宣尼公，遂以均爲褒成君，至唐開元二十七年追謚爲文宣王，又以其後爲文宣公。是皆以祖之美謚而加後嗣，生而謚之，不經甚矣。欲乞明詔有司，詳求古訓，或封以小國，或取尊儒褒聖之義，别定美號，加於封爵，著於令式，使千古之下無以加於我朝之盛典也。』奉聖旨送兩制詳議，臣等謹案：漢元帝初元元年，以師孔霸爲關内侯，食邑八百户，號褒成君，而霸上書求奉孔子祭祀，元帝下詔曰：『其令師褒成君關内侯霸以所食八百户祀孔子。』及霸卒，子福嗣；福卒，子房嗣；房卒，子莽嗣，皆稱褒成君。至平帝元始元年，始更以二千户封莽爲褒成侯，而追謚孔子曰褒成宣尼公。以此觀之，則褒成者，國也；宣尼者，謚也；公爵者，爵也。褒成宣尼公猶曰河間獻王云耳。蓋推宣尼以爲褒成祖，非用褒成以爲宣尼謚也。唐世不深察此義，而以褒成爲夫子之謚，因疑霸等號封褒成，皆襲其祖之舊耳，故遂封夫子文宣王而爵其後文宣公。考校本末，甚失事理。先帝既封泰山，親祠闕里，又加文宣以至聖之號，則人倫之極致，盛德之顯名，盡在此矣，尤非其子孫臣庶所宜襲處而稱之者也。臣等以爲無擇議是，可用。其文宣王四十七代孫孔宗愿伏乞改賜爵名，若褒成、奉聖之比。上足以尊顯先聖，有不可階之勢，下不失優孔氏，使得守繼世之業。改唐之失，法漢之舊。傳曰『必也正名』，又曰『正稽古立事，可以永年』，此之謂也。」

闕里志：慶曆中，梁適知兖州，乞以廂兵代廟户，又裁減人數。方是時，宰相章得象欲如其請，參知政事范仲淹獨曰：「此事與尋常利害不同，自是朝廷崇奉聖師，美事仁義可息，則此人數可減。吾輩雖行，他人必復之。」朝論遂已。當時天下以此賢仲淹而鄙得象。

文獻通考：英宗治平元年，詔：勿以孔氏子弟知仙源縣，其襲封人如無親屬在鄉里，令常任近便官，不得遠去家廟。京東提刑王綱乞慎重長民之官，故有是詔。

哲宗元祐元年，朝議大夫孔宗翰辭司農少卿，請依家世例知兗州，以奉孔子祀，從之。宗翰又言：「孔子後襲封疏爵，本爲侍祠，今乃兼領他官，不在故郡，請自今不使襲封之人更兼他職，終身使在鄉里。」事下禮部太常寺。禮官議，欲依所請，釐定典禮，命官以司其用度，立學以訓其子孫，襲封者專主祠事，增賜田百頃，供祭祀之餘，許均贍族人。其差墓户並如舊法。賜書，置教授一員，教諭其家子孫，鄉鄰或願從學者聽。改衍聖公爲奉聖公，及删定家祭冕服等制度頒賜。詔可。

元符元年，吏部言：「請下兗州於孔子家衆議，承襲之人不必子繼，所貴留意祖廟，敦睦族人。」從之。

高宗紹興八年，詔衢州於係官田内，撥賜五頃，賜主奉先聖祠事、襲封衍聖公孔玠。以孔氏渡江子孫，隔絶林廟，故賜田以奉先聖蒸嘗也。

二十四年，以文宣王五十代孫搢補右承奉郎，襲封衍聖公，奉祀事。

光宗紹熙四年，以文宣王五十一代孫孔文遠爲承奉郎，襃封衍聖公。

右宋

金

金史熙宗本紀：天眷三年十一月癸丑，以孔子四十九代孫璠襲封衍聖公，奉孔子後。

王圻續通考：海陵天德二年二月，初定襲封衍聖公俸格，有加於常品，又加拯承直郎。

大定十六年，詔立兖州學，闕里廟宅子孫年十三以上入學者不限數。

金史世宗本紀：大定二十年十二月癸卯，特授襲封衍聖公孔總爲兖州曲阜令，封爵如故。

王圻續通考：時召總至京師，欲與之官，尚書省奏：「總主先聖祀，若加任使，守奉有缺。」上曰「然」，乃授曲阜縣令。

章宗本紀：明昌元年三月，詔修曲阜孔子廟學。　二年四月，詔襲封衍聖公孔元措視四品秩。

王圻續通考：章宗明昌三年四月，詔曰：「衍聖公，秩視四品，階正八品，不稱，可超遷中議大夫，永著於令。」元泰定三年，山東廉訪使王鵬南言，孔思誨襲爵上公，階止四品，於格弗稱，且失尊崇意。遂進階嘉議大夫。

三年十月壬子，有司奏增修曲阜宣聖廟，敕「党懷英撰碑文，朕將親行釋奠之禮，其檢討典故以聞」。十一月庚午朔，尚書省奏，翰林侍讀學士党懷英舉孔子四十八代孫端甫，年德俱高，該通古學，賜進士及第，俟春暖召之。

六年夏四月癸亥，敕有司以增修曲阜宣聖廟，工畢，賜衍聖公以下三獻法服及登歌樂一部，仍遣太常舊工往教孔氏子弟，以備祭禮。八月己未，命兗州長官以曲阜新修廟告成於宣聖。

闕里志：襲封衍聖公奏：朝廷稽考三代，制禮作樂，乞頒降大樂，許内族人及縣學生咸使肄習，并乞降禮器以備釋奠及家祭使用。至六年，賜堂上正聲大樂一副、禮器一副於闕里。

金史章宗本紀：承安二年二月，特命襲封衍聖公孔元措世襲兼曲阜令。

闕里志：金泰和八年八月二十七日，以先聖降誕之辰，前期一日，宗子率闔族敬祀尼山廟。祭奠日方午刻，俄聆殿上當空，有樂振作，皆金石絲竹之聲，凡在一舍間皆聞之駭然，蓋德感所致。金修正殿廊廡、大中門、大成門、鄆國夫人殿，自皇統、大定以來建之，其制猶質素。至明昌初，增後位夾殿，殿廡皆以碧瓦爲緣，外柱以石，刻龍爲文，其藻栱之餙，塗以青碧，每位皆有閣，至於欄檻簾櫳並硃漆之。齊國公僅與正位。又創二代三代祖殿，毓聖侯、五賢堂、奎文閣之屬，煥然一新，與夫廳堂爨舍門廡凡四百餘楹。方之前古，於此爲備。

宣宗本紀：貞祐三年十月，召中奉大夫襲封衍聖公孔元措爲太常博士。上初用元措於朝，或言宣聖墳廟在曲阜，宜遣之奉祀。既而上念元措聖人之後，山東寇盜縱横，恐罹其害，是使之奉祀而反絶之也，故有是命。

右金

元

元史太宗本紀：五年六月，詔以孔子五十一世孫元措襲封衍聖公。十二月，敕修孔子廟。

八年三月，復修孔子廟。

闕里志：太宗九年，奉旨灑掃廟户，依舊一百户奉上差法并行蠲免，不係州縣所管。

元史選舉志：憲宗四年，世祖在潛邸，特命修理殿廷。及即位，賜之玉斝，俾永爲祭器。

張德輝傳：史天澤辟德輝爲經歷官，世祖在潛邸，召見問曰：「孔子没已久，今其性安在？」對曰：「聖人與天地終始，無往不在。殿下能行聖人之道，性即在是矣。」歲戊申，春釋奠致胙於世祖，世祖曰：「孔子廟食之禮何如？」對曰：「孔子爲萬代王者師，有國者尊之，則嚴其廟貌，修其時祀，其崇與否，於聖人無所損益，但以此見時君崇儒重道之意何如耳。」世祖曰：「今而後此禮勿廢。」

闕里志：至元二年，罷孔廟灑掃户。

王圻續通考：曲阜孔子廟歷代給民百户以供灑掃，復其家。至是尚書省以括户之故，盡收爲民。翰林學士王磐言：「林廟户百家歲賦鈔不過六百貫，僅比一六品官終年俸耳。聖朝疆域萬里，財賦歲億萬計，豈愛一六品官俸，不以待孔子哉？且於帑庫所損無多，其損國體甚大。」時論韙之。

元史世祖本紀：至元四年正月癸卯，敕修曲阜宣聖廟。

梁宜御賜尚醞釋奠記：至元五年後己卯，正月，皇帝田於柳林，以上丁在邇，允御史臺奏，因宣聖五十四代孫監察御史臣思立出上尊酒釋奠於闕里，遣御史從事臣高元肅驛致之。禮竟，曲阜縣尹權祀事臣孔克欽言於宗黨曰：「兹誠罕有之盛典，不識諸石，罔以昭後。」於是其宗人，前湖廣行中書省都事臣思迪等，屬臣宜記之。宜，延祐初科進士，且嘗助教國子，揄揚聖德，職也，遂不敢辭，而諾之曰：「吾夫子没，魯哀公雖誄之，而未極其尊；漢高帝雖祀之，而未盡其禮；後代褒崇封爵之，未悉其道。詎若皇元累頒明詔，既於至聖文宣王上加封以大成，復於二丁，永享以太牢，重以香帛白金之錫，帝心再三寅奉尊隆，禮意淵博，邁越古昔遠矣。今憲臺擴弘縟典，霈光禄之天釀，以備祖庭禋酌，豈惟孔氏子孫有光，實天下儒服之士舉有光也。」廼拜手稽首，樂爲之書。」

十三年，以孔子五十三世孫曲阜縣尹孔治兼權主祀事。十九年十一月，襲封衍聖公孔洙入覲，以爲國子祭酒兼提舉浙東學校事，就給俸禄，與護持林廟壐書。

王圻續通考：案孔子後自宋南渡初，其四十八代孫端友子玠寓衢州，元既平宋，擬所立，或言孔氏子孫寓衢者，乃其宗子，召洙赴闕，洙遜於居曲阜者。帝曰：

「寧違榮而不違親，真聖人後也。」故有是命。

閻子靜復曲阜廟碑略曰：聖上嗣服之初，祗述祖考之成訓，興學養士，嚴祀宣聖，自曲阜始。明年，元貞改元，先聖五十三代孫密州尹治入朝，璽書賜命中議大夫，襲封衍聖公，月俸有千秩，視四品。孔氏世爵弗傳者久，至是乃復申命有司，制考辟雍，作廟於京師。由是四方嚮風，崇建廟學，惟恐居後。闕里祠宇，燬於金季之亂，閣號奎文，若大中門闥存者無幾。右轄嚴公忠濟保魯，嘗假清臺頒歷錢，佐營繕之費。歲戊申，始復鄆國後寢以寓先聖顏、孟十哲像。至元丁卯，衍聖公治尹曲阜，主祀事，將圖起廢，奎文、杏壇、齋廳、爨舍，即其舊而新之，禮殿則未遑也。國初，封建宗室，畫濟、兖、單三州爲魯國大長公主駙馬濟寧王分地，置濟寧總管府，屬縣十六，曲阜其一也。濟寧守臣阿勒坦布哈承詔旨，會府尹僚佐鄉長者，謀以廟役爲任，首出錢幣萬緡，衆翕然助之。傭工僱力，市木於河，轝石於山，掄材於野，宋棟櫨桷楹礎之屬悉具。又得泗水渠堰積石數百，石堲稱是，露階銘砌，咸足用焉。郡政之暇，躬爲督視，甄陶鍛治，丹艧髹漆，以致工師廩積，各有司存。經始於大德二年之春，屬歲祲中止，續事於五年之秋，不期月而告成。殿矗重簷，亢以層基，繚以修廊。大成有門，七十二賢有廡，泗、沂二公有位。黼座既遷，更塑鄆國像於後寢。締構堅貞，規模壯麗，大小以楹計者百二十有六，貲用以緡計者十萬有奇。落成之日，遠近助祭者衣冠輻輳，衆庶瞻顒，千禩祖庭，頓還舊觀。於是衍聖公治遣其子曲阜令思誠奉表以聞，且以廟碑爲請，會選冑子入學，擢思誠國子監丞，特敕中書，賜田五千畝以供粢盛，户二十八以應灑掃，仍下翰林書其事於石。臣復承命踧踖，既述興造始末，竊惟聖元神武造邦，天兵傅汴，戎事方殷，不忘先聖之祀，詔令五十一代孫衍聖公元措歸魯，裒集奉常禮樂於兵燼之餘，燕翼之謀，肇於此矣。世祖聖德神功文武皇帝仁沾義洽，九域混同，文物焕然可觀，内立國學，外置郡邑學官，而於先聖之後，尤所注意。遴選師儒，訓迪作成，需賢以嗣封爵，兹志未究，皇上纘而行之。用能培植教本，光昭先業，以致魯國臣民思樂泮水，如附靈臺，子來之衆至矣哉！觀文化下，必世後仁之效，豈特震耀一時，實宗社無疆之福也。

闕里志：大德五年，復給灑掃二十八户，從衍聖公孔治之請也。

元史成宗本紀：大德七年閏五月壬戌，詔禁犯曲阜陵廟者。冬十月給大都文宣王廟灑掃户五。

王圻續通考：大德九年，給曲阜林廟灑掃户，以尚珍署田五十頃，供歲祀。

元史仁宗本紀：至大四年閏七月辛丑，命國子祭酒劉賡詣曲阜以太牢祀孔子。

祭祀志：闕里之廟，始自太宗三年令先聖五十一代孫襲封衍聖公元措修之，官給其費，而代祠之禮則始於武宗，牲用太牢，禮物别給白銀一百五十兩，綵幣表裏各十有三匹。四年冬，復遣祭酒劉賡往祀，牲禮如舊〔一〕。延祐之末，泰定、天曆初載，皆循是典，錦幣雜綵有加焉。

闕里志：延祐七年，詔以白金一百五十兩，綿綺雜綵表裏各一十三段，遣説書王存義詣魯，以太牢祀孔子。仁宗手香加額以授之。

元史英宗本紀：至治二年春正月戊寅，敕有司恤孔氏子孫貧乏者。

泰定帝紀：至治三年十一月癸丑，遣使詣曲阜，以太牢祀孔子。

文宗本紀：天曆二年二月癸巳，遣翰林侍讀學士曹元用祠孔子於闕里。

〔一〕「舊」，原作「之」，據光緒本、元史祭祀志五改。

至順元年冬十月戊申，降璽書申飭衍聖公崇奉孔子事。

至順二年七月，藝文少監歐陽玄言：「先聖五十四代孫襲封衍聖公，爵最五等，秩登三品而用四品銅印，於爵秩不稱。」詔鑄從三品印，給之。

王圻續通考：至順三年二月，詔修曲阜宣聖廟。先是亓官夫人神座下生木芍藥一本，見者異之，而修廟令下。

順帝元統元年，令浙江行省範銅造和寧宣聖廟祭器，凡百三十有五事。

順帝本紀：至元元年五月，遣使詣曲阜孔子廟致祭。　四年正月，詔修孔子廟。五年十二月〔一〕，敕賜曲阜宣聖廟碑。　六年十一月辛未，以孔克堅襲封衍聖公。至正二年十月壬戌，遣官致祭於曲阜。　八年七月乙卯，遣使祀曲阜孔子廟。十五年十月，以襲封衍聖公孔克堅同知太常禮儀院事，以克堅子希學襲封衍聖公。十六年二月己卯，令集賢直學士楊俊民致祭曲阜孔子廟，仍葺其廟宇。

右元

〔一〕「十二月」三字，原脱，據光緒本、元史順帝本紀補。

王圻續通考：洪武二年，遣使詣曲阜致祭。曲阜，孔子故里也。使者陛辭，太祖諭之曰：「仲尼之道，廣大悠久，與天地相並，故後世有天下者莫不致敬盡禮，修其祀事。朕今爲天下主，期在明教化，以行先聖之道。今既釋奠國學，仍遣爾修祀事於闕里，爾其敬之。」

大明集禮：洪武二年，遣官降香致祭曲阜孔子。御製祝文曰：「惟神昔生周天王之國，實居魯邦，聖德天成，述紀前王治世之法。雖當時列國鼎峙，其道未行，垂教於後，以至於今，凡有國家大有得焉。自漢之下，以神通祀海内。朕代前王統率庶民，目書檢點，忽覩神之訓言，非其鬼而祭之，諂也；敬鬼神而遠之，祭之以禮。此非聖賢明言，他何能道，故不敢通祀，暴殄天物，以累神之聖德。兹以香幣牲齊，粢盛庶品，式陳明薦，惟神鑒焉。」

明史太祖本紀：洪武二年八月，衍聖公襲封及授曲阜知縣，並如前代制。

七年二月戊午，修曲阜孔子廟，設孔、顔、孟三氏學。

十八年十月甲辰，詔曰：孟子傳道，有功名教，歷年既久，子孫甚微。近有以罪輸作者，豈禮先賢之意哉？其加意詢訪，凡聖賢後裔輸作者，皆免之。

闕里志：洪武二十九年，上謂工部右侍郎秦逵曰：「春秋之時，人紀廢壞，孔子以至聖之資，删述六經，使先王之道晦而復明，萬世永賴，功莫大焉。夫食粟則思樹藝之先，衣帛則思蠶繅之始，皆重其所從出也。孔子之功，與天地並立，故朕命天下通祀，以致崇報之意。而闕里又啓聖降神之地，廟宇廢而不修，將何以妥神靈詔來世爾。工部其即爲修理，以副朕懷。」

洪武初，奉詔修孔廟。至永樂十四年，又撤其故而新之。是年遣官祭闕里。

宣德元年，宣宗皇帝登極，遣太常寺丞孔克準詣闕里祭告，自先師而下，四配十哲兩廡，凡九壇俱用太牢。

正統元年，英宗皇帝登極，遣國子監司業趙琬詣闕里祭告。

景泰元年，景帝登極，遣翰林院侍講吳節以香帛詣闕里祭告。

天順元年，英宗復位，遣工科左給事中孫昱詣闕里祭告。

成化元年，憲宗皇帝登極，遣吏部右侍郎尹旻詣闕里祭告，又駕幸太學，釋奠孔子，遣官取衍聖公弘、緒，并三氏子孫赴京觀禮，命衍聖公分獻沂國公。此遣官欽取之始。

弘治元年，孝宗皇帝登極，遣太常寺少卿田景賢詣闕里祭告。

明通紀：弘治六年，命孔彦繩爲翰林，世襲五經博士，主衢州孔子廟祀。

明史孝宗本紀：弘治十二年六月，曲阜先師廟災，遣使慰祭。

明通紀：十二年，曲阜孔廟火，題准取旁近各省及各抽分廠銀重修。

兗州府志：闕里至聖廟災，遣翰林侍讀學士李傑祭告，出帑金十五萬兩，命守臣重建。

明史孝宗紀：弘治十七年閏四月，闕里先師廟成，遣大學士李東陽祭告。

闕里志：正德十六年，詔有司改建孔氏家廟。廟在衢州者，官給錢，董其役，令博士孔承義奉祀。

嘉靖元年，世宗皇帝登極，遣吏部尚書石瑤詣闕里祭告。

隆慶元年，穆宗登極，遣尚寶司卿劉奮庸詣闕里祭告。

萬曆元年，神宗登極，遣尚寶司司丞張孟男詣闕里祭告。

天啓元年，熹宗皇帝登極，遣順天府府丞姚士慎詣闕里祭告。

右明

五禮通考卷一百二十二

吉禮一百二十二

功臣配享

蕙田案：配享之典，國家所以報功而勸忠也。周禮祭于大烝，並及禘祫，後世不廢焉。

經傳功臣配享

書盤庚：茲予大享于先王，爾祖其從與享之。傳：古者天子録功臣，配食于廟。大享，烝、嘗也。疏：此「大享于先王」，謂天子祭宗廟也。言「古者天子録功臣，配食于廟」，故臣之先祖得與享之也。「古者」，孔氏據己而道前世也，此殷時已然矣。「大享，烝、嘗」者，烝、嘗是秋、冬祭名，謂之「大享」者，以事各有對。若烝、嘗對禘、祫，則禘、祫爲大，烝、嘗爲小；若四時自相對，則烝、嘗爲大，礿、祠爲小。知烝、嘗有功臣與祭者，案周禮司勳云「凡有功者，銘書于王之太常，祭于大烝，司勳詔之」是也。秋冬之祭尚及功臣，則禘、祫可知。近代以來，惟禘、祫乃祭功臣配食，時祭不及之也。近代以來，功臣配食，各配所事之君，若所事之君其廟已毁，時祭不祭毁廟，其君尚不時祭，其臣固當止矣。禘、祫則毁廟之主亦在焉，其時功臣亦當在也。

陳氏大猷曰：大勳勞之人，方得配食，非偏及有功者。

蕙田案：周禮「祭于大烝」之文，則知大享專指烝而不及嘗矣。蓋烝、嘗同爲大享，而烝尤大于嘗，故報功臣焉。注兼烝、嘗，恐非。

詩商頌長發：允也天子，降于卿士。實惟阿衡，實左右商王。

蘇氏轍曰：大禘之祭所及者遠。卿士伊尹，蓋與祭于禘者也。商書曰：「兹予大享于先王，爾祖其從與享之。」是禮也，豈其起于商之世歟？

孔叢子：書曰：「兹予大享于先王，爾祖其從與享之。」季桓子問曰：「此何謂也？」孔子曰：「古者大臣有功，死則必祀之于廟，所以殊有績、勸忠勤也。盤庚舉其事以厲其世臣，故稱焉。」桓子曰：「天子之臣有大功者，則既然矣，諸侯之臣有大功者，可以如之乎？」孔子曰：「勞能定國，功加於民，大臣死難，雖食之公廟可也。」桓子曰：「其位次如何？」孔子曰：「天子諸侯之臣，生則有列于朝，死則有位於廟[一]，其序一也。」

書洛誥：周公曰：「王肇稱殷禮，祀于新邑，咸秩無文。予齊百工，伻從王于周。予惟曰：『庶有事。』今王即命曰：『記功宗，以功作元祀』。惟命曰：『汝受命篤弼。』」傳：言王當始舉殷家祭祀，以禮典祀于新邑，皆次秩不在禮文者而祀之。我整齊百官，使從王于周，行其禮典。我惟曰：「庶幾有善政事。」今王就行王命于洛邑，曰：「當記人之功，尊人亦當用功大小爲序，有大功則列大祀。」謂功施于民者。惟天命我周邦：「汝受天命厚矣，當輔大天命，視群臣有功者記載之。乃汝新即政，其當盡自教衆官躬化之。」疏：君知臣功，則臣皆盡力。

蔡氏沈曰：殷，盛也，與「五年再殷祭」之「殷」同。功宗，功之尊顯者。蓋功臣皆祭于大烝，而勳勞之最尊顯者則爲之冠，故謂之「元祀」。周公教成王，即命曰：記功之尊顯者，以功作元祀矣。又惟命之曰：汝功臣受此褒賞之命，當益厚輔王

[一]「則」，原作「其」，據光緒本、孔叢子校釋卷一改。

室。蓋作元祀，既以慰答功臣，而又勉其左右王室，益圖久大之業也。

蕙田案：注疏以「記功宗」爲記人之功尊人，蔡氏以爲記有功之尊顯者，二説不同，蔡義爲長。

周禮夏官司勳：王功曰勳，注：輔成王業，若周公。國功曰功，注：保全國家，若伊尹。民功曰庸，注：法施于民，若后稷。事功曰勞，注：以勞定國，若禹。治功曰力，注：制法成治，若咎繇。戰功曰多。注：剋敵出奇，若韓信、陳平。司馬法曰：「上多前虜。」凡有功者，銘書于王之太常，祭于大烝，司勳詔之。注：銘之言名也。生則書于王旌，以識其人與功也。死則于烝先王祭之。詔謂告其神以辭也。盤庚告其卿大夫曰「茲予大享于先王，爾祖其從與享之」是也。今漢祭功臣于廟庭。疏：必祭功臣在冬之烝祭者，烝者，衆也，冬時物成者衆，故祭功臣。案彼書注以大享爲烝、嘗者，此舉冬祭物成者衆而言，其嘗時亦祭之也。或周時直于烝時祭功臣，殷時烝、嘗俱祭，禮異故也。

蕙田案：疏謂周於烝祭祭功臣，殷於烝、嘗皆祭功臣，此亦無可考。

鄭氏鍔曰：王功者輔成王業，勤勞王室，輔幼孤以嗣王者之緒，明王道以成王者之治。即是功而謂之勳，「勳」有薰烝之義，謂其功之大，薰烝宇宙，上達于王也，周公之有大勳勞是已。國功者，國爾忘家，盡瘁國事，凡所施爲，無非爲國計者。即是功而謂之功，功者，事有成效之義，獨此名曰「功」，蓋人臣立功，正以保全王國爲主，進而上名以勳，功不足道也。抑而下則曰「勞」曰「力」之類，皆不足正名其功也。惟爲國而有成者，正可謂之功。民功者，害爲民除之，利爲民興之；或便于昔而不便於今，則爲民革之；或興于前而廢于後，則爲民舉之。即是功而謂之庸，庸者，用也。事功者，或從王事，或任國事，或有所營爲，或有所創制，黽勉從之，不畏其適我也。即是功而謂之勞，勞有經營艱苦之意也。治功者，或平水土，或闢草萊，或任土地，或疏導溝洫。即是功而謂之力，力謂其用力以作爲也。戰功者，戰以伐謀爲上，而以伐兵爲下，以正合，以奇勝，執俘折馘，斬將搴旗，奏凱而旋者是也。即是功而謂之多，多者，算數過人之義。

又曰：太常之書，司常之職也。大烝之祭，大宗伯之職也。司勳知立功之人當銘則詔之使銘，當祭則詔之使祭。銘于太常，使與日月同其久也。祭于大烝，使與祖宗之神同享乎盛祭也，可以見其報之之厚。

王氏昭禹曰：必使司勳詔之，則以有大功者，其貳藏于司勳故也。

王氏安石曰：大烝，冬之大享，當是時，百物皆報焉，祭有功宜矣。

蕙田案：「詔」字，當以鄭氏鍔之説爲長。

春秋定公十四年左氏傳：梁嬰父惡董安于，謂知文子曰：「不殺安于，使終爲政于趙氏，趙氏必得晉國，盍以其先發難也討于趙氏？」文子使告于趙孟曰：「范、中行氏雖信爲亂，安于則發之，是安于與謀亂也。晉國有命：『始禍者死。』二子既伏其罪矣，敢以告。」趙孟患之，安于曰：「我死而晉國寧，趙氏定，將焉用生？人誰不死，吾死莫矣。」乃縊而死。趙孟尸諸市，而告於知氏曰：「主命戮罪人，安于既伏其罪矣，敢以告。」知伯從趙孟盟，而後趙氏定。祀安于於廟。注：趙氏廟。疏：禮，臣有大功，配食于廟。周禮司勳云：「凡有功名者，銘書于王之太常，祭于大烝，司勳詔之。」尚書盤庚云：「兹予大享于先王，爾祖其從與享之。」孔安國云：「古者天子録功臣，配食于廟。大享，烝嘗也。」天子既有此禮，諸侯或亦有之。今趙氏祀安于於趙氏之廟，其意亦如此也。

蕙田案：觀孔叢子所載孔子與季桓子問答語，則知自定公以前，諸侯之國無有以臣配享者。故孔穎達云「諸侯或亦有之」。然則以家臣而祀于私廟，僭禮自趙簡子始也。

右經傳功臣配享

漢魏

漢舊儀：宗廟祭功臣四十人，食堂下，惟御僕滕公祭於廟門外塾。

杜佑通典：漢制，祭功臣于庭。生時侍讌于堂，死則降在庭位，與士庶爲列。

三國魏志明帝本紀：青龍元年夏五月壬申，詔祀故大將軍夏侯惇、大司馬曹仁、車騎將軍程昱于太祖廟庭。

注：魏書載詔曰：「昔先王之禮於功臣，存則顯其爵禄，没則祭于大烝，故漢氏功臣祀于廟庭，大魏元功之臣，功勳優著，終始休明者，其皆依禮祀之，于是以惇等配享之。」

齊王本紀：正始四年，秋七月，詔祀故大司馬曹真、曹休、征南大將軍夏侯尚、太常桓階、司空陳群、太傅鍾繇、車騎將軍張郃、左將軍徐晃、前將軍張遼、右將軍樂進、太尉華歆、司徒王朗、驃騎將軍曹洪、征西將軍夏侯淵、後將軍朱靈、文聘、執金吾臧霸、破虜將軍李典、立義將軍龐德、武猛校尉典韋于太祖廟庭。

五年，冬十一月癸卯，詔祀故尚書令荀攸于太祖廟庭。

注：臣松之以爲，故魏氏配享不及荀彧，蓋以其末年異議，又位非魏臣故也。至于升程昱而遺郭嘉，先鍾繇而後荀攸，則未詳厥趣也。徐佗謀逆而許褚心動，忠義之至，遠同于日磾。且潼關之危，非褚不濟。褚之功烈，有過典韋。今祀韋而不及褚，又所未達也。

六年冬十一月，祫祭太祖廟，始祀前所論佐命臣二十一人。

嘉平三年十一月，有司奏諸功臣應享食于太祖廟者，更以官爲次，太傅司馬宣王功高爵尊，最在上。

陳留王本紀：景元三年，詔祀故軍諮祭酒郭嘉于太祖廟庭。

通典：魏高堂隆議曰：「案先典，祭祀之禮，皆依生時尊卑之叙，以爲位次。功臣配享于先王，像生時侍讌。燕禮，大夫以上皆升堂，以下則位于庭，其餘則與君同牢，至於俎豆薦羞，唯君備。公降于君，卿大夫降于公，士降于大夫。使功臣配食于烝祭，所以尊崇其德，明其勳，以勸嗣臣也。議者欲從漢氏祭之于庭，此爲貶損，非寵異之謂也。貴者取貴骨，賤者取賤骨。今使配食者因君之牢，以貴賤爲俎，庶合事宜。周志曰：『勇則害上，不登于明堂。共用謂之勇。』言有勇而無義，死不登堂而配食。此即配食之義，位在堂之明審也。下爲北面三公朝立之位耳，燕則脱屨升堂，不在庭也。凡獻爵，有十二、九、七、五、三之差，君禮大夫三獻，太祝令進三爵于配食者可也。」

蕙田案：左傳：「勇則害上，不登于明堂。」杜注云：「明堂，祖廟也。所以策功序德，故不義之士不得升。」孔疏云：「鄭玄以爲明堂在國之陽，與祖廟别處。

左氏舊説及賈逵、盧植、蔡邕、服虔等皆以祖廟與明堂爲一，故杜同之。祭統云：『古者，明君必賜爵禄于太廟。』傳稱：『公行，還告廟，舍爵，策勳。』是明堂之中，所以策功序德，故不義之人不得升之也。」據注疏二家，是謂生而入廟受賞耳。魏高堂隆則以爲登堂配食，乃指死後而言。今案狼瞫前則曰「吾未得死所」，後則曰「死而不義，非勇也」，是引周志之言，明指死後審矣。高堂隆在杜預以前釋經，必有所依據也。

右漢魏

晉宋齊梁陳

晉書武帝本紀：咸寧元年八月壬寅，以故太傅鄭沖、太尉荀顗、司徒石苞、司空裴秀、驃騎將軍王沈、安平獻王孚等及太保何曾、司空賈充、太尉陳騫、中書監荀勖、平南將軍羊祜、齊王攸等皆列于銘享。

文獻通考：散騎常侍任茂議：「案魏功臣配食，禮叙六功之勳，祭陳五祀之品，或祀之于一代，或傳之于百代。蓋社稷五祀，所謂傳之於百代者。古之王臣有明德大功，若勾龍之能平水土，柱之能樹百穀，則祀社、稷，異代不廢也。昔湯既勝夏，欲遷其社，不可，乃遷稷，而周棄德可代柱，而勾龍莫廢也。若四叙之屬，分主五方，則祀爲貴神，傳之異代，載之春秋。非此之類，則雖明如咎繇，勳如伊尹，功如吕尚，各於當代祀之，不祭于異代也。然則伊尹于殷雖有王功之茂，不配食于周之清廟矣。今之功臣，論其勳蹟，比咎繇、伊尹、吕尚猶或未及。凡云配食，各配食于主也。今主遷廟，臣宜從享。」大司馬石苞等議：「魏代功臣，宜歸之陳留國，使修常祀，允合事理。」

宋書長沙景王傳：太祖元嘉九年，詔曰：「古者明王經國，司勳有典，平章以馭德刑，班瑞以疇功烈，銘徽庸于鼎彝，配祫祀于清廟。是以從享先王，義存商誥，祭于大烝，禮著周典。自漢迄晉，世崇其文，王猷既昭，幽顯咸秩。先皇經緯天地，撥亂受終，駿命爰集，光宅區宇，雖聖明淵運，三靈允協，抑亦股肱翼亮之勤，祈父宣力之效。故使持節、侍中、都督南徐兖二州揚州之晉陵京口諸軍事、太傅、南徐兖二州刺史長沙景王，故侍中、大司馬臨川烈武王，故司徒南康文宣公穆之，侍中、衛將軍、開府儀同三司、録尚書事、揚州刺史華容縣開國公弘，使持節、散騎常侍、都督江州豫州西陽新蔡晉熙四郡軍事、征南大將軍、開府儀同三司、江州刺史永修縣開國公道濟，故左將軍〔一〕、青州刺史龍陽縣開國侯鎮惡，或履道廣流，秉德沖邈，或雅景高邵，風鑒明遠，或識唯知正，才略開邁，咸文德以熙帝載，武功以隆景業，固以侔蹤姬旦，方軌伊、召者矣。朕以寡德，纂成鴻緒，每惟道勳，思遵令典，而太常未銘，從祀尚闕，鑒寐欽屬，永言深懷。便宜敬是前式，憲兹嘉禮，勒功天府，配祭廟庭，俾示徽章，垂美長世，茂績遠猷，永傳不朽。」

南齊書禮志：永明十年，詔故太宰褚淵、故太尉王儉、故司空柳世隆、故驃騎大將軍王敬則、故鎮東大將軍陳顯達、故鎮東將軍李安民六人，配享太祖廟庭。祠部郎何諲之議：「功臣配享，累行宋世，檢其遺事，題列坐位，具書贈官爵謚及名，文不稱主，便是設板也。白虎通云：『祭之有主，孝子以繫心也。』揆斯而言，升配廟庭，不容有主。宋時板度，既不復存，今之所制，大小厚薄，如尚書召板，爲得其衷〔二〕。」有司攝太廟舊人亦云，見宋功臣配享坐板，與尚書板相似。

〔一〕「左」，諸本脱，據宋書長沙景王傳補。

〔二〕「衷」，諸本作「衆」，據南齊書禮志上改。

隋書禮儀志：武帝即位，遷主太廟。春祠、夏礿、秋嘗、冬烝并臘，一歲凡五，謂之時祭。三年一禘，五年一祫，謂之殷祭。禘以夏，祫以冬，皆以功臣配。天監三年，何佟之議曰：「禘於首夏，物皆未成，故爲小。祫於秋冬，萬物皆成，其禮尤大。司勳列功臣有六，皆祭于大烝，知祫尤大，乃及之也。近代禘祫，並不及功臣，有乖典制。宜改。」詔從之。自是祫祭乃及功臣。

陳書文帝本紀：天嘉二年，九月甲寅，詔曰：「姬業方闡，望載渭濱，漢曆既融，道通圯上。若乃摛精辰宿，降靈惟岳，風雲有感，夢寐是求，斯固舟楫鹽梅，遞相表裏，長世建國，罔或不然。至于銘德太常，從祀清廟，以貽厥後來，垂諸不朽者也。前皇經濟區宇，裁成品物，靈貺式甄，光膺寶命，雖謨明濬發，幽顯協從，亦文武賢能，翼宣王業。故大司馬、驃騎大將軍瑱，故司空文育，故平北將軍、開府儀同三司僧明，故中護軍穎，故領軍將軍擬，或締構艱難，經綸夷險；或摧鋒冒刃，殉義遺生；或宣哲協規，綢繆帷幄；或披荆汗馬，終始勤劬；莫不罄誠悉力，屯泰以之。朕以寡昧，嗣膺丕緒，永言勳烈，思弘典訓，便可式遵故實，載揚盛軌，可並配食高祖廟庭，俾兹大猷，永傳宗祏。」

世祖本紀：天嘉五年，三月壬午，詔以故護軍將軍周鐵虎配食高祖廟庭。

周鐵虎傳：天嘉五年，世祖又詔曰：「漢室功臣，形寫宮觀，魏朝猛將，名配宗祧，功烈所以長存，世代因之不朽。故侍中、護軍將軍、青冀二州刺史沌陽縣開國侯鐵虎，誠節鯁亮，力用雄敢，王業初基，行間累及，垂翅賊壘，正色寇庭，古之遺烈，有識同壯。隕身不屈，雖隆榮等，營魂易遠，言追嘉惜。宜仰陪壖寢，恭頒享奠，可配食高祖廟庭。」

宣帝本紀：大建四年，秋九月，景寅，以故太尉徐度、儀同杜稜、儀同程靈洗配食高祖廟庭，故車騎將軍章昭達配食世祖廟庭。

右晉宋齊梁陳

北魏北齊北周

伽藍記：北魏廣陵王即皇帝位，爾朱世隆加儀同三司、尚書令、樂平王〔一〕，餘官如

〔一〕「樂平王」，諸本作「東平王」，據洛陽伽藍記卷二改。

故，贈太原王相國、晉王，加九錫，立廟于芒嶺首陽山。上舊有周公廟，世隆欲以太原王功比周公，故立此廟。廟成，爲火所災。有一柱焚之不盡，後三日，雷雨，震電霹靂，擊爲數段，柱下石及廟瓦皆碎于山下。復命百官議太原王配享，司直劉季明議云不合。世隆問其故，季明曰：「若配世宗，於宣武無功；若配孝明，親害其母；若配莊帝，爲臣不忠，爲莊帝所戮。以此論之，無所配也。」世隆怒曰：「卿亦合死。」季明曰：「下官既爲議臣，依禮而言，不合聖心，俘翦惟命。」議者咸歎。季明終得無恙。

北齊書孝昭帝本紀：皇建元年，十一月庚申，詔以故太師尉景、故太師竇泰、故太師太原王婁昭、故太宰章武王厙狄干、故太尉段榮、故太師万俟普、故司徒蔡儁、故太師高乾、故司徒莫多婁貸文、故太保劉貴、故太保封祖裔、故廣州刺史王懷十二人配享太祖廟庭。故太師清河王岳、故太宰安德王韓軌、故太宰扶風王可朱渾道元、故太師高昂、故大司馬劉豐、故太師万俟受洛干、故太尉慕容紹宗七人配享世宗廟庭。故太尉河東王潘相樂、故司空薛修義、故太傅破六韓常三人配享顯祖廟庭。

北周書明帝本紀：二年冬十二月癸亥，太廟成。辛巳，以功臣琅琊貞獻公賀拔勝等十三人配享太祖廟庭。

右北魏北齊北周

隋唐五代

隋書禮儀志：禘祫之月，則停時饗，而陳諸瑞物及伐國所獲珍奇于廟庭，及以功臣配饗。

舊唐書太宗本紀：貞觀十四年冬十月己卯，詔以贈司空河間元王孝恭，贈陝東道大行臺尚書右僕射、鄖節公殷開山，贈民部尚書渝襄公劉政會等配享高祖廟庭。

通典：貞觀十六年，有司言：「禮，功臣配享于廟庭，禘享則不配。依令，禘祫之日，功臣並得配享。請集禮官學士等議。」太常卿韋挺等議曰：「古者臣有大功享禄，其後子孫率禮，潔粢豐盛，礿祠烝嘗，四時不輟，國家大祫，又得配焉。所以昭明其勳，尊崇其德，以勸嗣臣也。其禘及時享，功臣皆不應享。故周禮六功之官，皆配大烝而已。先儒皆以大烝爲祫祭。梁初誤禘功臣，左丞何佟之駁議，武帝允而依行。降暨周、齊，俱遵此義。竊以五年再殷，合諸天道之大小，小則人臣不與，大則兼及有功。禮禘無配功臣，誠謂理不可易。」從之。

顔師古功臣配享議曰：竊以肅恭禋祀，經邦彝訓，追遠念功，歷代鴻典。於穆清廟，備孝享于吉蠲；股肱良哉，豫銘常之配侑。爰發明詔，俾命率由，秩宗致請，博謀僚列。爾雅説祀禘爲大祭，公羊傳義大事爲祫，何休所釋又異鄭玄，然皆一配之文，曾無重祀之證，是非衆論，雖曰蹐駮，隆殺二端，厥趣可覩。謹案祫者合食，禘乃禘祭，禘小于祫，理則非疑。商書稱從與其大享，周禮著祭于大烝，是知小祀不及功臣，其事又無可惑。魏晉以降，莫不通行，中間雖經差失，梁朝又以矯正，有齊立號，朝宗河、朔。周氏命曆，卜食咸陽，修定禮儀，皆有憑據，同遵此典，未嘗釐革。今欲更改，實謂非宜。又尋古之配祭，皆在于冬，據其時月，益明非禘。況乎臣之立功，各因所奉，享祀之日，從主升配。禘之爲祭，自于本室廟未毁者，不至太祖之庭。君既不來，而臣獨當祀列，對揚尊極，乃非所宜。今請祫配功臣，禘則不豫，依經合義，進退爲允。謹議。

蕙田案：禘祭無配享，其禮極是，特所謂禘者，非古之禘耳。

文獻通考：唐太宗貞觀禮：祫享，功臣配享于廟庭，禘享則不配。後又令祫禘之日，功臣並得配享。初，太常卿韋縚等議：「功臣祫享之日，配享于廟庭，禘及時享，則皆不預。」其議遂行。至開元初，復令禘之日，亦皆配享，非舊典也。配享位在各帝廟庭太階之東，少南，西向，以北爲上。

舊唐書高宗本紀：貞觀二十三年皇太子即位，九月丙寅，贈太尉梁國公玄齡、贈司徒申國公士廉、贈左僕射蔣國公屈突通並配食太宗廟庭。

顯慶五年二月甲午，祀舊宅，以武士彠、殷開山、劉政會配食。

中宗本紀：神龍二年閏二月，停許敬宗配享，以贈太尉鄭公魏徵配享太宗廟。

玄宗本紀：開元六年六月乙酉，制以故侍中桓彦範、敬暉、故中書令兼吏部尚書張柬之、故特進崔玄暐、故中書令袁恕己配享中宗廟庭，故司空蘇瓌、故左丞相太子少保郴州刺史劉幽求配享睿宗廟庭。

文獻通考：順宗既葬，議祧遷中宗廟，有司疑曰：「五王有安社稷功，若遷中宗，則配享永絶。」判集賢院事蔣乂曰：「禘祫，功臣乃合食太廟，中宗廟雖毁，而禘祫並陳太廟，此則五王配食與初一也。」由是遷廟遂定。

開元禮祫禘以功臣配享：享日，未明一刻，太廟令布功臣神座于太廟之庭。吏部尚書贈司空鄖國公殷開山、光禄卿渝國公劉政會、開府儀同三司淮安靖王神通、禮部尚書贈司空河間元王孝恭配享高祖廟庭，太階之東，少南，西向，以北爲上。司空贈太尉梁國文昭公房玄齡、特進贈司空鄭國文貞公魏徵、洛州都督贈尚書左僕射蔣國忠公屈突通、開府儀同三司贈司徒申國文獻公高士廉配享太宗廟庭，少南，西向，以北爲上。司空太子太師贈太尉英國貞武公李勣、中書令贈尚書右僕射高唐縣公馬周、尚書左僕射兼太子少傅北平縣公張行成配享高宗廟庭，少南，西向，以北爲上。侍中譙國公桓彦範、侍中平陽郡公敬暉、中書令兼吏部尚書濮陽郡公張柬之、特進博陵郡公崔玄暐、中書令南陽郡公袁恕己配享中宗廟庭，少南，西向，以北爲上。尚書左僕射太子少傅贈司空許國文貞公蘇瓌、尚書左丞相太子少保徐國公劉幽求配享睿宗廟庭，少南，西向，以北爲上。諸座各設版于座首，其版文各具題官爵、姓名。每座各設壺罇二于左，北向，玄酒在西，加勺冪，置爵于罇下。設洗于終獻罍洗東南，北向。太廟令與良醖令以齊實罇如常。堂上設饌訖，太官令帥進饌者出，奉饌入，祝迎引于座左，各設於座前，太官令以下出，祝還罇所。亞獻將畢，贊引引獻官詣罍洗，盥手洗爵，詣酒罇所。執罇者舉冪，獻官酌酒，諸助奠者皆酌酒訖，贊引引獻官進詣首座前，東面奠爵，贊引引還本位，于獻官進奠，諸助奠者各進奠于座，還罇所。于堂上徹豆，祝進首座前徹豆，還罇所。

舊唐書禮儀志：舊儀，高祖之廟，則開府儀同三司淮安王神通、禮部尚書河間王孝恭、陝東道大行臺右僕射鄖國公殷開山、吏部尚書渝國公劉政會配饗。太宗之廟，則司空梁國公房玄齡、尚書右僕射萊國公杜如晦、尚書左僕射申國公高士廉配饗。高宗之廟，則司空英國公李勣、尚書左僕射北平縣公張行成、中書令高唐縣公馬周配饗。中宗之廟，則侍中平陽郡王敬暉、侍中扶陽郡王桓彥範、中書令南陽郡王袁恕己配饗。睿宗之廟，則太子太傅許國公蘇瓌、尚書左丞相徐國公劉幽求配饗。天寶六載，太廟配饗功臣，高祖室加裴寂、劉文靜，太宗室加長孫無忌、李靖、杜如晦，高宗室加褚遂良、高季輔、劉仁軌，中宗室加狄仁傑、魏元忠、王同皎等十一人。

文獻通考：高祖廟六人，神通、殷開山、劉政會，並貞觀十四年十月十五日敕；武士彠，顯慶四年三月七日敕，文明元年停；裴寂、劉文靜〔二〕，並天寶六載正月十三日

〔二〕「劉文靜」，諸本作「劉文靖」，據文獻通考卷一〇三及下文改。

敕。開元禮無武士彠、裴寂、劉文靜。太宗廟七人，房玄齡、高士廉、屈突通，並貞觀二十三年九月二十四日敕，至永徽四年二月，房玄齡以子遺愛反，停配享；魏徵，神龍二年閏二月十五日敕；長孫無忌、李靖、杜如晦並天寶六載正月十二日敕。開元禮無長孫無忌、李靖、杜如晦。高宗廟六人，李勣、張行成、許敬宗、馬周，並垂拱二年正月十一日敕，其許敬宗，神龍二年閏二月一日有敕停；褚遂良、高季輔、劉仁軌，並天寶六載正月十二日敕。開元禮無許敬宗、褚遂良、高季輔、劉仁軌。中宗廟八人，桓彦範、敬暉、張柬之、崔玄暐、袁恕己，並開元六年六月二十二日敕；狄仁傑、魏元忠、王同皎，並天寶六載正月十二日敕。開元禮無狄仁傑、魏元忠、王同皎。睿宗廟二人，蘇瓌、劉幽求，並開元六年六月二十三日敕。

蕙田案：舊唐書於配享太宗諸臣前，既以杜如晦列於其中，後於所加諸臣内，又復列入杜如晦。故沈炳震曰：「如晦已經配享太宗，此云加，誤。」但檢文獻通考，貞觀二十三年敕有屈突通而無杜如晦。至天寶六載始與長孫無忌、李靖同加入，則舊唐書後所云加入杜如晦乃不誤，而所誤在前之以屈突通爲杜如晦也。沈炳震想未見通考，故反以加爲誤耳。

又案：文獻通考高祖配享有武士

護，太宗配享有魏徵，中宗配享有張柬之、崔玄暐，舊唐書志俱不載。其武士彠配而旋停，姑置弗論，餘皆作志之漏略也。

玄宗廟三人，贈太師燕文正公張説、贈太子太師代國公郭元振、中書令趙國公王琚。檢年月未獲。肅宗廟二人，贈太師韓文憲公苗晉卿，大曆四年十月十七日敕；贈太尉冀獻穆公裴冕，元和四年八月敕。

唐書裴冕傳：始，肅宗廟惟苗晉卿配享，冕卒後二十餘年，有蘇正元者奏言：「肅宗爲元帥時，師纔一旅，冕於草創中，甄大義以勸進，收募驍勇幾十餘萬。既逾月，房琯來，又一年，而晉卿至。今晉卿從祀，而冕乃不與。」有詔冕配享肅宗廟。

代宗廟一人，贈太尉汾陽忠武王郭子儀，建中二年十一月敕。德宗廟三人，贈太師西平忠武王李晟、贈太尉忠烈公段秀實，並元和四年八月敕；贈太師忠武公渾瑊，元和四年九月四日敕。憲宗廟四人，贈司徒宣懿公杜黄裳、贈太師裴度，會昌六年十月敕；贈司徒威武公高崇文、贈太師李愬，會昌六年十一月敕。

玉海：宣宗大中四年五月，宗正少卿李從易奏：自武德以來，功臣列在祀典者三十八人。

文獻通考：後唐明宗長興二年，詔以故昭義節度使李嗣昭、故幽州節度使周德威、故汴州節度使符存審，配享莊宗廟庭。

右隋唐五代

宋

宋史真宗本紀：咸平二年二月丙申，以趙普配享太祖廟庭。八月乙亥，以太師贈濟陽郡王曹彬配享太祖廟庭，司空贈太尉中書令薛居正、忠武軍節度使贈中書令潘美、右僕射贈侍中石熙載配享太宗廟庭。

禮志：咸平二年，始詔以趙普配享太祖廟庭，繼以宋白等議，又以曹彬配享太祖，以薛居正、石熙載配享太宗廟庭，仍奏告本室，禘祫皆配之。祠日，有司先事設幄次，布褥位于廟庭東門内道南，當所配室西向，設位板，方七寸，厚一寸半，籩、豆各二，簠、簋、俎各一。知廟卿奠爵，再拜。

趙普傳：真宗咸平二年詔曰：「故太師贈尚書令、追封韓王趙普，識冠人彝，才高王佐，翊戴興運，光啓鴻圖，雖吕望肆伐之勳，蕭何指蹤之效，殆無以過也。自輔弼兩朝，周旋三紀，茂巖廊之碩望，分屏翰之劇權，正直不回，始終無玷，謀猷可復，風烈如生，宜預享于大烝，永同休于宗祏。兹爲茂典，以答舊勳，其以普配享太祖廟庭。」

乾興元年，詔從翰林、禮官參議，以右僕射贈太尉中書令李沆、贈太師尚書令王旦、忠武軍節度使贈中書令李繼隆配享真宗。

嘉祐八年，詔以尚書右僕射贈尚書令王曾、太尉贈尚書令吕夷簡、彰武軍節度使贈侍中曹瑋配享仁宗。

神宗本紀：神宗熙寧八年六月戊午，太師魏國公韓琦薨。己未，以琦配享英宗廟庭。

元豐元年，閏正月己亥，太傅兼侍中曾公亮薨。癸卯，以公亮配享英宗廟庭。

建炎以來朝野雜記：祖宗故事，大臣配享，皆祔廟。後議之，若趙韓王、曹秦王之配享太祖，蓋真宗咸平時。而韓魏王、曾魯公之配享英宗，皆其身薨日，降制亦在祔廟十數年後。

宋史禮志：熙寧末，嘗詔太常禮院講求親祠太廟不及功臣禮例。至是，禘祫外，親享太廟並以功臣與。又從太常禮院請，配享功臣以見贈官書板位。

文獻通考：元豐三年，詳定郊廟奉祀禮文所言：「謹案書盤庚曰：『兹予大享于先王，爾祖其從與享之。』周禮司勳：『凡有功者，祭于大烝。』然則書之所謂『大享』，即禮之所謂『大烝』也。烝，冬祭也。謂之大者，物成衆多之時，其祭比三時爲大也。方是時，百物皆報焉，祭有功宜矣。禮記祭統衞孔悝之鼎銘曰：『勤大命，施于烝彝鼎。』後世烝祭，不及功臣，既不合禮，而禘祫及之，事不經見。梁初誤禘功臣，何佟之以爲夏物未成，而禘功臣爲非典禮。唐韋挺亦云：『今禘祫以功臣配享，而冬烝不及，與經不合。蓋因仍之誤也。』伏請每遇冬烝，以功臣配享，其禘祫配享罷之。」詔凡冬享、禘祫及親祠，功臣並配享。

宋史哲宗本紀：元祐元年六月戊申，以富弼配享神宗廟庭。

紹聖元年，夏四月甲寅，以王安石配享神宗廟庭。

三年二月癸酉，罷富弼配享神宗廟庭。

禮志：元祐初，從吏部尚書孫永等議，以故司徒贈太尉富弼配享神宗。紹聖初，又以守司空贈太傅王安石配。三年，罷富弼配，謂弼得罪於先帝也。

蘇氏軾論周穜擅議配享劄子〔一〕：本朝自祖宗以來，推擇元勳重望始終全德之臣，以配食列聖。蓋自天子所不敢專，必命都省集議。其人非天下公議所屬，不在此選。奏議既上，詔云恭依册告宗廟，然後敢行。其嚴如此，豈有既行之後，復使疏遠小臣，各出私意，以議所配？若置而不問，則宗廟不嚴，而朝廷輕矣！竊以安石平生所爲〔二〕，是非邪正，中外具知，難逃聖鑒。先帝蓋亦知之，故置之閑散，終不復用。今已改青苗等法，而廢退安石黨人吕惠卿、李定之徒，至於學校貢舉，亦已罷斥佛、老，禁止字學。大議已定，行之數年，而先帝配享已定用富弼，天下翕然，以爲至當。穜復何人〔三〕，敢建此議，意欲以此，嘗試朝廷，漸進邪説。伏望聖慈，重賜責降，以儆在位。

崇寧元年，詔以觀文殿大學士贈太師蔡確配享哲宗廟庭。

政和五禮新儀：配享功臣之位，設于殿庭之次：趙普、曹彬位于横街之南道西，

〔一〕「論周穜擅議配享劄子」，諸本脱「享」字，據蘇軾文集卷二九補。
〔二〕「竊以」，諸本作「褻矣」，據蘇軾文集卷二九改。
〔三〕「人」，諸本脱，據蘇軾文集卷二九補。

東向，第一次，薛居正、石熙載、潘美位于第二次，李沆、王旦、李繼隆位于第三次，俱北上；王曾、吕夷簡、曹瑋位于横街之南道東，西向，第一次，韓琦、曾公亮位于第二次，王安石位于第三次，蔡確位于第四次，俱北上。惟冬享、祫享徧設祭位。

建炎初，詔奪蔡確所贈太師、汝南郡王，追貶武泰軍節度副使，更以左僕射贈太師司馬光配享哲宗。既又罷王安石，復以富弼配享神宗。

趙鼎傳：高宗即位，除鼎司勳郎官。久雨，詔求闕政，鼎言：「自熙寧間王安石用事，變祖宗之法，而民始病。假闢國之謀，造生邊患；興理財之政，窮困民力；設虚無之學，敗壞人才。至崇寧初，蔡京托紹述之名，盡祖安石之政。凡今日之患，始於安石，成於蔡京。今安石猶配享廟庭，而京之黨未除，時政之闕，莫大於是。」上爲罷安石配享。

宋會要：紹興四年，太常少卿江端友請：「明堂，前一日差官詣配祀功臣位行禮，緣即今權于温州真華宫，奉安宗廟，比在京事體不同，欲依紹興元年明堂，更不排辦。」從之。

宋史高宗本紀：紹興八年三月壬寅，定以故相韓忠彦配享徽宗廟庭。

揮麈前録：本朝曹武惠配享太祖，武穆配享仁宗；韓忠獻配享英宗，文定配享徽宗，父子配享，自昔所無也。

禮志：紹興十八年二月，監登聞鼓院徐璉言：「國家原廟佐命配享，當時輔弼勳勞之臣繪象廟庭，以示不忘，累朝不過一十餘人。今之臣僚與其家之子孫必有存其繪像者，望詔有司尋訪，復摹于景靈宮庭之壁，非獨假寵功臣之子孫，所以增重祖宗之德業，以爲臣子勸。」遂下諸路轉運司，委所管州軍尋訪各家，韓王趙普、周王曹彬、太師薛居正、石熙載、鄭王潘美、太師李沆、王旦、李繼隆、王曾、吕夷簡、侍中曹瑋、司徒韓琦、太師曾公亮、富弼、司馬光、韓忠彦，各令摹寫貌像投納，繪于景靈宮之壁。

紹興二十七年六月戊午，初命太廟冬享祭功臣。

孝宗本紀：乾道五年九月甲子，詔侍從、臺諫集議欽宗配享功臣。

禮志：乾道五年九月，太常少卿林栗等言：「欽宗皇帝廟庭尚虚配享，當時遭值艱難，淪胥莫救，罕可稱述，而以身殉國，名節暴著，不無其人。雖生前官品不應配享之科，事變非常，難拘定制，乞特詔集議。」吏部尚書汪應辰奏：「當時死事之臣，皆有次第褒贈。若今配享欽廟，典故所無，如創行之，又當訪究本末，差次輕重，有所取舍，尤不可輕易。竊謂配享功臣，若依唐制，各廟既無其人，則當缺之。」迺罷集議，欽宗一廟遂無配享。

文獻通考：右侍郎官曾逮言〔一〕：「昔元祐中，神宗未有配享，朝廷依例權塑二侍臣。」吏部尚書汪應辰言：「欽宗所圖共政之臣，皆未有能勝其任者。若應故事，姑令備數，上非所以尊宗廟，下非所以勸有功。誠如太常所言，當時死事之臣非一，今欲令配享，考究本末，差次輕重，有所取捨，尤不可輕易。昔唐文宗、武宗皆無配享功臣，蓋崇奉祖宗必審其實，必當于理，不虛尚文飾以苟塞人情而已，既無可配享者，乞更不集議。」從之。

高宗廟庭。

孝宗本紀：淳熙十五年三月癸丑，用洪邁議，以吕頤浩、趙鼎、韓世忠、張俊配享高宗廟庭。

禮志：淳熙中，高宗祔廟，翰林學士洪邁言：「配食功臣，先期議定。臣兩蒙宣

〔一〕「右侍」，諸本誤倒，據文獻通考卷一〇三乙正。

論，欲用文武臣各兩人〔一〕，文臣故宰相贈太師秦國公謚忠穆吕頤浩、特進觀文殿大學士謚忠簡趙鼎，武臣太師蘄王謚忠武韓世忠、太師魯王謚忠烈張俊。此四人皆一時名將相，合于天下公論。」議者皆以爲宜，遂從之。祕書少監楊萬里獨謂丞相張浚不得配食爲非，爭之不得，因去位焉。

清波雜志：國朝配享功臣于太廟横街南，東西相向設位。太祖室：趙普、曹彬。太宗室：薛居正、石熙載。真宗室：李沆、王旦、李繼隆。仁宗室：王曾、吕夷簡。英宗室：韓琦、曾公亮。神宗室：富弼、曹瑋。哲宗室：司馬光。徽宗室：韓忠彦。高宗室：吕頤浩、趙鼎、韓世忠、張俊。視祖宗文武各用二人侑食，蓋中興將相勳烈之盛，不得而遺也。

紹興五年十二月，以左丞相贈太師魯國公陳康伯配享孝宗廟庭。

建炎以來朝野雜記：孝宗既祔廟，詔以故相陳康伯侑食，寶文閣待制吴總上疏請以其父璘配享廟庭，不報。

〔一〕「各」，諸本脱，據宋史禮志十二補。

宋史禮志：初，仁宗天聖中郊祀，詔録故相李昉、宋琪、吕端、張齊賢、畢士安、王旦、執政李至、王沔、温仲舒及陳洪進等子孫以官。元豐中，詔：「景靈宮繪像舊臣推恩本支下兩房以上，取不食禄者，均有無，取齒長者，若子孫亦繪像，本房不食禄，更不取别房。」紹聖初，林希請稽考慶曆以後未經編次臣僚，其子孫應録用者以次編定。尋詔：「趙普社稷殊勳，其諸孤有無食禄者，各官其一子，以長幼爲序，毋過三人。」崇寧初，詔：「哲宗繪像文武臣僚，並與子若孫一人初品官，若子孫衆多，毋過家一人。」又録藝祖功臣吕餘慶族孫偉及司徒富弼孫直柔、直道以官，使奉其祀。靖康初，臣僚言：「司馬光之後再絶，復立族子稹，稹亦卒。今雖有子，而光遺表恩澤已五十年，不可復奏，請許移奏見存曾孫，使之世禄。」從之。

寧宗本紀：嘉泰元年春正月庚午，以葛邲配享光宗廟庭。

嘉定十四年八月乙丑，追封史浩爲越王，改謚忠定，配享孝宗廟庭。

理宗本紀：端平二年八月乙卯，以太師趙汝愚配享寧宗廟庭，仍圖像于昭勳崇德之閣。

右宋

遼史興宗本紀：重熙二十一年八月戊子，太尉烏哲薨，詔配享聖宗廟。

金史禮志：天德二年二月，太廟祫享，有司擬上配享功臣，詔以薩哈、希卜蘇、舍音、斡魯、鄂斯歡忠東向配太祖位。以尼瑪哈、斡里雅布宗望、楝摩、羅索、尼楚赫西向配太宗位〔一〕。

大定三年十月，祫享，又以舍音、斡魯、薩哈、希卜蘇、鄂斯歡配享太祖，宗望、楝摩、宗翰、羅索、尼楚赫配享太宗。其後次序屢有更易。

世宗本紀：大定八年十月乙未，命圖畫功臣于太祖廟，其未立碑者立之。

禮志：大定八年，上命圖畫功臣于太祖廟，有司第祖宗佐命之臣，勳績之大小、官資之崇卑以次上聞。乃定左廡：開府金源郡王薩哈、皇伯太師右副元帥宋王宗望、開府金源郡王斡魯、皇伯太師梁王宗弼，開府金源郡王羅索、皇叔祖元帥左都監魯王楝摩、開府隋國公阿里罕、儀同三司兖國公劉彦宗、右丞相齊國簡懿公韓企先、特進宗

〔一〕「太宗」，諸本作「太祖」，據金史禮志四改。

人希卜蘇；右廡：太師秦王宗翰、皇叔祖遼王杲、開府金源郡王希卜蘇、開府金源郡王完顏希尹、太傅楚王宗雄、開府前燕京留守金源郡王完顏尼楚赫、開府金源郡王完顏忠、金源郡王完顏薩里罕、特進宗人斡魯、右丞相金源郡王赫舍哩志寧。

大定十六年，左廡遷梁王宗弼于斡魯上。十八年，黜希卜蘇而次于普嘉努於阿里罕之下〔一〕。二十二年，增皇伯太師遼王，舍音、薩哈、宗幹、宗翰、宗望其下以次列。

章宗本紀：明昌四年三月甲午，定配享功臣。

禮志：明昌四年，次序始定，東廊：皇叔祖遼智烈王舍音杲，皇伯太師遼忠烈王宗幹斡布，皇伯太師右副元帥宋桓肅王斡里雅布宗望，開府儀同三司金源郡毅武王希卜蘇，開府儀同三司金源郡貞憲王完顏古新希尹，太傅楚威敏王摩囉歡宗雄，開府儀同三司燕京留守金源郡襄武王完顏尼楚赫，開府儀同三司金源郡明毅王完顏忠鄂斯歡，金源郡莊襄王杲薩里罕，特進宗人斡魯莊翼，特進完顏希卜蘇威敬，太師尚書

〔一〕「於」，原脱，據金史禮志四補。

令淄忠烈王圖克坦克寧，太師尚書令南陽郡文康王張浩；西廊：開府儀同三司金源郡忠毅王薩哈，太師秦桓忠王尼瑪哈宗翰，皇伯太師梁忠烈王烏珠宗弼，開府儀同三司金源郡剛烈王斡魯，開府儀同三司金源郡莊義王完顏羅索，皇叔祖元帥左都監魯莊明王楝摩，開府儀同三司隋國剛憲公阿里罕，開府儀同三司豫國襄毅公普嘉努昱，開府儀同三司兖國英敏公劉彦宗，右丞相齊國簡懿公韓企先，太保尚書令廣平郡襄簡王李石，開府儀同三司右丞相金源郡武定王赫舍哩志寧，開府儀同三司左丞相沂國公布薩忠義，儀同三司左丞相崇國公赫舍哩良弼，右丞相莘國公石琚，右丞相中國公唐古安禮，開府儀同三司平章政事圖克坦喀齊喀，參知政事宗叙。每一朝爲一列，著爲令。

章宗本紀：明昌五年閏十月丙寅，以代國公罕都等五人配享世祖廟庭。

禮志：明昌五年閏十月丙寅，以儀同三司代國公罕都、銀青光禄大夫伊克、特進和卓、開府儀同三司博諾、儀同三司巴達配享世祖廟庭。

享日，並出神主前廊，序列昭穆。應圖功臣配享廟庭，各配所事之廟，以位次爲定。

王圻續通考：南陽郡王完顔襄、壽國公張萬公皆配享章宗廟庭。平章政事延安郡王布薩端、尚書右丞壽國公高汝礪、宰相福興皆配享宣宗廟庭。

完顔薩布傳：正大三年，宣宗廟成。將禘祭，議配享功臣，論者紛紜。賽不爲大禮使，因言「丞相福興死王事，齊勤謹守河南以迎大駕，功宜配享」。議遂定。

元史祭祀志：英宗初，博士言：「今冬祭即烝也，天子親裸太室，功臣宜配享。」事弗果行。

右遼金元

明

明會典：洪武二年孟春，享太廟，以功臣七人配，遣官分獻讀祝。

王圻續通考：洪武二年正月，享太廟，以功臣廖永忠、俞通海、張德勝、桑世傑、耿再成、胡大海、趙德勝配享。設青布幃六間于太廟庭中，内設配享功臣位。籩、豆各二，實以栗、棗、牛脯、葵菹、鹿醢；簠簋各二，實以黍、稷、稻、粱，羊、豕體各一，遣官分獻。其分獻儀，皇帝行亞獻禮，將畢，分獻官各詣盥洗所，盥手，洗爵，酌酒，諸執事官皆酌酒于爵獻官，進詣功臣第一位前，上香奠爵，諸執事官各進爵于各神位前，讀祝官讀祝，訖，獻官復位。其配享祝文曰：「朕以孟春嚴奉廟享，追念忠烈，輔成開基，爰用牲醴陳于廟庭，英靈如生，尚其與享。」

明史禮志：洪武三年，定配享功臣常遇春以下凡八位。春夏於仁祖廟西廡，秋冬於德祖廟西廡，設位東向，遂罷幃次之設。更定三獻禮。皇帝初獻，時獻官即分詣行禮，不拜。

明會典：洪武三年，定親王從享皆設位于東廡，西向；功臣配享皆設位于西廡，東向。

明史禮志：洪武三年，定以皇伯考壽春王、王夫人劉氏爲一壇；皇兄南昌王、霍丘王、下蔡王、安豐王、霍丘王夫人翟氏、安豐王夫人趙氏爲一壇；皇兄蒙城王、盱眙王、臨淮王、臨淮王夫人劉氏爲一壇，後定夫人皆改稱妃；皇姪寶應王、六安王、來安王、都梁王、英山王、山陽王、昭信王爲一壇，凡一十九位。春夏于仁祖廟東廡，秋冬及歲除於德祖廟東廡，皇帝行初獻禮，時獻官詣神位分獻。四年，進親王於殿内東壁。

王圻續通考：明太祖洪武二年〔一〕，壽春十五王進侑四祖廟。案壽春於孝陵爲伯，南昌七王兄寶應七王從子也。余從大夫後助祭太廟，見廡中木主稱壽春八王爲高伯祖考，寶應七王爲曾伯祖考，禮官誤矣。

四年，太祖謂中書省臣：「太廟之祭，以功臣配列廡間。今既定太廟合祭禮，朕以祖宗具在，使功臣故舊没者得少依神靈，以同享祀，不獨朝廷宗廟盛典，亦以寓朕不忘功臣之心。」於是禮官議：「凡合祭時，爲黄布幄殿，中祖考神位，旁設兩壁，以享親王及功臣，令大臣分獻。」制「可」。已而命去布幄。

四年，罷廟庭幃設之次，改設黄布幃殿于廟内，併具兩廡，中居祖考神位，廡列親王及功臣。每奠獻祖考，則遣大臣各分獻，不讀祝。是秋，又命功臣仍于廡間配享，不設布殿。

蕙田案：親王配享，自太祖創也。

太祖本紀：洪武六年，録故功臣子孫未嗣者二百九人。

〔一〕「二年」，原作「三年」，據光緒本、續文獻通考卷一〇四改。

九年，新太廟成，增祀蒙城王妃田氏、盱眙王妃唐氏。以徐達、常遇春、李文忠、鄧愈、湯和、沐英、俞通海、張德勝、胡大海、趙德勝、耿再成、桑世傑十二位配于西廡。罷廖永安。

明會典：洪武九年，奉安四代神主，以親王并王妃二十一位侑于殿内東壁，功臣十二位配于西壁，不分獻。自是四時之祭，皆行合享之禮。

明史太祖本紀：洪武十年，録故功臣子孫五百餘人。

明會典：洪武二十年，定凡祭功臣，令軍官首領官陪。

明史禮志：建文時，禮部侍郎宋禮言：「功臣自有雞籠山廟，請罷太廟配享。」帝以先帝所定，不從。且令候太廟享畢，别遣官即其廟祭之。

洪熙元年，以張玉、朱能、王真、姚廣孝配享太廟。遣張輔、朱勇、王通及尚寶少卿姚繼各祭其父。

王圻續通考：嘉靖九年，中允廖道南言：「廣孝髡徒，不宜入廟。」禮官李時與張璁、桂萼亦以爲言，遂移祀大興隆寺。

明史禮志：嘉靖十年，以刑部郎中李瑜議，進劉基位次六王。

十六年，以武定侯郭勛奏，進其祖英。初二廟功臣，位各以爵，及進基位公侯上，至是復令禮官議合二廟功臣叙爵。於是列英於桑世傑上，張玉、朱能於世傑下。

王圻續通考：武定侯郭勛乞進其祖英，侑享高廟，下廷議，不可。户部侍郎唐胄疏爭言：「廟祀諸臣位次上下且不可易，況有無之額，敢輒增損乎？」勛言：「往年進劉基祔享以文臣，故舉朝翕然順從。臣祖英武臣，乃紛然阻忌？」上是勛言，進英祀。先是二廟侑享功臣，位各以爵，及進基，伯位公侯上，帝不喜，曰：「何上基而下英也？」令禮官考議，乃合二廟功臣叙爵。于是列英永義侯上，河間、東平二王、黔寧王下，基永義侯下。初，郭英未進侑時，禮官夏言言：「禮有功宗之祀，漢祭功臣于廟庭，魏祀尚書令荀攸于太祖廟，唐高祖至憲宗廟或六七八人，或二三四人，宋太祖至光宗亦然。如魏徵、李沆、司馬光皆文臣，不必皆武功也。守成諸君亦各有與享者，不必皆創業也。我朝二祖開國，靖難固有功臣，仁宗以無事武功，其間相與輔贊治平，豈無有如魏徵、李沆輩者。今侑享二祖凡十七人。十七人中，惟基、廣孝二人文臣耳，自後六廟缺焉無聞。乞下廷議，考求六朝文武大臣有功在當時、澤在後世者，請上裁定，進侑廟庭。」帝不允。

配享功臣十七人：中山武寧王徐達、開平忠武王常遇春、岐陽武靖王李文忠、寧河武順王鄧愈、東甌襄武王湯和、黔寧昭靖王沐英、河間忠武王張玉、東平武烈王朱能、虢國忠烈公俞通海、蔡國忠毅公張德勝、越國武莊公胡大海、梁國武桓公趙德勝、泗國武莊公耿再成、營國威襄公郭英、寧國公王真、永義侯桑世傑、誠意伯劉基，皆左右敘。

二十四年，進諸配位於新太廟西壁，罷分獻。

太常紀：神宗萬曆九年，給事中丁汝謙言：「諸王世次遠，宜罷祭，祭於墓。親王之殤無後而近者，宜配。凡親王功臣宜列兩廡上。」以汝謙議睿廟，謫汝謙，遂未行。

萬曆十四年，太常卿裴應章言：「諸王本從祖祔食，今四祖之廟已祧，而諸王無所於祔，宜罷享，而祔之祧廟。」禮部言：「祧以藏毁廟之主，爲祖非爲孫。禮有祧，不聞有配祧者。請仍遵初制，序列東廡爲近禮。」報可。

又言：「廟中列后在上，異姓之臣禮當別嫌。且至尊拜俯於下，諸臣之靈亦必不安。」命改復西廡，遣官分獻。

太常紀：裴應章言：「諸王從祖祔食，四祖親盡且祧，而諸王得配享百世，非所以爲殺也。壽春等王於太祖爲伯爲兄，太祖南面，而伯若兄俯而侑于側，非所以爲順也。列后在享諸功臣同坐一堂，非所以爲别也。」其以諸王祔祧廟，歲祫則祔，餘則罷。功臣移之廡，便上下。禮官宗伯沈鯉議曰：「臣考儀禮諸書與前代故事，無親王祔享之儀，是太祖以義起者也。宗廟之祭，祫爲重，故禮稱彌遠而彌尊。時享不可預，而預於祫，其無乃未安乎？竊謂諸王墳墓，近皇陵則祔皇陵之廟，近祖陵則祔祖陵之廟，于禮無嫌，亦不失太祖遺意。但考洪武四年初享十五王之文曰：『朕念親親之道，無間存没，凡我伯、考、兄、姪悉追封爲王，伯妣、先嫂皆爲王夫人，列祀宗廟，著爲常典。』臣不敢議罷，其仍遵初制，序列東廡，功臣列西廡，惟上裁擇。」上曰「可」。於是諸王功臣列兩廡，遣官分獻，如國初制矣。

天啓元年，太常少卿李宗延言：「前代文臣，皆有從祀，我朝不宜獨缺。」下禮部議，不行。

春明夢餘録：明高祖定鼎，念諸功臣之烈，建太廟。首以李韓公善長等六人及胡越公大海等從享。最後韓公坐嫌死，而六公亦間不得與，逮永樂而始定。自中山、開平二王而下，距永義侯桑世傑，凡六王五公一侯十二人，從文皇祀者，至洪熙而定。文武臣惟河間王玉、東平王能、寧國公真、榮國公廣孝，凡二王二公。至世宗，首上太祖徽號，後上文皇帝祖號，又采禮官言，進誠意伯從祀太祖，位六王下，而以僧故斥廣孝，使祀大興隆寺。尋用翊國公勛請進其祖營國公英。獨仁宗而後寥寥無聞，論者謂如楊文貞、李文達、商文毅、劉文清、楊文忠之賢于輔而不得從，蹇忠定、王忠肅、王端毅、馬端肅、于肅愍之賢于樞而不得從，張定興輔之下南交，朱宣平永之八佩將印，皆位太師，握環衛，爲心膂牙爪而不得從。高帝諸功臣而下，猶有説焉。若李韓公之佐開創不下酇侯，雖以嫌死，帝尚爲之諱。若馮宋公勝之佐大將軍取中原，下秦隴，降納哈出二十萬之衆；傅潁公友德之從大將軍取山東，其平蜀，功冠徹侯，而開滇南二百年之地，惜其終于帝之末，遘革除之變，而未有舉也。

右明

五禮通考卷一百二十三

吉禮一百二十三

賢臣祀典

蕙田案：祭法曰：「聖王之制祭祀也，法施於民則祀之，以死勤事則祀之，以勞定國則祀之，能禦大菑則祀之，能捍大患則祀之。」所以崇德報功，勸忠尚義而風勵于無窮也。自淫祠繁興，貞邪淆亂，歷代以來祠宇之在天下者，廢興不一，或以正而被黜，或以濫而見推。典籍所垂，蓋綦溷矣。今根據正史，旁及傳記，舉勳庸德行、忠節孝義卓然表見者著于篇。其不在祀典及通考所載淫祠，俱並削焉。

秩祀典

禮記祭法：聖王之制祭祀也，法施於民則祀之，以死勤事則祀之，以勞定國則祀之，能禦大菑則祀之，能捍大患則祀之。

劉氏彝曰：法施于民者，民賴其法成身者也。以死勤事者，忠于國者弗顧其生，義于君者弗惜其死，祀之則忠義勸于天下矣。以勞定國者，夙夜勞瘁，弼成王業，如伊尹之相湯升陑，如吕望之鷹揚我武，如周公之坐以待旦也。能禦大災者，如洪水爲災而后土氏能平五土，懷襄昏墊而夏后氏能滌九源，既免民之魚鱉，又敷土以播殖也。能捍大患者，如玁狁猾夏而宣王斥之，管、蔡亂國而周公征之，楊、墨亂教而孟子闢之，皆俾大患，弗克興焉。

陳氏祥道曰：法施于民，所謂民功，曰庸也。以死勤事，以勞定國，所謂事功，曰勞也。能禦天之天菑，捍人之大患，所謂治功，曰力也。

右秩祀典

周

書武成〔一〕：封比干墓。傳：封益其土。　疏：周本紀云「命閎夭封比干之墓」。

〔一〕「武成」，原作「武城」，據光緒本改。

禮記樂記：封王子比干之墓。注：積土爲封。封比干墓，宗賢也。

蕙田案：封墓則有祀事，可知廟與墓同。

吴越春秋：夫差帥諸群臣出國門，祀子胥于江濱，諸臣並在。夫差乃言曰：「寡人昔不聽相國之言，乃用讒佞之辭，至令相國遠没江海。自亡以來，濛濛惑惑，如霧蔽日，莫誰與言。」泣下沾襟，哀不自勝，左右群僚，莫不悲傷。

蕙田案：此祀忠臣之始。

右周

兩漢

漢書昭帝本紀：元鳳元年三月，賜郡國所選有行義者涿郡韓福等五人帛，人五十匹，遣歸。詔曰：「朕閔勞以官職之事，其務修孝悌以教鄉里。令郡縣常以正月賜羊酒。有不幸者賜衣被一襲，祠以中牢。」

日知録：漢書萬石君傳「石慶爲齊相，齊人爲立石相祠」。于定國傳「父于公爲縣獄吏，郡中爲之立生祠，號曰于公祠」。漢紀「欒布爲燕相，有治績，民爲之立生祠」。此後世立生祠之始。

後漢書明帝本紀：永平二年十一月甲申，遣使者以中牢祠蕭何、霍光。帝謁陵園，過式其墓。

章帝本紀：建初七年冬十月，西巡狩，幸長安。丙辰，遣使者以中牢祠蕭何、霍光。

安帝本紀：延光三年閏十月乙未，遣使者祀太上皇于萬年，以中牢祀蕭何、曹參、霍光。

桓帝本紀：延熹八年夏四月丁巳，壞郡國諸房祀。

注：房謂祠堂也。王涣傳曰：「時唯密縣存故太傅卓茂廟，洛陽留令王涣祠。」

桓譚傳：元和中，肅宗行東巡狩，至沛，使使者祀譚冢，鄉里以爲榮。

楊厚傳：厚年八十二，卒于家。策書弔祭。鄉人謚曰文父。門人爲立廟，郡文學掾史春秋饗射常祀之。

孔融傳：融爲北海相，郡人甄子然、臨孝存知名早卒，融恨不及之，乃命配食縣社。

蕙田案：兩漢風俗淳茂，祀典所及見于史册者，蕭、曹與霍，皆有相業，功在社稷。桓譚以經學博聞名後世，卓茂、韓福等以行義稱至于民間，亦立生祠，有甘棠之愛焉。百世而下，猶爲興起，況當其時者乎？逮漢末，諸君子皆以行義風節相矜尚，所由來者遠矣。

右兩漢

三國

宋書禮志：劉禪景燿六年，詔爲丞相諸葛亮立廟於沔陽。先是所居各請立廟，不許，百姓遂私祭之。而言事者或以爲可立于京師，乃從人意，皆不納。步兵校尉習隆、中書侍郎向充等言于禪曰〔一〕：「昔周人懷召伯之美，甘棠爲之不伐；越王思范蠡之功，鑄金以存其像。自漢興以來，小善小德，而圖形立廟者多矣；況亮德範遐邇，勳蓋季世，興王室之不壞〔二〕，實斯人是賴。而烝嘗止于私門，廟象闕而莫立，百姓巷祭，戎

〔一〕「向充」，諸本作「向允」，據宋書禮志四改。
〔二〕「興」，諸本脱，據宋書禮志四補。

夷野祀，非所以存德念功，述追在昔也。今若盡從人心，則瀆而無典；建之京師，又逼宗廟。此聖懷所以惟疑也。愚以爲宜因近其墓〔一〕，立之於沔陽，使屬所以時賜祭〔二〕。凡其故臣欲奉祀者，皆限至廟〔三〕。斷其私祀，以崇正禮。」於是從之。

蕙田案：孔明爲漢季第一人物，故當爲三國祠祀之冠。

三國蜀志秦宓傳：宓同郡王商爲治中從事，商爲嚴君平、李弘立祠，宓與書曰：「疾病伏匿，甫知足下爲嚴、李立祠，可謂厚黨勤類者也。觀嚴文章，冠冒天下，由、夷逸操，山嶽不移，使揚子不歎，固自昭明。如李仲元不遭法言，令名必淪，其無虎豹之文故也，可謂攀龍附鳳者矣。如揚子雲潛心著述，有補于世，泥蟠不滓，行參聖師，于今海内，談詠厥辭。邦有斯人，以耀四遠，怪子替茲〔四〕，不立祠堂。蜀本無學士，文翁遣相如東受七經，還教吏民，于是蜀學比于齊、魯。故地里志曰：『文翁倡其教，相如

〔一〕「以」，原作「意」；「宜」，原脱，據光緒本、宋書禮志四改、補。
〔二〕「屬所」，諸本誤倒，據宋書禮志四乙正。
〔三〕「至」，原作「立」，據光緒本、宋書禮志四改。
〔四〕「茲」，原作「之」，據光緒本、三國志蜀書秦宓傳改。

爲之師。』漢家得士，盛於其世；仲舒之徒，不達封禪，相如制其禮。夫能制禮造樂，移風易俗，非禮所秩有益于世者乎！雖有王孫之累，猶孔子大齊桓之霸，公羊賢叔術之讓。僕亦善長卿之化，宜立祠堂，速定其銘。」

魏志賈逵傳：逵子充嗣，豫州吏民追思之，爲刻石立祠。青龍中，帝東征，乘輦入逵祠，詔曰：「昨過項，見賈逵碑像，念之愴然。古人有言，患名之不立，不患年之不長。逵存有忠勳〔一〕，没而見思，可謂死而不朽者矣。其布告天下，以勸將來。」

魏略曰：甘露二年，車駕東征，屯項，復入逵祠，下詔曰：「逵没有遺愛，歷世見祠。追聞風烈〔二〕，朕甚嘉之。昔先帝東征，亦幸於此，親發德音，褒揚逵美，徘徊之心，益有慨然！夫禮賢之義，或埽其墳墓，或修其門閭，所以崇敬也。其埽除祠堂，有穿漏者補之。」

宋書禮志：魏武帝少時，漢太尉橋玄獨先禮異焉。故建安中，遣使祀以太牢。文

〔一〕「有」，原作「而」，據光緒本、三國志魏書賈逵傳改。
〔二〕「風」，原作「夙」，據光緒本、三國志魏書賈逵傳改。

帝黄初六年十二月，過梁郡，又以太牢祀之。

右三國

晉宋

晉書元帝本紀：太興元年十二月癸巳，詔曰：「漢高經大梁，美無忌之賢；齊師入魯，修柳下惠之墓。其吴之高德名賢或未旌録者，具條列以聞〔一〕。」

蕙田案：此後世鄉賢孝義旌表之意。

禮志：故事，祀皋陶於廷尉寺，新禮移祀于律署，以同祭先聖於太學也。故事，祀以社日，新禮改以孟秋之月，以應秋政。摯虞以爲：「案虞書，皋陶作士師，惟明克允，國重其功，人思其當，是以獄官禮其神，繫者致其祭，功在斷獄之成，不在律令之始也。太學之設，義重太常，故祭于太學，是崇聖而從重也。律署之置，卑于廷尉，移祀于署，是去重而就輕也。律非正署，廢興無常，宜如舊祀于廷尉。又，祭用仲春，義取

〔一〕「具」，原作「其」，據光緒本、晉書元帝本紀改。

重生，改用孟秋，以應刑殺，理未足以相易。宜定新禮，皆如舊。」制：「可。」

羊祜傳：祜既卒，襄陽百姓于峴山祜平生游憩之所建碑立廟，歲時饗祭焉。望其碑者莫不流涕，杜預因名爲墮淚碑。

宋書：傅亮爲宋公修張良廟教：義熙十二年，高祖北討，軍次留城，經張良廟，下令文選傅亮撰：「夫盛德不泯，義存祀典，微管之歎，撫事彌深。張子房道亞黄中，照鄰殆庶，風雲玄感，蔚爲帝師，夷項定漢，大拯横流，固已參軌伊、望，冠德如仁。若乃神交圯上，道契商洛，顯默之際，窅然難究，淵論浩瀁，莫測其端矣。途次舊沛，駐駕留城，靈廟荒頓，遺像陳昧，撫迹懷人，永歎實深。過大梁者或佇想于夷門，游九原者亦流連于隨會。擬之若人，亦足以云。可改構棟宇，修飾丹青，蘋蘩行潦，以時致薦。抒懷古之情，存不刊之烈。」主者施行。

宋書武帝本紀：永初二年夏四月己卯朔，詔曰：「淫祠惑民費財，前典所絶，可並下在所除諸房廟。其先賢及以勳德立祠者，不在此例。」

禮志：永初二年，普禁淫祠。由是蔣子文祠以下，普皆毁絶。

劉穆之傳：元嘉二十五年四月，車駕行幸江寧，經穆之墓，詔曰：「故侍中、司徒、南康文宣公穆之，秉德佐命，翼亮景業，謀猷經遠，元勳克茂，功銘鼎彝，義彰典策，故已嗣徽前哲，宣風後代者矣。近因遊踐，瞻其塋域，九原之想，情深悼歎。可致祭墓所，以申永懷。」

禮志：漢時城陽國人以劉章有功于漢，爲之立祠。青州諸郡，轉相倣效，濟南尤盛。至魏武帝爲濟南相，皆毁絶之。及秉大政，普加除翦，世之淫祀遂絶。

孝武帝孝建初年，更修起蔣山祠。

文帝本紀：元嘉二十六年，遣使祭晉故司空忠肅公何無忌之墓〔一〕。

禮志：孝武帝大明三年二月戊申，行幸藉田，經左光禄大夫袁湛墓，遣使致祭。

五年庚午，車駕行幸，經司空殷景仁墓，遣使致祭。

王弘傳：大明五年，車駕遊幸，經弘墓，下詔曰：「故侍中、中書監、太保、録尚書事、揚州刺史華容文昭公弘，德猷光劭，鑒識明遠。故散騎常侍、左光禄大夫、太子詹

〔一〕「墓」，原作「母」，據光緒本、宋書文帝本紀改。

事豫章文侯曇首〔一〕，夙尚恬素，理心貞正。並綢繆先眷，契闊屯夷，内亮王道，外流徽譽。以國圖令勛，民思茂惠。朕薄巡都外，瞻覽墳塋，永言想慨，良深于懷。便可遣使致祭墓所。」

禮志：大明七年十一月，南巡。乙酉，遣使祭晉司馬桓温、征西將軍毛璩墓。

右晉宋

北魏

北魏書孝文帝本紀：太和十有八年春正月癸亥，車駕南巡。戊辰，經比干之墓，祭以太牢。十有九年九月壬辰，遣黄門侍郎以太牢祭比干之墓。

宣武帝本紀：正始二年六月戊戌，詔立周旦、夷、齊廟于首陽山。

北史劉芳傳：芳轉太常卿。以周公之祀不應隸太常，乃上疏曰：「周公廟所以别在洛陽者，蓋緣姬旦創成洛邑，故傳世洛陽，崇祠不絶，以彰厥庸。夷、齊廟者，

〔一〕「豫章」，宋書王弘傳改作「豫寧」。

亦世爲洛陽界内神祠。今並移太常，恐乖其本。」詔曰：「所上乃有明據，但先朝置立已久，且可仍舊。」

李孝伯傳：孝伯兄子安世出爲相州刺史，假趙郡公。敦農桑，斷淫祠。西門豹、史起有功于人者，爲之修飾廟堂。

右北魏

唐

隋書煬帝本紀：大業二年五月乙卯，詔曰：「旌表先哲，式存饗祀，所以優禮賢能，顯彰遺愛。朕永鑒前修，尚想名德，何嘗不興歎九原，屬懷千載。其自古以來賢人君子〔一〕，有能樹聲立德、佐世匡時、博利殊功、有益于人者，並宜營立祠宇，以時致祭。墳壟之處，不得侵踐。有司量爲條式，稱朕意焉。」

舊唐書太宗本紀：貞觀四年九月壬午，敕自古賢臣烈士墳墓毋得芻牧，令春秋

〔一〕「以」，原脱，據光緒本、隋書煬帝本紀補。

致祭。

七年十二月丙辰，狩于少陵原，詔以少牢祭杜如晦、杜淹、李綱之墓。高宗本紀：顯慶二年冬十月，遣使祭鄭大夫國僑、漢太丘長陳寔墓。

文獻通考：麟德二年，車駕將封岱嶽，至滎陽頓，祭紀信墓。

唐書狄仁傑傳：仁傑入拜冬官侍郎、持節江南巡撫使。吳、楚俗多淫祠，仁傑一禁止，凡毁千七百房，止留夏禹、吳太伯〔一〕、季札、伍員而已。天授二年，以地官侍郎同鳳閣鸞臺平章事。會爲來俊臣所構，乃貶仁傑彭澤令，邑人爲置生祠。萬歲通天中，擢仁傑爲魏州刺史，民愛仰之，復爲立祠。

舊唐書玄宗本紀：開元十九年夏四月丙申，令兩京及天下諸州各置太公尚父廟，以張良配享，春秋二時仲月上戊日祭之。

册府元龜：開元十二年十一月，幸東都，敕有司所經忠臣烈士墓精意致祭，以酒脯時果用代牲牢。

〔一〕「夏禹吳太伯」五字，諸本脱，據新唐書狄仁傑傳補。

唐書禮樂志：開元十九年，始置太公尚父廟，牲、樂之制如文宣。出師命將，發日引辭于廟。仍以古名將十人爲十哲配享。

蕙田案：祀尚父可也，以古名將爲十哲陋矣。厥後更有七十二賢，異哉！

册府元龜：詔立太公廟，制曰〔一〕：「乾坤沖用，陰陽所以運行；帝王大業，文武所以垂範。故四序在乎平分，五材資于並用。式稽乾坤之意，載明文武之道，永言舊章〔二〕，斯典未洽，自我而始，爰備闕文。昔羲皇立弧矢之象，黄帝有甲兵之事，將以定禍亂，濟生靈。分二柄而齊設，配兩儀而共久。至若用之以仁義，行之以禮樂，龍豹卷舒而莫測，星辰應變而無方，誰其尸之，則齊太公之道也。故宣尼大聖，立文以成化；尚父惟師，仗武而弘訓。齊、魯之道列，親賢之教興，鬱爲政源，崇我王業，遂使金石之奏，永播於蹲龍之庭，烝嘗之享，不行于非熊之室。文武並設，斯不然矣。豈王風云季，禮没于前修；將帥是尊，慶彰于今日。式崇大典，垂裕後昆。宜令兩京及天

〔一〕「曰」，諸本脱，據册府元龜卷三三補。
〔二〕「舊」，原作「嘉」，據光緒本、册府元龜卷三三改。

下諸州各置太公尚父廟一所，以張良配享，春秋二時，取仲月上戊日祭。諸州賓貢武舉人，准明經、進士，行鄉飲酒禮。每出師命將，辭訖，發日，便就廟引辭。仍簡取自古爲將功業顯著康濟生人者十人，準十哲例預享。」

舊唐書玄宗本紀：天寶元年冬十月辛丑，改驪山爲會昌山，仍于秦坑儒之所立祠宇，以祀遭難諸儒。

蕙田案：諸儒不在祀典，明皇此一祭，真足千古。

册府元龜：天寶七載五月，詔曰：「式閭表墓，追賢紀善。事有勸于當時，義無隔于異代。其忠臣義士，史籍所載，德行彌高者，所在置一祠宇，量時致祭。」

文獻通考：殷相傅説汲郡，殷太師箕子汲郡，宋公微子睢陽郡，殷少師比干汲郡，齊相管夷吾濟南郡，齊相晏平仲濟南郡，晉卿羊舌叔向絳郡，魯卿季孫行父魯郡，鄭卿東里子産滎陽郡，燕上將軍樂毅上谷郡，趙卿藺相如趙郡，楚三閭大夫屈原長沙郡，漢大將軍霍光平陽郡，漢太傅蕭望之萬年縣，漢丞相丙吉魯郡，蜀丞相諸葛亮南陽郡。已上忠臣一十六人。

周太王子吳太伯吳郡，伯夷、叔齊並河東郡，吳延陵季札丹陽郡，魏將段干木陝郡、齊高士魯仲連濟南郡，楚大夫申包胥富水郡，漢將軍紀信華陽郡。已上義士八人。

周太王妃太姜新平郡，周王季妃太任扶風郡，周文王妃太姒長安縣配享文王廟，魯大夫妻敬姜魯郡，鄒孟軻母魯郡，陳宣孝婦睢陽郡，曹世叔妻大家扶風郡。已上孝婦七人。

周宣王齊陵長沙郡，衛太子恭姜汲郡，楚莊樊姬富水郡，楚昭王女富水郡，宋恭伯姬睢陽郡，梁宣高行陳留郡，齊杞梁妻濟陽郡〔一〕，趙將趙括母趙郡，漢元帝馮昭儀咸陽郡，成帝班婕妤扶風郡，漢太傅王陵母彭城郡，漢御史大夫張湯母萬年縣，漢河南尹嚴延年母東海郡，漢淳于緹縈濟南郡。已上烈女一十四人。右並令郡縣長官春秋二時擇日準前致祭。

丘氏濬曰：後世祭忠臣義士、孝婦烈女始于此。

唐書肅宗本紀：上元元年閏四月乙卯，追封太公望爲武成王。

禮樂志：上元元年尊太公爲武成王，祭典與文宣王比，以歷代良將爲十哲象坐

〔一〕「濟陽郡」，諸本作「濟南郡」，據文獻通考卷一〇三改。

侍。秦武安君白起、漢淮陰侯韓信、蜀丞相諸葛亮、尚書右僕射衛國公李靖、司空英國公李勣列于左，漢太子少傅張良、齊大司馬田穰苴、吴將軍孫武、魏西河守吴起、燕昌國君樂毅列于右。後罷中祀，遂不祭。

册府元龜：上元元年，詔曰：「定禍亂者必先于武德，拯生靈者諒在于師貞。周武創業，克寧區夏，惟師尚父，實佐興王，況德有可師，義當禁暴。稽諸古昔，爰崇典禮。其太公望可追封爲武成王。」有司依文宣王置廟，享祭之典一同文宣。

蕙田案：尚父之祠必欲以配文宣，何哉？

建中二年五月，有司奏定張良、穰苴、孫武、吴起、樂毅、白起、韓信、諸葛亮、李靖、李勣配武成王廟。先是，開元十九年始于兩京置齊太公廟，以張良配。乾元中，追封齊太公爲武成王，令選歷代名將從祀。然未之行，祠宇日荒。至是，宰相盧杞、京兆尹盧諶，以盧者齊之裔〔二〕，乃鳩其裔孫，若盧、崔、丁、吕之族，合錢以崇飾之，請擇自古名將如孔門十哲皆配享。詔下，史官乃定穰苴等，至是始

〔二〕「者」，原脱，據光緒本、册府元龜卷三四補。

奏定焉。

蕙田案：觀此則出于姦相之懷私崇飾審矣。

禮樂志：建中三年〔一〕，禮儀使顔真卿奏：「治武成廟請如月令春、秋釋奠。其追封以王，宜用諸侯之數，樂奏軒縣。」詔史館考定可配享者，列古今名將凡六十四人圖形焉：越范蠡，齊孫臏，趙廉頗，秦王翦，漢曹參、周勃、李廣、霍去病，後漢鄧禹、賈復、寇恂、馬援、皇甫嵩，魏張遼，蜀關羽，吴周瑜、陸遜，晉羊祜、王濬，東晉謝玄，燕慕容恪，宋檀道濟，梁王僧辯，北齊慕容紹宗，周宇文憲，隋韓擒虎、史萬歲，唐尉遲敬德、蘇定方、張仁亶、王晙、王孝傑；齊管仲、田單，趙趙奢、李牧，漢彭越、周亞夫、衛青、趙充國，後漢吴漢、馮異、耿弇、段熲，魏鄧艾，蜀張飛，吴吕蒙、陸抗，晉杜預、陶侃，前秦王猛，後魏長孫嵩，宋王鎮惡，陳吴明徹，北齊斛律光，周于謹、韋孝寬，隋楊素、賀若弼，唐河間王孝恭、裴行儉、郭元振、張齊丘、郭子儀。

貞元二年，刑部尚書關播奏：「太公古稱大賢，下乃置亞聖，義有未安。而仲尼十

〔一〕「三年」，原作「二年」，據光緒本、新唐書禮樂志五改。

哲，皆當時弟子，今以異時名將，列之弟子，非類也。請但用古今名將配享，去亞聖十哲之名。」自是，惟享武成王及留侯，而諸將不復祭矣。

貞元四年，兵部侍郎李紓言：「開元中，太公廟以張良配，以太常卿、少卿三獻，祝文曰：『皇帝遣某敢昭告。』至上元元年贈太公以王爵，祭典同文宣，有司遂以太尉獻，祝版親署。夫太公周之太師，張良漢之少傅，今至尊屈禮于臣佐，神何敢歆？且文宣百世所宗，故樂以宮縣，獻以太尉，尊師崇道也。太公述作止六韜〔一〕，勳業著一代，請祝辭不進署，改昭告爲敬祭，留侯爲致祭，獻官用太常卿以下。」百官議之，多請如紓言。左司郎中嚴悅等議曰〔二〕：「案紓援典訓尊卑之節，當矣，抑猶有未盡。夫大名徽號，不容虛美，而太公兵權奇計之人耳，當殷之失德，諸侯歸周，遂爲佐命。祀典不云乎，『法施于人則祀之』。如仲尼祖述堯、舜，憲章文、武，删詩書，定禮樂，使君君、臣臣、父父、子子皆宗之，法施于人矣。貞觀中，以太公兵家者流，始令磻溪立廟。

〔一〕「六韜」，原作「韜略」，據光緒本、新唐書禮樂志五改。
〔二〕「嚴悅」，新唐書禮樂志五作「嚴涚」。

開元漸著上戊釋奠禮，其進不薄矣。上元之際，執事者苟意于兵，遂封王爵，號擬文宣，彼于聖人非倫也。謂宜去武成王號，復爲太公廟，奠享之制如紓請。」刑部員外郎陸淳議曰：「武成王殷臣也，紂暴不諫，而佐周傾之。夫尊道者師其人，使天下之人入是廟，登是堂，稽其人，思其道，則立節死義之士安所奮乎？聖人宗堯、舜，賢夷、齊，不法桓、文，不贊伊尹，殆謂此也。武成之名，與文宣偶，非不刊之典也。臣愚謂罷上元追封立廟，復磻溪祠，有司以時享，斯得矣。」左領軍大將軍令狐建等二十四人議曰：「兵革未靖，宜右武以起忠烈。今特貶損，非勸也。且追王爵，以時祠〔一〕，爲武教主，文、武並宗，典禮已久，改之非也。」乃詔以將軍爲獻官，餘用紓奏。自是，以上將軍、大將軍、將軍爲三獻。

蕙田案：尚父廟在唐追崇逾制，獻享非禮，幾同淫祠矣。李紓、陸淳議，正大不刊。

文獻通考：昭宗天祐二年，封楚三閭大夫屈原爲昭靈侯，舜帝二妃祠爲懿節祠。

右唐

〔一〕「時祠」，諸本作「祠祀」，據新唐書禮樂志五改。

宋

宋史太祖本紀：建隆三年九月壬申，修武成王廟。

禮志：昭烈武成王自唐立太公廟，春秋仲月上戊日行祭禮。上元初，封爲武成王，始置亞聖、十哲等，後又加七十二弟子。梁廢從祀之祭，後唐復之。太祖建隆三年，詔修武成王廟，與國學相對，命左諫議大夫崔頌董其役，仍令頌檢閱唐末以來謀臣、名將勳績尤著者以聞。

太祖本紀：乾德元年七月丁卯，幸武成王廟。

禮志：建隆四年，帝幸廟，歷觀圖壁，指白起曰：「此人殺已降，不武之甚，何受享于此？」命去之。案本紀，建隆四年十一月改元乾德。

文獻通考：開寶三年十月，詔前代功臣烈士，宜令有司詳其勳業優劣以聞。有司言：「齊孫臏、晏嬰，晉公孫杵臼，燕樂毅，漢曹參、陳平、韓信、周亞夫、衛青、霍去病、霍光，蜀主昭烈、關羽、張飛、諸葛亮，唐房玄齡、長孫無忌、魏玄成、李靖、李勣、尉遲敬德、渾瑊、段秀實等皆勳業高邁，爲當時之冠。晉趙簡子，齊孟嘗君，趙趙奢，漢丙吉，唐高士廉、唐儉、岑文本、馬周爲之次，燕慕容德，唐裴寂、郭元振又其次〔一〕。」詔孫臏等各置守塚三户，趙簡子等各兩户，悉蠲其役。慕容德等禁樵採。其有爲盜賊取發者，皆具棺槨朝服以葬，掩坎日致祭，長史奉其事。

丘氏濬曰：宋有司所品第前代功臣烈士爲三等，皆據其有冢墓存者爾。歷代勳德之名固不止此，然其所品第者乃一人之見，非萬世公論也。

開寶六年，詔許州修晁錯廟。

真宗咸平四年，詔西京修後唐河南尹張全義祠堂。

宋史真宗本紀：景德元年冬十月壬午，詔修葺歷代聖賢陵墓。

禮志：景德元年，詔：「前代名臣賢士、義夫節婦墳壟，並禁樵採，摧毁者官爲修築；無主者碑碣、石獸之類，敢有壞者論如律。仍每歲首所在舉行此令。」鄭州給唐相裴度守墳三户，賜秦國忠懿王錢俶守墳三户。

宋史真宗本紀：景德四年二月己巳，幸西京，經漢將軍紀信塚、司徒魯恭廟，贈信

〔一〕「郭元振」，文獻通考卷一〇三作「元稹」。

太尉、恭太師。癸酉，置國子監、武成王廟。戊子，加號列子。增封唐孝子潘良瑗及其子季通墓，仍禁樵採。

文獻通考：景德四年，以唐刑部尚書白居易孫利用爲河南府教授，常令修奉墳塋、影堂。又令鄭州給唐相裴度守墳三户。

宋史真宗本紀：大中祥符元年十一月戊午，追謚齊太公曰昭烈武成王，令青州立廟；周文公曰文憲王，曲阜縣立廟。

文獻通考：大中祥符元年十月，詔曰：周文公旦制禮作樂，誕禀聖賢，焕乎舊章，垂之千載。今以上封岱嶽，案蹕魯郊，遊覽遺風，緬懷前烈，始公胙土，實維是邦。故其嗣君得用王祭，而祠宇未設，闕孰甚焉。特議褒崇，以申旌顯，可追封文憲王，于曲阜縣建廟，春秋委本州長吏致祭。

丘氏濬曰：自唐以前，並祀周公而以孔子配。自後專祀孔子而周公無廟，誠闕典也。後世宜爲建廟于魯地，一視孔子，有司歲祠用釋奠儀，但不通祀于天下，庶于報祀之典爲稱。

宋史真宗本紀：大中祥符四年二月乙丑〔一〕，詔葺夷、齊祠。

文獻通考：大中祥符四年，祀汾陰，駐蹕河中府，令訪伯夷、叔齊廟〔二〕，遣官致祭，緣路名臣祠廟、神帳畫壁並加葺治，禁唐相婁師德墳墓樵採。

宋史仁宗本紀：慶曆四年五月壬申，幸武成廟。

禮志：初，建隆議升歷代功臣二十三人，舊配享者退二十二人。慶曆議，自張良、管仲而下依舊配享，不用建隆升降之次。

文獻通考：神宗元豐三年，詔前代百辟卿士載于祀典者，皆不名。

宋史神宗本紀：元豐四年五月戊申，封晉程嬰爲成信侯，公孫杵臼爲忠智侯，立廟于絳州。

文獻通考：元豐四年，承議郎吴處厚言：「程嬰、公孫杵臼保全趙孤，乞加封爵。」詔河東、河北漕臣訪其祠墓，嬰封成信侯，杵臼封忠智侯，立祠于墓側，載之祀典。

〔一〕「乙丑」，原作「乙酉」，據光緒本、宋史真宗本紀改。

〔二〕「廟」，原脱，據光緒本、文獻通考卷一〇三補。

青箱雜記：神宗朝，皇嗣屢闕。余嘗詣閤門，上書乞立程嬰、公孫杵臼廟，優加封爵，以旌忠義。庶幾鬼不爲厲，使國統有繼。是時，適值鄆王服藥，上覽之矍然，即批付中書，授臣將作監丞，敕河東路訪尋二人遺迹。乃得其冢于絳州太平縣，詔封嬰爲成信侯、杵臼爲忠智侯。因命絳州立廟，歲時致祭。余所上言，略曰：「臣嘗讀史記世家，考趙氏廢興之本末，惟程嬰、公孫杵臼二人各盡死不顧難，以保全趙氏孤兒，最爲忠義，乃知國家傳祚至今，皆二人之力也。蓋下宮之難，屠岸賈殺趙朔、趙同、趙括、趙嬰齊，已赤族無噍類，惟朔妻有遺腹，匿于公宮，既而免身生男。屠岸賈聞知，索于宮中甚急。于是朔妻置男袴中，祝曰：『趙宗不滅，若無聲。』及索兒，竟無聲，乃得脱。然則兒之無聲，蓋天有所祚。且天方啓趙氏生聖人，以革五代之亂，拯天下于湯火之中，而奄有焉，使聖子神孫繼繼承承而不已。則兒又安敢有聲？蓋有聲則不免，不免則趙氏無復今日矣。然雖天祚，亦必賴公孫杵臼謬負他嬰，匿于山中，卒與俱死，以絶其後患。又必賴程嬰保持其孤，遂至成人而立之，以續趙祀，即趙文子也。于是趙宗復盛十世，傳至武靈王而遂以强大，與秦俱霸。其後爲秦所併，子孫蕩析，居散民間。今常山、真定、中山則古之趙地也，故趙氏世爲保州人。而僖祖、順祖、翼祖、宣祖皆生于河朔，以至太祖啓運，太宗承祧，真宗紹休，仁宗守成，英宗繼統，陛下纘業。向使趙氏無此二人，以力衛襁褓，孑然之孤，使得以全，則承祀無遺育矣，又安能熾昌以至于此？故臣深以謂國家傳祚至今，皆二人之力也。二人死皆以義，甚可悼痛。雖當時趙武爲嬰服三年喪，爲之祭奠，春秋祠之，世世勿絶。然今不知其祠所在。竊慮其祠或廢而弗舉，或舉而弗葺，或葺而弗封〔一〕，三者皆闕典也。左氏曰：『鬼有所歸，乃不爲厲。』自宋有天下，凡兩周甲子〔二〕，百二十二年于兹矣。而二人忠義，未見襃表，廟食弗顯。故仁宗在位，歷年至多，而前星不耀，儲嗣屢闕。雖天命將啓，先帝以授陛下，然或慮二人精魂久無所歸，而亦因是爲厲也，何哉？蓋二人能保趙孤，使趙宗復續，其德甚厚。則趙宗之續，國統之繼，皆自二人爲之也。況二人者，忠誠精剛，洞貫天地，則其魂常遊于太空而百世不泯。臣今欲朝廷指揮下河東、北，晉趙分域之内，訪求二人墓

〔一〕「或葺」，原脱，據光緒本、青箱雜記卷九補。

〔二〕「凡兩周」，諸本脱，據青箱雜記卷九補。

廟，特加封爵旌表。如或自來未立廟貌，即速令如法崇建，著于甲令，永爲祀典。如此則忠義有勸，亦可見聖朝不負于二人者矣。」

東軒筆録：元豐中，屢失皇子，有承議郎吴處厚詣閤門上書，願遣使尋訪程嬰、公孫杵臼塚墓，飾祠加封。主上即命尋訪，未數月，得二塚于絳州太平縣之趙村。大建廟，以時致祭。

蕙田案：二忠原有可祀之禮，但以皇嗣爲言，非篤論也。

判應天府張方平言：「司農寺近降新制，募人承買祠廟。然閼伯主祀大火，爲國家盛德所乘；微子開國于宋，亦本朝受命建號所因；張巡、許遠以孤城死賊，能捍大患。請免此三廟，以稱國家嚴奉之意。」詔司農寺鬻天下祠廟，辱國瀆神，莫此爲甚，可亟寢之，令開封府劾官吏以聞。

宋史神宗本紀：元豐六年丙午，封三閭大夫屈平爲忠潔侯。

大學衍義補：元豐六年，太常寺言：「請自今諸神祠加封無爵號者賜廟額，已賜額者加封爵。初封侯，再封公，次封王，先有爵位者，從其本號。婦人之神，封夫人，再封妃，其封號者初二字，再加四字。如此則錫命馭神，恩禮有序。」從之。

丘氏濬曰：前代鬼神，皆有封號贈謚，至本朝始詔革天下神封。其詔略曰：「忠臣烈士，雖可加以封號，亦惟當時爲宜。夫禮，所以明神人，正名分，不可以僭差。今命依古定制，凡歷代忠臣烈士，亦皆當時初封以爲實號，後世溢美之稱，皆與革去。庶幾神人之際，名正言順，于禮爲當，用稱朕以禮祀神之意。」嗚呼！聖祖此詔，一洗千古之謬，可以爲萬世法矣。

宋史禮志：元豐中，國子司業朱服言：「釋奠文宣王，以國子祭酒、司業爲初獻，丞爲亞獻，博士爲終獻，太祝、奉禮並以監學官充。及上戊釋奠武成王，以祭酒、司業爲初獻，其亞獻、終獻及讀祝〔一〕、捧幣，令三班院差使臣充之。官制未行，武學隸樞密院，學官員數少，故差右選。今武學隸國子監，長、貳、丞、簿，官屬已多，請並以本監官充攝行事，仍令太常寺修入祀儀。」

文獻通考：哲宗元祐三年，廣南經略司言：「儂寇之亂，康州趙師旦、封州曹覲、邕州蘇緘戰死，請爲立祠載祀典。」從之。

〔一〕「及」，諸本作「又」，據宋史禮志八改。

宋史哲宗本紀：元祐五年九月丁酉，詔定州韓琦祠載祀典。

文獻通考：詔相州商王河亶甲冢、沂州顔真卿墓並載祀典。

元祐七年，詔賜唐韓愈潮州廟爲昌黎伯廟，賜唐柳宗元羅池廟爲靈文廟，又詔蘇州吴泰伯廟以至德爲額。

元祐八年，賜安州雲夢縣楚令尹鬭穀於菟子文祠爲忠應廟，封崇德侯。

紹聖二年，禮部侍郎黄裳請詔天下州軍籍所祠廟，略叙本末如圖經，命曰某州祀典。從之。

丘氏濬曰：天下之神祠多矣，有一方專祀者，又有天下通祀者。專祀者，則俾有司考求其所以爲神之故，有何功烈，有何靈驗，始于何代，詳著其姓氏、爵位，及歷代有無封號。其通祀者，惟于所生及遊宦之地詳其始末，其他處則著其建置祠宇歲月，及在此靈應之迹，命祠部輯爲一書，以備稽考。

宋史哲宗本紀：紹聖三年六月癸亥，真定立趙普廟。

文獻通考：紹聖三年，詔德州大中大夫東方朔廟以達隱爲額，又封辯智侯。

元符三年，臣僚言：「案史記言韓厥之功不在程嬰、杵臼之下，請于祚德廟設位從祀〔一〕。」從之。

宋史徽宗本紀：崇寧元年六月癸丑，詔封伯夷爲清惠侯，叔齊爲仁惠侯。

政和元年正月壬申，毁京師淫祠一千三十八區〔二〕。

禮志：大觀中，尚書省言，神祠加封爵等，未有定制，迺並給告、賜額、降敕。已而詔開封府毁神祠一千三十八區，遷其像入寺觀及本廟，仍禁軍民擅立大小祠。秘書監何志同言：「諸州祠廟多有封爵未正之處〔三〕，如屈原廟，在歸州者封清烈公，在潭州者封忠潔侯。永康軍李冰廟，已封廣濟王，近乃封靈應公。如此之類，皆未有祀典，致前後差誤。宜加稽考，取一高爵爲定，悉改正之。他皆倣此。」故凡祠廟賜額、封號，多在熙寧、元祐、崇寧、宣和之時。其新立廟：若何承矩、李允則守雄州，曹瑋帥秦州，李繼和節度鎮戎軍，則以有功一方者也；韓琦在中山，范仲淹在慶州，孫冕在海州，則以政有威惠者也；王承偉築祁州河堤，工部員外郎張夏築錢塘江岸，則以爲人

〔一〕「祚德廟」，原脱「廟」字，據光緒本、文獻通考卷一〇三補。
〔二〕「淫」，原作「神」，據光緒本、宋史徽宗本紀改。
〔三〕「之處」，原脱，據光緒本、宋史禮志八補。

除患者也；封州曹覲、德慶府趙師旦、邕州蘇緘、恩州通判董元亨、指揮使馬遂，則死于亂賊者也；若王韶于熙河，李憲于蘭州，劉滬于水洛城，郭成于懷慶軍，折御卿于嵐州，作坊使王吉于麟州神堂砦，各以功業建廟。寇準死雷州，人憐其忠，而趙普祠中山，韓琦祠相州，則以鄉里，皆載祀典焉。

丘氏濬曰：徽宗之世，崇尚神怪之事。顧于神祠，乃加毁壞，其時雖非，而所行則是也。朱子謂：「後世有個生的神道〔一〕，人心邪向他，他便盛，如狄仁傑只留泰伯、伍子胥廟，壞了許多廟，其鬼亦不能爲害，這是他見得無這物事了。」上蔡云：「可者，欲人致生之，故其鬼神；不可者，欲人致死之，故其鬼不神。可見鬼神不能自神，所以神不神由人心之向背也。」

政和二年：武學諭張滋言：「詩云『赫赫南仲』、『惟師尚父』、『文武吉甫』、『顯允方叔』、『王命召虎』、『程伯休父』，是均爲周將，功著聲詩，今昔所尊惟一尚父，而南仲、吉甫之徒不預配食，餘如郤縠之閱禮樂〔二〕、敦詩書，尉繚以言爲學者師法，不當棄而不録，請並配食。」博士孫宗鑑亦請以黄石公配。後有司討論不定，國子監丞趙子

〔一〕「生」，原作「坐」，據光緒本、大學衍義補卷六二改。
〔二〕「閱」，諸本作「説」，據宋史禮志八改。

崧復言之。宣和五年，禮部言：「武成王廟從祀〔一〕，除本傳已有封爵者，其未經封爵之人，齊相管仲擬封涿水侯，大司馬田穰苴横山侯，吳大將軍孫武滬瀆侯，越相范蠡遂武侯〔二〕，燕將樂毅平虜侯，蜀丞相諸葛亮順興侯，魏西河守吳起封廣宗伯，齊將孫臏武清伯，田單昌平伯，趙將廉頗臨城伯，秦將王翦鎮山伯，漢前將軍李廣懷柔伯，吳將軍周瑜平虜伯。」于是釋奠日，以張良配享殿上，管仲、孫武、樂毅、諸葛亮、李勣並西向，田穰苴、范蠡、韓信、李靖、郭子儀，並東向。東廡，白起、孫臏、廉頗、李牧、曹參、周勃、李廣、霍去病、鄧禹、馮異、吳漢、馬援、皇甫嵩、鄧艾、張飛、吕蒙、陸抗、杜預、陶侃、慕容恪、宇文憲、韋孝寬、楊素、賀若弼、李孝恭、蘇定方、王孝傑、王晙、李光弼，並西向；西廡，吳起、田單、趙奢、王翦、彭越、周亞夫、衛青、趙充國、寇恂、賈復、耿弇、段熲、張遼、關羽、周瑜、陸遜、羊祜、王濬、謝玄、王猛、王鎮惡、斛律光、王僧辯、于謹、吳明徹、韓擒虎、史萬歲、尉遲敬德、裴行儉、張仁亶、郭元振、李晟，並東向。凡七十二

〔一〕「廟」，原脱，據光緒本、宋史禮志八補。
〔二〕「遂武侯」，諸本作「武遂侯」，據宋史禮志八乙正。

將云。

蕙田案：七十二將以擬七十二賢，不經甚矣。

王圻續通考：徽宗宣和間，加封徽州府烏聊山廣惠王廟。隋末盜起，郡人汪華有保障功，後因立廟祀之。

燕翼貽謀録：皇朝追褒先賢，皆有所因。仁宗景祐元年，詔封扁鵲爲神應侯，以上疾愈，醫者許希有請也。徽宗崇寧元年二月，封孔鯉泗水侯、孔伋沂水侯，崇先聖之祠也。六月，封伯夷清惠侯、叔齊仁惠侯，重節義之風也。宣和元年，封列禦寇沖虚觀妙真君、莊周微妙元通真君，尚虚無之教也。然仁宗因醫者之請，姑勉從之。伯魚、子思之封，以配享從例封也。伯夷、叔齊遜千乘之國，豈求身後虚名？莊、列物外，又何羨真君之號？不必封可也。

文獻通考：高宗建炎元年十一月丙寅，郊赦歷代忠臣烈士有功于民、載在祀典者，命所在有司祭之。後凡赦皆如之〔一〕。

宋史禮志：紹興二年，駕部員外郎李愿奏：「程嬰、公孫杵臼於趙最爲功臣，神宗命絳州立廟，歲時奉祀，今廟宇隔絶，祭亦弗舉，宜于行在所設位望祭。」從之。

〔一〕「凡」，原作「此」，據光緒本、文獻通考卷一〇三改。

高宗本紀：紹興十一年八月戊辰，立祚德廟于臨安，祀韓厥。

禮志：紹興十一年五月，國子監丞林保奏：「竊見昭烈武成王享以酒脯而不用牲牢，雖曰時方多事〔一〕，禮用綿蕝，然非所以右武而勵將士。乞今後上戊釋奠用牲牢，以管仲至郭子儀十八人祀于殿上。」從之。又紹興十一年，中書舍人朱翌言：「謹案晉國屠岸賈之亂，韓厥正言以拒之，而程嬰、杵臼皆以死匿其孤，卒立趙武，而趙祀不絕，厥之功也。宜載之祀典，與嬰、杵臼並享春秋之祀，亦足爲忠義無窮之勸。」禮寺言：「崇寧間已封厥義成侯，今宜依舊立祚德廟致祭。」

高宗本紀：紹興二十二年秋七月甲午朔，加封程嬰、公孫杵臼、韓厥爲公，升中祀。

禮志：紹興十六年，加嬰忠節成信侯，杵臼通勇忠智侯，厥忠定義成侯。後改封嬰强濟公，杵臼英略公，厥啓佑公，升爲中祀。

高宗本紀：紹興二十三年十一月壬寅，詔立張叔夜廟于信州。

〔一〕「曰時」，原作「時四」，據光緒本、宋史禮志八改。

王圻續通考：高宗時，李綱爲相，請褒恤仗節死義者。乃贈李若水觀文殿學士，謚忠愍，霍安國延康殿學士，劉韐資政殿學士。安國立廟於河南懷州，二人廟未詳所在。死節副總管劉惟輔立廟于鞏昌成縣，額號忠烈。知徐州王復死節，立忠烈廟。知吉水熊彥明禦賊死，立廟祀之。金騎渡江，武昌郡守李宜嬰城固守被殺，建祠祀焉，賜額忠義。李彥仙守陝州拒金，城陷死，詔立廟以祀，賜號忠烈。知永豐趙訓之與尉陳自仁力禦金以衛孟太后，皆遇害，詔贈官立廟以祀。左翼軍都統崔亮從高宗駕南渡，領兵戍漳州，以討寇戰没，立廟死所，賜額表忠。趙令晟知黄州，禦金不屈而死，詔謚忠愍，立廟祀之，賜額顯忠。延平府陳諫議祠祀陳忠肅公瓘。賜雷州寇萊公祠，額曰旌忠。紹興時，山陰蔡定父革坐法被繫，時年七十餘，法當免繫鞫，胥持不可定，詣府請代，弗許。定知父終不可贖也，仰天呼曰：「父老而刑，定生何益？」自赴河而死。府帥聞之，驚曰：「真孝子也。」立命出革，厚爲定具棺殮，而撫周其家，且請於朝爲立廟，賜額曰愍孝。劉晏擊賊戚方，於宣城被害，贈官立廟。楊邦乂死節，于建康創祠聚寶門外，額曰褒忠。邦乂廬陵人。廬陵舊有三忠祠，祀歐陽修、胡銓與邦乂。嘉定末，又益以周必大、楊萬里，爲四忠一節祠，一節指邦乂也。　酆瓊叛，統制官喬仲福、張景以不從亂被殺，立廟祀之，名喬張廟。　太行義士王忠植屢敗金師，後以所部赴援，爲叛將趙惟忠執送金人而死，事聞，贈官建祠。　宿遷人魏勝起兵復山東，後與金戰，援兵不至，墜馬死，詔謚忠壯，立廟鎮江之蒜山祀之，額曰褒忠。　廣信州鄭驤、張叔夜前後死節，知州建雙廟合祀之。　金主亮南侵，統制姚興力戰，父子俱死，詔即其地立廟，及復淮西，又立廟于戰所立廟，賜額曰旌忠。　滁州守劉位屢敗金兵，金遣使招之，位斬其使，未幾出戰，中流矢死，詔建廟滁陽，賜號剛烈。　揚州守將元怡、梁宏、張昭與金戰死，立三將軍廟。　揚州統制王方、魏全與金力戰而死，立廟曰旌忠。　陳希造從父清流縣丞告老，禦賊於武平，死之，汀人建祠祀焉。　澠池人張玘以家財募兵，與金人戰于海州，中流矢死，孝宗命祀于戰所。　莆田郭義重事親至孝，母喪，廬于墳傍，甘露降，白鵲馴集。　及卒，爲立廟，名郭孝子祠。　後元孫道卿、子廷煒俱以孝聞，并繪像以祀，名三孝子祠。　武翼郎袁章與賊戰，死，立廟于仙遊丘。　祈亦戰死，附祀焉，廟名靈惠袁侯祠。　李亘爲劉豫守大名，密謀取豫歸宋，事泄而死，朝廷贈官，立祠曰憫忠。

蕙田案：南宋及金、元賢臣祠祀，王圻續考臚載頗詳，第年月多失考，今芟其繁蕪，摘其卓然不磨者，彙附于每朝之末，後同。

宋史孝宗本紀：乾道三年二月甲申，爲知陳州陳亨祖立廟于光州，賜名愍忠。

五年十一月丙寅，爲岳飛立廟于鄂州。

禮志：六年，詔武成王廟升李晟于堂上，降李勣于李晟位次，仍以曹彬從祀。先是，紹興間，右正言都民望言：「李勣邪説誤國，唐祀幾滅，李晟有再造王室之勳；宜升李晟于堂上，置李勣于河間王孝恭之下。」至是，著作郎傅伯壽言：「武成廟從祀，出于唐開元間，一時銓次〔一〕，失于太雜。如尹吉甫之伐玁狁，召虎之平淮夷，實亞鷹揚之列；陳湯、傅介子、馮奉世、班超之流，皆爲有漢之雋功；在晉則謝安、祖逖，在唐則王忠嗣、張巡輩，皆不得預從祀之列。竊聞邇日議臣請以本朝名將從祀，謂宜并詔有司，討論歷代諸將，爲之去取，然後與本朝名將，繪于殿廡，亦乞取建隆、建炎以來驍俊忠概之臣，功烈暴于天下者，參陪廟祀。」故有此命。

〔一〕「時」，原作「歲」，據光緒本、宋史禮志八改。

孝宗本紀：淳熙元年二月辛巳，爲郭浩立廟于金州。

十一年冬十月壬午，詔諸以忠義立廟者，兩淮漕臣繕治之。

王圻續通考：孝宗隆興初，環慶路統制强霓及其弟震皆爲金人所執，不屈，死，贈官立廟，額曰旌忠。　郴寇犯永州境，都巡檢使王政被執，駡賊以死，賜廟額褒忠。

宋史寧宗本紀：嘉泰四年夏四月甲午朔，立韓世忠廟于鎮江府。　五月癸未，追封岳飛爲鄂王。

王圻續通考：寧宗時常熟令孫應時建吴公祠以祀子游。朱子記曰：「案太史公志，孔門諸子多東州之士，獨子游爲吴人，縣有巷名子游，有橋名文學。圖經又言公之故宅在縣西北，而舊井存焉。公爲此縣之人不誣矣。」

開禧中，蘄州通判秦鉅與郡守李誠之協力禦金人，城破自刎死，子渾、浚從父皆死，詔封誠之正節侯、鉅義烈侯，立廟蘄州。　吴昉知荆門軍，鍾相之黨攻城，昉闔室被害，二子雍、澧在襁褓間，得免，詔立廟于軍城南，賜額英愍。　楊震仲權知大安軍，不從吴曦之叛，飲藥死，詔謚節愍，賜廟曰旌忠。　南安洞賊入泰和，大肆焚掠，縣著姓蕭必顯、蕭伯達起義兵保障一方，事聞，徵必達賜以爵，凡死于陣者立廟祀之，額曰忠義。　金人攻鳳陽，統制韓存、秦允以所部血戰死之，立祠曰忠義。　江西洞寇犯南雄境，郡守趙善偰督戰，與其子汝振、司法黄樞俱死，立祠于保昌縣。　洞寇犯南雄境，摧鋒將梁滿戰死，立梁侯祠祀之。

理宗寶慶時，南雄建四先生祠，以祀周子、二程及朱子。真西山有記。　建朱文公祠于建安，其季子在，嫡孫鑑從士友之請也。　建安又有游御史祠祀游酢，有胡文定祠祀胡安國，皆在府學内；有屏山劉文靖公祠祀劉子翬，在府治南。　朱文公祠一在浦城，一在晉江，一在南安，一在龍溪，一在仙遊，一在同安。　又建寧府守王埜建書院以祀文公，理宗賜額曰建安家廟。　南平縣有道南祠祀楊時，而以羅、李、朱三公配。　建康都統循州興寧縣尉顔公衮禦賊遇害，主簿徐千能等皆被害，邑人立廟祀之。　胡斌以吴從龍爲元人所獲，使至秦州城下誘降，終不屈，死之，詔廟祀揚、秦二州。　殿司裨將，從童德興討汀寇。　賊大至，斌率兵死戰，殺賊甚衆，血凝兩肘，雙刃既折，復以鐵鞭擊之，既而力不支，至蓮塘前遇害死，猶執鞭强立，不仆數日。　郡人賴其拒戰，獲奔免者數萬。　賊退後，民哀泣爲殮葬，即其地創祠祀之。　事聞，賜額曰忠勇。　端平時，建興孝祠于東陽縣，祀吴孝子斯敦，晉孝子許孜、許生，唐孝子應先、唐君裕、馮子華，凡六人。　黄復判滁州，力禦元兵，死，立廟祀之。　建吕成公祠于金華府治西，以公弟忠公配。　嘉熙中，都承旨王埜上武都郎趙師檟死賊，爲立廟祀之，詔賜額曰忠愍，廟在尤溪縣。　制置使丁黼子桀，爲其父明戰死，立廟石埭，額曰褒忠。　荆湖制置使孟珙以荆襄死節之臣，請建祠致祭，賜額曰愍忠。　淮安副總管耿世安，爲賈似道調往漣水軍增戍，鏖戰而死，贈官立廟淮安，賜額忠武。　海州通判侯富與山東李松壽戰死，詔即海州立廟，賜額旌忠。　開慶中，知臨江府軍陳元桂死節，立廟死所，賜額褒忠。　景定二年八月，贈江淮大都督李壇檢校太師，賜廟額曰顯忠。　壇，李全之子，自歸宋，爲元所殺。　三年，建永慕廟于義烏，孝子顔烏墓左。　烏，秦時人，負土築墳，群烏啣土助之，口爲之傷，故縣名烏傷，後改義烏。　度宗咸淳中。　蘭溪金景文事親至孝，親没，廬墓夜有五色光焰爛然射墓上，人以爲孝感所致，知縣沈應龍以景文及陳天隱、董少舒名，請于朝立碑，建祠于學宫之後，名三賢堂。　蘇州郡守袁説友建范文正公祠于義宅之東，撥田以供常祀，命其後主之，又專建范氏祠堂于學内，祀仲淹及其子純仁、純禮、純祐、純粹。　又長山、興化、慶陽、邠州皆有范文正公祠，蓋其遺澤所存也。　静江節度使牛富死于樊城，詔贈官，謚忠烈，立廟于建康。知汭州曹友聞與弟萬同禦元兵于雞冠隘，死之，贈謚曰節，賜廟額曰褒忠。邊居誠守新城竭力禦元師，城陷自殺，立廟。王彦明守蘄州，力禦元兵，不敵，卒，家屬同沉水中，立廟祀之。永福縣黄大夫與元兵戰至洪面，爲賊所斬，身首異處，猶能持其頭就頸口憤憤欲言。鄉人憐而祀之，曰龜嶺廟。密祐爲江西都統，禦元不敵，被執不屈，死，立廟。

恭帝德祐元年，建昌降于元。吴楚材還其鄉，糾集民兵，力圖恢復。後爲敵所執，遣降人府録訊之曰：「汝何爲錯舉？」楚材曰：「不錯！不錯！如府録所爲乃錯耳。身上緑袍何自而得？乃爲敵用！吾一鄙儒爲國出力，事雖不成，正不錯也！」竟爲寇所殺。益王立于福州，贈官朝奉郎，即邵武境上立廟，賜額忠勇。元兵逼南雄，僉判丘必明不屈，爲賊所殺，白血流地，立祠祀之。元兵至安仁，提刑謝枋得調淮士張孝忠逆戰，孝忠擊殺百餘人，尋中流矢死，立祠祀之，號張將軍廟。馬發知潮州事，元兵逼潮，戰敗服鴆死，立馬公祠祀之。鞏信從文天祥趨永豐，戰于方石嶺，中數矢，傷重不能戰，自投崖石死，立廟祀之。吴興太守趙良禦元兵不屈，夫婦俱死，郡人立雙節廟。湛侯重，南昌縣人，事親孝，執親喪廬墓側，致白兔馴擾，人感其化，立廟祀之。武平縣有三公祠，祀録參陳希造、知縣顔東老、縣尉鍾伯福，以三公皆禦寇而死也。邵武監軍劉純死節，立廟祀之，賜額曰忠。贛州府學内有八先生祠，祀周濂溪、程明道、伊川、張横渠、朱晦菴、張南軒、吕東萊，又增陳大中珦爲八先生。福建政和縣有陳徵君祠，祀陳朝老。蔡季通嘗覩其遺像曰：「徵君骨相巖稜，宜其不享富貴。」朱子應聲曰：「富貴不如名節香。」光州有司馬温公祠二，一在光州儒學内，一在光山縣治西。

右宋

遼金

王圻續通考：遼聖宗統和十六年，以耶律休格留守南京，禦宋有功，詔立祠于南京。

道宗清寧間，以耶律赫嚕佐太祖創業有功，詔立祠于上京。又以子質調和太后，定世宗之位，免穆宗于難，有誅賊之功，詔上京立祠樹碑。壽隆五年，以舊臣姚景行忠賢，詔爲立祠。

金史章宗本紀：明昌五年正月乙亥，以頁嚕、古新始製女直字，詔加封贈，依倉頡立廟盩厔例，祠于上京納爾琿莊。歲時致祭，令其子孫拜奠，本路官一人及本千户春秋二祭。

禮志：明昌五年正月，陳言者謂：「頁嚕、古新二賢創置女直文字，乞各封贈名爵，建立祠廟。令女直、漢人諸生隨拜孔子之後拜之。」有司謂頁嚕難以致祭，若金源郡貞獻王古新則既以配享太廟矣，亦難特立廟也。有旨，令再議之。禮官言：「前代無創制文字入孔子廟故事，如于廟後或左右置祠，令諸儒就拜，亦無害也。」尚書省謂「若如此，恐不副國家厚功臣之意」。遂詔令依蒼頡立廟于盩厔例，官爲立廟于上京納爾琿莊，委本路官一員與本千户春秋致祭，所用諸物從宜給之。

完顔匡等言：「我朝創業功臣，禮宜配祀。」于是，以秦王宗翰同子房配武成王，而降管仲以下。又躋楚王宗雄、宗望、宗弼等侍武成王坐，韓信而下降立于廡。又黜王猛、慕容恪等二十餘人，而贈金臣遼王賽音等。其祭，武成王、宗翰、子房各羊一，豕一，餘共用羊八，無豕。宣宗遷汴，于會朝門内闕庭之右營廟如制，春秋上戊之祭仍舊。

王圻續通考：宣宗興定中，完顏陳華善死節于鈞州，圖們呼圖克瑪勒死節于臨洮，皆立像祀之，廟曰褒忠。

右遼金

元

元史祭祀志：凡忠臣義士在祀典者，所在有司主之。武成王立廟于樞密院公堂之西，以孫武子、張良、管仲、樂毅、諸葛亮以下十人從祀。每歲春秋仲月上戊，以羊一、豕一、犧尊、象尊、籩、豆、俎、爵，樞密院遣官行三獻禮。

武宗本紀：至大四年二月庚子，立淮安忠武王巴延祠于杭州。

祭祀志：功臣之祠，惟故淮安忠武王立廟於杭，春秋二仲月次戊，祀以少牢，用籩豆簠簋，行酌獻禮。若衛國文正公許衡廟在大名，順德忠獻王哈喇哈遜廟在順德、武昌者，皆歲時致祭。

仁宗本紀：皇慶元年三月乙丑，命河南省建故丞相阿珠祠堂。

延祐三年夏四月壬午，敕衛輝、昌平守臣修殷比干、唐狄仁傑祠，歲時致祭。

王圻續通考：仁宗時，寇犯吉安，廬陵人羅明遠恢復郡城而死，立廟祀之。福州總管張仲儀建錢聖妃廟，錢氏捐十萬緡，創木蘭坡以護田救民。坡垂成而敗，錢氏投水死，故祀之。

元史英宗本紀：至治二年三月己丑，命有司建穆呼哩祠于東平，仍樹碑。閏五月戊戌〔一〕，封諸葛忠武侯爲威烈忠武顯靈仁濟王。

泰定帝本紀：泰定四年秋七月，建横渠書院于郿縣，祀宋儒張載。六年五月丙子〔二〕，置諫議書院于昌平〔三〕，祀劉蕡。

致和元年夏四月甲寅，改封唐柳州刺史柳宗元曰文惠昭靈公。

文宗本紀：至順元年冬十月，賜伯夷、叔齊廟額曰聖清，歲春秋祀以少牢。

順帝本紀：至元六年七月，詔封微子爲仁靖公，箕子爲仁獻公，比干加封爲仁顯

〔一〕「閏」，原脱，據光緒本、元史英宗本紀補。
〔二〕「六年」，元史泰定帝本紀繫此事於二年。
〔三〕「諫」，諸本作「建」，據元史泰定帝本紀改。

忠烈公。

至正十三年二月甲寅，中書省臣言徐州民願建廟宇，生祠右丞相托克托，從之。

王圻續通考：順帝時，游弘道爲化州路通判，海寇犯境，戰死，祀于文廟側。　萬方、李鉉守延平，與寇戰没，立廟。　台州總管達兼善與方國珍戰，死，立祠祀之，賜額曰崇節。　連江巡檢劉濬爲江西賊王善斫其手指及兩腕兩足，罵賊愈厲，遂斷其喉舌以死，立祠福州，歲時致祭。　漳州路達嚕噶齊德哷默色死節，建祠祀之，賜額曰表忠。　王巴延知福寧州，爲邵武賊王善所執，挺頸受刃，頸斷湧白液如乳，暴屍數日，色不變，子相與婦潘氏及三女亦同死。　御史余闕以狀聞，命本州立廟祀之，賜額曰節孝廟。　江州總管李黼與徐壽輝力戰，同姪秉昭皆死，謚忠文，立廟九江，賜額崇烈。　十二年，陳友定據閩，逼閩人詹翰使從己，翰固拒不從，死之，里人爲立祠墓側。　陳祐守會稽，有惠政，遇盜而死，父老請留葬不得，乃立祠祀之。

右元

明史禮志：鄱陽湖忠臣祠祀丁普郎等三十五人，南昌忠臣祠祀趙德勝等十四人，太平忠臣廟祠花雲、王鼎、許瑗，金華忠臣祠祀胡大海，皆太祖自定其典。太祖時，應天祀陳喬、楊邦乂、姚興、王鉷，成都祀李冰、文翁、張詠，均州祀黄霸，密縣祀卓茂，松江祀陸遜、陸抗、陸凱，龍州祀李龍遷，建寧祀謝夷甫，彭澤祀狄仁傑，九江祀李黼，安慶祀余闕、韓建之、李宗可。

王圻續通考：明太祖吴元年，命建忠臣祠于鄱湖之康郎山。上謂中書省曰：「崇德報功，國之大典。自古兵爭，忠臣烈士以身殉國，英風義烈，雖死猶生。予與陳友諒戰于鄱陽湖，將臣效忠死敵，照然可數。然有功不報，何以慰死者之心而激生者之志哉！爾中書其議行之。」中書省以死事之臣丁普郎、張志雄、韓成、宋貴、陳兆先、余旭、昌文貴、王勝、李信、陳弼、劉義、徐公輔、李志高、王咬住、姜潤、石明、王德、朱鼎、王清、常德勝、王鳳顯、丁宇、王仁、江澤、王理、陳沖、裴軫、王喜仙、袁華、史德勝、常推德、曹信、逯德山、鄭興、羅世榮等三十五人列進，遂封勳爵有差。建祠設像，歲時祭之。

春明夢餘録：洪武初，禮部奏請如前代故事立武學，仍建武成王廟。上曰：「立武學是分文武爲二〔一〕，輕天下無全才矣。三代以前之士〔二〕，文武兼備，用無不宜，如太公之鷹揚而授丹書，仲山甫之賦政而式古訓，召虎之經營而陳文德。豈比于後世武學止講韜略，不事經書，專習干戈，不聞俎豆，拘拘于一藝偏長哉？今建武學，又立武成王廟，是近世之陋規也。太公宜從祀帝王廟，其武成王廟罷之。」

蕙田案：自唐建武成王廟，見譏儒者，至于從祀諸將，忽進忽退，忽升忽降，尤無義理，數百年間，實爲非禮之祀。明祖此詔，探本窮源，如豁雲霧，處置盡善。厥後文臣，多講武略，如于少保、王文成等，並著奇勳，豈非有以風勵使然哉！

觀承案：孔廟外另立武成王廟，此最不學無識者之所爲也。自唐始建，而宋、元因之，直至明祖而始罷之，卓矣哉！振興一代文明之治，于是乎權輿矣。

〔一〕「分」，原作「建」，據光緒本、春明夢餘録卷五五改。
〔二〕「前之士」，原作「上」，據春明夢餘録卷五五改。

明史禮志：漢秣陵尉蔣忠烈公子文、晉咸陽卞忠貞公壼〔一〕、宋濟陽曹武惠王彬、南唐劉忠肅王仁瞻、元衛國忠肅公福壽俱以四孟朔、歲除，應天府官祭。惟蔣廟又有四月二十六日之祭。并功臣廟爲十一。後復增四：關公廟，洪武二十七年建於雞籠山之陽，稱漢前將軍壽亭侯。嘉靖十年訂其誤，改稱漢前將軍漢壽亭侯。以四孟歲暮，應天府官祭，五月十三日，南京太常寺官祭。天妃，永樂七年封爲護國庇民妙靈昭應弘仁普濟天妃，以正月十五日、三月二十三日，南京太常寺官祭。太倉神廟以仲春、秋望日，南京户部官祭。司馬、馬祖、先牧神廟，以春、秋仲月中旬擇日，南京太僕寺官祭。皆用少牢。

太祖本紀：洪武二年春正月乙巳，立功臣廟於雞籠山。

禮志：太祖既以功臣配享太廟，又命别立廟於雞籠山。論次功臣二十有一人，死者塑像，生者虚其位。正殿：中山武寧王徐達，開平忠武王常遇春，岐陽武靖王李文忠，寧河武順王鄧愈，東甌襄武王湯和，黔寧昭靖王沐英；羊二，豕二。西序：越國武

〔一〕「咸陽」，明史禮志四改作「成陽」。

莊公胡大海，梁國公趙得勝，巢國武壯公華高，虢國忠烈公俞通海，江國襄烈公吴良，安國忠烈公曹良臣，黔國威毅公吴復，燕山忠愍侯孫興祖。東序：郢國公馮國用，西海武莊公耿再成，濟國公丁德興，蔡國忠毅公張德勝，海國襄毅公吴禎，蘄國武毅公康茂才〔一〕，東海郡公茆成；羊二，豕二。兩廡各設牌一，總書「故指揮千百户衛所鎮撫之靈」。羊十，豕十。以四孟歲暮，遣駙馬都尉祭。初，胡大海等殁，命肖像于卞壼、蔣子文之廟，及功臣廟成，移祀焉。

太祖本紀：洪武八年春正月，增祀雞籠山功臣廟一百八人。

錢謙益雞鳴山功臣廟考上〔二〕：太祖實録：「洪武二年正月乙巳，立功臣廟於雞籠山。六月丙寅，功臣廟成。論次諸臣之功，以徐達爲首，次常遇春，又次李文忠、鄧愈、湯和、沐英、胡大海、馮國用、趙德勝、耿再成、華高、丁德興、俞通海、張德勝、吴良、吴禎、曹良臣、康茂才、吴復、茅成、孫興祖，凡二十有一人。命死者塑像祀

〔一〕「武毅公」，明史禮志四作「武義公」。
〔二〕錢謙益雞鳴山功臣廟考上、下，原被四庫館臣删去，據味經窩本、乾隆本、光緒本補。

之，仍虛生者之位。初，胡大海等没，上命塑其像于卞壼、蔣子文之廟。至是，復塑像於新廟。」是祀也，掌在太常，記在會典，二百餘年以來，未之有改也。太倉王世貞獨考其誤，以謂：「國初之封六王，韓、魏、鄭、曹、宋、衛也。立廟之時，韓、宋猶未受封，何以前知其不令終而絀之？黔寧是時官不過指揮，何以知其必樹大勳而驟登之？此記事者之誤也。然則云何曰塑像虛位誠有之，其後如韓、宋者則弗克與享也。今之位次據永樂初年見在者而書之也。」王氏之考覈矣而未及詳也，夫豈惟黔寧哉？初封二十八侯，何以獨舉五人？繼封十二侯，何以獨舉一人？自蘄國以外，皆以有功待封者也。若黔國則與黔寧比肩者也。如國史之云，其所謂論次者，以何爲援據乎？國史於二年既云論次諸臣謂功，定祀二十一人矣；七年六月，書祔祭新戰没定遼衛指揮高茂等三十八人；八年正月，又書增祀華雲龍、李思齊等一百八人；九年，又書祔祭何文輝及有功者一百八人；十三年，又書祔祭顧時以下二百八十人。以二年之定祀者爲是，則七年以後不宜增；以七年後之增祀者爲是，則二年之祀未嘗定。同是祀典，同是國史，而前後舛錯如此，此所謂以子之矛陷子之盾者也。虛位塑像，王氏以爲誠有之，吾以爲非也。二年正月，上敕中書省臣曰：「諸將相從，捐軀戮力，開拓疆宇，有共事而不覩其成，建功而未食其報，追思功勞，痛切朕懷。其命有司立功臣廟於雞籠山，序其封爵，爲像以祀之。」九年七月，又諭禮官曰：「諸將始從征伐，宣力效勞，朕於爵賞，不敢吝惜。大者公，小者侯，死則俾之廟食，以報其功。」繇二年之敕觀之，則云塑死者之像；繇九年之諭觀之，則云報死者之功，其辭意甚明也。令果有生者虛位之事，則立廟之日，寧不以此明諭省臣而獨諄復於死者耶？羅鶴記云：「雞鳴山廟祀定於洪武十一年〔一〕。」斯又於二年何異？一統志云：「南京功臣廟，建于洪武二十年。」嘉靖中科臣禮官駁郭威襄配享之議，皆援以爲證。且謂黔寧、東甌此時尚在，以實生者虛位之說。雖然，宋、穎、涼三公與長興、武定二侯，皆無恙也。如宋、穎、涼三公者，將先虛位而後絀之耶？長興、武定或先虛位而後不及補耶？王景撰黔寧神道碑云：「王薨之明年，塑像功臣廟，敕太常祀以太牢。」令二十年位次已定，則黔寧之塑像何以待其薨之明年耶？傳曰：「豫凶事，非禮也。」記曰：「之生而致死之，不仁而不可爲也。」以皇祖之神

〔一〕「十一年」，光緒本作「十五年」。

聖，觀會通以行典禮，而繆盭若是耶？故生者虛位之説，吾斷以爲無之。

錢謙益雞鳴山功臣廟考下：然則二十一人之祀，其定于何時乎？曰：吾未有徵也。其殆當聖祖末年胡、藍二黨底定，諸公侯之以罪誅者、以嫌死者芟夷既盡，而後二十一人之論次始定乎？國初，文臣則平章，武臣則都督、指揮，皆得袝祭。洪武圖志云：「功臣廟在雞鳴山南。凡本朝開國元勳，功在社稷，澤及生民者，則祀於此。」志刻於洪武二十八年，豈聖祖末年嘗汰除袝祭文武諸臣而獨舉元勳之祀乎？考之會典，正祭中山以下六人，配以郢國以下十五人，兩廡各立一牌，總書「故指揮千百户衛所鎮撫之靈」。蓋舉汰除袝祭諸臣而合祀之也。一統志所載，定於洪武二十年者，庶幾近之。雖然，二十一人之論次，果出自聖祖，其權衡未有不曲當者也。今則猶有猜焉。六王吾無間然矣。六王以下，梁國六公皆與享太廟者也，而永義獨不在二十一人之列。享祀之禮，莫重于太廟，古所謂其從與享先王，與祭於大烝者也。舉其重而廢其輕，於義何居？二年正月丁未，以功臣廖永安等配享太廟。四年四月，定合祭功臣配享之禮，永安等七人之配享太廟舊矣，不知何時革而爲六也？六年，賜永安等七人謚號；九年，加贈；十三年，改封鄖國。聖祖之追念永安，未嘗少殺也。鄭曉謂九年罷永安祀者，誤也。然則太廟之黜鄖國，殆未必出聖祖之意矣，功臣廟之祀又安得而黜之？如謂德慶之獲罪足以累其兄，則泗國獨無宋國爲之弟，而虢國獨無南安爲之弟乎？然則永義、鄖國之不祀功臣廟者，非定論也。國初，死事諸臣與於兩序者，梁國五公之外，濟國、安國、東海、燕山四人而已。在太平則有東丘輩而不得與，在南昌則有隴西、忠節輩而不得與，在康山則有濟陽、清河、高陽、安定輩而不得與。至於陷虜剖腹如樂浪者，以督府峻贈上公而亦不得與。東丘諸公縱不得與梁國六公等，獨不當與濟國、東海、燕山相上下乎？樂浪之忠烈，又豈少遜於安國乎？如謂東丘諸公死事之地已有特祠，則梁國不嘗祀于南昌，而越國不嘗祀於金華乎？故吾謂濟國四人之祀，其於以報國初死事之臣，殆有未盡也，此亦非定論也。開國功臣以逆誅、以嫌死者，例不得與享。其有生封侯、死封公，贈謚稠疊而亦不得與者，身死之後，黨事發露，如滕、杞、陝、許、芮、永諸公是也。滕國之祔祭，已見於國史，蓋祔而後黜者也。獨吴海國儼然從其兄之後，廟食至今，何居？庚午五月之詔，播示天下者，海國不在二十七人之列乎？其罪狀未明，縱不比於滕、杞諸公，又豈獨後於陝國乎？陝國不祀而海國祀，其何以服陜國之心乎？海國之得祀，於祀爲不典，於國爲失刑，此未必聖祖之意也，恐亦非定論也。以位次考之，其載在會典者，東序則馮郢國以下七人，西序則胡越國以下八人，與今廟中位次相合。吴江國在西序，吴海國在東序，皆居第五，躋海國於江國之上，斯爲越祀矣。實録則云：次胡大海，次馮國用，皆西先於東，江國兄弟適當其次，而華高、丁德興序於俞虢國、張蔡國之上。則以配享太廟之元勳，抑而居下，又未可謂之順祀也。繇此推之，二十一人位次，實録、會典彼此錯互，已不可考正，一統志之所載，未知何所援據，又豈可遽信哉！吾學周禮，其可爲三嘆已矣！然則嘉靖中太廟配享之議如何？曰：文成宜與享太廟者也，進威襄於二十一人之列，吾無譏焉爾。

王圻續通考：洪武中，余忠宣廟在安慶府忠節坊，祀元右丞余闕，余爲元死節。推官黄大倫以下三十，三十皆從闕死，咸附祀。知府許瑗與行樞密院判王鼎共守太平，寇至城陷，瑗、鼎被執，罵賊而死，踰月城復，立祠祀之。忠烈公祠在開州治東，元郭嘉盡忠所事，洪武初旌其忠烈，立祠致祭。許遠廟在海寧遠西，五代梁初建，後增祀唐中丞張巡，宋併祀南霽雲、雷萬春、姚誾。洪武初，以海寧故鹽官，乃遠所生，因獨祀遠。　岳武穆王廟在杭州岳飛墓側。　靈衛廟在杭州。　宋建炎間，金兵犯臨安錢塘，今朱蹕暨二將金勝、祝威率民兵力戰，死之。

明史禮志：永樂三年，以中山王勳德第一，又命正旦、清明、中元、孟冬、冬至遣太常寺官祭於大功坊之家廟，牲用少牢。

明會典：宋文丞相祠，永樂六年建，每歲春秋仲月，用羊一、豕一、果品五、帛一遣順天府尹行禮。

春明夢餘録：宋丞相文信國祠在郡學西，乃元之柴市，公授命所。永樂六年，太常博士劉履節奉命正祀典，謂天祥忠于宋室，而燕京乃其死節之所，請祠祀。從之。祠堂三楹前爲門，又前爲大門，祠之西爲懷忠會館。江右士大夫歲時集會于此，以祭公者也。趙弼作文文山傳云：「公既赴義，其日大風揚沙，天日盡晦，咫尺不辨，城門晝閉。自此連日陰晦，宫中皆秉燭而行，群臣入朝亦爇炬前導。世祖問張真人而悔之，贈公特進金紫光禄大夫、太保、中書平章政事、廬陵郡公，謚忠武。命王積翁書神主，灑掃柴市，設壇以祀之。丞相孛羅行初奠禮，忽狂飈旋地而起，吹沙滚石不能啓目。俄捲其神主于雲霄，空中隱隱雷鳴，如怒之聲，天色愈暗。乃改前宋少保、右丞相、信國公，天俄開霽。」

春明夢餘録：永樂中，始載壽亭侯祠于祀典。

王圻續通考：仁宗洪熙中，建方氏祠在寧海縣，祀方正學、孝孺父子。

明史禮志：宣宗時，高郵祀耿遇德。

英宗時，豫章祀韋丹、許遜，無錫祀張巡。

王圻續通考：英宗正統三年，都督方政征麓川，力戰死節，謚忠毅，立祠祀之。

李忠定祠在邵武府，正統四年改建在府學東，祀李綱。

景帝景泰中，永豐縣知縣鄧顒死節，配享于張叔夜祠，祠在廣信府。

英宗天順間，慶遠府同知葉禎父子同死事，贈官祀之。

明史禮志：憲宗時，崖山祀張世傑、陸秀夫。

王圻續通考：憲宗成化五年，建褒忠廟在漳州府城東，祀元漳州路達嚕噶齊德呼默色死節。

于少保忠節祠在崇文門内東表，背巷，公故賜宅也。祠三楹，祀少保兵部尚書于謙。塑公像危坐，歲春秋遣太常寺官致祭。

春明夢餘録：漢壽亭侯廟在宛平縣東。成化十三年建，俗呼白馬廟。隋之舊基也。五月十三日遣太常官致祭。

王圻續通考：萬曆二十三年〔一〕，從太常寺奏，祭宋丞相文天祥，遣順天府堂上官行禮。

二十六年，建曾侍郎祠，時巡按周盤奏，曾銑謀國隕身，立祠黄巖。直隸提學御史陳子貟言：「郡邑學宫設有鄉賢、名宦二祠，要以風勵表功，庶幾有高山景行之思。第昔掌握于上之採訪，今多有待于下之請乞。原所由來，則以近世政出多門，事權不一，提學官不得專主之故也。夫提學官奉天璽書，品藻才賢，振揚風教，一方文獻皆所提衡，則名宦鄉賢之秩祀，皆當屬之提學官，別衙門不得越俎，則職掌既專，祀典益正，有裨風化。」允行。

明史禮志：孝宗時，新會祀宋慈元楊后，延平祀羅從彦、李侗，建寧祀劉子翬，烏撤祀譚淵，廬陵祀文天祥，婺源祀朱熹，都昌祀陳澔，饒州祀江萬里，福州祀陳文龍，

〔一〕「萬曆」，原作「弘治」，據續文獻通考卷一一五改。

興化祀陳瓚，湖廣祀李芾，廣西祀馬忱〔一〕。

武宗時，真定祀顏杲卿、真卿，韶州附祀張九齡子拯，沂州祀諸葛亮，蕭山祀游酢、羅從彦。

王圻續通考：武宗正德中，建忠節祠于杭州，祀明按察使王良、宋大學士徐應鑣。霸州寇起，指揮馬震力戰死，建祠祀之。瑞金縣令萬公率兵禦流賊陣亡，建祠。

明會典：榮國恭靖公姚廣孝祠，舊配享于太廟。嘉靖九年，移祀大興隆寺，後寺燬，移崇國寺，每歲春秋致祭。

王圻續通考：世宗嘉靖元年，建楓山祠於蘭溪縣，祀尚書章懋。萬曆中，賜名崇儒。

十四年，建陽明先生祠在餘姚縣龍泉山，祀新建伯王守仁。建顯忠祠在奉化縣，祀拾遺戴德彝死建文難。文節祠在貴池縣，祠宋通判趙昂發，元兵攻城，昂發與妻雍氏死節。嘉靖初，知府田賦以邑，黄觀妻女同死忠，立雙忠六烈祠。褒忠廟在石埭縣，祀宋制置使丁黼，黼知成都，與寇戰，死。旌忠祠在南昌府，祀忠臣孫

〔一〕「馬忱」，明史禮志四作「馬慨」。

燧、許逵，以馬思聰、黄宏、周憲、宋以枋配。　忠烈祠在餘姚縣，祀禮書孫燧。　恭愍祠在臨海縣，祀光禄卿陳選。

明會典：凡靖難革除間被罪諸臣，隆慶六年，令各地方官查其生長鄉邑，或特爲建祠，或即附本處名賢忠節祠，歲時以禮致祭。

萬曆二年，令各撫按釐正名宦鄉賢，有不應入祀者，即行革黜。

王圻續通考：萬曆初，建表忠祠在武昌府，祀革除忠臣姚廖昇、樊士信、周拱辰。　寧夏遊擊梁琦、守備馬承先、百户陳緒等死難，建祀致祭。　宋儒周敦頤父輔成從祀啓聖祠。　孫明復祠在濟南府，以石守道配享。　謝文節祠在九江府，祀宋臣謝枋得。　薛文清祠在平陽府，祀侍郎薛瑄。　魏了翁祠在蘇州府，祀宋參知政事魏文靖公。　陳忠愍公祠在常州府，尚書陳公治死節交趾，詔建祠。　正學祠在金華府，祀宋儒何基、王柏，元儒金履祥、許謙四人。　褒忠祠在汀州府，祀伍驥、丁泉。　大節祠在南昌府，祀靖難死事諸臣黄子澄、練子寧、胡閏、王良、周是修、曾鳳韶、鄒瑾、王高、彭與明、魏冕、蔡運、顔伯瑋及其子有爲。　參政賀興隆與賊周文貴戰没，立祠祀之。　忠節廟在奉新縣，祀副使周憲、吴一貫。　兩廡祀舍人周幹及征華林陣亡烈士。九忠祠在台州府，祀建文死節方孝孺、葉惠仲、王叔英、徐㕓、鄭華、盧元質、鄭恕、盧迴及東湖樵夫。旌忠廟在揚州府。宋紹興中，統制王方、魏全與金人戰死，立廟致祭。包孝肅公祠在肇慶府，祀宋郡守包丞相拯。忠烈廟在溫州府，祀宋教授劉士英。曹端祠在澠池縣學。

明史禮志：太祖時，有明一代之臣抗美前史者，或以功勳，或以學行，或以直節，或以死事，臚于志乘，刻於碑板，匪一而足。通州祀常遇春，山海關祀徐達，蘇州祀夏原吉、周忱，淮安祀陳瑄，海州衛祀衛青、徐安生，甘州祀毛忠，榆林祀余子俊，杭州祀于謙，蕭山祀魏驥，汀州祀王得仁，廣州祀楊信民、毛吉，雲南祀沐英、沐晟，貴州祀顧成，廬陵祀劉球、李時勉，廣信祀鄧顒、寶慶祀賀興隆，上杭祀伍驥、丁泉，慶遠祀葉禎，雲南祀王褘、吴雲，青田祀劉基，平陽祀薛瑄，杭州祀鄒濟、徐善述，金華祀章懋，皆衆著耳目，炳然可考。

日知録：明一統志永平府名宦有唐張仲素。德宗時，以列將事盧龍節度使張允伸〔一〕，擢平州刺

〔一〕「張允伸」，原作「張久伸」，據味經窩本、乾隆本、光緒本、日知録集釋卷二二改，下同。

史。允伸卒〔一〕，即詔仲素代爲節度使同平章事。考之新、舊唐書列傳，則云：「張仲武爲盧龍節度使，破降回鶻，又破奚北部及山奚，威加北翟，累擢檢校司徒同中書門下平章事，卒。子直方多不法，畏下變起，奔京師。軍中以張允伸總後務，詔賜旌節。在鎮二十三年，比歲豐登，邊鄙無虞。張公素爲節度使，性暴厲，眸子多白，燕人號白眼相公。爲李茂勳所襲，奔京師，貶復州司户參軍〔二〕。」按盧龍節度使前後三人皆張姓，曰仲武，曰允伸，曰公素。今乃合二名而曰仲素，及詳其歷官，即公素也。又其逐簡會，在懿宗咸通十三年，距德宗時甚遠，且又安取此篡奪暴戾之人而載之名宦乎？今灤州乃祀之名宦祠。吁！其辱朝廷之典而貽千秋之笑也矣。

又考唐時别有一張仲素，字繪之，元和中爲翰林學士，有詩名。舊唐書楊於陵傳所謂屯田員外郎張仲素，白居易燕子樓詩序所謂司勳員外郎張仲素，即其人也，然非盧龍節度使。

肇慶府志：「宋王亘，淳熙中爲博羅令，築隨龍、蘇村二堤，民賴其利。後知南恩。」一統志誤作「王旦」。今博羅名宦稱：「宋丞相文正公，前博羅令。」而不知文正未嘗爲此官。淳熙，又孝宗年號也，蓋士不讀書，而祀典之荒唐也久矣。

右明

〔一〕「卒」，原脱，據光緒本、日知録集釋卷二二補。

〔二〕「復州」，原作「福州」，據光緒本、日知録集釋卷二二改。

五禮通考卷一百二十四

吉禮一百二十四

親耕享先農

蕙田案：禮記天子爲耤千畝，親耕南郊以共齊盛，所以敬天祖，致誠信，重耕農也。其儀見於月令、國語甚詳。享先農之禮，不見他經。國語「農正陳耤禮」，説者以爲祭田祖，即神農教民始耕者，一稱先嗇。漢以後稱先農，歷代典禮，至今不廢，誠鉅典也。

享先農

周禮春官籥章：掌土鼓豳籥。凡國祈年於田祖，龡豳雅，擊土鼓，以樂田畯。注：

祈年，祈豐年也。田祖，始耕田者，謂神農也。田畯，古之先教田者。爾雅：田畯，農夫也。疏：此田祖與田畯，所祈當同日，但位別禮殊，樂則同，故連言之耳。田祖即郊特牲云「先嗇」一也。

詩小雅甫田：琴瑟擊鼓，以御田祖，以祈甘雨，以介我稷黍，以穀我士女。傳：田祖，先嗇也。箋：設樂以迎祭先嗇，謂郊後始耕也。疏：郊特牲注云：先嗇，若神農。春官籥章注云「田祖始耕田者，謂神農」，是一也。始教造田謂之田祖，先爲稼嗇謂之先嗇，神其農業謂之神農，名殊而實同也。以神農始造田，謂之田祖。而后稷亦有田功，又有事於尊，可以及卑，則祭田祖之時，后稷亦食焉。

何氏世本古義：以神農爲田祖，經傳無明文。王安石謂生爲田正，死爲田祖，猶樂官之死而爲樂祖也。以樂祖例田祖，於理近之。

禮記郊特牲：主先嗇。注：先嗇，若神農者。

詩周頌載芟序：春藉田而祈社稷也。疏：載芟詩者，春藉田而祈社稷之樂歌也。謂周公、成王太平之時，王者於春時親藉田以勸農業，又祈求社稷，使獲其年豐歲稔。詩人述其豐熟之事而爲此歌焉。

陳氏禮書：國語曰「司空除壇於藉」。漢舊儀，春始東耕，官祠先農以一太牢。先儒謂先農，神農也，立壇於田所祠之，其制度如社之壇。後漢藉田儀，正月始耕，常以乙日祠先農，已享，乃就耕位。晉以太牢祠先農。宋元嘉中，度宫之辰地，整制千畝，中開阡陌，立先農於中，阡西陌南；御耕壇於中，阡東陌北。將耕，宿青幕於耕壇之上，耕日，以太牢祠先農如帝社儀。後魏太武天興中，祭先農用羊一。北齊藉田，作祠壇於陌南阡西，廣三十尺，四陛，三壝，四門，正月上辛後吉亥，祠先農神農氏於壇上，無配。太宗親祭先農，藉於千畝。武后改藉田壇爲先農壇。神龍初，祝欽明奏曰：「祭法『王自爲立社曰王社』，先儒以爲其社在藉田之中，詩序云『春藉田而祈社稷』是也。」乃改先農壇爲帝社。然則先農即禮所謂先嗇也，歷代所祭或以太牢或以羊，或以乙日或以亥日，要皆不遠於禮。其改先農壇爲帝社，此於經無見，特傅會詩序爲之説。

明蔣氏德璟先農考：詩載芟「春藉田而祈社稷也」，正義曰：「周公、成王太平之時，王者親耕藉田以勸農業，又祈求社稷使獲年豐歲稔。故序本其多獲所繇，經則主説年豐，不及藉社，所以經序有異也。」月令「孟春，天子躬耕帝藉」，「仲春，擇元日，命民社」；大司馬「仲春，蒐田獻禽以祭社」。然則，天子祈社，亦以仲春，與耕藉異月，而連言之者，俱在春時，故以春總之。祭法云：「王爲群姓立社曰泰社，王自爲立社曰王社，亦曰帝社。」此二社皆應以春祈之，但此爲百姓祈，祭文當主於泰社，其稷與社共祭，亦當爲泰社、泰稷焉。鄭玄謂王社在藉田之中。漢立官社，文帝令官祠先農。晉武詔復二社，北齊及隋又改曰先農。唐神龍中，禮官祝欽明議，以禮典無先農之文，先農與社本是一神，妄爲改作，請改先農壇爲帝社壇，以應禮經王社之義。至開元定禮，又採齊、隋之議，復曰先農。宋陳祥道曰：「先儒謂王社建於藉田，然國語王藉則司空除壇，農正陳藉禮。而歷代所祭，先農而已，不聞祭社也。詩曰『春藉田而祈社稷』，非謂社稷建於藉田也。」今案祝欽明云先農即社，陳祥道云社自社，先農自先農，藉田所祭乃先農，非社也。其説不同，其爲重農報本之義一也。

蕙田案：先農始教造田者，是人鬼，社是土示，截然不同。詩序乃言兩祭皆歌此詩，非謂藉田而祭社也。陳用之説極是，祝欽明議非，蔣氏並存之，混矣。

壇制考：虢文公云：「耤田之制，司空除壇於耤。」漢文帝立壇於田所，其制如社之壇。宋於宮之震地八里外，整治千畝，中開阡陌，立先農壇於中，阡西陌南。梁移耤田於建康北岸，築兆域如南北郊。齊作祠壇於陌南阡西，廣輪三十六尺，四陛，三壝，四門，又爲大營於外。唐高宗改耤田壇爲先農壇。神龍初，復改先農壇爲社壇，於壇西立帝稷壇，禮同太社，唯不備方色有異焉。壇高五尺，方五丈，四出陛，其色青。宋先農壇九尺四十步，飾以青，二壝。元壇制同社壇，縱廣十步，高五尺，四出陛，其色青，每方開櫺星門。國朝壇在耤田之北，高五尺，闊五丈，四出陛。

蕙田案：康成云：「王社在耤田中。」國語云：「司空除壇於耤。」夫壇而曰除，似臨時之事，而不同於社壇矣。且耕耤在南郊，社在宗廟右。鄭氏説恐未的。

祭與耕同日考：享先農之禮，與躬耕同日，禮無明文。惟周語云：「農正陳耤禮」，而韋昭注謂：「陳耤禮者，祭其神爲農祈也。」至漢，以耤田之日祀先農，而其禮始著。漢舊儀，春耕耤田，官祀先農，百官皆從，置耤田令丞。東漢耤田儀，正月始耕，常以乙日祀先農於田所，先農已享，耕於其地。自晉、魏至唐、宋，其禮不廢。政和間，罷享先農爲中祀，命有司行事，止行親耕之禮。南渡後，復親祀。元不親行，僅命有司攝事而已。明高皇帝親祀躬耕，始復古禮。後改中祀，止遣應天府官致祭，不設配，祭畢親耕。唯登極初，行耕耤禮則親祭云。

右享先農

耕耤之禮

周禮天官内宰：上春，詔王后帥六宫之人，而生穜稑之種，而獻之於王。注：六宫之人，夫人以下分居后之六宫者。古者使后宫藏種，以其有傳類蕃孳之祥，必生而獻之，示能育之，使不傷敗，且以佐王耕事，共禘郊也。鄭司農云：「先種後熟謂之穜，後種先熟謂之稑，王當以耕種於耤田。」玄謂詩云「黍稷穜稑」是也。

史氏浩曰：凡穜稑之種，必耤后宫生之者，欲其亦知稼穡之艱難。

鄭氏鍔曰：經言三農生九穀，固不一種，獨於穜稑之種則三言之，司稼辨之而縣於邑閭，舍人縣之於歲時，内宰生之於上春，皆以穜稑爲言，則知穜稑非九穀也。司農謂先種而後熟則謂之穜，後種而先熟則謂之稑。言生穜稑之種，則凡九穀之或先種後熟，或後種先熟者，皆生之也。觀詩人有「黍稷穜稑」之言，謂黍稷之有先後，然則非指穜稑爲穀明矣。

春秋襄七年左氏傳：啓蟄而郊，郊而後耕。疏：月令祈穀之後，即擇日而耕，亦在正月。

禮記月令：孟春之月，天子乃以元日祈穀於上帝。乃擇元辰。疏：甲乙丙丁等謂之日，子丑寅卯等謂之爲辰。耕用亥日，故云元辰。知用亥者，以陰陽式法，正月亥爲天倉，以其耕事，故用天倉也。盧植、蔡邕並云：「郊天是陽，故用日；耕耤是陰，故用辰。元者，善也。郊雖用日，亦有辰，但日爲吉主；耕之用辰，亦有日，但辰爲主。」皇氏云：「正月建寅，日月會辰在亥，故耕用亥也。」未知然否。

方氏慤曰：元日者，善日也。擇日者，有司之事，以日者天子之事，凡日皆擇而後以之。然前言以後言擇者，以尊卑之序，且互相備也。故擇元辰之文，其下乃言天子親載耒耜，則擇日非天子之事明矣。日爲陽，辰爲陰，祈穀於天，所以成物，故日用辛。耕耤於地，所以終功，故辰用亥也。

蔣氏德璟不用亥考：月令孟春擇元辰，説者曰：元辰，祈穀郊後吉辰也。十二支謂之辰，郊天是陽，故用辛日，耕耤是陰，故用亥辰。知用亥者，正月亥爲天倉，以其耕事，故用天倉也。周語立春之日，農祥晨正。至二月初吉，王裸鬯而行耤禮。漢文用亥日耕耤，祠先農，明帝耕以二月，章帝耕以正月乙日，晉武帝以正月丁亥，宋文帝以正月上辛後吉亥。齊武帝時，王儉謂親耕用立春後亥日，經無明文。何佟之云：「少牢饋食禮禘太廟用丁亥，鄭玄以不必丁亥，今若不得丁，則用己亥、辛亥，苟有亥焉可也。」梁天監中議：「書云『以殷仲春』，耤田理在建卯。」於是改用二月。唐用孟春吉亥，宋用正月上辛後亥日。政和中，議禮局言：「孟春親耕，下太史局擇日，不必專用吉亥。」玄用孟春吉亥。國朝以仲春擇吉日行事。

蕙田案：月令：「孟春之月，天子乃以元日祈穀於上帝。乃擇元辰，躬耕帝耤。」「仲春之月，擇元日，命民社。」鄭注以元日祈穀爲上辛郊天，元辰爲郊後吉辰。元日命民社爲祀，社日用甲。王制：「耆老皆朝於庠，元日習射上功。」孔疏以元日爲擇善日。虞書舜典：「正月上日，受終於文祖，月正元日，舜格於文祖。」孔傳：「上日，朔日也。月正，正月也。元日，上日也。」孔疏：「上日，日之最上。元日，日之最長。」元日還是上日，如禮文月吉日，又變文言吉月令辰也。或問均一元日，於舜典以爲朔日，於王制以爲善日，於月令或爲辛日，或爲甲日，又爲元辰，爲吉辰，則亦是善日，其説不一，似不若俱以善日釋之，曰訓元爲善。元日謂之善日，則元年亦謂之善年乎？月令既有元日，又有元辰，日與辰自有別。康成因祈穀與命社之文，故引郊特牲郊用辛，社用甲以釋之。非元日正訓也。然郊用辛，社用甲，雖出於秦、漢諸儒之傅會，而社日用甲，正與擇元日命民社有合。蓋嘗考之，元者，始也；元日者，日之始；元辰者，辰之始。春官馮相氏「掌十有二月，十有二辰，十日」。故子者，十二辰之始；甲者，十日之始。而每月朔日，亦爲一月之日之始，元辰惟一，而元日有二，非子不可稱元辰，而朔日與甲日俱可稱元日也。舜典、王制及月令祈穀之元日，皆朔日也。祈穀直用朔日，故言天子以元日，而不言擇。耕耤用子日，故謂之元辰，而言擇。命民社用甲日，故亦謂之元日而言擇也。曰如此，則祈穀之郊，於元旦行之可乎？曰以周制言，乃三月之朔耳，非元旦也。於殷爲二月朔，於夏乃爲元旦。夏、殷之禮，不可考矣。然萬物本於天，而民之大事在農，則以元旦祈穀於上帝，固無不可也。

天子親載耒耜，措之於參保介之御間。帥三公、九卿、諸侯、大夫躬耕帝藉。注：耒，耜之上曲也。保介，車右也。置耒於車右與御者之間。人君之車，必使勇士衣甲居右而參乘，備非常也。保，猶依也。介，甲也。疏：御者，御車之人，車右及御人，皆主參乘。於時天子在左，御者居中，車右在右。

方氏慤曰：帝藉，蓋藉田也。以其供上帝之粢盛，故曰帝；以其借民力而終之，故曰藉。

陳氏禮書：耕車，周禮木路不輓，以革漆之而已。漢志耕車三，蓋東京賦曰「農輿路木」，薛綜曰「所謂耕根車也」。然晉武及梁乘木路，宋文及唐乘耕根車，三重蓋，而唐志「木路赤質，耕車青質」，則木路與耕根車少異耳。考之周禮田僕「掌馭田路，以田以鄙」，鄭氏：「田路，木路也。田，田獵也。鄙，循行縣鄙。」然則耕藉於郊，蓋木路歟？

蔣氏德璟耤田考：耤字，周禮作「藉」，禮記作「藉」，詩載芟小序亦作「藉」，說文作「耤」，大明會典亦作「藉」。周禮天官甸師「掌帥其屬，耕耨王藉，以時入之，以共齍盛」，注：「藉之言借也。」月令「孟春乃擇元辰，躬耕帝藉」，注：「元辰，郊後吉辰也。帝藉者，爲天神借民力所治之田也。藉田共上帝粢盛，故云爲天神借民力也。」箋云：「藉之言借也，借民力治之。」正義云：「王者役人，自是常事，而謂之借者，言此田耕耨皆當王親爲之，但以聽政治民，有所不暇，故借人之力，以爲己功。」漢書孝文藉田，應劭曰：「藉田千畝，典藉之田。」臣瓚曰：「親耕親桑，率天下先，本不得以假借爲稱。」然凡言典藉者，謂作事設法，書而記之，或復追述前言，號爲典法。此藉田在於公地，歲歲耕墾，何故以藉爲名？若以事載典籍，即名藉田，則天下之事，無非籍矣，何獨於此偏得藉名？瓚親耕之文，即云不得假借，豈藉田千畝，天子親耕之乎？説文曰：「耤，帝耤千畝也。古者使民如借，故謂之耤。从耒，昔聲。」通作「藉」。韋昭曰：「借民力治之，以奉宗廟。且以勸率天下，使務農也。」盧植曰：「藉，耕也。左傳鄅人藉稻，故知藉爲耕。」瓚曰：「藉謂蹈藉也。」師古曰：「瓚説是。」今會典作「藉」，蓋本之説文。

祭統：天子親耕於南郊，以共齊盛。諸侯親耕於東郊，亦以共齊盛。注：東郊，少陽，諸侯象也。疏：鄭云，王藉田在遠郊，故甸師氏掌之。天子太陽，故南也。諸侯少陽，故東也。然藉田並在東南，故王言南，諸侯言東。

方氏慤曰：東南，陽地。南又盛陽之地，故天子耕於南郊，冕用朱紘者，亦以此。東者，少陽之地，故諸侯耕於東郊，冕用青紘者，亦以此。此又隆殺之别也。

祭義：天子爲藉千畝，冕而朱紘，躬秉耒。諸侯爲藉百畝，冕而青紘，躬秉耒。

方氏慤曰：耕必服冕，所以敬其事也。

月令：天子三推，三公五推，卿、諸侯九推。疏：案國語王耕，王一發，班三之。賈逵注：班，次也。謂公卿、大夫也。王之下各三，其上也，王一發，公三發，卿九發，大夫二十七發。

方氏慤曰：或以三，或以五，或以九者，以貴賤爲勞逸之差等也。且耕，陽事也，故每用數之奇焉。此言天子三推，而春秋外傳言王耕一撥者，蓋一撥土而三推之，其實一也。

國語周語：古者，太史順時覛土，陽癉憤盈，土氣震發，農祥晨正，日月底於天廟，土乃脈發。注：覛，視也。癉，厚也。憤，積也。盈，滿也。震，動也。發，起也。農祥，房星也。晨正，謂立春之日，晨中於午也。農事之候，故曰農祥。底，止也。天廟，營室也。孟春之月，日月皆在營室。脈，理也。農書曰：「春土冒厥，陳根可拔，耕者急發。」先時九日，太史告稷曰：「自今至於初吉，陽氣俱烝，土膏其動。弗震弗渝，脉其滿眚，穀乃不殖。」稷以告注：先，先立春日也。初吉，二月朔日也。詩云：「二月初吉。」烝，升也。膏，土潤也。其動，潤澤欲行。震，動也。渝，變也。眚，災也。言陽氣俱升，土膏欲動，當即發動，變寫其氣。不然，則脉滿氣結，更爲災病，穀乃不殖。以太史之言告王。王曰：「史帥陽官以命我司事曰：『距今九日，土其俱動，王其祗祓，監農不易。』」注：史，太史。陽官，春官。司事，主農事官。距，去也。祗，敬也。祓，齋戒祓除也。不易，不易物土之宜。王乃使司徒咸戒公卿、百吏、庶民，司空除壇於藉，命農大夫咸戒農用。先時五日，瞽告有協風至，王即齋宫，百官御事，各即其齋三日。王乃淳濯饗醴。注：先耕時也。瞽，樂太師，知風聲者。協，和也。立春曰融風。御，治也。淳，沃也。濯，溉也。饗，飲也。謂王沐浴飲醴酒。及期，鬱人薦鬯，犧人薦醴，王裸鬯，饗醴乃行，百吏、庶民畢從。注：期，耕日也。犧人司尊也，掌共酒醴者。灌鬯，飲醴，皆所以自香絜。及藉，后稷監之，膳夫、農正陳藉禮，太史贊王，王敬從之。注：監，察也。膳夫，上士也，掌王之飲食膳羞之饋食。農正，田大夫，主敷陳藉禮而祭其神，爲農祈也。贊，導也。王耕一墢，班三之，注：一墢，一耜之墢也。王無耦，以一耜耕。班，次也。三之，下各三其上也。王一墢、公三、卿九、大夫二十七。庶人終於千畝。其后稷省功，太史監之；司徒省民，太師監之。注：終，盡耕也。畢，宰夫陳饗，膳宰監之。膳夫贊王，王歆太牢，班嘗之，庶人終食。注：宰夫，下大夫也。膳宰，膳夫也。

陳氏禮書：耕壇。掌次掌凡邦之張事，則耕壇蓋有幕也。國語曰「司空除壇於藉」，而宋有御耕壇於中，阡東陌北，將耕，宿青幕於耕壇之上。北齊於藉田一頃地中通阡陌，作祠壇，又外設御耕壇。後梁有親耕臺在壇東，帝親耕畢，登臺以觀公卿之推。而晉及北齊、隋、唐，皇后躬蠶亦有壇。然則，古者躬耕田有耕壇，司空除壇，不特除先農壇而已。

禮記月令：反執爵於大寢，三公、九卿、諸侯、大夫皆御。命曰：勞酒。注：既耕而宴飲，以勞群臣也。大寢，路寢，御侍也。

國語周語：仲山父曰：「王治農於藉，蒐於農隙，耨穫亦於藉。」

禮記月令：季秋之月，乃命冢宰，藏帝藉之收於神倉，祗敬必飭。注：帝藉，所耕千畝也。藏祭祀之穀爲神倉，重粢盛之委也。

國語周語：廩於藉東南，種而藏之。

周禮天官甸師：下士二人，府一人，史二人，胥三十人，徒三百人。注：王以孟春躬耕帝藉，天子三推，公五推，卿、諸侯九推，庶人終於千畝。庶人，謂徒三百人。

葉氏禮經會元：耕藉田以教諸侯之孝，周官言甸師帥屬耕耨王藉，以時入之，豈特付之有司乎？成王之於農畝，無不躬親其事。詩人歌之，一則曰「曾孫來止」，二則曰「曾孫來止」。成王之於民田，猶躬戾止，況藉田乎？甸師亦特言其職云爾。案内宰「王后帥六宫而生種稑之種，而獻於王」，注云：「王當以耕於藉田。」地官舍人亦曰：「歲時辨穜稑之種，以共於王后之春獻種。」則其躬耕藉田可知矣。夫以天子而躬親耕之禮，則天下孰不勤於耕；以耕藉而共粢盛，則天下孰不勸於孝。其田千畝，或有萊田。使之共蕭茅果蓏之薦，而又足以示天下之無曠土。其徒三百人，自耕藉之暇，則使之以薪蒸，役外内饔之事，而又足以示天下之無游民。故曰耕藉者，天下之大教也。

陳氏禮書：天子爲藉千畝於南郊，正陽之位也；冕而朱紘，則朱者正陽之色也。諸侯爲藉百畝於東郊，少陽之位也；冕而青紘，則青者少陽之色也。其時則中春，春秋傳曰「啓蟄而郊，郊而後耕」是也。其日則剛日，月令曰「乃擇元辰」是也。其祭則祈社稷於内，享先農於外。詩曰「春藉田而祈社稷」，國語曰「膳夫農正陳藉禮」是也。其禮則后帥六宫贊事於内，司空、后稷、太史、瞽師、鬱人、犧人、膳夫、農正、司徒、太師、贊事於外。周禮内宰「詔后帥六宫之人生穜稑之種，獻之於王」，國語曰「太史告稷，司空除壇」之類是也。親載耒耜，猶農者之出疆也。載必措於保介之御間，又明勸農者也。王必三推，即所謂一撥也。三公五推，卿、諸侯九推，即所謂班三之也。月令所言者推數也，國語所言者人數也。庶人終於千畝，甸師所率之徒也。反執爵於大寢，公卿、諸侯、大夫皆御命曰勞酒，此春耕之終事也。若夫夏耨、秋穫，王又至焉。國語所謂「耨穫亦於藉」是也。考之於禮，蜡合萬物而索饗之，則群小祀也。其禮主先嗇，先嗇，先農也。王以玄冕祭之，則耕耤之祭先農，其服玄冕可知也。小司徒「凡小祭祀，奉牛牲，羞其肆」，鄭氏謂小祭祀，王玄冕所祭者，則祭先農用牛牲可知也。王之藉，掌以甸師，而諸侯亦有甸人，則諸侯之禮與王略同矣。

右耕耤之禮

漢至唐親耕享先農

漢書文帝本紀：二年春正月丁亥〔一〕，詔曰：「夫農，天下之本也，其開藉田，應劭

〔一〕「二」上，原衍「後」字，據漢書文帝本紀刪。

曰：古者天子耕藉田千畝，爲天下先。藉者，帝王典藉之常也。韋昭曰：藉，借也。借民力以治之，以奉宗廟，且以勸帥天下，使務農也。臣瓚曰：景帝詔曰：「朕親耕，后親桑，爲天下先。」本以躬親爲義，不得以假借爲稱也。藉謂蹈藉也。師古曰：瓚説是也。國語曰：「宣王即位，不藉千畝，虢文公諫。」斯則藉非假借明矣。朕親率耕，以給宗廟粢盛。」

通典：漢舊儀：「春始東耕於藉田〔一〕，官祀先農以一太牢，百官皆從。先農，神農也。五經要義云：立壇於田所祀之，其制度如社之壇。賜三輔二百里孝悌、力田、三老帛〔二〕，種百穀萬斛，爲立藉田倉，置令丞。穀皆以給天地、宗廟、群望之祀，以爲粢盛。」

蕙田案：應劭漢官儀曰：「天子升壇，公卿耕訖，嗇夫下種。藉田亦曰帝藉，亦曰耕藉，亦曰東耕，亦曰親耕，亦曰王耕。」

十三年春二月甲寅，詔曰：「朕親率天下農耕以供粢盛，其具禮儀。」

景帝本紀：二年，詔曰：「朕親耕以奉宗廟粢盛，爲天下先。」

武帝本紀：征和四年，上耕於鉅定。應劭曰：齊國縣也。

〔一〕「東」，諸本作「親」，據通典卷四六改。
〔二〕「帛」，諸本脱，據通典卷四六補。

昭帝本紀：始元元年春，上耕於鉤盾弄田。應劭曰：時帝年九歲，未能親耕帝藉。鉤盾，宦者近署，故往試耕爲戲弄也。臣瓚曰：西京故事弄田在未央宫中。師古曰：弄田謂宴游之田，天子所戲弄耳，非爲昭帝年幼創有此名。

六年春正月，上耕於上林。

後漢書明帝本紀：永平四年春二月辛亥，詔曰：「朕親耕藉田，以祈農事。」

續漢志：正月始耕，既事告祠先農。

後漢書明帝本紀：十三年春二月，帝耕於藉田。禮畢，賜觀者食。

十五年春二月，東巡狩。癸亥，帝耕於下邳。

禮儀志：正月始耕，晝漏上水初納，執事告祀先農。

祭祀志：縣邑常以乙未日祀先農於乙地。

南齊書樂志：章帝元和元年，玄武司馬班固奏用周頌載芟祀先農。

章帝本紀：元和二年二月乙丑，帝耕於定陶。詔曰：「三老，尊年也。孝悌，淑行也。力田，勤勞也。國家甚休之。其賜帛人一匹，勉率農功。」

三年春正月辛丑，帝耕於懷。

禮儀志：正月始耕，晝漏上水初納，執事告祠先農。已享。耕時有司請行事，就耕位，天子、三公、九卿、諸侯、百官以次耕。推數如周法。力田種各耰訖，有司告事畢。是月令曰：「郡國守相皆勸民始耕，如儀。諸行出入皆鳴鐘，皆作樂。其有災眚，有他故，若請雨、止雨，皆不鳴鐘，不作樂。」

圖書集成：順帝永建中，黄瓊疏請舉藉田禮，從之。

黄瓊傳：自帝即位以後，不行藉田之禮。瓊以國之大典，不宜久廢，上疏奏曰：「自古聖帝哲王，莫不敬恭明祀，增致福祥。故必躬郊廟之禮，親藉田之勤，以先群氓，率勸農功。昔周宣王不藉千畝，虢文公以爲大譏，卒有姜戎之難，終損中興之名。竊見陛下遵稽古之鴻業，體虔肅以應天，順時奉元，懷柔百神，朝夕觸塵埃於道路，晝暮聆庶政以恤人。雖詩詠成湯之不怠遑，書美文王之不暇食，誠不能加。今廟祀適闋，而祈穀潔齋之事，近在明日。臣恐左右之心不欲屢動聖躬，以爲親耕之禮可得而廢。臣聞先王制典，藉田有日，司徒咸戒，司空除壇，先時五日，有協風之應，王即齋宫，享醴，載耒，誠重之也。自癸巳以來，仍西北風，甘澤不集，寒涼尚結，迎春東郊，既不躬親，先農之禮，所宜自勉，以逆和氣，以致時風。易曰『君子自强不息』，斯其道也。」書奏，帝從之。

後漢書獻帝本紀：興平元年二月丁亥，帝耕於藉田。

三國魏志武帝本紀：建安十九年春正月，始耕藉田。

二十一年三月壬寅，公親耕藉田。

明帝本紀：太和元年春二月辛未，帝耕於藉田。

五年春正月，帝耕於藉田。

晉書禮志：魏氏雖天子耕藉，藩鎮闕諸侯百畝之禮。及武帝末，有司奏：「古諸侯耕藉百畝，躬執耒以奉社稷宗廟，以勸率農功。今諸王臨國，宜依修耕藉之儀。」然竟未施行。

武帝本紀：泰始四年正月丁亥，帝耕於藉田。

禮志：泰始四年，有司奏耕祠先農，可令有司行事。詔曰：「古之聖王，躬耕帝藉，以供郊廟之粢盛，且以訓化天下。近代以來，耕藉止於數步之中，空有慕古之名，曾無供祀訓農之實，而有百官車徒之費。今循千畝之制，當與群公卿士躬稼穡之艱難，以帥先天下。主者詳具其制，下河南，處田地於東郊之南，洛水之北。若無官田，隨宜便换，而不得侵人也。」於是乘輿御木輅以耕，以太牢祀先農。自惠帝之後，其事便廢。

武帝本紀：泰始八年正月癸亥，帝耕於藉田。十年正月辛亥，帝耕於藉田。

哀帝本紀：興寧二年二月癸卯，帝親耕於藉田。

輿服志：耕根車〔一〕，天子親耕所乘也。置耒耜於軾上。

禮志：江左元帝將修耕藉，尚書符問：「藉田至尊應躬祠先農不？」賀循答：「漢儀無正有至尊親自祭之文，然周禮王者祭四望則毳冕，祭社稷五祀則絺冕，以此不爲無親祭之義也。宜立兩儀注。」賀循等所上儀注又未詳允，事竟不行。後哀帝欲復行其典，亦不能遂。

宋書禮志：宋文帝元嘉二十年，太祖將親耕，以其久廢，使何承天撰定儀注。史學生山謙之已私鳩集，因以奏聞。乃下詔曰：「國以民爲本，民以食爲天。一夫輟耕，飢者必及。倉廩既實，禮節以興。自頃在所貧耗，家無宿積，陰陽暫偏，則人懷愁墊；

〔一〕「耕」，諸本作「金」，據晉書輿服志改。

年或不稔，而病乏比室。誠由政德未孚，以臻斯弊，抑亦耕桑未廣，地利多遺。宰守微化道之方，氓庶忘勤分之義。永言弘濟，明發載懷。雖制令亟下，終莫懲勸，而坐望滋殖，庸可致乎？有司其班宣舊條，務盡敦課。遊食之徒，咸令附業。考覈勤惰，行其誅賞，勸察能殿，嚴加黜陟。古者從時脉土，以訓農功，躬耕帝藉，敬供粢盛。仰瞻前王〔一〕，思遵令典，便可量處千畝，考卜元辰〔二〕。朕當親帥百辟，致禮郊甸。庶幾誠素，奬被斯民。」於是斟酌衆條，造定圖注。先立春九日，尚書宣攝内外，各使隨局從事。司空、大農、京尹、令、尉，度宮之辰地八里之外，整制千畝，開阡陌。立先農壇於中阡西陌南，御耕壇於中阡東陌北。將耕，宿設青幕於耕壇之上。皇后帥六宮之人出穜稑之種〔三〕，付藉田令。耕日，太祝以一太牢告祠先農〔四〕，悉如祠帝社儀〔五〕。孟

〔一〕「王」，諸本作「主」，據宋書禮志一改。
〔二〕「卜」，原作「上」，據光緒本、宋書禮志一改。
〔三〕「出」，原作「生」，據光緒本、宋書禮志一改。
〔四〕「以」上，諸本衍「令」字，據宋書禮志一删。
〔五〕「悉」、「祠」二字，諸本脱，據宋書禮志一補。

春之月，擇上辛後吉亥日，御乘耕根三蓋車，駕蒼駟，建青旗，著通天冠，青幘，朝服青衮，帶佩蒼玉。蕃王以下至六百石皆衣青。唯三臺武衛不耕，不改服章。車駕出，衆事如郊廟之儀。車駕至藉田〔二〕，侍中跪奏：「至尊降車。」臨壇，大司農跪奏：「先農已享，請皇帝親耕。」太史令讚曰：「皇帝親耕。」三推三反。於是群臣以次耕，王公五等開國諸侯五推五反，孤卿大夫七推七反，士九推九反。藉田令帥其屬耕，竟畝，灑種，即耰，禮畢。乃班下州郡縣，悉備其禮焉。

二十一年春，親耕，乃立先農壇於藉田中阡西陌南。高四尺，方二丈。爲四出陛。陛廣五尺，外加埒。去阡陌各二十丈。車駕未到，司空、大司農帥太祝令及衆執事質明以一太牢告祠。祭器用祭社稷器。祠畢，班餘胙於奉祠者。舊典先農又常列於郊祭云。

孝武帝本紀：大明四年正月乙亥，車駕躬耕藉田。

明帝本紀：泰始五年春正月癸亥，車駕躬耕藉田。

〔二〕「車駕」，諸本脱，據宋書禮志一補。

通典：齊武帝永平中，耕藉田，用丁亥，使御史乘馬車，載耒耜，從五輅後〔一〕。

南齊書禮志：武帝永明三年，有司奏：「來年正月二十五日丁亥，可祀先農，即日輿駕親耕。」宋元嘉、大明以來，並用立春後亥日，尚書令王儉以爲亥日藉田，經記無文，通下詳議。兼太學博士劉蔓議：「禮，孟春之月，立春迎春，又於是月以元日祈穀，又擇元辰躬耕帝藉。盧植説禮通辰日，日，甲至癸也，辰，子至亥也。郊天，陽也，故以日。藉田，陰也，故以辰。陰禮卑後，必居其末，亥者辰之末，故記稱元辰，注曰吉亥〔二〕。又據五行之説，木生於亥，以亥日祭先農，又其義也。」太常丞何諲之議：「鄭注云『元辰，蓋郊後吉亥也。』亥，水辰也，凡在墾稼，咸存灑潤。五行説十二辰爲六合，寅與亥合，建寅月東耕，取月建與日辰合也。」國子助教桑惠度議：「尋鄭玄以亥爲吉辰者，陽生於子，元起於亥，取陽之元以爲生物，亥又爲水，十月所建，百穀賴兹沾潤畢熟也。」助教周山文議：「盧植云『元，善也。郊天，陽也，故以日。藉田，陰也，故以

〔一〕「後」，諸本脱，據通典卷四六補。
〔二〕「注」，諸本作「法」，據南齊書禮志上改。

辰。』蔡邕月令章句解元辰云『日，幹也。辰，支也。有事於天，用日。有事於地，用辰』。」助教何佟之議：「少牢饋食禮云『孝孫某來日丁亥，用薦歲事於皇祖伯某』。注云『丁未必亥也，直舉一日以言之耳。禘太廟禮日用丁亥，若不丁亥，則用己亥、辛亥，苟有亥可也』。鄭又云『必用丁、己者，取其令名，自丁寧自變改，皆爲謹敬』。如此，丁亥自是祭祀之日，不專施於先農。漢文用此日耕耤祠先農，故後王相承用之，非有別義。」殿中郎顧暠之議：「鄭玄稱先郊後吉辰，而不説必亥之由。盧植明子亥爲辰，亦無常辰之證。漢世躬耤肇發漢文，詔云『農，天下之本，其開藉田』。斯乃草創之令，未睹親載之吉也。昭帝癸亥耕於鉤盾弄田，明帝癸亥耕下邳，章帝乙亥耕定陶，又辛亥耕懷，魏之烈祖實書辛未，不繫一辰，徵於兩代矣。推晉之革魏，宋之因晉，政是服膺康成，非有異見者也。班固序亥位云『陰氣應亡射，該藏萬物，雜陽閡種』。且亥既水辰，含育爲性，播厥取吉，其在兹乎？固序丑位云『陰大旅助黄鐘宣氣而牙物』。序未位云『陰氣受任，助蕤賓君主種物，使長大茂盛』。是漢朝迭選，魏室所遷，酌舊用丑，實兼有據。」參議奏用丁亥。詔「可」。

樂志：永明四年藉田，詔驍騎將軍江淹造藉田歌。淹製二章，世祖口敕付太樂歌之〔一〕。

祀先農迎送神升歌　羽鑾從動，金駕時遊。教騰義鏡，樂綴禮修。率先丹耦，躬遵緑疇。靈之聖之，歲殷澤柔。

饗神歌辭　瓊斝既飾，繡簋以陳。方燮嘉種，永毓宵民。

梁書武帝本紀：天監十三年二月丁亥，輿駕親耕藉田，赦天下，孝悌力田賜爵一級。

册府元龜：天監十六年二月辛亥，親耕藉田。

梁五禮藉田儀注：其田東去宮八里，遠十六里，爲千畝。天子耒耜一具，公耒耜三具，卿侯耒耜九具，立方壇以祠先農。

隋書禮儀志：梁初藉田，依宋、齊，以正月用事，不齊不祭。天監十二年，武帝以爲：「啓蟄而耕，則在二月節內。書云：『以殷仲春。』藉田理在建卯。」於是改用二月。「又國語云：『王即齊宮，與百官御事並齋三日。』乃有沐浴祼享之事。前代當以

〔一〕「敇」，原作「出」，據味經窩本、乾隆本、光緒本、南齊書樂志改。

耕而不祭，故缺此禮。國語又云：『稷臨之，太史讚之。』則知耕耤應有先農神座，兼有讚述耕旨。今耤田應散齋七日，致齋三日，兼於耕所設先農神座，陳薦羞之禮。讚辭如社稷法。」又曰：「齊代舊事，耤田使御史乘馬車，載耒耜於五輅後。禮云『親載耒耜，措於參保介之御間。』則置所乘輅上。若以今輅與古不同，則宜升之次輅，以明慎重。而遠在餘處，於禮爲乖。且御史掌視，尤爲輕賤〔一〕。今宜以侍中奉耒耜，載於象輅以隨木輅之後。」普通二年，又移耤田於建康北岸，築兆域大小，列種梨柏，便殿及齋宫省，如南北郊。別有望耕臺，在壇東。帝親耕畢，登此臺，以觀公卿之推反〔二〕。又有祈年殿云。

梁書武帝本紀：普通四年二月乙亥，躬耕藉田。

中大通六年春二月癸亥，輿駕親耕藉田，大赦天下，孝悌力田賜爵一級。

大同元年春二月丁亥，輿駕躬耕藉田。二年春正月乙亥，輿駕躬耕藉田。

〔一〕「輕賤」，原作「親省」，據光緒本、隋書禮儀志二改。

〔二〕「反」，隋書禮儀志二作「伐」。

三年春二月丁亥，輿駕親耕藉田。　四年春二月己亥，輿駕親耕藉田。

唐類函：梁元帝祭東耕文曰：「三農九穀，爲政所先。萬箱億庾，是曰民天。繫稱斵耜，書美厥田。花開杏樹，凍解新泉。當使黍稷莫莫，民翳胥樂；甘雨祈祈，遂及我私。我私之熟，表裏禔福。禔福中田，歲取十千。是薦是衮，登頌有年。」

陳書宣帝本紀：大建元年春二月乙亥，輿駕親耕藉田。　三年春二月丁酉，輿駕親耕藉田。　六年春二月辛亥，輿駕親耕藉田。　九年春二月壬子〔一〕，輿駕親耕藉田。

北魏書道武帝本紀：天興三年春二月丁亥，始耕藉田。

禮志：太武帝天興三年春，始躬耕藉田，祭先農，用羊一。

孝文帝本紀：延興二年春三月庚午〔二〕，車駕耕於藉田。

册府元龜：太和十六年二月丙午，詔有司刻吉亥，備小駕躬臨千畝。

〔一〕「壬子」，諸本作「壬午」，據陳書宣帝本紀改。

〔二〕「庚午」，原作「甲午」，據光緒本、魏書孝文帝本紀改。

北魏書孝文帝本紀：太和十七年春二月己酉，車駕始藉田於都南。

宣武帝本紀：景明三年冬十二月戊子，詔曰：「民本農桑，國重蠶藉，粢盛所憑，冕織攸寄。比京邑初基，耕桑暫缺，遺規往旨，宜必祗修。今寢殿顯成，移御維始，春郊無遠，拂羽有辰。便可表營千畝，開設宮壇，秉耒援筐，躬勸億兆。」

孝明帝本紀：正光三年春正月辛亥，親耕藉田。

北齊書文宣帝本紀：天保二年正月癸亥，親耕藉田於東郊。

隋書禮儀志：北齊藉於帝城東南千畝内，種赤粱、白穀、大豆、赤黍、小豆、黑穄、麻子、小麥，色別一頃。自餘一頃，地中通阡陌，作祠壇於陌南阡西，廣輪三十六尺，高九尺，四陛三壝四門。又爲大營於外，又設御耕壇於阡東陌北。每歲正月上辛後吉亥，使公卿以一太牢祠先農神農氏於壇上，無配享。祭訖，親耕。先祠，司農進穜稑之種，六宮主之。行事之官併齊，設齋省。於壇所列宮懸。又寘先農座於壇上。衆官朝服，司空一獻，不燎。祠訖，皇帝乃服通天冠、青紗袍、黑介幘，佩蒼玉，黄綬，青帶、袜、舄，備法駕，乘木輅。耕官具朝服從。殿中監進御耒於壇南，百官定列。帝出便殿，升耕壇南陛，即御座。應耕者各進於列，帝降自南陛，至耕位，釋劍執耒，三推三反，升壇即坐。耕，官一品五推五反，二品七推七反，三品九推九反。耤田令帥其屬以牛耕，終千畝。以青箱奉穜稑種，跪呈司農，詣耕所灑之。耰訖，司農省功，奏事畢。皇帝降之便殿，更衣享宴。禮畢，班賚而還。

北周書閔帝本紀：元年春正月癸亥，親耕藉田。

明帝本紀：二年春正月辛亥，親耕藉田。

武帝本紀：保定元年春正月乙亥，親耕藉田。

天和元年春正月己亥，親耕藉田。　二年春正月己亥，親耕藉田。

建德三年春正月乙亥，親耕藉田。

隋書禮儀志：隋制，於國南十四里啓夏門外，置地千畝，爲壇，孟春吉亥，祭先農於其上，以后稷配。牲用一太牢。皇帝服衮冕，備法駕，乘金根車。禮三獻訖，因耕。司農授耒，皇帝三推訖，執事者以授應耕者，各以班五推九推〔一〕。而司徒帥其屬，終千畝。播殖九穀，納於神倉，以擬粢盛。穰槀以餉犧牲云。

〔一〕「五推九推」，原作「九推五推」，據光緒本、隋書禮儀志二乙正。

樂志：先農，奏諴夏辭。迎送神，與方丘同。

農祥晨晰〔一〕，土膏初起。春原俶載，青甿致祀。斂蹕長阡，迴旌外壝。房俎飾薦，山罍沈滓。親事朱紘，躬持黛耜。恭神務嗇，受釐降祉。

唐書太宗本紀：貞觀三年正月癸亥，親耕藉田。

舊唐書禮儀志：太宗貞觀三年正月，親祭先農，躬御耒耜，藉於千畝之甸。初，晉時南遷，後魏來自雲、朔，中原分裂，又雜以獯戎，代歷周、隋，此禮久廢，而今始行之，觀者莫不駭躍。於是秘書郎岑文本獻藉田頌以美之。初，議藉田方面所在，給事中孔穎達曰：「禮，天子藉田於南郊，諸侯於東郊。晉武帝猶於東南。今於城東寘壇，不合古禮。」太宗曰：「禮緣人情，亦何常之有。且虞書云『平秩東作』，則是堯、舜敬授人時，已在東矣。又乘青輅，推黛耜者，所以順於春氣，故知合在東方。且朕見居少陽之地，田於東郊，蓋其宜矣。」於是遂定。自後每歲常令有司行事。

唐書禮樂志：皇帝孟春吉亥享先農，遂以耕籍。前享一日，奉禮設御坐於壇東，

〔一〕「晨」，原作「神」，據光緒本、隋書音樂志下改。

西向；望瘞位於壇西南，北向；從官位於内壝東門之内道南，執事者居後；奉禮位於樂縣東北，贊者在南。又設御耕耤位於外壝南門之外十步所，南向；從耕三公、諸王、尚書、卿位於御坐東南，重行西向，以其推數爲列。其三公、諸王、尚書、卿等非耕者位於耕者之東，重行，西向北上；介公、酅公於御位西南，東向北上。尚舍設御耒席於三公之北少西，南向。奉禮又設司農卿之位於南，少退；諸執耒耜者位於公卿耕者之後，非耕者之前，西向。御耒耜一具，三公耒耜三具，諸王、尚書、卿各三人合耒耜九具。以下耒耜，太常各令耤田農人執之。皇帝已享，乃以耕根車載耒耜於御間，皇帝乘車自行宫降大次。乘黄令以耒耜授廩犧令，横執之，左耜置於席，遂守之。皇帝將望瘞，謁者引三公及從耕侍耕者、司農卿與執耒耜者皆就位。皇帝出就耕位，南向立。廩犧令進耒席南，北向，解韜出耒，執以興，少退，北向立。司農卿進受之，以授侍中，奉以進。皇帝受之，耕三推。侍中前受耒耜，反之司農卿，卿反之廩犧令，令復耒於韜，執以興，復位。皇帝初耕，執耒者皆以耒耜授侍耕者。皇帝耕止，三公、諸王耕五推，尚書、卿九推。執耒者前受之。皇帝還，入自南門，出内壝東門，入大次。享官、從享者出，太常卿帥其屬耕於千畝。皇帝還宫，明日，班勞酒於太極殿，如元會，不賀，不爲壽。耤田之穀，斂而鍾之神倉，以擬粢盛及五齊、三酒、穰稾以食牲。耤田祭先農〔一〕，唐初爲帝社，亦曰耤田壇。

舊唐書音樂志〔二〕：享先農樂章：貞觀中褚亮等作。

迎神用咸和　粒食伊始，農之所先。古今攸賴，是曰人天。耕斯帝藉，播厥公田。式崇明祀，神其福焉。

皇帝行用太和。詞同冬至圜丘。

登歌奠玉帛用肅和　尊彝既列，瑚簋有薦。歌工載登，幣禮斯奠。肅肅享祀，顒顒纓弁。神之聽之，福流寰縣。

迎俎用雍和　前夕親牲，質明奉俎。沐芳整弁，其儀式序。盛禮畢陳，嘉樂備舉。歆我懿德，非馨稷黍。

皇帝酌獻飲福用壽和〔三〕。詞同冬至圜丘。

〔一〕「祭」，諸本作「稾」，據新唐書禮樂志四改。
〔二〕「舊唐書音樂志」六字，原脱，據光緒本補。
〔三〕「飲」，原作「領」，據光緒本、舊唐書音樂志三改。

送文舞出迎武舞入用舒和　羽籥低昂文綴已，千鏚蹈厲武行初。望歲祈農神所聽，延祥介福豈云虛。

武舞用凱安。詞同冬至圜丘。　送神用承和。

又享先農樂章一首：太樂舊有此詞，不詳所起。

送神用承和　三推禮就，萬庾祈凝〔一〕。夤賓志遠，藨蔉惟興〔二〕。降歆肅薦，垂祐祇膺〔三〕。送神有樂，神其上昇。

唐書高宗本紀：永徽三年正月丁亥，耕藉田。

册府元龜：丁亥，親享先農，御耒耜，率公卿耕於藉田，賜群官帛各有差。

文獻通考：乾封二年正月，行耤田之禮，躬秉耒耜而九推。禮官奏：「陛下合三推。」上曰：「朕以身帥下，自當過之，恨不終千畝耳。」

初，將耕耤田，閱耒耜有雕刻文飾者，謂左右曰：「田器，農人執之，在於樸素，

〔一〕「庾祈」，原作「慶所」，據光緒本、舊唐書音樂志三改。
〔二〕「藨蔉」，原作「薦衮」，據光緒本、舊唐書音樂志三改。
〔三〕「祇」，原作「祖」，據光緒本、舊唐書音樂志三改。

豈貴文飾乎？」乃命撤之。

唐書高宗本紀：儀鳳二年正月乙亥，耕藉田。

册府元龜：帝親耕藉田於東郊，禮畢，作藉田賦以示群臣。三年五月，幸藉田所，觀區種，手種數區。

景雲三年，親耕藉田。

舊唐書禮儀志：則天時，改藉田壇爲先農壇〔一〕。

唐書禮樂志：神龍元年，禮部尚書祝欽明議曰：「周頌載芟：『春藉田而祈社稷。』禮：『天子爲藉千畝，諸侯百畝。』則緣田爲社，曰王社、侯社。今曰先農，失王社之義，宜正名爲帝社。」太常少卿韋叔夏、博士張齊賢等議曰：「祭法，王者立太社，然後立王社，所寘之地，則無傳也。漢興以有官社，未立官稷，乃立於官社之後，以夏禹配官社，以后稷配官稷。臣瓚曰：『高紀〔二〕，立漢社稷，所謂太社也。官社配以禹，

〔一〕「先農壇」，原脱「壇」字，據光緒本、舊唐書禮儀志四補。
〔二〕「高紀」，諸本作「高祖」，據新唐書禮樂志四改。

所謂王社也。至光武乃不立官稷，相承至今。』魏以官社爲帝社，故摯虞謂魏氏故事立太社是也。晉或廢或寘，皆無處所。或曰二社並處，而王社居西。崔氏、皇甫氏皆曰王社在藉田。案衛宏漢儀『春始東耕於藉田，引詩先農，則神農也』。又五經要義曰：『壇於田，以祀先農如社。』魏秦靜議風伯、雨師、靈星、先農、社、稷爲國六神。晉太始四年，耕於東郊，以太牢祀先農。周、隋舊儀及國朝先農皆祭神農於帝社，配以后稷。則王社、先農不可一也。今宜於耤田立帝社、帝稷，配以禹、棄，則先農、帝杜並祠，叶於周之載芟之義。」欽明又議曰：「耤田之祭本王社。古之祀先農，勾龍、后稷也。烈山之子亦謂之農，而周棄繼之，皆祀爲稷。共工之子曰后土，湯勝夏，欲遷而不可。故二神，社、稷主也。黄帝以降，不以羲、農列常祀，豈社、稷而祭神農乎？社、稷之祭，不取神農耒耜大功，而專於共工、烈山，蓋以三皇洪荒之迹，無取爲教。彼秦靜何人，而知社稷、先農爲二，而耤田有二壇乎？先農、王社，一也，皆后稷、勾龍異名而分祭，牲以四牢。」欽明又言：「漢祀禹，謬也。今欲正王社、先農之號而未決，乃更加二祀，不可。」叔夏、齊賢等乃奏言：「經無先農，禮曰『王自爲立社，曰王社』，先儒以爲在耤田也。永徽中猶曰耤田，垂拱後乃爲先農。然則先農與社一神，今先農壇請改曰帝社壇，以合古王社之義。其祭，準令以孟春吉亥祠后土〔二〕，以勾龍氏配。」於是爲帝社壇，又立帝稷壇於西，如太社、太稷，而壇不設方色，以異於太社。

蕙田案：王社在藉田，説本注疏。據祭統天子親耕南郊，諸侯親耕東郊，明乎耤田在郊。匠人營國，左祖右社。禮運祭天於郊，祭社於國，明乎社稷在國，郊國所在不同，詎可合一？祝欽明以先農、王社爲一，非是。秦靜既知王社、先農不可一矣，而欲於耤田中並祀先農、帝社爲二壇，抑又非矣。

唐書睿宗本紀：先天元年正月戊子，耕藉田。

舊唐書禮儀志：睿宗太極元年，親祀先農，躬耕帝藉。禮畢，大赦，改元。

唐書玄宗本紀：開元十九年正月丙子，耕於興慶宮。

禮樂志：十九年，停帝稷而祀神農氏於壇上，以后稷配。

舊唐書禮儀志：玄宗開元二十二年冬，禮部員外郎王仲丘又上疏請行藉田之禮。

唐書玄宗本紀：開元二十三年正月乙亥，耕藉田。

〔二〕「孟春」，原作「孟夏」，據光緒本、新唐書禮樂志四改。

舊唐書禮儀志：親祀神農於東郊，以勾芒配。禮畢，躬御耒耜於千畝之甸。時有司進儀注：「天子三推，公卿九推，庶人終畝。」玄宗欲重勸耕藉，遂進耕五十餘步，盡壠乃止。禮畢，輦還齊宮，大赦。侍耕、執牛官皆等級賜帛。

册府元龜：開元二十三年正月十八日，親祀先農，禮畢，降至耕位。侍中執耒，太僕秉轡，帝謂左右曰：「帝藉之禮，古則三推。朕今九推，庶九穀之報也。」贊導者跪而奏曰：「先王制禮，不可踰越。」帝曰：「夫禮，豈不在濟人治國，勤事務功乎？朕發乎至誠，深惟嘉殖，將以勸南畝，供粢盛，豈非禮意也？」於是九推而止。公卿以下終其田畝。制曰：「昔者受命爲君，體元立極，未有不謹於禮而能見教於人。今嗣歲初吉，農事將起，禮先本於耕藉，義緣奉於粢盛。是所嚴祇，敢不敬事。故躬載耒耜，親率公卿，以先萬姓，遂耤千畝，謂敦本之爲耳。何布澤之更深，宜有順於發生，俾無偏於行惠，可大赦天下。」

唐開元禮皇帝吉亥享先農：攝事附。

齋戒　前祀五日，皇帝散齋三日於别殿，致齋二日：一日於太極殿，一日於行宫。

餘同上辛儀。

陳設　前享三日，陳設如圜丘儀。前享二日，太樂令設宮懸樂，如圜丘儀。唯懸樂樹路鼓。爲瘞埳於壇壬地内壝之外爲異〔一〕。前享一日，奉禮設御位，如圜丘儀。唯設望瘞位於内壝東門之内道南〔二〕。又設奉禮位於瘞埳西南〔三〕，東面、南上爲異。攝事，右校埽除壇之内外。前享二日，衛尉設享官公卿以下次於外壝東門外道南，北向，西上。設陳饌幔於内壝東門外道南，北向。太樂令設宮懸。前享一日，奉禮郎設享官公卿位於内壝東門内道北，執事位於道南，西向，北上，設御史位於壇下如式，又設奉禮位於樂懸東北。贊者二人，在南差退，俱西向，北上。又設奉禮贊者位於瘞埳東面〔四〕，南上。設協律郎位於壇上南陛之西，東向。太樂令於北懸間，享官門外位，皆於東壝外道南如式。又設御耕藉位於外壝南門之外十步所，南向。設從耕位：三公、諸王、諸尚書、諸卿位於御座東南，重行，西向，各依推數爲列。其公、王、尚書、卿等非耕者位於耕者之東，重行，西向，俱北上。介公、酅公位於御位西南，東向，以北爲上。尚舍設御耒席於三公之北，少西，南向。奉禮又設司農卿位於御耒席東，少

〔一〕「内」、「外」二字，諸本誤倒，據通典卷一一五、開元禮卷四六乙正。
〔二〕「内壝東門之内道南」，開元禮卷四六作「壇西南當瘞埳北向」。
〔三〕「奉禮」下，開元禮卷四六有「贊者」二字。
〔四〕「瘞埳」下，開元禮卷四六有「西南」二字。

南，西向。廪犧令於司農卿之南，少退。諸執耒耜者位於公卿耕者之後，非耕者之前，西面。御耒耜一具，三公耒耜三具，諸王、尚書、卿各三人，合耒耜九具。以下耒耜，太常各令藉田農人執之。攝事，無設耕藉位以下至此儀。設酒罇之位於壇上，神農氏犧罇二、象罇二、山罍二，東南隅，北向。后稷氏犧樽二、象樽二、山罍二，在神農酒樽之東，俱北向，西上。罇皆加勺、冪，有坫，以寘爵。設御洗於壇南，陛東南，亞獻之洗於東陛之南，俱北向。執罇罍篚冪者，各位於罇罍篚冪之後。設幣篚於壇上，各於罇坫之所。晡後，郊社令帥齋郎以坫罍洗篚冪入設於位。升壇者自東陛。謁者引光禄卿詣厨，視濯溉。凡導引者，每曲一逡巡。贊引引御史詣厨，省饌具。光禄卿以下，每事訖，各還罇所。享日未明十五刻，太官令帥宰人以鸞刀割牲，祝史以豆取毛血，各置於饌所，遂烹牲。未明五刻，太史令、郊社令各服其服，升設神農氏神座於壇上北方，南向。設后稷氏神座於東方，西向，席皆以莞。設神位於座首。

鑾駕出宮　乘耕根車於太極殿前，餘同圜丘儀。

饋享　享日未明三刻，諸享官及從享之官各服其服，郊社令、良醖令帥其屬入實罇罍及幣。犧罇實以醴齊，象罇實以盎齊，山罍實以清酒。齊皆加明水，酒皆加玄酒，各實於上，罇幣皆以青。太官令帥進饌者實諸籩豆簠簋等，入設於饌幔内。未明二刻，奉禮帥贊者先入就位。其御史及禮官等入，再拜，埽除。及就位，如圜丘儀。未明一刻，謁者、贊引各引享官以下就門外位。司空行埽除，及從享群官客使等次入就位，並如圜丘儀。攝事，自「未明三刻」至此，與正儀同。初未明三刻，諸衛列大駕仗衛，陳設如式。侍中板奏「外辦，請中嚴」，乘黄令進耕根車於宫南門外，迴車南向。若行宫去壇稍遠，嚴警如式。未明一刻，侍中板奏「外辦」。質明，皇帝服衮冕，乘輿以出，繖扇、華蓋、侍衛如常儀。侍中負璽，陪從如式。皇帝升車訖，乘黄令進耒。太僕受載如初。黄門侍郎奏請鑾駕發引，還侍位。鑾駕動之大次，並如圜丘儀。郊社令以祝板進，御署訖，近臣奉出。郊社令受，各奠於坫，如圜丘儀。初，皇帝降車訖，乘黄令受耒耜，授廩犧令，而横執之，左其耜〔一〕。之耕所〔二〕，寘於席，遂守之。凡執耒耜，皆横之，授則先其耒，後其耜。皇帝停大次半刻頃，具奏「辦」，出次，太常卿請行事，並如圜丘儀。攝事，衆官拜訖，謁者白太尉，有司謹具，

〔一〕「左」上，原衍「於」字，據光緒本、通典卷一一五删。

〔二〕「耕」，諸本作「耜」，據通典卷一一五、開元禮卷四六改。

請行事。無「初未明三刻」下至此儀。協律郎舉麾，工鼓柷〔一〕，以角音奏永和之樂，以姑洗之均自後接神皆奏姑洗。作文武舞〔二〕，樂舞三成。偃麾，戛敔，樂止。太常卿前奏稱「請再拜」，退，復位。皇帝再拜及奠玉幣，奏樂之節，並如圜丘儀。攝事，謁者引太尉升奠幣。太常卿引皇帝進，北面跪，奠於神農氏神座，俛伏，興。太常卿引皇帝少退，北向再拜。訖，太常卿引皇帝又立於西方，東向。又太祝以幣授侍中，侍中奉幣北向進，皇帝受幣，太常卿引皇帝進，東面跪，奠於后稷氏神座，俛伏，興。太常卿引皇帝少退，東面再拜，訖，登歌止。太常卿引皇帝，樂作。皇帝降自南陛，還版位，西向立，樂止。初，群官拜訖，祝史奉毛血之豆立於門外。於登歌止，祝史奉毛血入，升自南陛，配座升自東陛。太祝迎取於壇上，進奠於神座前，太祝退立於罇所。皇帝既升，奠幣。太官令出，帥進饌者奉饌，陳於內壝門外。謁者引司徒出，詣饌所。司徒奉神農之俎，皇帝既至版位，樂止。攝事無。太官令引饌入，俎初入門，雍和之樂作。饌至陛，樂止。

〔一〕「柷」，原作「祝」，據光緒本、通典卷一一五改。
〔二〕「武」，開元禮卷四六作「舞」。

太祝進，徹毛血之豆，降自東陛以出。神農氏之饌升自南陛，配座之饌升自東陛。太祝迎引於壇上，各設於神座前。籩豆蓋冪先徹乃升，簠簋既奠，却其蓋於下。設訖，謁者引司徒以下降自東陛，復位。太祝各還罇所。太常卿引皇帝攝事，謁者引太尉。詣罍洗，樂作。其盥洗、奏樂及齋郎奉俎，並如圜丘之儀。太常卿引皇帝詣神農氏酒罇所，執罇者舉冪。侍中贊酌醴齊訖，壽和之樂作。皇帝每酌獻及飲福，皆作壽和之樂。太常卿引皇帝進神農氏神座前，北向，跪奠爵，俛伏，興。太常卿引皇帝少退，北向立。樂止，太祝持版進於神座之右，東面跪，讀祝文曰：「維某年歲次月朔日，子開元神武皇帝某，攝事云：謹遣太尉封臣名。敢昭告於帝神農氏：獻春伊始，東作方興，率由典則，恭事千畝。謹以制幣犧齊，粢盛庶品，肅備常祀，陳其明薦。以后稷氏配神作主，尚享。」訖，興，帝再拜。攝事，太尉再拜，下倣此。初讀祝文訖，樂作。太祝進，跪，奠版於神座，興，還罇所。皇帝拜訖，樂止。太常卿引皇帝詣后稷氏酒罇所。酌獻樂作，並如神農氏。唯皇帝東向立爲異。太祝持版進於神座之右〔一〕，北向跪。讀祝文曰：「維某年歲次月朔日，子開

〔一〕「右」，開元禮卷四六作「左」。

元神武皇帝某敢昭告后稷氏：土膏脉起，爰修耕藉，用薦常事於帝神農氏。唯神功協稼穡，實允昭配，謹以制幣犧齊，粢盛庶品，式陳明薦，作主侑神，尚享。」訖，興，皇帝再拜。初讀祝文訖，樂作。太祝進，跪奠版於神座，俛伏，興，還罇所。皇帝拜訖，樂止。太常卿引皇帝進神農氏神座前，北向立。樂作，太祝各以爵酌上罇福酒。攝事，太祝酌罍福酒。其飲福、受胙、樂舞等，並如圜丘儀。攝事，亦同圜丘攝事。初，皇帝將復位，謁者引太尉詣罍洗。攝事，謁者引太常卿爲亞獻。盥手洗爵訖，謁者引太尉自東陛升壇，詣神農氏象罇所。執爵者舉冪，太尉酌盎齊，武舞作。謁者引太尉進神農氏神座前，北向跪，奠爵，興。謁者引太尉少退，北向再拜。謁者引太尉詣后稷氏象罇所，取爵於坫。執爵者舉冪，太尉酌盎齊。謁者引太尉進后稷氏神座前，東向，跪奠爵，興。謁者引太尉少退，東向再拜。謁者引太尉進神農氏神座前，北向立。太祝各以爵酌罍福酒，合寘一爵，太祝持爵進太尉右，西向立。太尉再拜，受爵，跪，祭酒，遂飲，卒爵。太祝進受爵復於坫，太尉興，再拜。謁者引太尉降復位。初，太尉獻將畢，謁者引光禄卿詣罍洗，盥手，洗爵〔一〕，升酌盎

〔一〕「洗」，諸本作「帨」，據通典卷一一五、開元禮卷四六改。

齊。終獻如亞獻之儀。訖，謁者引光禄卿攝事同。降復位，武舞止。諸祝各進，跪徹豆，興，還鐏所。徹者籩豆各一，少移於故處。奉禮曰「賜胙」。贊者唱「衆官再拜」，在位者皆再拜。已飲福者不拜。永和樂作，太常卿前奏稱「再拜」，退，復位。皇帝再拜。奉禮曰「衆官再拜」，在位者皆再拜。樂一成止，太常卿奏「請就望瘞位」。奉禮帥贊者就瘞埳西南位。太常卿引皇帝，太和之樂作，皇帝就望瘞位，北向立。樂止，於群官將拜，祝各執篚進神座前，取幣，各由其陛降壇，詣埳，以幣寘於埳。訖，奉禮曰「可瘞」，東西各四人寘土半埳，太常卿前奏「禮畢，請就耕藉位」。攝事，謁者進太尉之左，白「禮畢」，享官、執事再拜出，如圜丘攝事。太常卿引皇帝，樂作，皇帝詣耕藉位，南向立。樂止，初白「禮畢」，奉禮帥贊者還本位。攝事無詣耕藉位。

耕藉　皇帝將詣望瘞位，謁者引三公及應從耕侍、耕者各就耕位。司農先就位，諸執耒者皆就位。皇帝初詣耕位，廪犧令進詣御耒席南，北面跪，俛伏〔一〕，搢笏，解耒

〔一〕「俛」，原脱，據光緒本、通典卷一一五補。

韜。出耒〔一〕，執耒起，少退，北面立。司農卿受耒，以授侍中。侍中奉耒進，皇帝受以三推。侍中前受耒耜，反於司農，司農反於廩犧令。訖，還本位。廩犧令復耒於韜，執耒起，復位立。皇帝初耕，執耒者以耒耜各授侍耕者。皇帝耕訖，三公、諸王五推，尚書、卿九推。訖，執耒者前受耒耜，退，復位。侍中前奏「禮畢」，退，復位。太常卿引皇帝入自南門，還大次。樂作，皇帝出自内壝東門。殿中監前受鎮珪，以授尚衣奉御。殿中監又前受大珪，華蓋、侍衛如常儀。皇帝入次，樂止。謁者、贊引各引享官及從享群官、諸方客使以次出。贊引引御史、太祝以下俱復執事位，立定。奉禮曰「再拜」，御史以下皆再拜。贊引引出。工人、二舞以次出。太常卿帥其屬以次耕於千畝，其祝版燔於齋所。

鑾駕還宮，如圜丘儀。

勞酒　車駕還宮之明日，設會於太極殿，如元會之儀。唯不賀、不上壽爲異。

藉田東郊儀：

〔一〕「耒」，諸本脱，據通典卷一一五、開元禮卷四六補。

皇帝夾侍二人、正衣二人。右令以祝先農壇上行事，夾侍、正衣充。中書門下先奏，侍中一人、奉耒耜、進耕畢，復受，奏禮畢。中書令一人、侍從。禮部尚書一人、侍從官以下並合便取祀先農壇上行事官充。司農卿一人、授耒耜於侍中侍耕。右衛將軍一人、已上並侍衛。太尉、司徒、司空各一人，行五推禮。舊例宰臣攝行事。九卿九人行九推禮。舊例，差左右僕射、六尚書、御史大夫攝行事。諸侯三人行九推禮。差正員一品官及嗣王攝行事。禮儀使一人、贊導耕藉禮。太常卿一人、贊導耕藉禮。以上官便合取祀先農壇已上行事官充。右禮司狀上中書門下請奏差，如本官不足，差六品以下官充，並服袴褶。御耒耜二具，併韜。並以青色內一具副，準乾元故事，合依農人所執者制造，不合雕飾，事畢日收。藉耒耜一丈、席二領。先農壇高五尺，方五尺，四出陛，其色青，祀前二十日修畢。三公、九卿、諸侯耒耜一十五具，御耒耜牛四頭。內二頭副併牛衣，每隨牛一人，並絳衣、介幘，須明閑農務者行事，禮司專差人贊導。高品中官二人。執侍耒耜，並衣袴褶。太常帥其屬庶人，量用二十八人以備禮。郊社令一人、檢校。太常少卿一人、帥庶人赴耕所。太常博士六人、分贊導耕禮，如本司官不足，準舊例本司具名上中書門下請差攝行事。司農少卿一人。檢校庶人終千畝。廪犧令二人，一人奉耒耜授司農卿，係差五品、六品清資官攝充。一人掌耒耜，太常寺用本官。三公、九卿、諸侯耕牛四十頭。內十頭副，每頭隨牛人一人，須明閑農耕者差。庶人耒耜二十具、畚二具、鍤二具，以木爲刃，府司差一人專知。管藉田縣令一人、具朝服。當耕藉田時，立於田畔，候耕畢去。畿甸諸縣令、準舊例，集先期到城。藉田日，服常服赴耕所，陪位而立。耆老量定二十人。並常服，藉田日，於庶人耕藉田位之南陪位。

唐書肅宗本紀：乾元二年正月戊寅，耕藉田。

舊唐書禮儀志：肅宗乾元二年春正月丁丑〔一〕，將有事於九宫之神，兼行藉田禮。自明鳳門出，至通化門，釋軷而入壇，行宿齋於宫。戊寅，禮畢，將耕藉，先至於先農之壇。因閲耒耜，有雕刻文飾，謂左右曰：「田器，農人執之，在於樸素，豈文飾乎？」乃命徹之。下詔曰：「古之帝王，臨御天下，莫不務農敦本，保儉爲先，蓋用勤身率下也。屬東耕啓候，爰事藉田，將欲勸彼蒸人，所以執兹耒耜。如聞有司所造農器，妄加雕飾，殊匪典章〔二〕。況紺轅縹軏，固前王有制，崇奢尚靡，諒爲政所疵。靖言思之，

〔一〕「二年」，諸本作「三年」，據舊唐書禮儀志四改。
〔二〕「藉田將欲勸彼蒸人所以執兹耒耜如聞有司所造農器妄加雕飾殊匪」二十八字，諸本脱，據舊唐書禮儀志四補。

良用歎息，豈朕法堯、舜重茅茨之意耶！其所造雕飾者宜停。仍令有司依農用常式，即別改造，庶萬方黎庶，知朕意焉。」翌日己卯，致祭神農氏，以后稷配享。肅宗冕而朱紘，躬秉耒耜而九推焉。禮官奏陛下合三推，今過禮。肅宗曰：「朕以身率下，自當過之，恨不能終於千畝耳。」既而佇立久之，觀公卿、諸侯、王公以下耕畢。

唐書禮樂志：憲宗元和五年，詔以來歲正月藉田。太常修撰韋公肅言：「藉田禮廢久矣，有司無可考。」乃據禮經，參采開元、乾元故事，爲先農壇於藉田。皇帝夾侍二人、正衣二人，侍中一人奉耒耜，中書令一人、禮部尚書一人侍從，司農卿一人授耒耜於侍中，太僕卿一人執牛，左、右衛將軍各一人侍衛。三公以宰相攝，九卿以左右僕射、尚書、御史大夫攝，三諸侯以正員一品官及嗣王攝。推數一用古制。禮儀使一人、太常卿一人贊禮；三公、九卿、諸侯執牛三十人，用六品以下官，皆服袴褶。御耒耜二，併韜皆以青。其制度取合農用，不雕飾，畢日收之。耤耒耜丈席二。先農壇高五尺，廣五丈，四出陛，其色青。三公、九卿、諸侯耒十有五。御耒之牛四，其二，副也。併牛衣。每牛各一人，絳衣介幘，取閑農務者，禮司以人贊導之。執耒持耜，以高品中官二人，不袴褶。皇帝詣望耕位，通事舍人分導文、武就耕所。太常帥其屬用庶人二十八，以郊社令一人押之。太常少卿一人，率庶人趍耕所。博士六人，分贊耕禮。司農少卿一人，督視庶人終千畝。廩犧令二人，一人奉耒耜授司農卿，以五品、六品清官攝；一人掌耒耜，太常寺用本官。三公、九卿、諸侯耕牛四十，其十，副也，牛各一人。庶人耕牛四十，各二牛一人。庶人耒耜二十具、鍤二具，木爲刃。主藉田縣令一人，具朝服，當耕時立田側，畢乃退。畿甸諸縣令先期集，以常服陪耕所。耆艾二十人，陪於庶人耕位南。三公從者各三人，九卿、諸侯從者各一人，以助耕。皆絳服介幘，用其本司隸。是時雖草具其儀如此，以水旱用兵而止。

玉海：隋書藉田令以青箱穜稑之種，跪陳司農，詣耕所灑之。唐不行此禮。

右漢至唐親耕享先農

五禮通考卷一百二十五

吉禮一百二十五

親耕享先農

宋元明親耕享先農

宋史禮志：藉田之禮，歲不常講。太宗雍熙四年，始詔以來年正月擇日有事於東郊，行藉田禮。所司詳定儀注：「依南郊置五使。除耕地朝陽門七里外爲先農壇，高九尺，四陛，周四十步，飾以青；二壝，寬博取足容御耕位。觀耕臺大次設樂縣、二舞。御耕位在壝門東南，諸侯耕位次之，庶人又次之。觀耕臺高五尺，周四十步，四陛，如壇色。其青城設於千畝之外。」又言：「隋以青箱奉穜稑，唐廢其禮。青箱舊無其制，請以竹木爲之而無蓋，兩端設襻，飾以青；中分九隔，隔盛一種，覆以青帊。穜稑即早晚之種，不定穀名，請用黍、稷、秫、稻、粱、大小豆、大小麥，陳於箱中。」大禮使李昉言：「案通禮，乘耕根車，今請改乘玉輅，載耒耜於耕根車。又前典不載告廟及稱賀之制，今請前二日告南郊、太廟。耕禮畢，百官稱賀於青城。禮有勞酒，合設會於還宮之翌日，望如親祀南郊之制，擇日大宴。」詳定所言：「御耒耜二具，並盛以青縚，準唐乾元故事，不加雕飾。禮畢，收於禁中，以示稼穡艱難之意。其祭先農，用純色犢一，如郊祀例進胙，餘並權用大祀之制。皇帝散齋三日，致齋二日，百官不受誓戒。神農、后稷册，學士院撰文進書。」以鹵簿使賈黄中言，復用象輅載耒耜，以重其事。

五年正月乙亥，帝服衮冕，執鎮圭，親享神農，以后稷配，備三獻，遂行三推之禮。畢事，解嚴，還行宫，百官稱賀。帝改御大輦，服通天冠、絳紗袍，鼓吹振作而還。御乾元門大赦，改元端拱，文武遞進官有差。二月七日，宴群臣於大明殿，行勞酒禮。

樂志：雍熙享先農六首：餘同祈穀。

降神，静安　先農播種，九穀務滋。靈壇致享，良耜陳儀。吉日維亥，運屬純熙。樂之作矣，神其格思。

奠玉幣，敷安　親耕展祀，明靈來格。九有駿奔，百司庀職。獻奠肅肅，登降翼翼。祈彼豐穰，福流萬國。

奉俎，豐安　肅陳韶舞，祇薦犧牲。乃逆黃俎，以率躬耕。

亞獻，正安　祀惟古典，食乃民天。歆茲潔祀，以應祈年。

終獻，正安　式陳芳薦，爰致虔誠。神其降鑒，永福黎甿。

送神，靜安　明禋紺氈〔一〕，靈風肅然。登歌已闋，神馭將旋。道光帝藉，禮備公田。鑒茲躬稼，永錫豐年。

文獻通考：學士院上東郊青城殿門名，前殿曰兩儀，後殿曰延慶，大殿門曰龍德，左掖門曰光天，右掖門曰麗天，東門曰鳳陽，西門曰安福，南門曰祈年，北門曰玄英，大殿東西廊門曰日華、月華，後園五花亭曰會芳，御幄後門曰福慶，詔付有司。

〔一〕「氈」，宋史樂志十二作「壇」。

宋史禮志：景德四年，判太常禮院孫奭言：「來年晝日，正月一日享先農，九日上辛祈穀，祀上帝。春秋傳曰：『啓蟄而郊，郊而後耕。』月令曰：『天子以元日祈穀於上帝。乃擇元辰，親載耒耜，躬耕帝藉。』先儒皆云：元日，謂上辛郊天也；元辰，謂郊後吉亥享先農而耕藉也。六典、禮閣新儀並云上辛祀昊天，次云吉亥享先農。望改用上辛後亥日，用符禮文。」

明道元年，詔以來年二月丁未行藉田禮，而罷冬至親郊。遣官奏告天地、宗廟、諸陵、景靈宫，州都就告嶽、瀆、宫、廟。其禮一如端拱之儀，而損益之。禮成，遣官奏謝如告禮。

仁宗本紀：明道二年二月丁未，祀先農於東郊。

玉海：明道二年正月庚辰，詔以皇兄建雄軍節度允升攝，左衛上將軍、蔣國公爲祀先農亞獻。彰信軍節度使觀察留後允寧攝，右衛上將軍、萊國公爲三獻。二月丙午，上齋宿于東郊，日傍有黄氣如龍鳳。丁未，服衮冕，執圭，祀神農、后稷于壇。

會要：學士院撰享先農登歌樂章。

文獻通考：廣文館、開封府貢舉人等上書，以國家躬訓農事，難逢之會，乞陪序於壇次，以觀盛典。從之。令陪位於文官九品之下。大禮使言：「藉田禮希曠已久，比聞修舉，内外翹屬，況親屈萬乘，勸農力本。伏請下有司，令徧諭密近村聚，候御耕日，特許父老鄉民觀望盛禮，勿令呵止。」從之。

樂志：明道親享先農十首：

迎神，靜安　稼政之本，民食唯天。甫田兆歲，后稷其先。靈壇既祀，黛耜攸虔。乃聖能享，億萬斯年。

皇帝升降，隆安　冕服在御，壇壝有儀。陟降左右，天維顯思。

奠玉幣，嘉安　將躬黛耜，先陟靈壇。嘉玉量幣，樂舉禮殫。神既至止，福亦和安。千斯積詠，萬國多歡。

奉俎，豐安　將迎景福，乃薦嘉牲。藉於千畝，用此精誠。

皇帝初獻，禧安　雲罍已實，玉爵有舟。薦於靈藉，佇乃神休。

飲福，禧安　神既至享，福亦來酬。申錫純嘏，旨酒維柔。思文后稷，貽我來牟。子孫千億，丕荷天休。

退文舞、進武舞，正安　羽葆有奕，文武交相。周旋合度，福禄無疆。

亞獻，正安　豆籩雖薦〔一〕，黍稷非馨。惠我豐歲，歆兹至誠。

終獻，正安　歆我嘉薦，錫我蕃禧。多黍多稌，如京如坻。

送神，静安　獻終豆徹，禮備樂成。祠容肅肅，風馭冥冥。三時務本，一撥躬耕。人祇胥悦，祉福是膺。

景祐享先農五首：

迎神，凝安　在昔神農，首兹播殖。無有污萊，盡爲稼穡。乃粒斯民，實惟帝力。嘉薦令芳，佇瞻來格。

升降，同安　居德之厚，厥祀攸陳。土膏初脉，農事先春〔二〕。鑑然金奏，儼若華紳。陟降於阼，福禄惟神。

奠幣，明安　農爲政本，食乃民天。苾芬明祀，藨蓘良田。陳兹量幣，被此豐

〔一〕「雖薦」，諸本作「維庶」，據宋史樂志十二改。
〔二〕「農」，原作「晨」，據光緒本、宋史樂志十二改。

年。茂介福祉，來欽吉蠲。

酌獻，成安　農祥晨正，平秩東作。倬彼大田，庤乃錢鎛。酒醴盈尊，金璆合樂。期兹萬年，充於六幕。

送神，凝安　務嗇之本，恤祀惟馨。神斯至止，降福攸寧。崇兹稼政，合於禮經。俎徹樂闋，邈仰迴靈。

禮志：元豐二年，詔於京城東南度田千畝爲藉田，置令一員，徙先農壇於中，神倉於東南，取卒之知田事者爲藉田兵。乃以郊社令辛公佑兼令。公佑請因舊鏺麥殿規地爲田，引蔡河水灌其中，并種果蔬，冬則藏冰，凡一歲祠祭之用取具焉。先薦獻而後進御，有餘，則貿錢以給雜費，輸其餘於内藏庫，著爲令。權管幹藉田王存等議，以南郊鏺麥殿前地及玉津園東南菱地并民田共千一百畝充藉田外，以百畝建先農壇兆，開阡陌溝洫，置神倉、齋宫并耕作人牛廬舍之屬，繪圖以進。已而殿成，詔以思文爲名。

文獻通考：哲宗紹聖四年，權禮部侍郎范鏜等言：「每遇臨幸藉田，常遣官祭告先農壇，其藉田刈稼皆以爲粢盛之實。車駕臨幸，則取新薦獻，當在所先即刈麥。乞以所進麥付所司，變造禮食，於臨幸次日，薦之太廟，然後進供頒賜，並如故事。秋觀刈禾亦如之。及乞觀麥禮畢，車駕移幸稻池綵殿，以觀插稻。」詔可。

徽宗政和元年，有司議：享先農爲中祠，命有司攝事，帝止行耕藉之禮，罷命五使及稱賀肆赦之類。太史局擇日不必專用吉亥，耕藉所乘改用耕根車，罷乘玉輅。躬耕之服，止用通天冠〔一〕、絳紗袍，百官並朝服。倣雍熙儀注，九卿以左右僕射、六尚書、御史大夫攝，諸侯以正員三品官及上將軍攝，設庶人耕位於諸侯耕位之南，以成終畝之禮。備青箱設九穀，如隋之制。尋復以耕藉爲大祠，依四孟朝享例行禮，又命禮制局修定儀注。孟春之月，太史擇上辛後吉日皇帝親耕藉田，命有司以是日享先農后稷於本壇，如常儀。

文獻通考：高宗紹興二年四月，上謂輔臣曰：「朕聞祖宗時，禁中有打麥殿，今朕於後圃，令人引水灌畦種稻，不唯務農重穀，示王政所先，亦欲知稼穡之艱難。」

宋史高宗本紀：紹興七年五月壬申，命禮官舉先農之祀。

〔一〕「止」，諸本作「正」，據宋史禮志五改。

禮志：紹興七年，始舉享先農之禮，以立春後亥日行一獻禮。

文獻通考：紹興十四年十一月，詔以嗣歲之春，祇祓青壇，親載黛耜，躬三推之禮。

命臨安府守臣度城南之田，得五百七十畝有奇。廼建思文殿觀耕臺、神倉及表親耕之田，又詔毋建殿宇，設幕殿席屋如南郊。事畢撤去，庶不擾民。

太常丞王湛謂：「新儀帝乘耕根車，左輔奉耒耜，載以象輅，列於伏內。政和八年，左輔奉耒耜于玉輅，耕藉使衛以儀仗二千人先詣壇所。王之五輅，玉輅最貴。耕根，一名芒車，所謂農輿，無蓋，車之無飾者也。齊代藉田，御史乘馬車，載耒耜於五輅之後。時以爲禮輕，更用侍中載於象輅。真宗明道二年二月〔一〕，帝乘玉輅適耕所，司農卿以耕根車載耒耜，前玉輅以行。今政和儀帝御耕根而耒耜乃載於玉輅，輕重失序。請乘玉輅，而以耕根載耒。」又謂：「端拱、明道之禮備矣，政和中徽宗正之，故新儀最爲簡要，宜遵而行。」

〔一〕「真宗」，據下文「明道二年」，應爲「仁宗」之誤。

權工部侍郎錢時敏奏：「耕藉使所乘車，禮官謂象車，以象飾諸末，朱斑輪〔一〕，八鑾在衡〔二〕，左建旂，右載闟戟，駕馬四飾以鞶纓、輪衣、絡帶，皆繡以鸞〔三〕。車高丈有五尺，廣丈，請下有司製之。」甲子，禮官請：「前三日，司農以青箱奉九穀穜稑之種進内。前二日，皇太后率六宫獻之於帝。次日，授司農以待耕事。九穀種以竹木箱載之〔四〕，無蓋，飾以青色，覆以青帕。三公、三少、宰臣、親王、使相五推，執政臣、二省、臺諫九推，庶人終畝。」又請：「少府製御耒耜二及韜，皆飾以青。御耕青牛四，衣以青。如無青牛，以黄牛代，以青羅夾衣蓋搭。從耕官每耒耜用牛二頭，耒耜三十，牛六十。庶人四十，人並青衣，耒耜四十，牛八十，鍤十，畚二十，各命有司具之。」時敏又謂：「象車小樣庫，請加高二尺，爲丈有七尺，茵縟用紫。」閏十一月癸酉，兵部謂：「仗士二千，以太常鼓吹，黄麾仗足之。前期閲習。前一日，宿仗於皇

〔一〕「朱斑」，原作「諸班」，據光緒本、文獻通考卷八七改。
〔二〕「在」，諸本作「左」，據文獻通考卷八七校勘記改。
〔三〕「鸞」，原作「鑾」，據光緒本、文獻通考卷八七改。
〔四〕「載」，原作「爲」，據光緒本、文獻通考卷八七改。

城南門外。質明，衞耒耜先往。禮官請用其半。」又請：耕藉使用本品鹵簿，王公六百八十有八人，請用其半。禮官請：親耕日，命有司享先農。己巳，詔討論象車合製與否。禮官乃謂：「新儀象輅載耒耜，宣和耕藉使乘象車，參考端拱親耕，以耕根車載耒耜，而使不乘車。請用端拱禮。耕藉使朝服騎護耒耜，行於仗内。仗士千人，質明先往壇所，以候車駕。罷象輅不製，唯製耕根車。」從之。

宋史高宗本紀：紹興十六年春正月壬辰，親享先農于東郊。

玉海：紹興十六年正月五日，禮官修定親享先農親耕儀注上之。二十二日壬辰，皇帝衮冕，親享先農。二十五日乙未，百官表賀。

文獻通考享先農親耕藉田儀注：

前期，設御座于藉田思文殿之中，南向。東西閤于殿後之左右。御幄于親耕壇上，南向。大次于殿上，南向。小次二，一於先農壇午階下稍東，西向；一於觀耕壇西階下稍北，南向。群臣次於門之内外，設饌幔樂舞。前一日，設帝神農氏位於壇之北方，南向；后稷氏位於東方，西向，席皆以莞。設帝板位於壇下小次前，西向。飲福位於壇上稍西，北向。望瘞位於子階之西，北向。群臣位各以其方。尊罍俎豆，皆如大祀。司農設御耒耜於南門外幕屋之内，御耕板位於耕藉所，南向。侍耕位在於東西階，北上。從耕三公位在東南，九卿、諸侯位在其南，皆西向，北上。庶人位在其南，少東十步外；耆老陪耕位又在其南，皆西向。御耒席於三公之北，稍西，南向。太僕設御耕牛於御耕位之西，稍北。太常設登歌於觀耕壇上，宫架於庶人耕位之南，俱北向。耕藉使位於御耕位之東，南向。侍中在其南，西向。司農卿二，一位於侍中之後，一在其南；藉田令二，在司農卿之南，少退，皆西向，北上。奉青箱官位其後。司農少卿位二，於庶人位之前，太社令位司農之西，少退，皆西北向。太僕卿位於御耕牛之東，稍前，南向。畿内邑令位於庶人位之東，西向。執耒耜者位於公卿耕者之後，執畚鍤者之前，西向。司農設從耕耒耜及牛，各於其位之前。兵部陳仗士及耕根車於皇城南門之外。遂省牲，省饌，割烹。祀之日，質明，侍中奉御耒耜，載於耕根車，耕藉使騎從至藉田門外。侍中以耒耜授藉田令，横執之，置於耕所之席而守之。帝履袍輦出宫南門，至思文殿，降輦入後閤。群臣入就位。帝服衮冕至内壝門外，執大圭，入自正門，宫架隆安之樂作，至午階板位西南立，宫架作静安之樂，儲靈錫慶之舞三成，帝再拜，群臣皆再拜。凡帝拜，群臣皆拜。宫架樂作，帝搢大圭，沃盥，執圭升壇。耕藉使從，宮架樂作。升自午階，登歌，嘉安之樂作。帝搢大圭，執鎮圭，進帝神農氏位前，北向立，跪奠鎮圭於繅藉。執大圭，興，搢圭，跪，奠幣，執圭，興。次進后稷氏位前，亦如之。帝還板位，登歌樂作。降階，宮架樂作。至板位西南立，祝史奠毛血槃，禮部尚書執籩豆簠簋，兵、工部尚書奉俎以入，宮架豐安之樂作。皆奉以升，北面跪奠之。宮架樂作，帝搢大圭，沃盥，洗爵，執圭升。宮架樂作，至壇上，登歌禧安。進帝神農氏位前，北面立，搢大圭，跪，執爵，三祭酒於地，執圭，興。祝東向跪，讀祝詞，帝再拜。次進后稷氏位前，酌獻亦如之。帝還板位，登歌樂作。降階，宮架樂作。至板位，西面立。還小次，釋大圭。文舞退，武舞進。宮架正安之樂作。亞獻，盥洗爵，升，進帝神農氏尊所，西面立。宮架作正安之樂，嚴恭將事之舞。既實爵，進神位前，跪，祭酒，奠爵，再拜。次獻后稷氏亦如之。降，復位，終獻亦如之。宮架樂作，帝執大圭升，登歌禧安。至飲福位，北面立，尚醞奉御酌福酒，殿中監奉爵，西面立。帝再拜。殿中監跪進爵。帝搢大圭，跪受之，三祭于地，啐酒，奠爵。兵部尚書西向跪，進胙俎。帝受俎，奠之。太祝東向跪，進黍豆。帝受豆，奠之。殿中監跪，再進酒。帝遂飲，卒爵，奠之，執大圭再拜，還板位。登歌樂作，降階，宮架樂作。

徹籩豆，徹俎，登歌歆安。遂賜胙，群臣皆再拜。送神，宫架作静安之樂一成。帝至望瘞位〔一〕，北面立。宫架樂作，乃瘞。帝還大次，宫架樂作，出内壝門外，釋大圭。群臣各俟於次，侍耕、從耕及執事者皆朝服以次入就位。帝服通天冠、絳紗袍，輦至思文殿，降自西階，宫架樂作。至小次，降輦，至耕藉位，南面立。藉田令進御耒席南，北面。解韜出耒，東向立，授司農卿。司農以授侍中，進之，帝受耒耜，宫架樂作。三推禮畢，侍中受耒耜，復轉以次授之藉田令，復於韜。帝初耕，諸執耒耜者各授從耕者。帝升觀耕壇，宫架樂作，升自午階，登歌樂作。御座南向，從耕三公〔二〕、三少、宰臣、親王、使相皆執耒耜，宫架樂作，行五推之禮，退復位。執政、從臣、二省、諫憲次執耒耜，宫架樂作，九推，復位。司農少卿帥庶人以次耕於千畝，耕畢，乃退。耕藉使升自卯階，進御幄前稍東，西面立。陪耕耆老進壇下，北面，再拜。樞臣前，北面承制，退至午階之東，西面立，宣制而退。都承旨承制，西面宣勞耆老，耆老再拜，皆退，

〔一〕「位」，原脱，據光緒本、文獻通考卷八七補。
〔二〕「耕」，原作「藉」，據光緒本、文獻通考卷八七改。

復位。帝降座，登歌樂作，至壇下升輦，宮架樂作。至思文殿後閤，侍耕、從耕者皆退。司農卿奉穜稑之種至耕所播之，少卿帥太社令畤終千畝。卿省功畢，至殿下，北面奏，訖，皆退，帝還宮。

二十一年八月〔一〕，詔權罷藉田司，免其官吏、胥徒。太常少卿王普請以印歸禮部，存卒八人，以守壇壝及凡種植之物，農三人，以給種植供禮料。藉田司初募兵卒三十一人，存者二十三人，今量存七人〔二〕。甲頭十人，以農民充，免其科役，今量存三人。典吏以寺吏兼之。

宋史樂志：紹興享先農十一首：

皇帝入內壝盥洗，隆安　大事在祀，齊潔爲先。既盥而升，奉以周旋。下觀而化，無敢不蠲。惟神降格，監厥精虔。

迎神，靜安　猗歟田祖，粒食之宗！世世仰德，青壇載崇。時維后稷，躬稼同

〔一〕「二十一年」，諸本作「三十一年」，據文獻通考卷八七改。
〔二〕「今」，原脱，據味經窩本、乾隆本、光緒本、文獻通考卷八七補。

功。作配並祀，以詔無窮。

神農、后稷位奠幣，嘉安　制爲量幣，厚意是將。求之以類，各因其方。于以奠之，精誠允彰。神其享止，惠我無疆。

尚書奉俎，豐安　柔毛剛鬣，或剥或烹。爲俎孔碩，登薦厥誠。

酌獻，禧安　蠲滌醆斝，巾帨而升。挹彼注兹，酒醴維清。洋洋在上，享於克誠。神其孚佑，以厚民生。

文舞退、武舞進，正安　羽毛干戚，張弛則殊。進旅退旅，匪棘匪舒。

亞獻，正安　顯相祀事，濟濟鏘鏘。斝斝酌醴，神其允臧。

終獻，正安　殽核維旅，酒醴維馨。于再于三，禮則有成。

飲福，禧安　幽明位異，施報理同。克恭明神，降福乃豐。我膺受之，來燕來崇〔一〕。豈伊專享，于彼三農。

徹豆，歆安　莫重於祭，非禮不成。籩豆有踐，爾殽既馨。神具醉止，薦以齊

〔一〕「崇」，諸本作「宗」，據宋史樂志十二改。

明。贊徹孔時，釐事斯成。

送神，靜安　神之來止，風馭雲翔。神之旋歸，有迎有將。歌以送之，磬筦鏘鏘。何以惠民？豐年穰穰。

親耕藉田七首：

皇帝出大次，乾安　勤勞稼穡，必躬必親。爲藉千畝，以教導民。帝出乎震，時維上春。天顔咫尺，望之如雲。

親耕　元辰既擇，禮備樂成。洪縻在手，祇飾專精。三推一撥，端冕朱紘。靡辭染屨，以示黎甿。

升壇　方壇屹立，陛級而登。玉色下照，觀臨耦耕。萬目咸覩，如日之升。成規成矩，百禄是膺。

公卿耕藉　群公顯相，奉事齊莊。率時農夫，舉耜載揚。播厥百穀，以佑我皇。多黍多稌，丕應農祥。

群官耕藉　畟畟良耜，我田既莊〔一〕。土膏其動，春日載陽。執事有恪，于此中邦。農夫之慶，棲畝餘糧。

降壇　肇新帝藉，率我農人。三推終畝，祇事咸均。陟降孔時，粲然有文。受天之祜，多稼如雲。

歸大次　教民稼穡，不令而行。進退有度，琚瑀鏘鳴。言還熉幄，禮則告成。帝命率育，明德惟馨。

紹興祀先農攝事七首：

迎神，凝安　青陽開動，土膏脉起。日練吉亥，爲農祈祉。典秩增峻，儀物具美。幄光熉黄，庶幾戾止。

初獻升殿，同安盥洗。　率職咸莅，禮容睟然。澡身端意，陟降靡愆。神心嘉虞，享兹潔蠲。敷錫純佑，屢登豐年。

〔一〕「莊」，諸本作「臧」，據宋史樂志十二改。

奠幣，明安　靈斿載臨，見先陳贄〔一〕。有嚴簠簋，式將純意〔二〕。肸蠁既接，禮行有次。神兮安留，歆我禋祀。

神農位酌獻，成安　耒耜之教，帝實開先。致養垂利，古今民天。嘉薦報本，於以祈年。誠格和應，神娭福延。

后稷位酌獻，成安　有周膺曆〔三〕，實起后稷。相時豐功〔四〕，率由稼穡。振古稱祀，先農並食。阜我昌我，時萬時億。

亞、終獻，同安　旨具百味，酌備三疇。貳觴既畢，禮洽意周。庶幾嘉享，格神之幽。相我穡事，錫以有秋。

送神，凝安　熙事成兮，始終潔齊。籩豆徹兮，摶節靡垂。靈有嘉兮，降福孔皆。飄然逝兮，我心孔懷。

〔一〕「先」，諸本作「光」，據宋史樂志十二改。

〔二〕「純」，諸本作「神」，據宋史樂志十二改。

〔三〕「膺」，諸本作「應」，據宋史樂志十二改。

〔四〕「豐」，諸本作「神」，據宋史樂志十二改。

又親耕藉田四首：

導引　春融日煖，四野瑞煙浮，柳苑更柔柔。土膏脉起條風扇，宿雪潤田疇。金根轂轉如雷動，羽衛擁貔貅。扶攜老稚康衢滿，延跂望凝旒。斗移星轉，一氣又環周，六府要時修。務農重穀人胥勸，耕藉禮殊尤。壇壝嶽峙文明地，黛耜駕青牛。雍容南畝三推了，玉趾更遲留。

六州　昭聖武，不戰屈人兵。干戈戢，烽燧息，海宇清寧。民豐業〔一〕，歌詠昇平。願咸歸畎畝，力穡爲甿。經界正，東作西成。農務軫皇情，躬親耒耜，相勸深耕。人心感悦，擊壤沸歡聲。乘鸞輅，羽旗綵仗鮮明。傳清蹕，行黄道，緹騎出重城。仰瞻日表映朱紘，環珮更鏘鳴。百執公卿〔二〕，不辭染履意專精，準擬奉粢盛。田多稼，風行遐邇，家家給足，胥慶三登〔三〕。

十二時　臨寰宇，恭己巖廊，屬意在耕桑。愛民利物，德邁陶唐，躋俗盡淳龐。

〔一〕「業」上，原衍「樂」字，據光緒本、宋史樂志十六删。
〔二〕「執」，諸本作「職」，據宋史樂志十六改。
〔三〕「三」，諸本作「生」，據宋史樂志十六改。

開千畝，帝藉神倉。舉彝章，祇祓壇場，爲農事祈祥。涓辰行禮，節物值春陽。罄齊莊，明德薦馨香。宮禁邃，嬪妃并御侍，穜稑獻君王。中闈表率，陰教逾光，帳殿靄熉黄，梐枑設，翠幕高張，慶雲翔。罇罍陳酒醴，金石奏宮商。神靈感格，歲歲富倉箱。慶明昌，行旅不齎糧。

奉禋歌　吾皇端立太平基，奉祀肅雍格神祇。撫御耦，降嘉種，何辭手攬洪縻。命太史視日，祗告前期。驗穹象，天田入望更光輝。掌禮陳儀，蒐鉅典，迎春令，頒宣恩詔，徧九圍，人盡熙熙。仰明時，儼垂衣，佳氣氤氳表龐禧。豐年屢，大田生異粟，含滋吐秀，九穜傳圖，盡來丹闕，瑞應昌時。亨運正當攝提，佇見詠京氏。躬稼穡，重耘耔。盛禮興行先百姓，崇本業，憂勤如禹、稷，播在聲詩。

文獻通考：孝宗乾道四年十一月，太常少卿王瀹謂：藉田以供粢盛蔬果，自廢此司，寺官兼掌之。舊有農十人，今僅存其三。而是時，王普請益粢盛禮物三倍於故，歲請量增三人。

光宗紹熙五年，太社令陳峴奏：「九宮、先農、高禖壇壝蕪廢不治，而農壇爲甚，乞命臨安府守臣葺築，以嚴祀。」從之。

元史世祖本紀：至元九年二月戊申，始祭先農如祭社之儀。

王圻續通考：元世祖至元七年，立藉田大都東南。郊時，趙天麟策曰：「臣聞祭祀者，人之大端；衣食者，人之常理。今聖朝立太常正卿，設司農大寺，欽乃攸司，可謂備矣。但藉田之禮，尚未施行。謹案禮經之義，遠稽前世之文，適三陽交泰之春，當是月上辛之日，祈穀於太微之帝。再擇乎吉亥之辰。封神壝宮，掌舍設梐，太僕秉轡，保介從行。綴黛耜於紺轅，冠朱紘之華冕。平秩東作，爰至南郊。具庶府之官僚，聳萬民之瞻視。天顏咫尺際，恭就於三推，黎庶三百人，遂終於千畝。公卿以下隨爵秩而亦耕。燕飲之宜，布龍光於既返。内宰獻種於厥後，神倉斂穫於西成。一旦用之，中心足矣。此聖天子藉田之禮也。伏望陛下無忝虢公之直諫，式同漢帝之親耕，于彼天田，成兹盛事。南瞻北顧，三思粟帛之原；上化下行，一儆農民之怠。於昭文化，以迓太平，垂諸典章，永云嘉範。」

祭祀志：至元九年二月，始祭先農如祭社之儀。

十三年二月，祀先農東郊。　十四年二月，祀先農東郊。　十五年二月戊午，祀先農，以蒙古胄子代耕藉田。　十六年二月朔，祭先農於藉田。　二十一年，命翰林學士承旨色勒敏祀先農於藉田。

武宗至大三年夏四月，從大司農請，建農、蠶二壇。博士議：二壇之式與社稷同，縱廣一十步，高五尺，四出陛，外壝相去二十五步，每方有櫺星門。今先農、先蠶壇位在藉田内，若立外壝，恐妨千畝，其外壝勿築。是歲命祀先農如社稷，禮樂用登歌，日用仲春上丁，後或用上辛或甲日。祝文曰：「維某年月日，皇帝敬遣某官，昭告於帝神農氏。」配神曰「于后稷氏」。祀前一日未後，禮直官引三獻、監祭禮以下省牲饌，如常儀。祀日丑前五刻，有司陳燈燭，設祝幣，太官令率其屬入實籩豆尊罍。丑正，禮直官引先班入就位，立定，次引監祭禮案視壇之上下，糾察不如儀者。畢，退復位，東向立。奉禮曰「再拜」，贊者承傳「再拜」。訖，奉禮又贊「諸執事者各就位」，禮直官引執事官各就位，立定。次引三獻官并與祭等官以次入就位，西向立。禮直官於獻官之右，贊「請行事」，樂作三成止。奉禮贊「再拜」，在位者皆再拜。太祝跪取幣於篚，立於尊所。禮直官引初獻官詣盥洗位，北向立，盥手帨手畢，升自東階，詣神位前北向立，搢笏跪，三上香，受幣奠幣，執笏，俛伏，興，少退，再拜訖，降復位，立定。太官令率齋郎設饌於神位前畢，俛伏，興，退復位。禮直官引初獻再詣盥洗位，北向立，盥手帨手，詣爵洗位，洗爵拭爵，詣酒尊所酌酒畢，詣正位神位前，北向立。搢笏跪，三上香，三祭酒於沙池，爵授執事者，執笏，俛伏，興，北向立。俟讀祝畢，再拜，興。次詣配位酒尊所，酌酒訖，詣配神位前，東向立。搢笏跪，三上香，三祭酒於沙池，爵授執事者，執笏，俛伏，興，東向立。俟讀祝畢，再拜，退復位。次引亞終獻行禮，並如初獻之儀，唯不讀祝，退復位，立定。禮直官贊「徹籩豆」，樂作，卒徹，樂止。奉禮贊「賜胙」，衆官再拜。贊者承傳，在位者皆再拜訖，樂作送神之曲，一成止。禮直官引齋郎升自東階，太祝跪取幣祝，齋郎奉俎載牲體及籩豆簠簋，各由其階至坎位，北向立。俟三獻畢，立定。各跪奠訖，執笏，俛伏，興。禮直官贊「可瘞」，乃瘞。焚瘞畢，三獻以次詣耕地所，耕訖而退。

禮樂志：至大先農樂章：

降神，奏鎮寧之曲，林鐘宮二成　民生斯世，食爲之天。恭惟大聖，盡心于田。仲春卲農，明祀吉蠲。馨香感神，用祈豐年。太簇角二成　耕種務農，振古如茲。爰立烝庶，功德茂垂。降嘉奏艱，國家攸宜。所依惟神，庸潔明粢。姑洗徵二成　俶載平疇，農功肇敏。千耦耕耘，同阻隰畛。田祖丕靈，爲仁至盡。豐歲穰穰，延洪有引。南吕羽二成　群黎力耕，及兹芳春。惟時東作，篤我農人。我黍既華，我稷宜新。由天降康，永賴明神。

初獻盥洗，奏肅寧之曲，太簇宫　洞酌行潦，真足爲薦。奉兹潔清，神在乎前。分作甘霖，沾溉芳甸。慎于其初，誠意攸見。

初獻升壇，奏肅寧之曲，應鐘宫　有椒其馨，惟多且旨。式慎爾儀，降登庭止。黍稷稻粱，民無渴飢。神嗜飲食，永綏嘉祉。

正配位奠玉幣，奏億寧之曲，太簇宫　奉幣維恭，前陳嘉玉。聿昭盛儀，肅雝純如。南畝深耕，麻麥禾菽。用祈三登，膺受多福。

司徒捧俎，奏豐寧之曲，太簇宫　奉牲孔嘉，登俎豐備。地官駿奔，趨進光輝。肥碩蕃孳，歆此誠意。有年斯令，均被神賜。

正位酌獻，奏保寧之曲，太簇宫　寳壇巍煌，神應如響。備腯或有，牲體苾芳。洋洋如在，降格來享。秉誠罔怠，群生瞻仰。

配位酌獻，奏保寧之曲，太簇宫　酒清斯香，牲碩斯大。具列觴俎，精意先會。民命維食，稗莠毋害。我倉萬億，神明攸介。

亞終獻，奏咸寧之曲，太簇宮〔一〕　至誠攸感，肸蠁潛通。百穀嘉種，爰降時豐。祈年孔夙，稼穡爲重。俯歆醴齊，載揚歌頌。

徹豆，奏豐寧之曲，應鐘宮　有來雍雍，存誠敢匱。廢徹不遲，靈神攸嗜。孔惠孔時，三農是宜。眉壽萬歲，穀成丕乂。

送神，奏鎮寧之曲，林鐘宮　焄蒿悽愴，萬靈來唉。靈神具醉，聿言旋歸。歲豐時和，風雨應期。皇圖萬年，永膺洪禧。

望瘞位，奏肅寧之曲，太簇宮　禮成文備，歆受清祀。加牲兼幣，陳玉如儀。靈馭言旋，面陰昭瘞。集兹嘉祥，常致豐歲。

泰定帝本紀：泰定二年二月，祭先農。　四年二月，祭先農。

順帝本紀：至政十三年二月，祭先農。

明史禮志：太祖洪武元年諭廷臣以來春舉行藉田禮。於是禮官錢用壬等言：「漢鄭玄謂王社在藉田之中。唐祝欽明云：『先農即社。』宋陳祥道謂：『社自社，先

〔一〕「太簇」，諸本作「闕」，據元史禮樂志三補，下「太簇宮」同。

農自先農。耤田所祭乃先農，非社也。』至享先農與躬耕同日，禮無明文。唯周語曰：『農正陳耤禮。』而韋昭注云：『祭其神爲農祈也。』至漢以耤田之日祀先農，而其禮始著。由晉至唐、宋相沿不廢。政和間，命有司享先農，止行親耕之禮。南渡後，復親祀。元雖議耕耤，竟不親行。其祀先農，命有司攝事。今議耕耤之日，皇帝躬祀先農。禮畢，躬耕耤田。以仲春擇日行事。」從之。

二年二月，帝建先農壇於南郊，在耤田北。親祭，以后稷配。器物祀儀與社稷同。祀畢，行耕耤禮。御耒耜二具，韜以青絹，御耕牛四，被以青衣。禮畢，還大次。應天府尹及上元、江寧兩縣令率庶人終畝。是日宴勞百官耆老於壇所。

明集禮：漢舊儀，春耕耤田，官祠先農，百官皆從，置籍田令丞。東漢藉田儀，正月始耕，常以乙日祠先農於田所。先農已享，耕於乙地。由晉、魏以下，至於唐、宋，其禮不廢。政和間，罷享先農爲中祀，命有司行事，止行親耕之禮。南渡後，復親祠。元雖議耕藉，而竟不親行，其祠先農，命有司攝事而已。國朝親祠躬耕，始復遵古禮云。

時日，以仲春擇吉日行事。　壇，壝壇，在藉田之北，高五尺，闊五丈，四出陛。配位，以后稷配，遂爲常典。神席，奉主置於案，不用席。祝册，洪武二年仲春，皇帝親祠先農。祝文曰：「惟神生於天地開闢之初，創田器，别嘉種，以肇興農事。今古億兆，非此不生，永爲世教。帝王典祀，敬不敢忘。某本庶民，因天下亂，集兵保民者，一紀於兹，荷天地眷佑，海内一家，臨御稱尊。紀綱黎庶，考典崇祀，神載策書。今東作方興，禮宜告祭，謹命太常官築壇于京城之陽，躬率百官詣壇展禮，緬維神明，造化萬世〔一〕，如斯仰冀，發太古之苗，實初生之粟，爲民立命，昭祀無疆。謹以制幣、犧齊、庶品肅備常祀，陳其明薦。以后稷氏配神作主，尚享。」后稷氏祝文曰：「維土膏脉起，爰修耕籍。用薦常事，於先農之神，唯神功協稼穡，允宜昭配。謹以制幣犧齊，粢盛庶品，式陳明薦，作主侑神，尚享。」祭器，正配位各尊二、籩豆各十、簠簋各二、登鉶俎案各三。幣，自唐、宋以來皆用青幣。牲，用犢一、羊一、豕一，配位同。酒齊，正配位犧尊實以醴齊，象尊實以盎齊，山罍實以清酒，上尊各實明水玄酒。著尊實醴齊，壺尊實盎齊，上尊各實玄酒。設尊並實五齊三酒。粢盛，簠實

〔一〕「世」，諸本作「古」，據明集禮卷一二改。

以黍稷，簠簋以稻粱。　樂章，迎神奏永和之樂三成，奠幣奏永和之樂，迎俎奏雍和之樂，三獻並奏壽和之樂、文德之舞。徹豆、送神，並奏永和之樂，望瘞奏泰和之樂，親耕用教坊樂。其日附京耆老皆帥其子弟以村社簫鼓，集于耕所而迭奏焉。　冠服，皇帝服袞冕十二章，皇太子侍祠服袞冕九章，陪祀官俱法服。　車輅，皇帝乘玉輅，而以耕根載耒耜。　陳設，祀前二日，有司埽除壇，上下灑埽齋舍、饌室、神厨。設皇帝大次於外壝之東，設皇太子次于大次之右。祀前一日，設省牲位于内壝東門之外，設樂懸及協律郎位于壇下之南。設先農神座于壇上，南面。設后稷神座於壇上，西面。設御位于壇下，北向；皇太子位於御位之東稍後。設望瘞位于壇西南。設典儀、御史四人位於壇下，東西相向。設導駕官、太常卿六人位于御位之前，東西相向。設傳贊、贊引各二人位於協律郎之南，東西相向。設文武官陪祭位于樂懸之南。設諸執事官位於陪祭官之左右。設讀祝位于神位之右。設正配位酒尊於壇上。設御洗於壇下。又設御位于耕耤壇上。設御耒耜二具於壇南，裹以青絹。設户部尚書進耒耜位于御耒耜之左。設從耕丞相、都督、左右丞、參政、御史大夫、中丞、侍御、治書、六部尚書、太常卿位於御耒耜之左右。設應天知府、上元江寧知縣位于太常卿之後。設庶人耆老位於知縣之後。齋戒，皇帝散齋三日，致齋二日，陪祭執事官各齋戒五日，並如圜丘祀天儀。齋宫闕。耕所，藉田在皇城南門外，御耕耤位先農壇東南，高三尺，闊二丈五尺，四出陛。耒耜牛附，設御耒耜二具，依農家常用者製造，用青絹包裹。御耕牛四，衣以青衣。耕推之數如周法。勞酒，耕畢，皇帝置酒于大次，從耕大臣咸預。執事百官列坐幕外，光禄徧行酒食，耆老及村社樂藝皆霑賜焉。

親享儀注　時日，太常行移司天臺，擇仲春吉日行事。齋戒，前期，皇帝散齋三日，致齋二日，陪享者並齋五日。省牲，前期二日，設皇帝大次于外壝東門外，南向；省牲位于内壝東門之外，南向。前祭一日，車駕出詣大次，太常卿奏「中嚴」，皇帝服皮弁服。太常卿奏「外辦」，導駕官同太常卿導引皇帝詣省牲位。執事者各執乃事，廩犧令帥其屬牽牲自東出，西過御前。省訖，牽詣神厨。執事者取毛血實於豆。太常卿奏「請詣神厨」，導駕官同太常卿導引皇帝至神厨。太常卿奏「請視鼎鑊，請視滌濯」，遂烹牲。導駕官同太常卿導引皇帝還大次。陳設，前祭一日，有司陳設如圖儀。鑾駕出宫，鹵簿導從，同圜丘祀天儀。正祭，祭日清晨，太常少卿率執事者各實尊、罍、簠、簋、籩、豆、登、俎，又實幣于篚，陳于酒尊所。祝版置于正配神位之右。樂生、舞生入就位。太常卿奏「請中嚴」，皇帝服衮冕。太常卿奏「外辦」，導駕官同太常卿導引皇帝自南門入至位，北向立。迎神，贊禮唱「迎神」，協律郎舉麾，俛伏，跪。奏永和之曲三成，樂止。贊禮唱「請行禮」，太常卿奏「有司謹具，請行事」。太常卿奏「鞠躬，拜，興，拜，興，平身」，皇帝鞠躬，拜，興，拜，興，平身。贊禮唱「皇太子以下在位官皆再拜」，傳贊唱「鞠躬，拜，興，拜，興，平身」，皇太子以下皆鞠躬，拜，興，拜，興，平身。樂止。奠幣，贊禮唱「奠幣」，執事官捧幣，各立於酒尊所。太常卿奏「請詣盥洗位」，導引官同太常卿導引皇帝詣盥洗位。太常卿贊盥曰：「前期齋戒，今晨奉祭，加其清潔，以對神明。」太常卿奏「搢圭」，皇帝搢圭。司洗者捧盤進巾，太常卿奏「盥手，帨手，出圭」，皇帝盥手，帨手，出圭。太常卿奏「請升壇」，贊曰：「神明在上，整肅威儀。升自午陛。」太常卿奏「請詣先農神位前」，司幣者捧幣以俟。協律郎舉麾，俛伏，跪，奏永和之曲。導駕官同太常卿導引皇帝至神位前，北向立。太常卿奏「跪，搢圭」，皇帝跪，搢圭。司香官舉香跪，進於皇帝之左。太常卿奏「上香，上香，三上香」，皇帝上香，上香，三上香。司幣者捧幣，跪進于皇帝之右。皇帝受幣，奠於先農神位前。太常卿奏「出圭，鞠躬，拜，興，拜，興，平身」，皇帝出圭，鞠躬，拜，興，

拜，興，平身。太常卿奏「請詣后稷神位前」，導駕官同太常卿導引皇帝至神位前，東向立。太常卿奏「跪，搢圭」，皇帝跪，搢圭。司香官捧香跪，進于皇帝之左。太常卿奏「上香，上香，三上香」，皇帝上香，上香，三上香。司幣者捧幣，跪進于皇帝之右。皇帝受幣，奠于后稷神位前。太常卿奏「出圭，鞠躬，拜，興，拜，興，平身」，皇帝出圭，鞠躬，拜，興，拜，興，平身。太常卿奏「復位」，導駕官同太常卿導引皇帝復位。進熟，贊禮唱「進俎」。太常卿奏「請升壇」，協律郎俛伏，跪，舉麾，奏雍和之曲。進俎官舉俎升壇。導駕官同太常卿導引皇帝至先農神位前，太常卿奏「搢圭」，皇帝搢圭，進俎官以俎進于皇帝之右，皇帝以俎奠于先農神位前。太常卿奏「出圭，請詣后稷神位前」，皇帝出圭，導駕官同太常卿導引皇帝至后稷神位前。進俎官以俎進于皇帝之右，太常卿奏「搢圭」，皇帝搢圭，以俎奠於后稷神位前。太常卿奏「出圭」，皇帝出圭。太常卿奏「復位」，導駕官同太常卿導引皇帝復位。初獻，贊禮唱「行初獻禮」，太常卿奏「行初獻禮，請詣爵洗位」，導駕官同太常卿導引皇帝至爵洗位。太常卿奏「搢圭」，皇帝搢圭。執爵官以爵進，皇帝受爵，滌爵，拭爵，以爵授執爵官。太常卿奏「出圭」，皇帝出圭。太常卿奏「請詣酒尊所」，導駕官同太常卿導引皇帝升壇至酒尊所。

太常卿奏「搢圭」，皇帝搢圭。執爵官以爵進，皇帝執爵。司尊者舉冪，酌醴齊，皇帝以爵授執爵官。太常卿奏「出圭，請詣先農神位前」，皇帝出圭，至神位前。協律郎俛伏，跪，舉麾，奏壽和之曲，武功之舞。太常卿奏「跪，搢圭」，皇帝跪，搢圭。司香官捧香跪進于皇帝之右，太常卿奏「上香，上香，三上香」，皇帝上香，上香，三上香。執爵官捧爵跪進于皇帝之右，皇帝受爵。太常卿奏「祭酒，祭酒，三祭酒，奠爵」，皇帝祭酒，祭酒，三祭酒，奠爵。太常卿奏「出圭」，皇帝出圭。讀祝官取祝版於神右，跪，讀訖。樂舞作。太常卿奏「俛伏，興，平身，稍後鞠躬，拜，興，拜，興，平身」，皇帝俛伏，興，平身，稍後鞠躬，拜，興，拜，興，平身。樂舞止。太常卿奏「請詣酒尊所」，導駕官同太常卿導引皇帝至酒尊所。執爵官以爵進，皇帝受爵，司尊者舉冪，酌醴齊，皇帝以爵授執爵官。太常卿奏「請詣后稷神位前」，導駕官同太常卿導引皇帝至神位前。太常卿奏「跪，搢圭」，皇帝跪，搢圭。司香官捧香跪進于皇帝之左，太常卿奏「上香，上香，三上香」，皇帝上香，上香，三上香。執爵官捧爵跪進于皇帝之右，皇帝受爵。太常卿奏「祭酒，祭酒，三祭酒，奠爵」，皇帝祭酒，祭酒，三祭酒，奠爵。太常卿奏「出圭」，皇帝出圭。讀祝官取祝版于神位之右，跪讀訖，太常卿奏「俛伏，興，平身，稍後鞠躬，拜，興，拜，興，平身」，皇帝俛伏，興，平身，稍後鞠躬，拜，興，拜，興，平身。太常卿奏「請復位」，導駕官同太常卿導引皇帝復位。　亞獻，贊禮唱「行亞獻禮」，太常卿奏「行亞獻禮，請詣爵洗位」，導駕官同太常卿導引皇帝至爵洗位。太常卿奏「搢圭」，皇帝搢圭。執爵官以爵進，皇帝受爵，滌爵，拭爵，以爵授執爵官。執爵官又以爵進，皇帝受爵，滌爵，拭爵，以爵授執爵官。太常卿奏「出圭」，皇帝出圭。太常卿奏「請詣酒尊所」，導駕官同太常卿導引皇帝升壇至酒尊所。太常卿奏「搢圭」，皇帝搢圭。執爵官以爵進，皇帝受爵，司尊者舉冪，酌盎齊，皇帝以爵授執爵官。太常卿奏「出圭，請詣先農神位前」，協律郎俛伏，跪，奏壽和之曲，文德之舞。導駕官同太常卿導引皇帝至神位前。太常卿奏「跪，搢圭」，皇帝跪，搢圭。執爵官捧爵，跪進于皇帝之右，皇帝受爵。太常卿奏「祭酒，祭酒，三祭酒，奠爵」，皇帝祭酒，祭酒，三祭酒，奠爵。太常卿奏「出圭，俛伏，興，平身，稍後鞠躬，拜，興，拜，興，平身」，皇帝出圭，俛伏，興，平身，稍後鞠躬，拜，興，拜，興，平身。樂舞止。　太常卿奏「請詣酒尊所」，導駕官同太常卿導引皇帝至酒尊所。執爵官以爵進，皇帝受爵，司尊者舉冪，酌盎齊，皇帝以爵授執爵官。太常卿奏「請詣后稷神位前」，樂舞作。　導駕官同太常卿導引皇帝至神位前。太常卿奏「跪，搢圭」，皇帝跪，搢圭。司香官捧香跪進于皇帝之左。太常卿奏「上香，上香，三上香」，皇帝上香，上香，三上香。執爵官捧爵跪進于皇帝之右，皇帝受爵。太常卿奏「祭酒，祭酒，三祭酒，奠爵」，皇帝祭酒，祭酒，三祭酒，奠爵。太常卿奏「出圭，俛伏，興，平身，稍後鞠躬，拜，興，拜，興，平身」，皇帝出圭，俛伏，興，平身，稍後鞠躬，拜，興，拜，興，平身。太常卿奏「請復位」，導駕官同太常卿導引皇帝復位。終獻，贊禮唱「行終獻禮」，並同亞獻儀。飲福，贊禮唱「飲福受胙」。太常卿奏「請詣飲福位」，導駕官同太常卿導引皇帝升壇至飲福位，北向立。太常卿奏「鞠躬，拜，興，拜，興，平身」，皇帝鞠躬，拜，興，拜，興，平身。太常卿奏「跪，搢圭」，皇帝跪，搢圭。捧爵官酌福酒跪進于皇帝之左。贊曰：「維此酒肴，神之所與，賜以福慶，億兆同霑。」皇帝受福酒，祭酒，飲福酒，以爵置于坫。捧胙官捧胙跪進于皇帝之右。皇帝受胙，以胙授執事者。執事者跪，受胙于皇帝之右。太常卿奏「出圭，俛伏，興，平身，稍後鞠躬，拜，興，拜，興，平身」，皇帝出圭，俛伏，興，平身，稍後鞠躬，拜，興，拜，興，平身。太常卿奏「請復位」，導駕官同太常卿導引皇帝復位。徹豆，贊禮唱「徹豆」，協律郎俛伏，跪，舉麾，奏永和之曲，掌祭官徹豆。贊禮唱「賜胙」，太常卿奏「皇帝飲福受胙，免拜」，贊禮唱「皇太子以下在位官皆再拜」，傳贊唱「鞠躬，拜，興，拜，興，平身」，皇太子以下皆鞠躬，拜，興，拜，興，平身。送神，贊禮唱「送神」，協律郎俛伏，跪，舉麾，奏永和之曲。太常卿奏「鞠躬，拜，興，拜，興，平身」，皇帝鞠躬，拜，興，拜，興，平身。贊禮唱「皇太子以下在位官皆再拜」，傳贊唱「鞠躬，拜，興，拜，興，平身」，皇太子以下皆鞠躬，拜，興，拜，興，平身。贊禮唱「祝人取祝，幣人取幣，詣望燎位」，讀祝官捧祝，奉幣官捧幣，掌祭官取饌及爵酒詣瘞次。樂止。望瘞，贊禮唱「望瘞」，太常卿奏「請詣望瘞位」，協律郎俛伏，跪，舉麾，奏太和之曲。導駕官同太常卿導引皇帝至望瘞位，贊禮唱「可瘞」，執事者以祝、幣、牲、醴酒、饌置坎内，填土至半。太常卿奏「請還大次」，皇帝還大次。解嚴。耕藉，太常卿奏「請詣耕藉位」，導駕官同太常卿導引皇帝至耕藉位，南向立。三公以下及從耕者各就耕位。户部尚書北面進耒耜，導駕官同太常卿導引皇帝秉耒，三推。訖，户部尚書跪受耒。太常卿奏「請復位」，皇帝復耕藉位，南向坐。三公五推，尚書、九卿九推。訖，各退就位。太常卿奏「禮畢」，導駕官同太常卿導引皇帝還大次，華蓋侍衛如常儀。應天府尹及兩縣令率庶人終畝。是日，宴勞百官耆宿於壇旁，鑾駕還宫，鹵簿導從並如來儀，大樂鼓吹振作。

王圻續通考：樂章。

迎神奠帛，並奏永和之曲。迎神：東風起蟄，地脉奮然。蒼龍騰掛，燁燁天田。民命惟食，創物有先。圜鐘既奏，有降斯筵。奠帛：帝出乎震，天發農祥。神降于壇，藹藹洋洋。禮神有帛，其色唯蒼。豈伊具物，誠敬之將。

進俎，奏雍和之曲：制帛既陳，禮嚴奉牲。載之于俎，祀禮孔明。簠簋攸列，黍稷唯馨。民力普存，先嗇之靈。

三獻並奏壽和之曲。初獻：九穀未分，庶草攸同。表爲嘉種，實在先農。黍稷斯豐，酒醴是供。獻奠之初，以祈感通。

亞獻：倬彼甫田，其隰其原。耒耜云載，驂馭之間。本斯亞獻，執事惟虔。神其歆之，自古有年。

終獻：帝藉之典，享祀是資。潔豐嘉粟，咸仰于斯。時唯親耕，享我農師。禮成於三，以汔陳詞。

徹豆送神，並奏永和之曲。徹豆：於赫先農，歆此潔修。于篚于爵，于饌于羞。

禮成告徹，神惠敢留。駿及終畝，豐年是求。

送神：神無不在，於昭于天。曰迎曰送，于享之筵。冠裳在列，金石在懸。往無不之，其佩翩翩。

望瘞，奏太和之曲：祀帛牲醴，先農既歆。不留不褻，瘞之厚深。有幽其瘞，有赫其臨。曰禮之常，匪今斯今。

配享樂章。

初獻：厥初生民，粒食其天。開物唯智，邃古奚傳。思文后稷，農官之先。侑神作主，初獻唯蠲。

亞獻：后稷配天，興於有邰。誕降嘉種，有栽有培。俶載南畝，祇事三推。侑神再獻，歆我尊罍。

終獻：嘉德之薦，民和歲豐。帝命率育，報本之供。陳常時夏，其德其功。齊明有格，唯獻之終。

蕙田案：享先農樂曲，明集禮不載，今補録。

春明夢餘録：洪武八年，令府尹祭先農壇，不設配。

明史禮志：洪武十年二月，遣官享先農，命應天府官率農民耆老陪祀。

明通紀：洪武二十年二月，上躬耕藉田，遣官享先農。禮成，宴群臣於壇所。

明史禮志：二十一年，更定祭先農儀，不設配位。

太祖實録：正祭止設先農一位，品物如舊。

明會典：洪武建先農壇于山川壇西南，列爲大祀，每歲親祭，遂耕藉田，以后稷氏配。已又奉仁祖配。後改中祀，止遣應天府官致祭，不設配位，祭畢，猶親耕藉田。

蕙田案：洪武十年祭社稷，始命罷勾龍、棄，以仁祖配。而是年祀先農，遣官行禮，未親祭也。而會典云云，豈仁祖未配社稷，先配先農，而史不書耶？至二十一年，始罷配位，是未罷之先，仁祖侑享而帝竟未親祀矣。夫棄稷罷配社稷，專配先農，史有明文。若仁祖並配，疑無是理。會典之言，恐有訛舛。

明會典：洪武二十六年，定先農祀典。一齋戒三日〔二〕。一省牲，牛一、羊一、豕

〔二〕「三日」，諸本作「二日」，據明會典卷九一改。

一、鹿一、兔一。陳設，先農之神南向，犢一、羊一、豕一、登一、鉶二、籩豆各十、簠簋各二、帛一青色。設酒尊三、爵三、篚一于壇南，西向。祝文案一于壇西。正祭，典儀唱「樂舞生就位，執事官各司其事」，贊引引獻官至盥洗所，搢笏，出笏，贊就位，典儀唱「瘞毛血，迎神」，奏樂，樂止，贊四拜。陪祭官同。典儀唱「奠帛，行初獻禮」，樂作，贊詣神位前。獻帛，獻爵，訖，詣讀祝位，跪讀畢，贊俯伏，興，平身，復位。樂止，行亞獻禮，樂作。樂止，行終獻禮，儀同。典儀唱「飲福受胙」，訖，俛伏，興，平身，復位。贊兩拜。徹饌，奏樂，執事于神位前徹饌。樂止，唱「送神」，奏樂，贊四拜。樂止，典儀唱：「奉祝帛饌，各詣瘞位，禮畢。」

明史成祖本紀：永樂元年二月，耕耤田。

明會典：駕至耤田所，户部尚書捧鞭跪進。教坊司官率其屬作樂，隨駕行。三推禮畢，駕至儀門升座，樂作，觀三公、九卿耕。訖，教坊司承應用大樂，百戲畢〔一〕，

〔一〕「畢」，諸本脱，據明會典卷五一補。

跪奏致語〔一〕。駕至殿内升座，進湯膳，俱用樂畢。順天府官率耆老謝恩，次百官行禮，俱作樂。賜百官酒飯，樂作，一奏本太初之曲，二奏仰大明之曲，三奏民初生之曲。徹御案，樂止，百官行禮，駕還。

成祖實録：永樂十八年十二月，北京先農壇成。

明史禮志：永樂中，建壇京師，如南京制，在太歲壇西南。石階九級。西瘞位，東齋宫、鑾駕庫，東北神倉，東南具服殿，殿前爲觀耕之所。護壇地六百畝，供黍稷及薦新品物地九十餘畝。每歲仲春上戊，順天府尹致祭。後凡遇登極之初，行耕耤禮，則親祭。

明會典：永樂間續定，凡祭先農畢，駕至耤田所。户部尚書捧鞭跪進，教坊司官率其屬作樂，隨駕行。三推禮畢，駕至儀門陞座，樂作，觀三公、九卿耕。訖，教坊司承應用大樂，百戲畢，跪奏致語。駕至殿内陞座，進湯，進膳，俱用樂畢。順天府官率耆老人等謝恩，樂作，禮畢，樂止。次百官行禮，樂作，禮畢，樂止。賜百官酒飯，百官

〔一〕「跪」，諸本脱，據明會典卷五一補。

復入班行禮，樂作，禮畢，樂止。尚膳官進膳，樂作，進訖，樂止。百官入席，教坊司官奏，一奏本太初之曲，進酒，樂作，進訖，樂止。進膳，樂作，進訖，樂止。教坊司官跪奏進湯，樂作，徹湯，樂止。二奏仰大明之曲，進酒，進膳，進湯，如前儀。三奏民初生之曲，進酒，進膳，進湯，如前儀。徹御案畢，樂止，百官復入班行禮，樂作，禮畢，樂止。鴻臚寺官奏禮畢，駕還。

農政全書：宣宗時，禮部進藉田儀注。上觀之，謂侍臣曰：「先王制藉田以供粢盛，以率天下農務。天子、公卿躬秉耒耜，貴有實心耳。不然，三推、五推何益于事？」

明通紀：成化元年二月，行藉田禮，率百官祀先農，畢，釋祭服，秉耒三推。户部尚書馬昂奉青箱，後隨京府耆老二人、馭牛二人曲躬案犁。教坊樂工執綵旗夾隴謳歌，一唱百和，颭旗而行。上秉耒三往三返如儀，既畢，乃坐觀三公九卿助耕。畢，教坊前呈應用田家典故，觀畢，賜宴而回。

孝宗實録：弘治元年二月，祭先農，遂耕耤田。

户部尚書李敏言：「天下之勞苦者，莫如農夫、蠶婦。今皇上躬耕耤田，若不親其事，則稼穡之艱難何由而知？乞敕禮部于耕耤儀注内增上中下農夫各十人，服常服，執農器引見行禮，然後令其終畝。或賜食賜布，以慰其勞，尤見初政重農之意。」帝從之。

明史禮志：弘治元年，定耕耤儀。前期百官致齋。順天府官以耒耜及穜稑種進呈，内官仍捧出授之，由午門左出，置綵輿，鼓樂，送至耤田所。至期，帝翼善冠黄袍，詣壇所具服殿，服袞冕，祭先農。畢，還，更翼善冠黄袍。太常卿導引至耕耤位，南向立。三公以下各就位，户部尚書北向跪進耒耜，順天府官北向跪進鞭。帝秉耒，三推三反訖。户部尚書跪受耒耜，順天府官跪受鞭，太常卿奏請復位。府尹挾青箱以種子播而覆之。帝御外門，南向坐，觀三公五推，尚書九卿九推。太常卿奏耕畢，帝還具服殿，升座。府尹率兩縣令耆老人行禮畢，引上中下農夫各十人，執農器朝見，令其終畝。百官行慶賀禮，賜酒饌。三品以上丹陛上東西坐，四品以下臺下坐，並宴勞耆老於壇旁。宴畢，駕還宫。大樂鼓吹振作，農夫人賜布一匹。

明通紀：武宗正德元年春，上耕藉田。

圖書編：世宗嘉靖元年，命終畝農夫照例引見，只穿本等衣鞋，每人賞布一匹。

世宗實録：嘉靖九年二月，禮部上耕耤儀，帝以其過煩，命來歲别議。十年正月，更定耕耤儀。

明史禮志：十年，更定迎神送神止行二拜。先二日，順天府尹以耒耜穜稑種置綵輿，至耕耤所，並罷百官慶賀。後又議造耕根車載耒耜，府尹於祭日進呈畢，以耒耜載車内前玉輅行。其御門觀耕，地位卑下，議建觀耕臺一。詔皆可。

世宗實録：帝命造耕根車以重農務，禮臣言：「考大明集禮，國朝耕耤因宋制，皇帝乘玉輅，以耕根車載耒耜，同日而行。及考見行儀注，順天府官捧耒耜及穜稑種置綵輿，先祭前二日出。今用耕根車載耒耜，宜於祭日早進呈，畢即置車中，前玉輅以行。至耕根車式，禮書止有圖式，無高廣尺寸，合依今制車式差小，通用青質。」又言：「考宋史有觀耕臺，今皇上御門觀耕，地位卑下，侍衛人衆，有礙觀侍。宜令工部權作木臺，高五尺，方廣五丈，正面東西三出陛，俟明年築臺。」從之。

明史禮志：是年命墾西苑隙地爲田。建殿曰無逸，亭曰豳風，又曰省耕，曰省斂，倉曰恒裕。禮部上郊廟粢盛支給之數，因言：「南郊耤田，皇上三推，公卿各宣其力，較西苑爲重。西苑雖農官督理，皇上時省耕斂，較耤田爲勤。請以耤田所出，藏南郊圜廪神倉,以供圜丘、祈穀、先農、神祇壇、長陵等陵、歷代帝王及百神之祀。西苑所出,藏恒裕倉,以供方澤、朝日、夕月、太廟、世廟、太社稷、帝社稷、禘祫、先蠶及先師孔子之祀。」從之。

蕙田案:明史建殿曰無逸,「無逸」訛「天遁」,今考正。

沈德符萬曆野獲編:世宗初,建無逸殿於西苑,翼以豳風亭,蓋取詩、書之意,以重農務。時率大臣游宴其中,又命閣臣李時、翟鑾輩坐講豳風七月之詩,賞賚加等。添設户部堂官,專領穡事。其後日事玄修,即於其地營永壽宫,雖設官如故,而所創祈報大典,悉遣官代行。後西苑宫殿悉毁,惟無逸至今猶存。至尊于西成時,間亦御幸,内臣各率其曹,作打稻之戲,凡播種收穫,以及野饁農歌徵糧諸事,無不入御覽,蓋較上耕耤田時尤詳云。

十六年,諭凡遇親耕,則户部尚書先祭先農。皇帝至,止行三推禮。

三十八年,罷親耕,唯遣官祭先農。

四十一年,並令所司勿復奏。

圖書編:嘉靖四十一年,仍遣順天府尹祭先農,免樂舞。

隆慶元年，罷西苑耕種。諸祀皆取之耤田。

春明夢餘録：穆宗隆慶元年，禮官言：「先農之祭，即祈穀遺意，宜罷。祈穀于先農行事大享禮，亦宜罷。」詔可。

王圻續通考：隆慶二年己丑，禮部請聖駕親祭先農，上躬耕耤田儀注。一前期三日，太常寺進祝版，上御文華殿親填御名訖，太常寺博士捧出，安于香亭内，擡至先農壇暫安於神庫。順天府官以耒耜及穜稑種于午門外，伺侯早朝畢，捧至皇極門。内官進呈訖，少頃，仍捧出。順天府官捧由午門左門出，置綵輿。鼓樂送至藉田所。一先期一日，上常服以親享先農，并行耕耤禮，預告於奉先殿、世宗皇帝几筵、弘孝殿、神霄殿。一正祭，免朝，上御皇極門。太常寺堂上官奏「請聖駕詣先農壇致祭，并行耕耤禮」。錦衣衛官備法駕，設輦于皇極門下正中。上常服乘輦，鹵簿導從，由大明門出詣壇所。導駕官導上至具服殿，侯報時，具皮弁服出。導駕官導上詣先農壇，行祭先農禮如常儀。祭畢，導駕官導上回至具服殿，更翼善冠黄袍。太常卿侍百官俱從上至耕耤位，南向立。三公以下從耕者各就從耕位。户部尚書北向跪進耒耜，順天府尹北向跪進鞭，導駕官同太常卿導引上秉耒，三推三反。户部尚書跪受耒耜，順天府尹跪受鞭，太常卿奏「請復位」，順天府尹奉青箱隨，以種子播而覆之。上御外門，南向坐，觀三公五推，九卿九推訖，太常卿奏「耕畢」。從耕官各就位，教坊司承應，太常卿奏「禮畢」。導駕官同太常卿導引上還具服殿，俟上陞座。鴻臚寺官奏「順天府官并兩縣官耆老人等行禮」，贊五拜三叩頭。禮畢，率庶人終畝。鴻臚寺官贊入班候，百官序列定，致詞慶賀。贊五拜三叩頭，禮畢，鴻臚寺官拱聽聖旨，賜酒飯。鴻臚寺官承旨訖，贊入班一拜叩頭。上膳，監膳，三品以上官各就丹陛，上賜坐。四品以下官臺下序立，并宴勞耆宿于壇旁。宴畢，鴻臚寺官贊入班一拜叩頭。奏「禮畢」，駕興，還宮。鹵簿導從並如來儀，大樂鼓吹振作，上還。仍詣奉先殿及世宗皇帝几筵、弘孝殿、神霄殿，參謁如前儀。

明通紀：穆宗隆慶二年二月，行耕耤田禮于南郊。

神宗萬曆八年三月，行耕耤田禮。

春明夢餘録：崇禎七年二月二十七日，親祭先農，行躬耕耤田禮。

十五年二月十九日，親祭先農，行躬耕耤田禮。

崇禎壬午上親耕耤田紀：今上御極之七年，歲在甲戌二月二十有七日，親致祭於先農之神，行躬耕耤田禮。至十五年壬午二月十九日，上復親祭先農，行耕耤禮。澤爲户科左給事中，同科員張希夏、沈胤培、左懋第、沈迅、戴明説導駕，躬逢大典，略紀其概。壬午二月十九日己未卯刻，上駕至先農壇。六科同禮部堂上官導駕至具服殿，易皮弁服、絳紗祭服至壇。壇上結黄幄，奉先農，上設上拜位。上拜揖甚恭。禮畢，仍導駕至具服殿，易翼善冠、黄袍。太常寺奏「請詣耕耤位」，六科同禮部導駕至位。户部尚書傅淑訓跪進耒耜，順天府尹張宏極跪進鞭。六科、錦衣衛、太常卿導引上左手秉耒，右手執鞭，三推，步行犁土中，盡壠而止。耕時，教坊司引紅旗兩旁唱禾詞，老人牽牛，二人扶犁，二人耕。畢，户部尚書跪受耒耜，置犁亭。府尹跪受鞭，置鞭亭。府尹捧青箱播種，耆老以御牛隨而覆之。上御觀耕臺。於是，大學士周延儒、賀逢聖、張四知、謝陞、陳演，吏部尚書李日宣六人耕東，定國公徐允禎、恭順侯吴維英、清平伯吴遵周、户部尚書傅淑訓、兵部尚書陳新甲、工部尚書劉遵憲六人耕西。順天府廳官各執箱播種。太常卿奏「耕畢」。駕至齋宫，各官一拜三叩頭，分班侍立。順天府官率兩縣官耆老人等五拜三叩頭。農夫簑衣挑農具三十人隨後，俛伏，禮畢，即隨府縣官至耕所終畝。各官行慶賀禮。

上傳旨賜酒飯。文官三品以上、武官二品以上坐丹陛上，餘在臺下。是日，科臣沈迅因教坊承應歌詞俚俗，宜改正，上疏即下部。本月二十四日，上令閣臣傳禮部王錫衮、蔣德璟到閣，諭以後耕耤宜歌豳風、無逸之詩，其教坊所扮黄童、白叟鼓腹謳歌爲佯醉狀，委爲俚俗，斥令改正。天地之舞，不宜扮天神褻瀆，及禾詞宜頌不忘規，須令詞臣另行撰擬。户科左給事中臣某紀。

右宋元明親耕享先農

五禮通考卷一百二十六

吉禮一百二十六

親桑享先蠶

蕙田案：周禮内宰「仲春，詔后帥外内命婦蠶於北郊，以爲祭服」，此與「天子親耕南郊，以供粢盛」同義。祭統云：「天子諸侯非莫耕也，王后夫人非莫蠶也，身致其誠信，誠信之謂盡，盡之謂敬，敬盡然後可以事神明。」此之爲言得禮意矣。其儀詳於月令、祭義，其享先蠶，經亦不見，杜氏通典、馬氏通考皆云即躬桑之日，其說當是。自漢以後，時舉時罷，今採可考者類次焉。

饗先蠶

禮記月令：季春之月，天子乃薦鞠衣於先帝。注：鞠衣，黄桑之服。先帝，太皞之屬。爲將蠶求福祥之助也。疏：依禮，祭五帝，自服大裘，今薦鞠衣，色如鞠塵，象桑葉始生。鞠者，草名，花色黄，與桑同色，又當桑生之時，故鄭云「黄桑之服」，蓋薦於神坐爲蠶求福也。知「先帝，太皞之屬」者，以其言先不言上，故知非天，蠶功既大，總祭五方之帝於明堂，故鄭云「之屬」。

陳氏祥道曰：將耕也，祈穀於上帝，所以祈有秋；將蠶也，薦鞠衣於先帝，所以祈有春。鞠衣，后服也，其色象鞠，鞠之華以陰中其色，則陰盛色也。后蠶服此，則率内外命婦而蠶，使天下之嬪婦取中焉，后之盛事也。薦鞠衣於先帝，則是薦之於神，所以告將服之以蠶也，蓋王與后常相資以成禮者也。

又曰：天子薦鞠衣於先帝，以告將蠶。内宰詔后帥内外命婦以趨蠶事，而后之首飾以編，服以鞠衣，屨以黄屨，車以翟車，貝面組總，有握，及郊，享先蠶，然後東鄉而躬桑焉。躬桑，后夫人之事耳。天子必薦鞠衣，君必皮弁素積，卜三宫夫人世婦使入蠶室者，内外相成之義也。

欽定義疏：黄帝之妃西陵氏始蠶，後世祀爲先蠶，或天子先告黄帝，而後乃祀西陵與？

路史：黄帝有熊氏命西陵氏勸蠶稼，月大火而浴種，夫人副褘而躬桑。

通鑑外記：西陵氏之女嫘祖，爲帝元妃，始教民育蠶，治絲繭，以供衣服，後世祀爲先蠶。

唐月令：三月之節，天子乃薦鞠衣於先帝。三月中氣，后妃齋戒，享先蠶，而躬桑以勸蠶事。

通典：后妃齋戒享先蠶，而躬桑以勸蠶事。注：季春吉巳，王后享先蠶。先蠶，天駟也。享先蠶而後躬桑，示帥天下先也。

陳氏禮書：先蠶壇，呂氏月令言薦鞠衣於先帝，不言享先蠶。唐月令言薦鞠衣於先帝，又言享先蠶。考之於古，食必祭先倉，竈必祭先炊，視學祭先聖、先師，養老祭先老，射祭侯，師祭禡，則將蠶而享先蠶，蓋禮然也。漢儀以中牢羊豕祭蠶神，曰苑窳婦人、寓氏公主，凡二神。晉武時，先蠶壇在皇后採桑壇東南。北齊爲蠶壇，每歲季春穀雨後吉日，使公卿以一太牢祠先蠶黄帝氏於壇上，無配，如祀先農禮。訖，皇后乃躬桑。後周皇后至蠶所，以一少牢親進祭奠先蠶西陵氏神，二嬪爲亞獻、終獻。隋制，先蠶壇於宫北三里爲壇，季春上巳，皇后服鞠衣，以太牢制幣祭先蠶，用一獻之禮。唐制亦皇后上巳享先蠶，遂以親桑。李林父釋月令曰：「先蠶，天駟也。」先蠶之神，或以爲苑窳婦人、寓氏公主，或以爲黄帝，或以爲西陵氏，或以爲天駟，歷代儒者，議論不一，然則蠶其首馬首，其性喜温惡濕，其浴火月而再養則傷馬，此固與馬同出於天駟矣。然天駟可謂蠶祖，而非先蠶者也。蠶，婦人之事，非黄帝也。史記黄帝娶西陵氏，而西陵氏始蠶，於志無見。漢祀苑窳婦人、寓氏公主二人，此或有所傳然也。其壇或在桑壇東南，或在桑壇之西；其祭或少牢，或太牢，或一獻，或三獻，歷代之所尚異也。然禮必皇后親享，北齊使公卿祠之，非古也。

蕙田案：聖王祀典，凡有利於民者必報之，故飲食必祭原其始也。凡先聖、先師、先農、先老、先醫、先牧、先炊、先倉，皆始爲之者之神，蓋理與事之所必有，而不必實指其爲誰何也。先蠶之名，舊説爲天駟，爲黄帝，爲西陵氏，爲苑窳婦人、寓氏公主，夫既爲始蠶之人，則非天駟顯然，而西陵氏已下，則亦無明據也。祀先蠶禮，自漢以後具有之，陳氏考之特詳，但其正義，則經無明文耳。惟月令鞠衣之薦，爲近於祀事，今取通典及禮書説，附於經文之下，從其類也。至先蠶之神，似當與祭諸先同例，而不必求其人以實之與？俟議禮者質焉。

右饗先蠶

親蠶之禮

周禮天官內宰：中春，詔后帥外内命婦始蠶於北郊。 注：蠶於北郊，婦人以純陰爲尊。

鄭氏鍔曰：中春者，可蠶之候也。説者謂月令「季春之月，鳴鳩拂其羽，戴勝降於桑，后妃齋戒，親東鄉躬桑」，而先儒於祭義「大昕」之注，亦以爲「季春朔日」，今此仲春詔后，何也？然以七月之詩考之，「春日載陽，有鳴倉庚，女執懿筐，爰求柔桑」，謂仲春也，倉庚以仲春鳴。記禮者乃言季春，豈季春者蠶事之始歟？謂之始蠶，意可知矣。

禮記祭義：古者天子、諸侯必有公桑蠶室，近川而爲之，築宫仞有三尺，棘牆而外閉之。 疏：「公桑蠶室」者，謂官家之桑，於處而築養蠶之室。近川，取其浴蠶種便也。築宫，謂築養蠶宫。牆七尺曰仞，言牆之七尺，又有三尺，高一丈也。棘牆者，謂牆上置棘。外閉，謂扇在户外閉也。

陳氏禮書：天子諸侯之禮，文而有辨，故耕於南郊、東郊；王后夫人之禮，質而少變，故皆蠶於北郊。公桑蠶室，近川爲之，以其便於浴蠶也。築宫仞有三尺，棘牆而外閉之，所以謹於蠶者也。

方氏慤曰：公桑猶公田也，以其别於私，故謂之公。築宫，謂築宫牆也。前曰蠶室，此曰築宫者，蠶居於内，故曰室；牆圍於外，故曰宫也。仞者，度土高深之用。考工記曰「人長八尺，登下以爲節」，故八尺爲仞也。牆高於人長之外，又有三尺，所以防窺伺也。又置棘，所以防踰越也。閽人自外閉其門，以親蠶者皆婦人故也。

陸氏佃曰：棘牆而外閉之者，不專爲防也，故曰外户而不閉，禦風氣而已。若棘亦以爲暖，今養華用棘。

蕙田案：以上公桑蠶室。

月令：季春之月，命野虞毋伐桑柘。鳴鳩拂其羽，戴勝降於桑，具曲植籧筐。注：毋伐桑柘，愛蠶食也。野虞，謂主田及山林之官。鳴鳩飛且翼相擊，趨農急也。戴勝，織紝之鳥，是時恒在桑，皆蠶將生之候也。言降於桑者，若時始自天來，重之也。曲，薄也；植，槌也；皆養蠶器也。疏：曲植籧筐，案方言云：「宋、魏、陳、楚、江、淮之間謂之曲，自關而西謂之薄。」故云曲薄。方言注：「槌，縣蠶薄柱也。宋、魏、陳、楚、江、淮之間謂之植，自關而西謂之槌。」

方氏慤曰：以致曲而織，故曰曲；以取直而立，故曰植。籧則席之粗者，筐則筥之方者。凡此皆蠶具。

蕙田案：此條具蠶器。

祭義：及大昕之朝，君皮弁素積，卜三宮之夫人、世婦之吉者，使入蠶於蠶室，奉種浴於川，桑於公桑，風戾以食之。注：大昕，季春朔日之朝也。諸侯夫人三宮，半王后也。風戾之者，及早涼脆采之，風戾之使露氣燥〔一〕，乃以食蠶，蠶性惡濕也。疏：世婦，亦諸侯世婦，前雖總舉

〔一〕「露」，諸本作「靈」，據禮記正義卷四八改。

天子諸侯，此特舉諸侯，互言之。奉種浴於川，言蠶將生而又浴之，初於仲春已浴，至此更浴之也。

陸氏佃曰：鄭氏謂「大昕，季春朔日之朝」，然則餘日爲昕，朔日然後謂之大昕，言大以有小。文王世子大昕鼓徵，視學，蓋亦朔日，不然朝愈益早矣。

蕙田案：此條浴蠶。

月令：季春之月，后妃齊戒，親東鄉躬桑。注：后妃親採桑〔一〕，示帥先天下也。東鄉者，鄉時氣也。是明其不常留養蠶也。留養者，所卜夫人與世婦。**禁婦女毋觀，省婦使，以勸蠶事。**注：毋觀，去容飾也。婦使，縫線組紃之事。

周禮夏官馬質：禁原蠶者。注：原，再也。天文辰爲馬。蠶書蠶爲龍精，月直大火則浴其種，是蠶與馬同氣。物莫能兩大，禁再蠶者，爲傷馬與？疏：辰則大火，房爲天駟，故云辰爲馬。月值大火，謂二月則浴其種，則內宰云「仲春，詔后帥外內命婦治蠶於北郊」是也。若然，祭義云「大昕之朝，奉種浴於川」，注云「大昕，季春朔日之朝」，是建辰之月又浴之者，蓋蠶將生重浴之，故彼下文即云「桑於公桑」之事是也。云「是蠶與馬同氣」者，以其俱取大火，是同氣也。云「禁再蠶者，爲傷馬與」者，二者既同氣，不可兩大，而禁再蠶，明恐傷馬。無正文，故云「與」以疑之也。

〔一〕「親」，原作「先」，據光緒本、禮記正義卷一五改。

李氏嘉會曰：今東南如兖、揚，衣被天下，蠶盛而無馬；西北苦寒之地，有馬而無蠶，蓋可知矣。

蕙田案：以上躬桑禁戒。

禮記祭義：歲既單矣，世婦卒蠶，奉繭以示於君，遂獻繭於夫人。夫人曰：「此所以爲君服與？」遂副禕而受之，因少牢以禮之。古之獻繭者，其率用此與？注：歲單，謂三月月盡之後也。言歲者，蠶，歲之大功，事畢於此也。副禕，王后之服。而云夫人，容二王之後歟？禮之，禮奉繭之世婦也。其率用此與，問者之辭也。

方氏慤曰：自去歲蠶成之後，迄今歲蠶成，期一歲矣，故謂之歲單。若孟夏稱麥秋，亦此意。蠶歲既單，故繼言世婦卒蠶也。繭則示於君，而獻於夫人者，示則告其成而已，獻則欲其受之以繅也。禮之以少牢，則所以勞其還也。

月令：蠶事既登，分繭稱絲效功，以共郊廟之服，毋有敢惰。注：登，成也。敕往蠶者，蠶畢將課功，以勸戒之。

方氏慤曰：蠶事既登者，事畢而登，比年之數也，與曲禮「年穀不登」之「登」同義。分繭所以使之繅，稱絲所以使之織，效其功之多少，以共郊廟之服。無有敢惰，敬之至也。

孟夏之月，蠶事畢，后妃獻繭，乃收繭税，以桑爲均，貴賤長幼如一，以給郊廟之服。注：后妃獻繭者，内命婦獻繭於后妃。收繭税者，收於外命婦。外命婦雖就公桑蠶室而蠶，其夫亦當有祭服以助祭，收以近郊之税耳。貴賤長幼如一，國服同。疏：「后妃獻繭」者，謂后妃受内命婦之獻繭。知非后妃獻繭於王者，祭義曰：「世婦卒蠶，奉繭以示於君，遂以獻於夫人。」是夫人不獻繭也。内命婦既以獻繭，乃收外命婦之賦税。外命婦雖受公桑蠶室而蠶，既是官家之桑，繭應全入於己。所以有税者，以其夫亦當有祭服，官家所給，故輸繭税以供造之，但税寡少。載師云「近郊十一」，公桑在國北近郊，故知收以近郊之税也。「以桑爲均」者，言收税之時，以受桑多少爲賦之均齊，桑多則賦多，桑少則賦少。

胡氏銓曰：鄭謂「后妃受内命婦獻繭」，非也。據經云后妃獻繭，則獻於王矣。鄭以祭義云「世婦奉繭以示於君，遂以獻夫人」，是夫人不獻，故云后亦不獻。按天子尊於后妃，若諸侯與夫人體敵也，不可以爲比。又祭義云「世婦獻繭於君」，則夫人不可獻也。此不云「世婦獻繭於天子」，則后妃自獻無疑也。鄭又謂收外命婦繭税，案内宰職后妃帥外内命婦蠶，則繭税亦内外均，何必外命婦？

祭義：及良日，夫人繅，三盆手，遂布於三宮夫人、世婦之吉者，使繅。注：三盆手者，三淹也。凡繅，每淹大總，而手振之，以出緒也。疏：良日謂吉日，宜繅之日，明繅更擇日，日至而後，夫人自繅。每淹以手，振出其緒，故曰「三盆手」。夫人親繅三盆，以手振出其緒訖。「遂布與三宮夫人、世婦之吉」者，既據諸侯，則夫人惟一人。而云「世婦之吉」者，雜互天子言之，以天子有三夫人，就其中取吉者，若諸侯惟世婦之吉者蠶，繅非一人，擇其吉者主領而已。

蕙田案：以上獻繭繅絲。

月令：季夏之月，命婦官染采，黼黻文章，必以法故，無或差貸。黑黄蒼赤，莫不質良，毋敢詐僞。

祭義：遂朱緑之，玄黄之，以爲黼黻文章。服既成，君服以祀先王先公，敬之至也。

陳氏禮書：繅必三盆手者，禮成於三也。三盆手，猶王藉之三推也。然後布於三夫人世婦之吉者，使繅，遂朱緑之，玄黄之，以爲祭服，猶庶人之終畝也。

蕙田案：以上染采作服。

右親蠶之禮

漢至明親桑享先蠶

漢書文帝本紀：十三年，詔曰：「皇后親桑，以奉祭服，其具禮儀。」

景帝本紀：二年，詔曰：「后親桑以奉宗廟祭服，爲天下先。」

元后傳：孝元王皇后爲太后，春幸繭館。師古曰：上林苑有繭館，蓋蠶繭之所也。率皇后列侯夫人桑。

後漢書禮儀志注：漢舊儀曰：春桑生，而皇后親桑於苑中，蠶室養蠶千薄以上，祀以中牢羊豕，祭蠶神曰菀窳婦人、寓氏公主，凡二神。群臣妾從桑還獻於繭館，皆賜從桑者絲。皇后自行。凡蠶絲絮，織室以作祭服。祭服者，冕服也。天地宗廟群臣五時之服，其皇帝得以作縷縫衣，皇后得以作巾絮而已〔一〕。置蠶官令丞，諸天下官下法皆詣蠶室〔二〕，與婦人從事〔三〕，故舊有東西織室作治〔四〕。

通典：漢皇后蠶於東郊。

蕙田案：史家稱周禮蠶於北郊，漢則東郊，非古也。魏依周制，用北郊爲是。晉則西郊，蓋止取與東郊藉田相對，俱非古義。

後漢書禮儀志：明帝永平二年三月，皇后帥公卿諸侯夫人蠶，祀先蠶禮以少牢。

〔一〕「皇后」，諸本脱，據後漢書禮儀志上注改；「巾」，原作「中」，據光緒本、後漢書禮儀志上注改。
〔二〕「下法」，諸本脱，據後漢書禮儀志上注補。
〔三〕「與」，諸本作「亦」，據後漢書禮儀志上注改。
〔四〕「治」，諸本作「法」，據後漢書禮儀志上注改。

注：丁孚漢儀曰：「皇后出，乘鸞輅，青羽蓋，駕駟馬，龍旗九斿，大將軍妻參乘，太僕妻御，前鸞旗車，皮軒闟戟，雒陽令奉引，亦千乘萬騎。車府令設鹵簿駕，公、卿、五營校尉、司隸校尉、河南尹妻皆乘其官車，帶夫本官綬，從其官屬導從皇后。置虎賁、羽林騎，戎頭、黄門鼓吹，五帝車，女騎夾轂，執法御史在前，後亦有金鉦黄鉞，五將導。桑於蠶宫，手三盆於繭館，畢，還宫。」案谷永對稱：「四月壬子，皇后蠶桑之日也。」則漢桑亦用四月。

東觀漢記曰：明德馬皇后置織室、蠶室於濯龍中，數往來觀視。

晉書禮志：周禮王后帥内外命婦享先蠶於北郊，漢儀皇后親蠶東郊苑中蠶室，祭蠶神曰菀窳婦人、寓氏公主，祠用少牢。魏文帝黄初七年正月，命中宫蠶於北郊，依周典也。

魏韋誕皇后親蠶頌：於時明庶扇物，烏帑昏正，躬耕帝藉，邁德班令。嘉柔桑之肇敷，思郊廟之至敬，命皇后以親蠶，俾躬桑於郊坰。考時日於巫咸，詔太卜以獻禎。御坤德之大輅，翳翠葆以揚旌。爾乃皇英參乘，塗山奉輿，總姜任於後陳，載樊衛於貳車。千乘隱其雷動，萬騎粲以星敷。啓前路於三官，命蚩尤而清衢，遊青虯於左角，步素螭於右隅。登崇壇而正位，覿休氣於朝陽，步雕輦而下降，手柔條於公桑。嬪妾肅以莅事，職蠶植而承筐，供副褘之六服，昭孝敬於蒸嘗，盛華禮於中宇，神化馳於八方。乃延群妾，宴賜於前，降至貴以逮下，布愷悌之渥恩。禮儀備序，巾車回轅，班中黄之禁財，散束帛之戔戔。神澤沛以雨施，洪恩布於膴原。禮同碩慶於生民，發三靈之永歡。苞繁祜於萬國，卷福釐以言旋。美休祚於億載，豈百世之曾玄。

隋書禮儀志：魏遵周禮，蠶於北郊。吴韋昭制西蠶頌，則孫氏亦有其禮矣。

晉書禮志：武帝太康六年，散騎常侍華嶠奏：「先王之制，天子諸侯親耕耤田千畝，后夫人躬蠶桑〔一〕。今陛下以聖明至仁，修先王之緒，皇后體資生之德，合配乾之義，而坤道未光，蠶禮尚缺，以爲宜依古式，備斯盛典。」詔曰：「昔天子親耤，以供粢盛，后夫人躬蠶，以備祭服，所以聿遵孝敬，明教示訓也。今耤田有制，而蠶禮不修，由中間務多，未暇崇備。今天下無事，宜修禮以示四海，其詳依古典及近代故事，以

〔一〕「桑」下，原衍「宫」字，據光緒本、晉書禮志上删。

參今宜，明年施行。」於是蠶於西郊，蓋與耤田對其方也。乃使侍中成粲草定其儀。先蠶壇高一丈，方二丈，爲四出陛，陛廣五尺，在皇后採桑壇東南帷宮外門之外，而東南去帷宮十丈，在蠶室西南，桑林在其東。取列侯妻六人爲蠶母。蠶將生，擇吉日，皇后著十二笄步搖，依漢魏故事，衣青衣，乘油畫雲母安車，駕六騩音貴馬。女尚書著貂蟬佩璽陪乘，載筐鉤。公主三夫人、九嬪、世婦、諸太妃、太夫人及縣鄉君、郡公侯特進夫人、外世婦、命婦皆步搖衣青，各載筐鉤從蠶。先桑二日，蠶宮生蠶，著簿上。桑日〔一〕，皇后未到，太祝令質明以一太牢告祠，謁者一人監祠，祠畢，徹饌，頒餘胙於從桑及奉祠者。皇后至西郊，升壇，公主以下陪列壇東。皇后東面躬桑，採三條，諸妃公主各採五條，縣鄉君以下各採九條，悉以桑授蠶母，還蠶室。事訖，皇后還便座，公主以下乃就位，設享宴，賜絹各有差。

隋書禮儀志：晉太康六年，武帝楊皇后躬桑於西郊，祀先蠶。

宋書孝武帝本紀：大明三年冬十月丁酉，詔曰：「古者薦鞠青壇，聿祈多慶，分繭

〔一〕「桑」上，諸本衍「躬」字，據晉書禮志上删。

玄郊，以供純服，來歲可使六宮妃嬪修親桑之禮。」

四年三月甲申，皇后親桑於西郊。

禮志：先蠶壇高一丈，方二丈，爲四出陛，陛廣五尺，在採桑壇東南帷宫之外，去帷宫十丈。皇后未到，太祝令質明以一太牢告祀，謁者一人監祀。祀畢，徹饌，班餘胙於從桑及奉祀者。

周禮王后帥外内命婦蠶於北郊，漢則東郊，非古也。魏則北郊，依周禮也。晉則西郊，宜是與耤田對其方也。魏文帝黄初七年正月，命中宫蠶於北郊。案韋誕后蠶頌則於時漢德已亡，更考撰其儀也。及至晉氏，先蠶多采魏法，宋孝武大明四年又修此禮。

隋書禮儀志：宋孝武大明四年，始於臺城西白石里爲西蠶設兆域〔一〕，置大殿七間，又立蠶觀。其禮皆循晉氏。

宋書孝武文穆王皇后傳：大明四年，后率六宫躬桑於西郊，皇太后觀禮。上下詔

〔一〕「西蠶」，諸本作「蠶所」，據隋書禮儀志二改。

曰：「朕卜祥大昕，測辰拂羽，爰詔六宫，親蠶川室。皇太后降鑾從御，佇蹕觀禮。緑蘧既具，玄紞方修。庶儀發椒，闈化動中〔一〕。縣妃主以下，可量加班賜。」

隋書禮儀志：北齊爲蠶坊於京城北之西，去皇宫十八里之外，方千步。蠶宫方九十步，牆高一丈五尺，被以棘。其中起蠶室二十七口，别殿一區。置蠶宫令丞，皆宦者爲之。路西置皇后蠶壇，高四尺，方二丈，四出陛，陛廣八尺。置先蠶壇於桑壇東南，大路東，横路之南，壇高五尺，方二丈，四出陛，陛廣五尺〔二〕。外兆方四十步，面開一門，有緑襜襦褠衣黄履以供蠶母。每歲季春穀雨後吉日，使公卿以一太牢祠先蠶黄帝軒轅氏於壇上，無配，如祀先農禮。訖，皇后因親桑於桑壇，備法駕，服鞠衣，乘重翟，帥六宫，升桑壇東陛，即御座。女尚書執筐，女主衣執鉤，立壇下。皇后降自東陛，執筐者處右，執鉤者居左，蠶母在後，乃躬桑三條。訖，升壇，即御座。内命婦以次就桑，服鞠衣者採五條，展衣七條，褖衣九條，以授蠶母。還蠶室切之，授世婦，灑

〔一〕「化」，原作「花」，據光緒本、宋書孝武文穆王皇后傳改。

〔二〕「廣」，諸本作「各」，據隋書禮儀志二改。

一簿，預桑者並復本位〔一〕。后乃降壇，還便殿。設勞酒，頒賚而還。

後周制：皇后乘翠輅，率三妃、三𡙇、音弋，婦官名。御媛、御婉、三公夫人、三孤内子至蠶所，以一太牢親祭，進奠先蠶西陵氏神〔二〕。禮畢，降壇，昭化嬪亞獻，淑嬪終獻，因以躬桑。

蕙田案：隋書周祭先蠶以一太牢，與隋制同。通典、通志、通考俱作少牢，恐相沿之訛。

隋制：先蠶壇，於宮北三里爲壇，高四尺。季春上巳，皇后服鞠衣，乘重翟，率三夫人、九嬪、内外命婦，以一太牢制幣，祭先蠶於壇上，用一獻禮。祭訖，就桑位於壇南，東面。尚功進金鉤，典制奉筐，皇后採三條反鉤，命婦各依班採五條九條而止。世婦亦有蠶母〔三〕，受切桑，灑訖，還依位，皇后乃還宫。自齊及周、隋，其典法多依晉儀，亦時有損益。

〔一〕「預」上，諸本衍「領」字，據隋書禮儀志二刪。
〔二〕「祭進」，諸本誤倒，據隋書禮儀志二乙正。
〔三〕「亦有」，諸本作「以授」，據隋書禮儀志二改。

唐書太宗本紀：貞觀元年三月癸巳，皇后親蠶。

文獻通考：唐先蠶壇在長安宫北苑中，高四尺，周迴三十步。

太宗貞觀九年三月，文德皇后率内外命婦有事於先蠶。

唐會要：高宗永徽三年三月七日制，以先蠶爲中祀，后不祭，則皇帝遣有司享之，如先農。

文獻通考：有司言：案周官宗伯后不祭則攝而薦豆籩徹，明王后之事而宗伯得攝行之。伏以農桑乃衣食萬人，不宜獨闕先蠶之祀，無已則皇后遣有司享之，如先農可也。

唐書高宗本紀：顯慶元年三月辛巳，皇后親蠶。

總章二年三月癸巳，皇后親蠶。

咸亨五年三月，皇后親蠶。

上元元年三月己巳，皇后親蠶。

二年三月丁巳，天后親蠶。

玄宗本紀：開元元年正月辛巳，皇后親蠶。

文獻通考：自嗣聖以來廢闕此禮，至是始重行焉。

肅宗本紀：乾元二年三月己巳，皇后親蠶。

唐書張皇后傳：后親蠶苑中，儀物甚盛。

通典：顯慶元年皇后武氏，先天二年皇后王氏，乾元二年皇后張氏，並有事於先蠶，其儀備開元禮。

開元禮皇后季春吉巳享先蠶儀：攝事附。

齋戒。先祀五日，散齋三日於後殿，致齋二日於正殿。前致齋一日，尚寢設御幄於正殿西序及室中，俱東向。致齋之日，晝漏上水一刻，尚儀版奏「請中嚴」。尚服帥司仗布侍衛，司賓引内命婦陪位，並如式。六尚以下各服其服，詣後殿奉迎。尚儀版奏「外辦」。上水三刻，皇后服鈿釵禮衣，結珮，乘輿出自西房，華蓋、警蹕、侍衛如常儀。皇后即御座，東向坐。六尚以下侍衛如常。一刻頃，尚儀前跪，奏稱「尚儀妾姓言，請降就齋室」。興，退，復位。皇后降座，乘輿入室。六尚以下各還寢，直衛者如常。司賓引陪位者退。散齋之日，内侍帥内命婦之吉者，使蠶於蠶室，攝事無以上儀。凡應享之官，散齋三日於其寢，致齋二日，一日於其寢，一日於享所。亞獻、終獻則致齋二日，皆於其所。六尚以下應從升者及從享内外命婦各於其寢清齋一宿。諸應享之官，致齋之日給酒食及明衣，各習禮於齋所。光禄卿監取明水火。太官令取水於陰鑑，取火於陽燧。火以供爨，水以實罇。前享一日，諸衛令其屬，未後一刻，各以其器服守衛壝門。每門二人，每隅一人，享日未明，給使、代執與女工人等俱清齋一宿。攝事同。

陳設。前享三日，尚舍直長施大次於外壝東門之内道北，南向。尚舍奉御鋪御座，尚舍直長設内命婦及六尚以下次於大次之後，俱南向。守宫設外命婦次，大長公主、長公主、公主以下於南壝之外道西，三公夫人以下在其南，俱重行，每等異位，東向北上。設陳饌幔於内壝東門之外道南，北向。攝事，守宫設享宫次於東壝外道南〔一〕，北向西上。設陳饌幔於内壝東門外道南，北向。前享二日，太樂令設宫懸之樂於壇南内壝之内，如圜丘儀。諸女工人各爲位於懸後，東方西方，以北爲上；南方北方，以西爲上。右校掃除壇之内外，又爲瘞埳於壇之壬地内壝之外，方深取足容物，南出陛。又爲採桑壇於壇南二十步所，方三丈，高五尺，西出陛。尚舍量施帷幛於外壝之

〔一〕「外」，諸本作「内」，據通典卷一一五、開元禮卷四九改。

外，四面開門，其東門使容厭翟車。前享一日，内謁者設御位於壇之東南，西向；設望瘞位於壇之西南當瘞埳，西向；設亞獻、終獻位於内壝東門之内道南，執事者位於其後，每等異位，俱重行，西向北上。設典正位於壇下，一位於東南，西向；一位於西南，東向。女史各陪於後。設司贊位於樂懸東北。掌贊二人在南，差退，俱西面。又設司贊掌贊位於瘞埳西南，東面南上。設典樂舉麾位於壇上南陛之西，東向；設司樂位於北懸之間當壇，北向；設内命婦位於終獻之南，每等異位重行，西面北上。設外命婦位於中壝南門之外，大長公主以下於道東，西向，當内命婦位差退，太夫人以下於道西，去道遠近準公主，俱每等異位重行，相向，北上。又設御採桑位於採桑壇上，東向；設内命婦採桑位於壇下，當御位東北，每等異位，南向西上。設外命婦採桑位於壇下，當御位東南，每等異位，北向西上。設執御鉤筐者位於内命婦之西少南，西上。尚功執鉤，司製執筐。設内命婦執鉤筐者位各於其採桑位之後，尚功下四典執鉤，司製下女史執筐。設門外位，享官於東壝之外道南，從享内命婦於享官之東，俱每等異位重行，北向西上。從享外命婦於南壝之外道西，如設次之式。攝事，内謁者設三獻位於内壝東門之内道北，執事位於道南，每等異位重行，西面，以北爲上。又設望瘞位於壇之東北，當瘞埳西向〔一〕。又設典正位於壇下，一位於東南，西向；一位於西南，東向。女史各陪其後，糾察違失。設掌贊位於樂懸東北，女史二人在南，差退，俱西向。設掌贊女史位於瘞埳西南，東向，南上。設典樂舉麾位於壇上南陛之西，東向。設司樂位於北懸之間，當壇北向。設三獻以下門外位於東壝之外道南，每等異位，北向西上。無「設御位」下至此儀。設酒罇之位於壇上東南隅，北向西上。犧罇二，象罇二，山罍二。罇皆加勺冪，有坫以置爵。設御洗於壇南陛東南，攝事無御洗。亞獻之洗又於東南，俱北向。罍水在洗東，篚在洗西，南肆。篚實以巾爵。執罇罍篚冪者位於罇罍篚冪之後。設幣篚於壇上罇坫之所。晡後，內謁者帥其屬以罇坫罍洗篚冪入，設於位。升壇者自東陛。享日，未明十五刻，太官令帥宰人以鸞刀割牲，祝史以豆取毛血，寘於饌所，遂烹牲。其神廚及諸司供事便次，守宮與金吾相之，量於壇東張設。享日未明五刻，司設服其服升，設先蠶氏神座於壇上北方，南向，席以莞。設神位於座首。

車駕出宮。前享一日，金吾奏請外命婦等應集壇所者並聽夜行，其應採桑者四

〔一〕「西」上，諸本衍「道」字，據通典卷一一五、開元禮卷四九刪。

人，各具女侍者進筐鉤，載之而行，監門先奏請。享日未明四刻，開所由苑門，諸親及命婦以下以次入，詣壇南次所，各服其服，其應採桑者筐、鉤各具，女侍者執授內謁者監，內謁者監受之，以授執鉤、筐者。享日未明三刻，槌一鼓爲一嚴，三嚴時節，前日，內侍奏裁〔一〕。未明二刻，槌二鼓爲再嚴。尚儀版奏「請中嚴」，內命婦各服其服，所司陳車駕鹵簿。未明一刻，槌三鼓爲三嚴，司賓引內命婦入立於庭，重行，西面，以北爲上。六尚以下各服其服，俱詣室奉迎。尚服負寶如式。內僕進厭翟車於閤外，尚儀版奏「外辦」，馭者執轡，皇后服鞠衣，乘輿以出，華蓋、侍衛、警蹕如常。內命婦從出門。皇后升車，尚功司製進筐鉤，載之，仗衛如常。內命婦及六尚等乘車陪從如式。其內命婦應採桑者四人各服其服，典製等進筐鉤，載之。諸翊駕之官皆乘馬，駕動，警蹕如常。不鳴鼓吹，諸衛前後督攝如常。內命婦宮人以次從。

饋享。享日未明三刻〔二〕，諸享官各服其服，尚儀及司醞各帥其屬，攝事則女史及司

〔一〕「侍」，原作「寺」，據光緒本、通典卷一一五改。

〔二〕「三刻」，諸本作「二刻」，據通典卷一一五改。

醞各帥其屬。**入實罇罍及幣**，犧罇實以醴齊，象罇實以盎齊，山罍實以清酒，齊加明水，酒加玄酒，各實於上罇。其幣以黑。**太官令實諸籩豆簠簋俎等，内謁者帥其屬詣厨奉饌，入設於饌幔内。**内侍之屬與司膳等掌之，其三牲之肉不上神俎者〔一〕，亦太官付内謁者，同時進入，以供班胙。自餘供享之物，並請祠前一日先入。**駕將至，女相者引先置享官，内典引引命婦〔二〕，俱就門外位，**女相者以尚儀下女史充，攝事，質明，女相者引享官以下就壝外位，掌贊帥女史先入就位，女相者引典正、女祝、女史、女祝史與女執罇罍篚冪者入自東門〔三〕，當壇南，北面，西上，立定。掌贊曰「再拜」，女史承傳，典正以下皆再拜。訖，典正以下各就位。司樂帥女工人入就位〔四〕。其女祝以典贊充〔五〕，女祝史以典贊下女史充。**駕至大次門外，迴車南向，尚儀進車前，跪奏稱「尚儀妾姓言，請降車」。興，還侍位。皇后降車，乘輿之大次，華蓋、繖扇、侍衛如常儀。尚儀以祝版進，御署訖，奉出，奠於坫。初，皇后降車訖，尚功司製進受鈎筐以退。**其内命婦鈎筐，則内命

〔一〕「三」，諸本脱，據通典卷一一五、開元禮卷四八補；「肉」，原作「内」，據光緒本、通典卷一一五、開元禮卷四八改。

〔二〕「内典」，原誤倒，據味經窩本、光緒本、通典卷一一五乙正。

〔三〕「女祝史」，諸本脱「女」字；「與」，諸本作「典」，據通典卷一一五、開元禮卷四九補、改。

〔四〕「入」，諸本脱，據通典卷一一五、開元禮卷四九補。

〔五〕「其」，諸本脱，據通典卷一一五補。

婦降車訖，典製等進受之。典贊引亞獻及從享内命婦就門外位，司贊帥掌贊先入就位，女相者引尚儀、典正、女史、女祝史〔一〕，女祝史以尚儀下女史充。與女執罇罍篚冪者入自東門〔二〕，當壇南，北面，西上。立定，司贊曰「再拜」，掌贊承傳，凡司贊有詞，掌贊皆承傳。尚儀以下皆再拜。訖，尚儀以下各就位，司樂帥女工人入就位。典贊引亞獻、終獻，女相者引執事者，司賓引内命婦〔三〕，内典引引外命婦，俱入就位。皇后停大次，半刻頃，司言引尚宫立於大次門外，當門北向。尚儀版奏「外辦」。皇后出次，華蓋、侍衛如常。尚服負寶陪從如式。司言引尚宫，尚宫引皇后，凡尚宫前導，皆司言先引。入自東門，華蓋、仗衛停於門外，近侍者從入如常。皇后至版位，西向立。每立定，尚宫與司言退立於左。立定，尚宫前奏稱「請再拜」，退，復位。皇后再拜。司贊曰「衆官再拜」，享官及内外命婦在位者皆再拜。其先拜者不拜。尚宫前奏「有司謹具，請行事」，退，復位。攝事，女相者各引享官入就位，立定，掌贊曰「再拜」，在位者皆再拜。女相者進尚宫之左，白「有司謹具，請行

〔一〕「女祝史」，諸本脱「女」字，據通典卷一一五補。
〔二〕「與」，諸本作「典」，據通典卷一一五改。
〔三〕「賓」，諸本作「贊」，據通典卷一一五、開元禮卷四八改。

事」。無「駕至」以下至此儀。典樂跪舉麾，凡取物者皆跪而取以興，奠物亦跪奠訖而後興。鼓柷奏永和之樂，以姑洗之均，自後壇下接神之樂皆奏姑洗〔一〕。三成，偃麾，戛敔，樂止。凡樂皆典樂舉麾，工鼓柷而後作，偃麾、戛敔而後止。尚宮前奏稱「請再拜」，退，復位。皇后再拜。司贊曰「衆官再拜」，享官及内外命婦在位者皆再拜。壇上尚儀跪取幣於篚，興，立於罇所。攝事，掌贊曰「再拜」，在位者皆再拜。女祝史跪取幣於篚，興，立於罇所。尚宮引皇后，正和之樂作。皇后每行，皆作正和之樂。皇后詣壇，升自南陛，攝事，女相者引尚宮升壇，以下皆尚宮行事。六尚以下量人從升。以下升皆如之。皇后升壇，北面立，樂止。尚儀奉幣東向進，皇后受幣。登歌，作肅和之樂，以南吕之均。尚宮引皇后進，北向，跪，奠於神座，興。尚宮引皇后少退，北向再拜。訖，登歌止。尚宮引皇后，樂作，降自南陛，還版位，西向立，樂止。初，内外命婦拜訖，女祝史奉毛血之豆立於内壝東門之外，於登歌止，女祝史奉毛血入，升自南陛，尚儀迎引於壇上，進跪奠於神座前，興，女祝史退，立於罇所。皇后既升，奠幣，攝事，尚宮既升奠幣，下倣此。司膳出，帥女進饌者奉饌，陳於内壝東

〔一〕「接」，諸本作「享」，據通典卷一一五、開元禮卷四八改。

門之外。皇后既降，復位，司膳引饌入，俎初入門，雍和之樂作。攝事，自後酌獻，皆奏雍和之樂。饌至陛，樂止。女祝史跪徹毛血之豆，降自東陛以出，饌升南陛，尚儀迎引於壇上，攝事，女祝史迎引於上。設於神座前，籩豆蓋冪先徹乃升，簠簋既奠，却其蓋於下。設訖，司膳帥女進饌者降自東陛，復位。尚儀攝事，女祝。還罇所。尚宮引皇后詣罍洗，樂作。攝事，女相者引尚宮，無樂。皇后至罍洗，樂止。尚儀跪取匜，興〔一〕，沃水，司言跪取盤，興，承水，皇后盥手。又司言跪取巾於篚，興，進，皇后帨手，訖，司言受巾，跪奠於篚，司言跪取爵於篚，興，進，皇后受爵。尚儀酌罍水，司言奉盤，皇后洗爵，司言授巾〔二〕，皆如初。皇后拭爵訖，尚儀奠匜，司言奠盤、巾皆如常。尚宮引皇后，樂作。詣壇，升自南陛，樂止。尚宮引皇后攝事，無「皇后至罍洗」以下至此儀，但女相者引尚宮詣酒罇所。詣酒罇所，執罇者舉冪，尚儀贊酌醴齊訖，壽和之樂作。皇后每酌獻及飲福，皆作壽和之樂。攝事，奏雍和。尚宮引皇后進神座前，北面跪奠爵，興〔三〕；尚宮引皇后少退，北向立，樂止。尚

〔一〕「興」，諸本作「盥」，據通典卷一一五、開元禮卷四八改。
〔二〕「授」，諸本作「受」，據通典卷一一五改。
〔三〕「尚宮引皇后進神座前北面跪奠爵興」十五字，諸本脱，據通典卷一一五、開元禮卷四八補。

儀持版進於神座之右，東向跪，讀祝文曰：「維某年歲次月朔日，子皇后某氏敢昭告於攝事，女祝持版，祝云「皇后某氏謹遣某官妾姓，敢昭告於」。先蠶氏，唯神肇興蠶織，功濟黔黎，爰擇嘉時，式遵令典。謹以制幣犧齊，粢盛庶品，明薦於神，尚享。」訖，興，皇后再拜。初讀祝文訖，樂作。尚儀進，跪奠版於神座，興，還罇所。皇后拜，訖，樂止。尚儀以爵酌上罇福酒，西向進，攝事，女祝以爵酌罍福酒，進於尚宮之右，西向立。皇后再拜受爵，跪，祭酒，啐，奠，興。尚儀帥女進饌者持籩俎進，尚儀減神前三牲胙肉，以取前脚第二骨。各置一俎上，又以籩取稷黍飯，共置一籩。尚儀先以飯籩西向進，皇后受，以授左右，尚儀又以胙俎以次進，皇后每受，以授左右。皇后跪取爵，遂飲，卒爵。尚儀進受，復於坫。皇后興，再拜，訖，樂止。尚宮引皇后，樂作。降自南陛，還版位，西向立，樂止。自此以上，若攝事儀，皆尚宮行事，女相女祝贊之，以下倣此。皇后獻將畢，典贊引貴妃詣罍洗，盥手，洗爵，訖，攝事，則女相者引尚儀爲亞獻。典贊引貴妃自東陛升壇，詣象罇所，執罇者舉冪，貴妃酌盎齊，典贊引進神座前，北向跪，奠爵，興。典贊引貴妃少退，北向，再拜。尚儀以爵酌罍福酒，持爵進貴妃之右，西向立。貴妃再拜受爵，跪，祭酒，遂飲，卒爵。尚儀進受爵，復於坫，貴妃興〔一〕，再拜。典贊引貴妃降自東陛，復位。初貴妃獻將畢〔二〕，又典贊引昭儀，攝事，女相者引尚食爲終獻。詣罍洗，盥手，洗爵，升酌盎齊，終獻如亞獻之儀。訖，典贊引昭儀降，復位。尚儀進神座前，跪徹豆，興，還鐏所。徹者籩豆各一，少移於故處。司贊曰「賜胙」，掌贊唱「衆官再拜」〔三〕，在位者皆再拜。已飲福酒者不拜。攝事，賜胙則掌贊唱賜胙，女史唱再拜也。永和之樂作。尚宮前奏稱「請再拜」，退，復位。皇后再拜。司贊曰「衆官再拜」，在位者皆再拜。樂一成止。尚宮前奏攝事，女相者白。「請就望瘞位」，司贊帥掌贊就瘞埳西南位。尚宮引皇后，樂作。至望瘞位，西向立，樂止。於衆官將拜，尚儀執篚進神座前，取幣，自北陛降壇，西行，詣瘞埳，以幣置於埳。訖，司贊曰「可瘞」。埳東西各四人寘土，半埳。尚宮前贊「禮畢，請就採桑位」，尚宮引皇后，樂作，詣採桑壇，升自西陛，東向立，樂止。初白「禮畢」，司贊帥掌贊還本位。

〔一〕「興」，諸本脱，據文獻通考卷八七、開元禮卷四八補。
〔二〕「初」上，諸本衍「如」字，據通典卷一一五、開元禮卷四八删。
〔三〕「再」，諸本脱，據通典卷一一五、開元禮卷四八補。

親桑。皇后將詣望瘞位，司賓引内外命婦採桑者俱就採桑位，内外命婦一品各二人，二品三品各一人。諸執鈎、筐者各就位。皇后既至採桑位，尚功奉金鈎，自北陛升壇，進，典製奉筐從升，皇后受鈎採桑，典製奉筐受桑，皇后採桑三條止。尚功前受鈎，典製以筐，俱退復位。皇后初採桑，典製等各以鈎授内外命婦，皇后採桑訖，内外命婦以次採桑，女史執筐者受之。内外命婦一品各採五條，二品三品各採九條，止。典製等受鈎，與執筐者退復位。司賓各引内外命婦採桑者退復位。司賓引婕妤一人詣蠶室，尚功帥執鈎、筐者以次從至蠶室，尚功以桑授蠶母，蠶母受桑，切之，以授婕妤，婕妤食蠶，灑一簿，訖，司賓引婕妤還本位。尚儀前奏「禮畢」，退，復位。尚宫引皇后還大次，樂作。入大次訖，樂止。司賓引内命婦，内典引引外命婦，各還其次，尚儀、典正以下俱復執事位，立定。司贊曰「再拜」，尚儀以下皆再拜。訖，出。女工人以次出。其祝版燔於齋所。

車駕還宫。皇后既還大次，内侍版奏「請解嚴」。將士不得輒離部伍。皇后停大次一刻頃，槌一鼓爲一嚴，轉仗衛於還塗，如來儀。三刻頃，槌二鼓爲再嚴，尚儀版奏「請中嚴」，皇后服鈿釵禮衣。五刻頃，槌三鼓爲三嚴，内典引引外命婦出次，就門外位。

司賓引内命婦出次，序立於大次之前。六尚以下依式奉迎。内僕進厭翟車於大次門外，南向。尚儀版奏「外辦」。馭者執轡，皇后乘輿出次，華蓋、侍衛、警蹕如常。皇后升車，鼓吹振作而行。内命婦以下乘車陪從，如來儀。車駕過，内典引引外命婦退，還第，駕至正殿門外，迴車南向，尚儀進當車前，跪奏稱「尚儀妾姓言，請降車」。興，還侍位，皇后降車，乘輿入，侍衛如常。内侍版奏「請解嚴」，將士各還其所。

勞酒。車駕還宫之明日，内外命婦設會於正殿，如元會儀。唯不賀、不上壽爲異。

舊唐書音樂志：享先蠶樂章五首：

迎神用永和　芳春開令序，韶苑暢和風。惟靈申廣祐，利物表神功。綺繪周天宇，黼黻藻寰中。庶幾承慶節，歆奠下帷宫。

皇后升壇用肅和　明靈光至德，深功掩百神。祥源應節啓，福緒逐年新。萬宇承恩覆，七廟佇恭禋。於兹申至懇，方期遠慶臻。

登歌奠幣用展敬　霞莊列寶衛，雲集動和聲。金卮薦綺席，玉幣委芳庭。因心罄丹款，先已勵蒼生。所冀延明福，于兹享至誠。

迎俎用潔誠　桂筵開玉俎，蘭圃薦瓊芳。八音調鳳律，三獻奉鸞觴。潔粢申大享，庭寓冀降祥。神其覃有慶，錫福永無疆。

飲福送神用昭慶　仙壇禮既畢，神駕儼將昇。佇屬深祥啓，方期庶績凝。虔誠資宇内，務本勗黎蒸。靈心昭備享，率土洽休徵。

文獻通考：宋真宗景德三年，詔祀先蠶，依先農例，遣官攝事。

資政殿大學士王欽若言：「古者王后親率嬪御以祀先蠶，是以開寶通禮、郊祀録並有親蠶祝辭。蓋由中宮未嘗親祭，所以有司闕而不舉。又通禮義纂后親享先蠶，貴妃爲亞獻，昭儀爲終獻。若攝事，則尚宮爲初獻，尚儀爲亞獻，尚食爲終獻。又周禮大宗伯后不祭，則攝而薦豆籩徹。蓋薦徹豆籩，王后之事，而宗伯得攝之。唐會要云：『農桑衣食萬人，不宜獨缺先蠶之祭，皇帝遣有司攝祭可也。』臣以謂屬之命婦，未若歸於有司，望詔有司參定其儀。」

宋史禮志：先蠶之禮久廢，真宗從王欽若請，詔有司檢討故事以聞。案開寶通禮，季春吉巳享先蠶於公桑。前享五日，諸與享官散齋三日，致齋二日。享日未明五刻，設先蠶氏神座於壇上北方，南向。尚宮初獻，尚儀亞獻，尚食終獻。女相引三獻之禮，女祝讀文，飲福受胙如常儀。又案唐會要，皇帝遣有司享先蠶，如先農可也。

乃詔自今依先農例，遣官攝事。禮院又言：「周禮蠶於北郊，以純陰也。漢蠶於東郊，以春桑生也。請約附故事，築壇東郊，從桑生之義。壇高五尺，方二丈，四陛，陛各五尺，一壝二十五步，祀禮如中祀。」

慶曆用羊豕各一，攝事獻官太尉、太常、光禄卿，不用樂。

神宗本紀：元豐四年九月，詳定郊廟奉祀禮文。

文獻通考：禮文所言：「季春吉巳享先蠶氏，唐月令注以先蠶爲天駟。案先蠶之義，與先農、先牧、先炊一也，當是始蠶之人，故開元禮享先蠶，爲瘞埳於壇之壬地。禮義羅曰：『今禮享先蠶，無燔柴之儀，明不祀天駟星也。』又案王涇郊祀録載先蠶祝文曰『唯神肇興蠶織』，則是始蠶之人明矣。今享先蠶，其壇在東郊，熙寧祀儀又有燎壇，則是沿襲唐月令，以先蠶爲天駟，誤矣。周禮后蠶於北郊，以純陰爲尊。請就北郊爲壇，以享始蠶之人。仍依開元禮，不設燎壇，但瘞埋以祭，其餘自如故事。」從之。

宋史禮志：政和禮局言：「禮，天子必有公桑蠶室，以興蠶事。歲既畢，則奉繭而繅，遂朱緑之，玄黄之，以爲郊廟之祭服。今既開藉田以供粢盛，而未有公桑蠶室以供祭服，尚爲闕禮，請倣古制，於先蠶壇側築蠶室，度地爲宫，四面爲牆，高仞有三尺，上被棘，中起蠶室二十七，别構殿一區，爲親蠶之所。倣漢制置繭館，立織室於蠶宫中，養蠶千薄以上〔一〕，度所用之數爲桑林。築採桑壇於先蠶壇南，相距二十步，方三丈，高五尺，四陛，凡七事，置蠶官令丞以供郊廟之祭服。又周官内宰『詔后帥内外命婦蠶於北郊』，鄭氏謂：『婦人以純陰爲尊。』則蠶爲陰事可知。開元禮享先蠶，幣以黑，蓋以陰祀之禮祀之也。請用黑幣，以合至陰之義。」詔從其議，命親蠶殿以無斁爲名。又詔親蠶所供，不獨衮服，凡施於祭祀者皆用之。

徽宗本紀：宣和元年三月甲戌，皇后親蠶。

禮志：宣和元年三月，皇后親蠶，即延福宫行禮。其儀，季春之月，太史擇日，皇后親蠶，命有司享先蠶氏於本壇。前期殿中監帥尚舍設坐殿上，南向，前楹施簾，設東西閣殿後之左右，又設内命婦妃嬪以下次於殿之左右，外命婦以下次於殿門内外之左右。隨地之宜，量施帷幄於採桑壇外，四面開門。設皇后幄次於壇壝東門之内

〔一〕「千」，諸本作「於」，據宋史禮志五改。

道北，南向。其日，有司設褥位壇上少東〔一〕，東向；設內命婦位壇下東北，南向；設外命婦位壇下東南，北向；俱異位重行，西上。內外命婦一品各二人，二品三品各一人。又設從採桑內命婦等位於外命婦之東，南向。以內命婦一員充，詣蠶室，授蠶母桑以食蠶。設從採桑外命婦等位於外命婦東，北向，俱異位重行，西上。設執皇后鉤箱者位於內命婦之西少南，西上。尚功執鉤，司製執箱，內外命婦鉤箱者各位於後，典製執鉤，女史執箱。又於壇上設執皇后鉤箱位於皇后採桑位之北稍東，南向西上。前出宮一日，兵部帥其屬陳小駕鹵簿於宣德門外，太僕陳厭翟車東偏門內，南向。其日未明，外命婦應採桑及從採桑者先詣親蠶所幕次，以俟起居，各令其女侍者進鉤箱載至親蠶所，授內謁者監以授執鉤箱者。前一刻，內命婦各服其服，內侍引內命婦妃嬪以下俱詣殿庭起居。訖，內侍奏「請中嚴」，少頃，又奏「外辦」。皇后首飾鞠衣，乘龍飾肩輿，如常儀。障以行幄，出內東門至左昇龍門，內侍跪奏「具官臣某言，請降肩輿，升厭翟車」，訖，俛伏興，少退。御者執綏，升厭翟車。內侍詣車前，奏「請車進

〔一〕「上」，諸本作「二」，據宋史禮志五改。

發」。出宣德東偏門，執事者進鈎箱，載之車，至親蠶所殿門〔一〕，降車，乘肩輿入殿後西閤門〔二〕，侍衛如常儀。内侍先引内外命婦及從採桑者俱就壇下位，諸執鈎箱者各就位，内侍奏「請中嚴」，少頃奏「外辦」。皇后首飾鞠衣，乘肩輿，内侍前導至壇東門，華蓋仗衛止於門外，近侍者從之入。内侍奏「請降肩輿」，「至幄次内下簾，又内侍至幄次請行禮，導皇后詣壇，升自南陛，東向立。執鈎箱者自北陛以次升壇，就位次。内侍引尚功詣採桑位前，西向，奉鈎以進，皇后受鈎採桑，司製奉箱進以受桑。皇后採桑三條止，以鈎授尚功。尚功受鈎，司製奉箱，俱退復位。初皇后採桑，典製各以鈎授内外命婦，皇后採桑訖，内外命婦以次採桑，女使執箱者受之。内外命婦一品各採五條，二品三品各採九條止。典製受鈎，與執箱者退復位。内侍各引内外命婦退復位。内侍詣皇后前奏「禮畢」，退復位。内侍引皇后降自南陛，歸幄次。少頃，奏「請乘肩輿」，如初。内侍前導皇后歸殿後閤，内侍奏「解嚴」。初皇后降壇，内侍引内命

〔一〕「殿門」，諸本脱，據宋史禮志五補。
〔二〕「殿後」，諸本誤倒，據宋史禮志五乙正。

婦詣蠶室，尚功帥執鉤箔者以次從至蠶室，尚功以桑授蠶母，蠶母受桑，縷切之，授內命婦食蠶灑一薄〔一〕。訖，內侍引內外命婦各還次，皇后還宮。

徽宗本紀：六年閏三月辛巳，皇后親蠶。

禮志：宣和重定親蠶禮，外命婦宰執并一品夫人升壇侍立，餘品列於壇下。六年閏三月，皇后復行親蠶之禮焉。

玉海：高宗紹興二年四月二十四日，上謂輔臣曰：「宮內亦自育蠶，欲知女工艱難，俾每事質儉。」

宋史高宗本紀：紹興七年五月壬申，命禮官舉農蠶、風雷雨師之祀。

禮志：紹興七年，始以季春吉巳日，享先蠶視風師之儀。

玉海：紹興七年五月十一日，黃積厚請季春吉巳日享先蠶，從之。

文獻通考：紹興十五年，太常王湛言：「請案政和禮建親蠶殿、蠶室、繭館，請皇后就禁中行親蠶之禮。」朝旨送禮部下太常寺討論，不果行。

〔一〕「食」，諸本脱，據宋史禮志五補。

宋史禮志：孝宗乾道中，升先蠶爲中祀。

王圻續通考：親蠶之禮，遼、金俱不行，故不列祀典。元建蠶壇而祀事不舉，故其禮儀亦無可考。趙天麟嘗有策述古公桑之制，勸中宮倣古親蠶。

明史世宗本紀：嘉靖九年正月，作先蠶壇於北郊。

禮志：先蠶，明初未列祀典。嘉靖時，都給事中夏言請改各官莊田爲親蠶廠公桑園，令有司種桑柘，以備宮中蠶事。九年復疏言，耕蠶之禮，不宜偏廢。帝乃敕禮部：「古者天子親耕，皇后親蠶，以勸天下，自今歲始朕親祀先農，皇后親蠶，其考古制，具儀以聞。」大學士張璁等請於安定門外建先蠶壇，詹事霍韜以道遠爭之，户部亦言安定門外近西之地，水源不通，無浴蠶所，皇城内西苑中有太液瓊島之水。考唐制在苑中，宋亦在宮中，宜倣行之。帝謂唐人因陋就安，不可法。於是禮部尚書李時等言：「大明門至安定門道路遥遠，請鳳輦出東華、玄武二門〔一〕。」因條上四事：一治繭之禮，二壇壝之向，三採桑之器，四掌壇之官。帝從其言，命自玄武門出，内使陳儀衛，軍一

〔一〕「出」，諸本作「由」，據明史禮志三改。

萬人，五千圍壇所，五千護於道，餘如議。

世宗實録：禮部尚書李時等條上四事：一增治繭之禮，採桑而不治繭，非禮之全。及繭成後，令内臣自北郊捧獻宫中，仍於宫中量立蠶繭織室，行三盆之禮，以終蠶事；二定壇壝之向，先蠶採桑二壇，悉準先農耤田，先蠶壇北向，採桑壇東向，如唐開元之制；三定採桑之器，唐制尚功奉金鉤，夫親桑以識女工之艱難，金鉤侈矣，筐鉤宜如民間器用，毋過雕飾；四擇掌壇之官，中宫出郊禮儀，擇司禮監老成謹厚者掌之。

禮志：二月〔一〕，工部上先蠶壇圖式，帝親定其制。壇方二丈六尺，疊二級，高二尺六寸，四出陛。東西北俱樹桑柘，内設蠶宫令署。採桑臺高一尺四寸，方十倍，三出陛。鑾駕庫五間，後蓋織堂，壇圍方八十丈。

蕙田案：壇圍方八十丈，「壇」字疑誤，或當作「牆」，存考。

世宗實録：九年三月，皇后親蠶於北郊，祭先蠶氏。

禮部言：親蠶之禮，出於創見。命婦倉卒入壇，恐愆禮度。請以所繪採桑圖授

〔一〕「二月」，諸本作「三月」，據明史禮志三改。

之，俾先期肄習，並定命婦牙牌式，視陪祀官殺三之一。至日，皇后出郊，行親蠶禮，祭先蠶氏。

明會典：國初無親蠶禮，肅皇帝始敕禮部，以每歲季春皇后親蠶於北郊，後改於西苑，未久即罷。嘉靖九年，定先期欽天監擇日，以聞順天府，具蠶母名數，奏送蠶室內，工部具鈎箔筐架及一應養蠶什物給送蠶母。順天府將蠶種及鈎筐一副進呈訖，奉自西華門出，置綵輿中，鼓樂送至蠶室。蠶母浴種，伺蠶生，先飼以待。先一日，蠶宫令丞設皇后採桑位於採桑臺，東向；執鈎筐者位於稍東。設公主及内命婦位於皇后位東，設外命婦位於採桑臺東陛之下，南北向，以西爲上。至日四更，宿衛陳兵衛，女樂工備樂，司設監備儀仗及重翟車，蠶宫令備鈎筐，俱候於西華門外。内執事女樂生并司贊六尚女官等皆乘車先至壇内候。將明，内侍詣坤寧宫，奏「請皇后詣先蠶壇所」。皇后服常服，導引女官導皇后出宫門，乘肩輿，侍衛警蹕如常儀。公主及内命婦應入壇者各服其服以從。至西華門，内侍奏「請降輿，陞重翟車」。兵衛儀仗，女樂前導，女官奉鈎筐行於車前。皇后至具服殿少憩，易禮服，祭先蠶。祭畢，更常服。司賓引外命婦先詣採桑臺位，南北向。女侍執鈎筐者各隨於後。尚儀入奏「請詣採桑位」，導引女官導皇后至採桑位，東向。公主以下各就位，南北向。執鈎者跪進鈎，執筐者跪奉筐受桑。皇后採桑三條，還至壇南儀門坐，觀命婦採桑。三公命婦以次取鈎採桑五條，列侯九卿命婦以次採桑九條。採訖，各以筐授女侍。司賓引內命婦一人詣蠶室，尚功帥執鈎筐者從，尚功以桑授蠶母，蠶母受桑，縷切之，以授內命婦。內命婦食蠶，灑一薄訖，司賓引內命婦還〔一〕。尚儀前奏「採桑禮畢」，皇后還具服殿候，陞座，尚儀奏「司賓帥蠶母等行叩頭禮」。訖，司贊唱「班齊」，外命婦序列定，贊四拜，畢，賜命婦宴於殿內外，並賜蠶婦酒食於採桑臺旁。公主及內命婦殿內序坐，外命婦從，採桑者及文武二品以上命婦於殿臺上，三品以下於臺下，各序坐，尚食進膳，司賓引公主及內命婦各就坐。教坊司女樂奏樂，進酒及進膳進湯如儀。宴畢，徹案。公主以下並外命婦各就班，司贊贊四拜，尚儀跪奏「禮畢」，皇后興，還宮，導從如前。

〔一〕「食蠶灑一薄訖司賓引內命婦」十二字，原脱，據光緒本補。

禮志：四月蠶事告成，行治繭禮。選蠶婦善繅絲及織者各十人〔一〕。卜日，皇后出宫，導從如常儀。至織堂，内命婦一人行三盆手禮，布於織婦，以終其事。蠶宫令送尚衣織染監局造祭服〔二〕。其祀先蠶，止用樂不用舞，樂女生冠服俱用黑。

世宗本紀：十年四月，皇后親蠶於西苑。

實録：二月，禮臣言：「親蠶盛典，去歲皇后躬祭採桑，已足風勵天下，今先蠶壇殿工未畢，宜且遣官行禮。」帝初不可，令如舊行，已而以皇后出入不便，命改築先蠶壇於西苑。

明會典：親蠶壇改築於西苑，壇高二尺六寸，四出陛，廣六尺四寸，甃以甎石。又爲瘞坎於壇右，方深取足容物。東爲採桑臺，方一丈四尺，高二尺四寸，三出陛，鋪甃如壇制。臺之左右樹以桑。壇東爲具服殿三間，前爲門一座，俱南向。西爲神庫、神厨各三間，右宰牲亭一座。壇之北爲蠶室五間，南向；前爲門三座，高廣有

〔一〕「十人」，諸本作「一人」，據明史禮志三改。
〔二〕「祭」，原脱，據光緒本、明史禮志三補。

差；左右爲廂房各五間，後爲從室各十間，以居蠶婦。設蠶宮署於宮左。置蠶宫令一員、丞二員，擇内臣謹恪者爲之，以督蠶桑等務。

初建先蠶壇於北郊，以歲春擇日，皇后躬祀先蠶，行親蠶禮。後又改築壇於内苑，致祭行親蠶禮。一齋戒，前期三日，尚儀奏致齋三日，内執事并司贊、六尚等女官及應入壇者各齋二日。一省牲，羊二，豕一，鹿一，兔一。陳設，先蠶氏之神，羊二，豕一，登一，籩豆各六，簠簋各二，帛一，篚一，酒尊三，爵三，酒盞三十，祝案一。正祭，先一日，蠶宮令陳樂女生位於壇南，設皇后拜位於壇下，北向；次公主次内命婦次外命婦拜位，俱異位重行，北向。設内贊位於壇南，設司贊位於皇后拜位之東西，設司賓位於外命婦班之北，東西相向。皇后至壇所，入具服殿少憩，司賓先引外命婦列於先蠶壇下，東西相向，以北爲上。尚儀詣皇后前，奏請皇后易禮服，出殿門，將至壇，内贊唱「樂女生就位，執事官各司其事」，導引女官導皇后至拜位，司贊奏「就位」，次公主次内命婦又次外命婦各就拜位。内贊唱「瘞毛血」，迎神樂作，樂止。司贊奏「四拜」，公主以下同。内贊唱「奠帛，行初獻」，樂作。執事官捧帛爵跪於神位前，各奠訖，樂暫止。内贊唱「讀祝」，司贊奏「跪」，皇后跪，公主以下同。

讀祝女官跪於神位前右讀訖，樂作。司贊奏「興」，皇后興，公主以下同。樂止，内贊唱「行亞獻禮」。樂作，執事官捧爵，跪奠於神位前，訖，樂止。内贊唱「行終獻禮」，儀同亞獻。執事女官進立壇東，西向。唱「賜福胙」，司贊奏「跪」，皇后跪，執事女官以福酒跪進於皇后右，奏「飲福酒」，皇后飲訖，執事女官以胙跪進於皇后右，奏「受胙」，皇后受胙。訖，司贊奏「興」，皇后興。司贊奏「二拜」，公主以下同。内贊唱「徹饌」，樂作，執事女官詣神位前徹饌。訖，樂止。内贊唱「送神」，樂作，司贊奏「四拜」，公主以下同，樂止。内贊唱「讀祝官捧祝，執事官捧帛饌，各詣瘞位」，樂作，樂止。司贊唱「禮畢」，皇后還具服殿，更常衣，行親蠶禮。

享先蠶樂章　於穆惟神，肇啓蠶桑。依我萬民，保我家邦。兹舉曠儀，春日載陽。恭迎霞馭，靈氣洋洋。　神其臨只，有苾有芬。乃獻玉盞，乃奠文纁。仰祈昭鑒，淑氣氤氲。顧兹蠶婦，祈祈如雲。　載舉清觴，蠶祀孔明。以格以享，鼓瑟吹笙。陰教用彰，坤儀允貞。神之聽之，鑒此禋誠。　神之格思，桑土是宜。三繅七就，惟此繭絲。獻禮有終，神不我遺。錫我純服，藻繪皇儀。　俎豆具徹，式禮莫愆。既匡既敕，我祀孔虔。我思古人，葛覃唯賢。明靈歆只，永顧桑阡。　神之升矣，日霽霞蒸。相此女紅，杼軸其興。兹過玄宫，鸞鳳翔騰。瞻望勿及，永錫嘉徵。

禮志：四月，皇后行親蠶禮於内苑。帝謂親耕無賀，此安得賀，第行叩頭禮。女樂第供宴，勿前導。

春明夢餘録：夏言請舉親蠶之禮疏：祭統天子親耕於南郊，以供粢盛，皇后親蠶於北郊，以供祭服。夫以天子之尊，非莫爲之耕也，而必躬耕以供郊廟之粢盛；后妃之貴，非莫之蠶也，而必躬蠶以爲祭祀之服飾。所以然者，一以致其誠信，可以交於神明；一以勸天下之農夫蠶婦，非身帥先之弗可也。先儒張栻曰：「周家建國，自后稷以農事爲務，歷世相傳，其君子則務稼穡之事，其室家則躬織袵之勤。如周公之告成王，其見於詩，有若七月皆言農桑之候也；其見於書，有曰無逸欲其知稼穡之艱難，知小人之依也。帝王相傳心法之要，端在於此。」臣由是考之，於漢皇后蠶於東郊，後漢皇后帥公卿列侯夫人蠶，歷魏、晉、宋、北齊、後周以及於隋，亦復依據周典未之或廢。唐立先蠶壇在長安北苑，太宗貞觀九年三月，文德皇后帥内外命婦有事於先蠶，歷高宗永徽、顯慶以還，皆間歲皇后親祀先蠶。宋真宗景德三年，詔祀先蠶；神宗元豐四年，又詳定享先蠶之儀；宣和元年，皇后親蠶於延福宫；高宗紹興七年，猶復舉行；至十五年，太常丞王湛言請案政和禮建親蠶殿、蠶室、繭館，請皇后就禁中行親蠶禮，朝旨送禮部，下太常寺討論，尋不果行，則是親蠶之禮殆廢於此矣。洪惟我太祖高皇帝開天建極，制禮作樂，躬耕藉田，既稽古攸行矣，顧獨於親蠶闕焉。當時議禮，諸臣亦竟未有及之者，豈非本朝之缺歟？列聖相承，繼文由舊，謙讓未遑，禮官廷臣蔑聞建白，是固有待於陛下也。夫農桑之業，衣食萬人，不宜獨缺耕蠶之禮，垂法萬世，不宜偏廢。先儒謂禮樂必百年而後興，又曰必聖人在天子之位，此臣惓惓之愚所以不已於今日發也。伏望陛下留神垂覽。倘蒙采納，乞敕禮户工三部會集具議以聞。

續文獻通考：嘉靖十年，世宗召張孚敬、李時詣西苑相地，建土穀壇，并建先蠶壇於仁壽宫側，毁北郊蠶壇。

農政全書：太祖洪武二年二月，上命皇后率内外命婦蠶北郊，供郊廟衣服如儀，自是歲以爲常。

蕙田案：明史先蠶，明初未立祀典，會典亦云國初無親蠶禮，夏言亦云太祖制禮，親蠶獨缺，而農政全書所載，未知何本，今附之以俟考。

世宗實録：嘉靖十六年二月，詔罷親蠶禮，西苑改建先蠶壇。十一、十二年，皇后皆親蠶，其後因事輒不舉。至是始詔罷之，仍命進蠶具如常歲，遣女官祭先蠶。

明史禮志：嘉靖三十八年，罷親蠶禮。四十一年，並罷所司奏請。

蕙田案：世宗罷親蠶禮，據實録在十六年，至三十八年，并女官亦罷，史誤。

右漢至明親桑享先蠶

五禮通考卷一百二十七

吉禮一百二十七

享先火

周禮夏官司爟：凡祭祀則祭爟。注：報其爲明之功，禮如祭爨。疏：「禮如祭爨」者，祭爨，祭老婦也，則此祭爟，謂祭先出火之人。

高氏愈曰：舉火曰爟，又火神之名也，謂祝融、回禄，或謂始鑽燧出火者。凡民非火不活，故祭而報其功。先王於有功之人，未嘗忘報，如先蠶、先農、先卜皆有祭，而況鑽木出火以教人者乎？

右享先火

享先炊

禮記禮器：孔子曰：「臧文仲焉知禮？燔柴於奧。夫奧者，老婦之祭也，盛於盆，尊於瓶。」注：「奧」當爲「爨」，字之誤也，或作「竈」。禮，尸卒食，而祭饎爨、饔爨也，時人以爲祭火神乃燔柴。老婦，先炊者也。盆、瓶，炊器也。明此祭先炊，非祭火神，燔柴似失之。疏：老婦之祭，故知非奧。奧者，夏祀竈神，其禮尊，以老婦配之耳。故中霤禮祭竈，先薦於奧，有主有尸，用特牲迎尸，以下略如祭宗廟之禮，是其事大也。爨者，宗廟祭祀，尸卒食之後，特祭老婦，盛於盆，尊於瓶，是其事小也。特牲記注：「舊説云：宗婦祭饎爨，亨人祭饔爨，用黍肉而已，無籩豆俎。」

右享先炊

享先卜

周禮春官龜人：上春釁龜，祭祀先卜。注：先卜，始用卜筮者，言祭言祀，尊焉天地之也。世本曰：「巫咸作卜筮。」未聞其人也。疏：先卜是人，應曰享，而云祭祀，與天地同稱，故云「尊焉天地之也」。易所作，即伏羲爲之，但未有揲蓍之法，至巫咸乃教人爲之，故巫咸得作筮之名。未聞其源，世本又不言其人，故云「未聞其人也」。

高氏愈曰：祭祀先卜，「祭」字疑羨文。先卜，始爲卜筮者，用其術，而因祀之，不敢忘本也。

右享先卜

享先醫

蕙田案：三皇之祭，唐宋以來有之，元始定爲先醫，明仍之。

元史祭祀志：元貞元年初，命郡縣通祀三皇，如宣聖釋奠禮。太皥伏羲氏以勾芒氏之神配，炎帝神農氏以祝融氏之神配，軒轅黄帝氏以風后氏、力牧氏之神配。黄帝臣俞跗以下十人姓名載於醫書者從祀兩廡。有司歲春、秋二季行事，而以醫師主之。

王圻續通考：成宗元貞間，建三皇廟，在明照坊内，有三皇并歷代名醫像，東有神機堂，内置銅人鍼灸圖二十有四。

明史禮志：三皇，明初仍元制，以三月三日、九月九日通祀三皇，洪武元年令以太牢祀。二年，命以勾芒、祝融、風后、力牧左右配，俞跗、桐君、僦貸季、少師、雷公、鬼臾區、伯高、岐伯、少俞、高陽十大名醫從祀，儀同釋奠。四年，帝以天下郡邑通祀三皇爲瀆，禮臣議：唐玄宗嘗立三皇、五帝廟於京師，至元成宗時，乃立三皇廟於府州縣，春秋通祀，而以醫藥主之，甚非禮也。帝曰：「三皇繼天立極，開萬世教化之源，汩於藥師可乎？」命天下郡縣毋得褻祀。正德十一年，立伏羲氏廟於秦州。秦州，古成紀地，從巡按御史馮時雄奏也。

明會典：嘉靖十五年，建聖濟殿於文華殿後，以祀先醫。歲用羊一，豕一，鉶二，簠簋各二，籩豆各八，帛一，遣太醫院正官行禮。

二十一年，又建景惠殿於太醫院，上祀三皇，配以勾芒、祝融、風后、力牧，而附歷代醫師於兩廡，凡二十八人。歲遣禮部堂上官一員行禮，太醫院堂上官二員分獻二殿之祭，並以春秋二仲上甲日。一陳設。殿中正壇：犢一，羊一，豕一，登二，鉶二，籩豆各十，簠簋各二，爵三，酒尊一，帛一，篚一，祝案一。東配位一壇：羊一，豕一，鉶一，籩豆各十，簠簋各一，爵六，帛一，篚一。西配位一壇，陳設同。東廡醫師十四位，分設三壇，僦貸季、天師岐伯、伯高、鬼臾區、俞跗、少俞、少師、桐君、太乙雷公、馬師皇、伊尹、神應王扁鵲、倉公淳于意、張機。每壇豕一，析爲三。壇籩豆各六，簠簋各一，酒盞五，爵三，帛一，篚一。西廡醫師十四位，華陀、王叔和、皇甫謐、抱朴子葛洪、巢元方、真人孫思邈、藥王韋慈藏、啓玄子王冰、錢乙、朱肱、李杲、劉完素、張元素、朱彦修，陳設同。一正祭。贊引對引導遣官至咸濟門，贊詣盥洗所，贊搢笏，洗訖，贊出笏，典儀唱「執事官各司其事」，贊引贊就位。典儀唱「迎神」，贊四拜，贊引贊陞壇，導遣官至中香案前，贊跪，贊搢笏，贊上香，贊引引至東香案前，贊跪，上香訖，引至西香案前，贊跪，上香訖，贊出笏，贊復位。太醫院堂上官於兩配位香案前上香訖，典儀唱「奠帛，行初獻禮」。贊引贊陞壇，引至神位前，贊搢笏，贊獻帛，贊三獻爵。獻訖，贊出笏。贊詣讀祝位，贊跪，贊讀祝，讀訖，贊俯伏，興，平身，贊復位。兩配位執事自獻兩廡，儀同殿。典儀唱「亞獻禮終獻禮」，儀同初獻，惟不獻帛，不讀祝。典儀唱「徹饌」，執事徹訖，典儀唱「送神」，贊引贊四拜。典儀唱「讀祝官捧祝，掌祭官捧帛饌，各詣燎位」，贊引贊禮畢。

春明夢餘録：嘉靖二十一年，以太醫院廟制湫隘弗稱，命展拓今廟，隨從禮官議增從祀僦貸季等二十八人。隆慶四年，禮部侍郎王希烈議：「三皇既祀於帝王廟，請罷太醫院廟祭，專遣太醫院官祭先醫。」不允。

明闕名改建太醫院廟制奏議：蓋聞上古聖人，繼天立極，開物成務，壽世福民，而其功尤繫於醫。伏羲觀天象，明曆氣；神農嘗百藥，制本草；黄帝與岐伯問答，而有素問之書，醫道蓋昉於此矣。周禮小宗伯「兆五帝於四郊」，説者謂祭以天帝，配食以五人帝，春以太昊，夏以炎帝，季夏以黄帝，然此主於五方之位，未有醫之專祀也。至於元，自國都以至郡縣，皆立三皇廟於醫者之學，如宣聖釋奠禮，太昊伏羲氏以勾芒氏之神配，炎帝神農氏以祝融氏之神配，黄帝軒轅氏以風后、力牧氏之神配，及黄帝臣俞跗以下十人，姓氏載於醫書者，從祀兩廡，有司歲春秋二季行事，而以醫師主之。其臣虞集有言，三聖人之所以惠利生人者，不必以醫之一技而求。夫爲醫之道，不上達於三聖人，則不足以盡其至聖之能事，是其祭雖專爲醫而設，然徧於郡縣則又不免失之瀆矣。肆我成祖御宇，諏經稽典，正名定祀，尤以醫道關係民生至重，乃即太醫院立廟，以崇祀三皇。正統間加修葺。聖祖神宗先後一揆，咸欲躋斯世斯人於仁壽之域，而永貽燕翼之令圖也。洪惟皇上創矩以盡度，備物以章虔，臣等切惟廟必有制，祀必合法。不爲畫一之制，則恐襲前人之故轍，而無以稱觀瞻；不正從祀之名，則恐失醫聖之心傳，而無以垂法守。臣等將合行規制，恭擬上進伏，乞裁定施行。

右享先醫

祭厲

蕙田案：厲祭列於七祀，見於祭法。聖人知鬼神之情狀，而神道設教於無窮也。記曰：「人死歸復於土，其氣發揚於上爲昭明，焄蒿悽愴，此百物之精也。」子産曰：「鬼有所歸，乃不爲厲。人生始化曰魄。既生魄，陽曰魂。用物精多，則魂魄强。匹夫匹婦强死，其魂魄猶能依於人，以爲淫厲。」帝王治天下，建宗伯，秩三禮，俾神人，上下無一不治且和。雖鬼之不得其所者，亦惻然有所不忍，而思以慰之，俾有血食，以安其類，其義固深且遠矣。周人附於七祀之列，漢立五祀，而鄭氏注漢時民家皆秋祀厲，則固未嘗廢也。唐開元制七祀，宋仍之，逮明初仍立五祀，而另立祭厲之禮，上自國都，下至州縣里社，並得祀焉，至於今不廢，固祀典之正，而非淫祠之比也。今略附見「五祀」門内，考其原流，列諸吉禮之末，亦可見聖人制作之精意云。

古祭厲

禮記祭法：王爲群姓立七祀，曰泰厲。諸侯爲國立五祀，曰公厲。大夫立三祀，曰族厲。注：厲，主殺伐。士喪禮曰：「疾病，禱於五祀。」司命與厲，其時不著。今時民家，或春秋祠司命、行神、山神，門、户、竈在旁，是必春祠司命，秋祀厲也。或者合而祠之。山即厲也，民惡言厲，巫祝以厲山爲之，謬乎！春秋傳曰：「鬼有所歸，乃不爲厲。」疏：曰「泰厲」者，謂古帝王無後者也。此鬼無所依歸，好爲民作禍，故祀之也。曰「公厲」者，謂古諸侯無後者，諸侯稱公，其鬼爲厲，故曰「公厲」。曰「族厲」者，謂古大夫無後者鬼也。族，衆也。大夫衆多，其鬼無後者衆，故言「族厲」。「士喪禮曰：疾病，禱於五祀」者，證士亦有五祀。云「司命與厲，其時不著」者，以其餘五祀，月令所祀，皆著其時，唯司命與厲祀時不顯著。云「今時民家，或春秋祠司命、行神、山神，門、户、竈在旁」者，鄭以無文，故引今漢時民家，或有春秋二時祠司命、行神、山神也。民或然，故云「或」也。其祀此司命、行神、山神之時，門、户、竈三神在諸神之旁，列位而祭也。云「是必春祠司命，秋祠厲也」者，漢時既春秋俱祠司命與山神，則是周時必應春祠司命，司命主長養，故祠在春。厲主殺害，故祠在秋。云「或者合而祠之」者，鄭又疑之，以見漢時司命與山神春秋合祭，故云「或者合而祠之」。云「山即厲也」者，以漢時祭司命、行神、山神，門、户、竈等，此經亦有司命，門、行、户、竈等，漢時有山而無厲，此有厲而無山，故云「山即厲也」。云「民惡言厲，巫祝以厲山爲之」者，鄭解厲稱山之意。漢時人民嫌惡厲，漢時巫祝之人，意以厲神是厲山氏之鬼爲之，故云「厲山」。云「謬乎」者，謂巫祝以厲爲厲山之鬼，於理謬乎！所以爲謬者，鬼之無後，於是爲厲。厲山氏有子曰柱，世祀厲山之神，何得其鬼爲厲，故云「謬」也。引春秋傳者，昭七年左傳文。於時鄭良霄被殺而死，其鬼爲厲。子產立良霄之子良止爲後，子太叔問其故，子產曰：「鬼有所歸，乃不爲厲。」引之者，證厲山氏既有所歸，不得爲厲。

蕙田案：「厲」字義與「和」字相反。泰，大也。天子主天下，凡天下之大，其厲皆當祀之，曰泰厲。諸侯主一國，凡一國之無主者，皆公厲也。公與私對。大夫主一家，凡一家之無祀者，皆族厲也。族，同姓之謂。康成以公厲爲諸侯之無後者，諸侯稱公，爲公厲；族厲爲大夫之無後者，大夫衆多，故曰族厲。非唯理義拘礙，隘而不宏，而王之泰厲，又將何以訓之？明集禮祭厲文得之矣。

春秋昭公七年左氏傳：鄭子產聘於晉。晉侯有疾。韓宣子逆客，私焉，曰：「寡君寢疾，於今三月矣。並走群望，有加而無瘳。今夢黃熊入於寢門，其何厲鬼也？」對曰：「以君之明，子爲大政，其何厲之有？昔堯殛鯀於羽山，其神化爲黃熊，以入於羽淵，實爲夏郊，三代祀之。晉爲盟主，其或者未之祀也乎？」

鄭人相驚以伯有，曰：「伯有至矣。」則皆走，不知所往。注：襄三十年，鄭人殺伯有，言其鬼至。鑄刑書之歲二月，注：在前年。或夢伯有介而行，注：介，甲也。曰：「壬子，余將殺帶也。明年壬寅，余又將殺段也。」及壬子，駟帶卒。國人益懼。齊、燕平之月注：此年正月。壬寅，公孫段卒。國人愈懼。其明月，子産立公孫洩及良止以撫之，乃止。注：公孫洩，子孔之子也。襄十九年，鄭殺子孔。良止，伯有子也，立以爲大夫，使有宗廟。子太叔問其故，子産曰：「鬼有所歸，乃不爲厲。吾爲之歸也。」太叔曰：「公孫洩何爲？」注：子孔不爲厲，問何故復立洩。子産曰：「説也。爲身無義而圖説，注：伯有無義，以妖鬼，故立之。恐惑民，并立洩，使若自以大義存誅絶之後者，以解説民心。從政有所反之，以取媚也。注：民不可使知之，故治政者，或當反道以求媚於民也。疏：反之者，謂反正道也。媚，愛也。從其政事治國家者，有所反於正道，以取民愛也。反正道者，子孔誅絶，於道理不合立公孫洩。今既立良止，恐民以鬼神爲惑，故反違正道，兼立公孫洩，以取媚於民，令民不惑也。段與帶之卒，自當命盡而終耳，未必良霄所能殺也。但良霄爲厲，因此恐民，民心不安，義須止遏，故立祀止厲，所以安下民也。何休膏肓難此，言孔子不語怪力亂神，以鬼神爲政，必惑衆，故不言也。今左氏以此令後世信其然，廢仁義而祈福於鬼神，此大亂之道也。子産雖立良止以託繼絶，此以鬼賞罰，要不免於惑衆，豈當述之以示季末。鄭玄答之曰：伯有，惡人也，其死爲厲鬼。厲者，陰陽之氣相乘不和之名。尚書五行傳六厲是也。人死體魄則降，魂氣在上，有尚德者，附和氣而興利。孟夏之月，令雩祀百辟卿士有益於民者，由此也。爲厲者，因害氣而施災，故謂之厲鬼。月令「民多厲疾」，五行傳有禦六厲之禮。禮，天子立七祀，有大厲，諸侯立五祀，有國厲，欲以安鬼神，弭其害也。子産立良止，使祀伯有以弭害，乃禮與洪範之事也。子所不語怪力亂神，謂虚陳靈象，於今無驗也。伯有爲厲鬼，著明若此，而何不語乎？」子産固爲衆愚將惑，故并立公孫洩，云「從政者有所反之，以取媚也」。孔子曰：「民可使由之，不可使知之。」子産達於此也。不媚不信，注：説而後信之。不信，民不從也。」及子産適晉，趙景子問焉，曰：「伯有猶能爲鬼乎？」子産曰：「能。人生始化曰魄，既生魄，陽曰魂。用物精多，則魂魄强。是以有精爽，至於神明。匹夫匹婦强死，其魂魄猶能憑依於人，以爲淫厲。況良霄，我先君穆公之胄，子良之孫，子耳之子，敝邑之卿，從政三世矣。鄭雖無腆，抑諺曰『蕞爾國』，而三世執其政柄，其用物也弘矣，其取精也多矣。其族又大，所馮厚矣，而强死，能爲鬼，不亦宜乎？」

蕙田案：左氏兩條，可證明「厲」字之義。

右古祭厲

歷代祭厲

通典：後漢人家祀山神、門、户。注：山即厲也。

唐開元中祭七祀，門、厲以秋。

文獻通考：宋制七祀，秋祀厲。

明史禮志：泰厲壇祭無祀鬼神。春秋傳曰：「鬼有所歸，乃不爲厲。」此其義也。祭法王祭泰厲，諸侯祭公厲，大夫祭族厲，鄭注謂漢時民間皆秋祠厲，則此祠達於上下矣，然後世皆不舉行。洪武三年，定制京都祭泰厲，設壇玄武湖中，歲以清明及十月朔日，遣官致祭。前期七日，檄京都城隍。祭日，設京省城隍神位於壇上，無祀鬼神等位於壇下之東西，羊三，豕三，飯米三石。王國祭國厲，府州祭郡厲，縣祭邑厲，皆設壇城北，一年二祭，如京師。里社則祭鄉厲。後定郡邑厲、鄉厲，皆以清明日、七月十五日、十月朔日。

大明集禮：古者七祀，於前代帝王諸侯卿大夫之無後者，皆致其祭。後世以爲涉於淫諂，非禮之正，遂不舉行。而此等無依之厲，乃或依附土木，爲民禍福以邀祀享者，蓋無足怪。國朝於京都則祭泰厲，於王國則祭國厲，於各府州縣則祭郡邑厲，於里社則祭鄉厲，而於天下之淫祀，一切屏除，使厲之無所歸依者不失祭享，其爲民除害之意，可謂至矣。

祭日　泰厲、國厲、郡邑厲皆一年二祭。春以三月清明日，冬以十月初一日。鄉厲則一年三祭。春以清明後三日，秋以七月十五日，冬以十月三日。

祭所　京都壇在玄武湖中，其各府州縣則皆設壇於城北，其縣里長則又各自立一祭壇。

祭物　凡祭用少牢，羊三，豕三，飯米三石。

祭儀　凡祭，前期移文告於京都城隍。京都，七日前告。各府州縣，三日前告。其各府州縣，則隨其地而易之曰某處城隍。正祭日，設城隍神位及天下城隍神位於壇上，其各府州縣，則獨設某處城隍於壇上之正東。設無祀神鬼等衆位於壇下之東西。

祭泰厲文：維某年某月某日，中書省某官欽奉聖旨，謹備牲醴羹飯，致祭於天下無祀神鬼等衆。有制諭爾，爾其恭聽。皇帝制曰：普天之下，后土之上，無不有人，無不有鬼神，人鬼之道，幽明雖殊，其理則一。故天下之廣，兆民之衆，必立君以主之。君總其大，又設官分職於府州縣，以各長之。各府州縣，又於每一百户内，設一里長，以統領之。上下之職，綱紀不紊，此治人之法如此。天子祭天地神祇及天下山川，王國、各府州縣祭境内山川及祀典神祇，庶民祭其祖先及里社土穀之神，上下之禮，各有等第，此事神之道如此。尚念冥冥之中無祀神鬼，昔爲生民，未知何故而殁。其間有遭兵刃而横傷者，有死於水火盜賊者，有被人取財而逼死者，有被人强奪妻妾而死者，有遭刑禍而負屈死者，有天災流行而疫死者，有爲猛獸毒蟲所害者，有爲饑餓凍死者，有因戰鬭而殞身者，有因危急而自縊者，有因牆屋傾頹而壓死者，有死後無子孫者。此等鬼魂，或終於前代，或殁於近世，或兵戈擾攘，流移於他鄉，或人烟斷絶，久缺其祭祀，姓名泯没於一時，祀典無聞而不載。此等孤魂，死無所依，精魄未散，結爲陰靈。或倚草附木，或作爲妖怪，悲號於星月之下，呻吟於風雨之時。凡遇人間節令，心思陽世，魂杳杳以無歸；身墮沉淪，意懸懸而望祭。興言及此，憐其慘悽，已敕天下有司，依時享祭。在王國，有國厲之祭；在各府州，有郡厲之祭；在各縣，有邑厲之祭；在一里，又有鄉厲之祭。期於神依人而血食，人敬神而知禮。猶慮四海之廣，未能徧及。今遇三月清明日，十月初一日。特設壇於玄武湖中，遣官致備牲醴，普祭天下鬼魂等衆。先期已告京都城隍，移文徧歷所在，招集汝等鬼靈，於今日悉赴此壇，普享一祭。城隍在此鑒察，爾等或生於良善，或素爲兇頑，善惡之報，神必無私。汝等既享之後，聽命於城隍，各安其分。

告城隍文：中書省爲祭天下無祀神鬼等衆事，欽奉聖旨。云云。猶慮四海之廣，未能徧及，特於京城之北玄武湖中設壇，遣官普祭天下無祀神鬼等衆。然幽明異境，人力難爲，必資神力，庶得感通，故命移文於神。先期分遣諸將，徧歷所在，召集鬼靈等衆，於是日悉赴壇所，普享一祭。至日，請神鎮控壇場，鑒諸鬼等類，其中果有生爲良善、誤遭刑禍死於無辜者，神當達於所司，使之還生中國，來享太平之福；如有素爲凶頑，身死刑憲，雖獲善終，亦出僥倖者，神當達於所司，屏之四裔。善惡之報，神必無私，永垂昭格，欽此。除欽遵外，合行移咨，請照欽依施行。

各府祭郡厲文：州縣倣此。維某年月日，某府官某遵承禮部符文，爲祭祀本府闔境無祀神鬼等衆事。該欽奉皇帝聖旨，云云。欽奉如此。今某等不敢有違，謹設於城北，以三月清明日，十月初一日。置備牲醴羹飯，專祭本府闔境無祀神鬼等衆，靈其不昧，來享此祭。凡我一府境内人民，倘有忤逆不孝、不敬六親者，有姦盜詐僞、不畏公法者，有拗曲作直、欺壓良善者，有躲避差徭、靠損貧户者，似此頑惡奸邪不良之徒，神必報於城隍，發露其事，使遭官府，輕則笞決杖斷，不得號爲良民；重則徒流絞斬，不得生還鄉里。若事未發露，必遭陰譴，使舉家並染瘟疫，六畜田蠶不利。

如有孝順父母，和睦親族，畏懼官府，遵守禮法，不作非違，良善正直之人，神必達之城隍，陰加護佑，使其家道安和，農事順序，父母妻子，保守鄉里。我等闔府官吏人等，如有上欺朝廷，下枉良善，貪財作弊，蠹政害民者，靈必無私，一體昭報。如此，則鬼神有鑒察之明，官府非諂諛之祭。尚享。

祭告城隍文：某府遵承禮部符文，爲祭祀本府無祀神鬼事，該欽奉聖旨，云云。欽奉如此。今某等不敢有違，謹於年月日於城北設壇，致備牲酒羹飯，享祭本府無祀神鬼等衆。然幽明異境，人力難爲，必資神力，庶得感通。今特移文於神，先期分遣諸將召集本府闔境鬼靈等衆，至日悉赴壇所，普享一祭。神當欽承敕命，鎮控壇場，鑒察善惡，無私昭報。爲此合行移牒，請照驗欽依施行。

祭鄉厲文：某縣某鄉某村某社里長某人承本縣官裁旨，該欽奉皇帝聖旨，云云。欽奉如此。今某等不敢有違，謹設壇於本里，以三月日，謂清明後三日。七月十五日，十月初三日。率領某人等百家，聯名於此，置備羹飯肴物，專祭爾等本里神鬼，靈其不昧，依期來享。凡我一里之中，百家之内，倘有忤逆不孝、不敬六親者，有姦盜詐僞、不畏公法者，有拗曲作直、欺壓良善者，有躲避差徭、靠損貧户者，似此頑惡奸邪不良之徒，神必報於城隍，發露其事，使遭官府，輕則笞決杖斷，不得號爲良民；重則徒流絞斬，不得生還鄉里。若事未發露，必遭陰譴，使舉家並染瘟疫，六畜田蠶不利。如有孝順父母，和睦親族，畏懼官府，遵守禮法，不作非違，良善正直之人，神必達之城隍，陰加護佑，使其家道安和，農事順序，父母妻子，保守鄉里。如此則鬼神有鑒察之明，我民無諂諛之祭。靈其無私，永垂昭格。尚享。

告祭城隍文：某府某縣某鄉某村某里里長某人率領本里人民某人等，聯名謹具狀告於本縣城隍之神。今來某等承奉縣官裁旨，遵依上司所行，爲祭祀本鄉無祀神鬼事，該欽奉聖旨，云云。欽奉如此。今某等不敢有違，欽依於年月日就本里設壇，謹備羹飯肴物，享祭於本鄉無祀神鬼等衆。然幽明異境，人力難爲，必資神力，庶得感通。今特虔告於神，先期分遣諸將，徧歷所在，招集本里鬼靈等衆，至日悉赴壇所受祭。神當欽承敕命，鎮控壇場，鑒察善惡，無私昭報。爲此謹用狀告本縣城隍之神，俯垂昭鑒。謹狀。

蕙田案：觀集禮所載明太祖祭厲及告城隍文，知其用意深遠，何也？其於厲也，既憫之憐之，又令其聽命於城隍，各安其分。其於城隍也，又分別善惡以區處之。憫之，仁也；區處之，義也。其於府州縣也，不特憫之區處之，反令伺察生人之善惡，以告於神，是併有所以用之。俾聞之者，知虛冥之中，昭佈森列，赫然有以動其謹畏之心。舉一小祀，而規模條理精密如此，祀典之所係，豈不鉅哉！

右歷代祭厲